Ancona
Chiaravalle
Iesi
Esino
Musone
Recanati
MARK ANCONA
M. S. Vicino
Potenza
Macerata
Chienti
Tolentino
Porto S. Giórgio
Camerino
M. Pennino
Tenna
Aso
M. Fema
M. Priore
2334
San Benedetto
Ascoli
M. Vettore
2478
M. Ceresa
Tronto
Nórcia
M. Fiori
M. Coscerno
Cáscia
Tordino
2422
Teramo
M. Aspra
M. Gorzano
2455
Vomano
20
30km
Lago
di Campotosto

GUNNAR DECKER

FRANZ VON ASSISI

GUNNAR DECKER

FRANZ VON ASSISI

DER TRAUM VOM EINFACHEN LEBEN

Siedler

Verlagsgruppe Random House FSC® N001967

Erste Auflage
September 2016

Umschlaggestaltung: Rothfos + Gabler, Hamburg, unter Verwendung
eines Motivs von akg-images/Gerhard Ruf
Satz: Ditta Ahmadi, Berlin
Karte: Peter Palm, Berlin
Reproduktionen: Aigner, Berlin
Druck und Bindung: GGP Media GmbH, Pößneck
Printed in Germany 2016
ISBN 978-3-8275-0061-8

www.siedler-verlag.de

»Diesen franziskanischen Kontrapunkt
braucht auch die moderne Welt.«

JACQUES LE GOFF

Inhalt

PROLOG

Der Sohn des Tuchhändlers als Stürmer und Dränger – sowie als Idiot der Familie

»… ward einst der Welt geboren eine Sonne«

DANTE im 11. Gesang der

Göttlichen Komödie über Franz von Assisi

Franz von Assisi war kein Fanatiker. Er zügelte den Rebellen in sich, weil er wusste, ungerechte Verhältnisse ändern sich nur, wenn sich die Menschen ändern, die diese Verhältnisse als ungerecht erkannt haben. Das ist es, was auch Papst Franziskus, schon als er noch als Bischof in Argentinien war, an ihm faszinierte. Er spürte: Franz von Assisi war kein Sektenführer, der eine Gegenkirche gründen wollte wie die Katharer, ihn trieb nicht der Hass, sondern es trug ihn die Liebe auch durch jene Zeiten, da er sein Lebenswerk bedroht sah. Franz von Assisi selbst geriet in seinen letzten Lebensjahren in einen schweren inneren Konflikt zwischen dem Ideal und der realen Geschichte, nicht nur der seines Ordens. Doch er hielt diesen Widerspruch aus, erduldete ihn nicht nur, sondern bejahte ihn schließlich. Nietzsche würde sechseinhalb Jahrhunderte später für diese Bejahung die Worte *amor fati*, das Schicksal lieben, finden.

In seiner 2015 erschienenen Umweltenzyklika *Laudato si'* beruft sich Papst Franziskus nicht nur ausdrücklich auf Franz von Assisi, er zitiert auch seinen *Sonnengesang*. Das Credo eines alt gewordenen Mannes, der den Tod als natürlichen Teil des Lebens einerseits freudig bejaht und andererseits diesen Kreislauf des Lebens durch menschliche Fortschrittshybris bedroht sieht? Aber trotz Elend und Müll, die eine Welt grenzenlosen Konsums unaufhaltsam produziert: Bruder Feuer erleuchtet die dunkle Nacht.

Da lebt einer sichtlich gern, besitzt das entscheidende Quäntchen Übermut, das ihn jeden neuen Tag wie ein Geschenk begrüßen lässt. Darum nennen alle frühen Lebensbeschreibungen den jungen Franz von Assisi »lustig«. Er besitzt die Gabe, sein Leben mit angeborener Anmut leicht zu nehmen – und andere zu animieren, es ebenfalls zu tun. Warum darum herumreden: Der junge Francesco offenbart bereits ein gehöriges Maß an Exzentrik. So trifft für ihn bereits der Slogan einer späteren Zeit zu: »Lebe lieber ungewöhnlich!«

Wo Giovanni – zu Deutsch Johannes – Bernadone auftaucht, der den vom Vater nachträglich erhaltenen Namen Francesco – zu Deutsch Franz – bereitwillig trägt, da bekommen alle Dinge wie von selbst ein freundliches Gesicht. Kein Wunder, denn Francesco stammt aus einer der reichsten Familien Assisis, für seine Zukunft ist gesorgt.

Thomas von Celano, der 1228 die erste Lebensbeschreibung verfasste, mag in Francescos Leben vor der Bekehrung nicht mehr als einen fortgesetzten Sündenfall sehen. Assisi ist darin nichts anderes als ein Name für »Babylon« und die jugendlichen Freunde Francescos sind ihm gar ein »Schwarm von Bösewichtern«. Er führt ein bürgerliches Leben als Tuchhändlersohn, der schließlich selbst in des Vaters Laden steht und die Kunden auf überaus einnehmende Weise bedient. Mit seinem Charme verführt er sie zum Kaufen der keineswegs billigen Stoffe. Alle sehen in ihm bereits den geborenen Verkäufer. Er macht diese Arbeit gern, sein Wesen hat etwas Gewinnendes. Es fällt ihm leicht, seine Kunden zu etwas zu bringen, woran sie beim Betreten des Ladens noch gar nicht dachten. In der Mode, der Kunst sich zu schmücken, spiegelt sich der neue Reichtum der Stadtbewohner. Eine flüchtige Kunst gewiss, aber sie hat etwas mit dem Stolz der Bürger zu tun, bestärkt sie in ihrem für das Mittelalter bislang unbekannten Gefühl, es durch eigenen Fleiß und Tüchtigkeit zu etwas gebracht zu haben.

Dieser neue Reichtum besitzt jedoch einen Januskopf, denn er weckt Begehrlichkeiten. So ist Italien um die Wende vom 12. zum 13. Jahrhundert ein von erbitterten politischen Verteilungskämpfen überzogenes Land. Vor allem das Papsttum und die deutschen Kaiser führen in Italien Krieg um Einflusssphären. Schon bevor Francesco Ende 1181 oder Anfang 1182 geboren wird, hat der Städtebund der Lombardischen Liga sich eine beträchtliche Unabhängigkeit erkämpft.

Noch ist man in der neben Perugia eher kleinen Stadt Assisi vom Krieg verschont geblieben. Es herrscht die Atmosphäre eines gefährdeten Friedens. Man ahnt, er wird nicht mehr von langer Dauer sein. Ist es da ein Wunder, dass die Stadtjugend die ihr verbleibende Zeit nutzt, um sich zu amüsieren – so intensiv, so laut, so ausschweifend es geht? Und Francesco ist immer mittendrin, mehr noch: der Ideengeber. Er bezahlt – mit dem Geld des Vaters natürlich – die Zeche für alle. So wird er schnell zum Anführer der wohlhabenden Stadtjugend, dem sie alle gern folgen.

Ob sie ihm tatsächlich überall hinfolgen werden, das wird sich noch zeigen, aber selbst Celano in seiner Verdammungsrede des sündhaften Lebens, will Francesco nicht den Vorwurf machen, dass er seine privilegierte Stellung missbrauche, wenn er schreibt: »Alle bewunderten ihn, und alle wollte er übertrumpfen in Prunk und eitler Ruhmgier, in Scherzen, Späßen und Schnurren, in Wortgeplänkel und Liedern, in weichlichen und wallenden Kleidern, weil er sehr reich war; doch nicht geizig, sondern verschwenderisch, kein Anhäufer von Geld, sondern ein Verschleuderer des Reichtums, ein umsichtiger Kaufmann, aber ein leichtfertiger Verteiler; dabei war er jedoch ein sehr freundlicher, gewandter und leutseliger Mensch, wenn auch zu seinem Schaden; denn viele liefen ihm gerade nach, die Beifallsklatscher bei bösen Streichen und Anstifter von Verbrechen.«[1]

Bei Celano findet sich kein Wort über Politik und jene Kriege, die Assisi erschüttern. Als ob dies keinerlei Einfluss auf Francescos Art in der Welt zu sein gehabt hätte! Denn erst im Schatten von Gewalt und Leiden erwächst – langsam, sehr langsam – jenes unglückliche Bewusstsein, das den Boden für eine neue Spiritualität in ihm bereitet.

In der sogenannten *Dreigefährtenlegende,* über deren Entstehung noch zu reden sein wird, findet sich immerhin ein einziger dürftiger Verweis auf jene für Francesco so folgenreiche Konstellation: »Als wieder einmal zwischen Perugia und Assisi Krieg herrschte, wurde Franziskus mit vielen seiner Mitbürger gefangen genommen und zu Perugia in Gewahrsam verbracht: doch wegen seiner vornehmen Sitten tat man ihn zu den gefangenen Rittern.«[2] Hier ist der Krieg zwischen Perugia und Assisi von 1202 gemeint, der in einem Massaker an den Kämpfern aus Assisi mündet – Francesco mitten unter ihnen.

Die Fußtruppen schlachtet man regelrecht ab, Gefangene werden nicht gemacht. Mit unvorstellbarer Grausamkeit erschlägt, zerhackt und spießt man alles auf, was aus Assisi kommt, die Feinde waten im Blut der Toten. Nur die Adligen tötet man nicht sofort, sondern nimmt sie gefangen. Dass Francesco wegen seiner vornehmen Sitten für einen Adligen gehalten wird, ist natürlich pure Legende: Allein sein Pferd, auf dem er – für einen Bürger höchst ungewöhnlich – in den Krieg zieht, bewahrt ihn vor dem sofortigen Tod. Wer ein Pferd hat, für den kann man auch ein Lösegeld bekommen, so die Kriegslogik!

Also schützt ihn sein reiches Elternhaus, das ihm seine adlige Lebensweise ermöglicht, vor dem sicheren Tod. So sieht Francesco seine fröhlichen Zechkumpane als verstümmelte Leichen – während er selbst das Glück hat, zu überleben. Aber um Gefangenschaft im 13. Jahrhundert wenigstens eine gewisse Zeit zu überleben, dafür braucht es eine eiserne Konstitution. Und die hat Francesco nicht, er ist eher schwächlich. Und doch sagt man, seine Lebensfreude habe ihn auch in den tiefen und feuchten Verliesen der Festung von Perugia, in denen die Gefangenen von Assisi zusammengepfercht wurden, nie verlassen. Nein, er singt auch hier Lieder und preist das Leben, so dass seine Schicksalsgenossen meinen, er sei verrückt geworden. Kein Wunder bei den Umständen!

Es stimmt streng genommen auch nicht, die Zeit vor dem Krieg gegen Perugia als Vorkriegszeit zu bezeichnen, denn es war nur eine Zwischenkriegszeit. Der Streit zwischen Papst und Kaiser hatte sich zu dieser Zeit verhängnisvoll zugespitzt. Was mit dem Machtvakuum nach dem Tod des deutschen Kaisers Heinrich VI. zu tun hatte, der in Süditalien plötzlich an der Malaria gestorben war; vielleicht – so gab es Gerüchte – war er auch vergiftet worden, als er bei einer Jagd in den Sümpfen Kampaniens Wasser aus einem Brunnen trank.

Nach dem Tod des verhassten Besatzers gab es 1198 plötzlich zwei deutsche Kaiser, erst wurde Philipp von Schwaben auf dem Reichstag in Mainz zum Kaiser gekrönt, dann kurze Zeit später, auf dem Fürstentag in Aachen, Otto von Braunschweig. Während des nun folgenden Streits beider um die rechtmäßige Kaiserkrone wagten immer mehr Städte der Lombardischen Liga den Aufstand gegen die deutschen Besatzer. Zumal der dreiundneunzigjährige Papst Cölestin III. mit der unübersichtlichen politischen Situation überfordert war.

Nach seinem Tod wird dann jener siebenunddreißigjährige Graf von Segni zum Papst gewählt, der als Innozenz III. für Furore sorgen würde. Er versucht sofort, die verlorene Macht des Papsttums zurückzuerlangen.

Das alles geschieht in nur einem Jahr.

Francesco ist 1198 sechzehn oder siebzehn Jahre alt, und bereits in diesem Jahr spürt er die Gewalt der geschichtlichen Dynamik. Er beteiligt sich an der Erstürmung der Rocca, jener Festung, die über Assisi thront, von der aus die Deutschen die Stadt kontrollieren. In einem Moment der Schwäche, da der Gouverneur Konrad von Urslingen mit einem Teil der Truppen abwesend ist (er versucht beim neuen Papst diplomatisch Boden gutzumachen, doch der zwingt ihn zur völligen Unterwerfung), hatten die Stadtbewohner den Angriff gewagt – und gewonnen.

Francesco, so heißt es, sei als Bewaffneter an der Spitze der Aufständischen zur Zitadelle gestürmt. Im Siegestaumel macht man keine Gefangenen. Deutsche, die sich ergeben, werden aus dem Fenster geworfen. So einfach kann das Leben sein, wenn man denn zu den Siegern gehört. Dann wird die Festung geschleift und die Steine zum sofortigen Ausbau der Stadtmauer verwandt – Francesco mittendrin in all seiner Begeisterung.

Als die päpstlichen Gesandten kommen, die Stadt zu übernehmen, ist sie bereits in den Händen ihrer wehrhaften Bevölkerung.

Assisi gerät daraufhin unter Kirchenbann, die Eingänge zu den Kirchen werden vernagelt und die Altäre mit Tüchern verhängt. Der neu gewählte Bürgermeister Assisis heißt nun Gerardo di Gilberti und ist ein Katharer, ein Angehöriger dieser so mächtigen ketzerischen Bewegung, die ein radikaler Feind des Papsttums ist, dessen moralischem Verfall sie ein Ideal evangelischer Reinheit entgegensetzt.

So hat Franz von Assisi bereits sehr jung viel von der schrecklichen Natur des Krieges kennengelernt und als eifriger Ritter, den er in sich spürt, gewiss auch selbst Menschen getötet, auf welche Weise genau, wissen wir nicht. Jedenfalls fühlt sich Francesco als Kämpfer berufen, er muss also entsprechende Erfahrungen gemacht haben. Die Erhebung von 1198 bereitet den Boden für den Krieg mit Perugia, denn die Aufständischen beginnen den Besitz der adligen Oberschicht niederzubrennen und die Adligen zu ermorden. Es herrscht Revolution in Assisi. Ein Teil der adligen Familien aber kann sich nach Perugia retten und betreibt von dort aus die Rückeroberung, die 1202 auch gelingt.

Wie sehen jene Jahre zwischen 1198 und 1202 aus, die für Francesco so prägend waren? Julien Green hat es unternommen, eine Art Sittengemälde Assisis zu dieser Zeit zu malen. Der väterliche Laden, so schreibt er, sei für Francesco gleichsam die Bühne gewesen, auf der er zwischen seinem sechzehnten und zwanzigsten Lebensjahr versucht, die Aufmerksamkeit seiner Mitbürger zu erlangen. Die Stadt sei »wie ein großes Theater« gewesen. Francesco will von Anfang an nur eines darin: eine Hauptrolle spielen. Paul Sabatier schreibt über die besondere Rolle der Tuchhändler im 13. Jahrhundert, sie seien die wahren Herren der Städte gewesen. Zugleich Bankiers, denn wertvolle Stoffe sind eine verlässliche Währung, kommen sie als Geschäftsreisende durch ganz Europa. Sie bringen Nachrichten aus der Ferne nach Hause mit, sie machen aber auch unterwegs, bei ihren Reisen durch unsicheres Land, die oft nur unter dem Schutz von Waffen möglich sind und gefährlichen Expeditionen gleichen, selbst dadurch Politik, dass sie Nachrichten von einem Ort zum anderen transportieren.

Sie sind also nicht nur die Banker, sondern auch die Zeitungen des 13. Jahrhunderts. Durch sie verbreiten sich die häretischen Ideale, wie sie aus der erstarkenden Volksfrömmigkeit erwachsen. So erklärt sich auch Pietro Bernadones, des Vaters, Selbstbewusstsein. Er ist sich der Macht, die er verkörpert, jederzeit bewusst – und er weiß, dass ihm und seinesgleichen die Zukunft gehört.

Wie viel Land er genau besitzt, weiß man nicht. Mindestens fünf Häuser in der Stadt gehören ihm – und der Besitz wächst, weil Bernadone auch geschickt zu spekulieren versteht, etwa indem er Immobilien der nach Perugia geflüchteten Adligen an sich bringt. Über den Vater ist damit bereits einiges gesagt – Franz selbst aber wird sich nie über seine Familie äußern. Und die Mutter? Ihr kommt in den Lebensbeschreibungen eine wechselnde Rolle zu. Anfangs gehört auch sie für Celano ganz zum verkommenen, bloß auf Geld fixierten Bernadone-Sumpf. Aber in seiner zweiten Lebensbeschreibung, zwanzig Jahre später verfasst, steigt sie auf zur sanften Heiligenmutter. Wahrscheinlich ist sie die ganz normale Frau eines reichen Bürgers, der selten zu Hause ist. Selbstständig, aber unauffällig.

Über die Herkunft ihres Namens »Pica« ist von den Interpreten gestritten worden, denn Pica bedeutet im Wortsinne Elster. Ist sie also besonders schwatzhaft oder gar raffsüchtig gewesen, wie die Symbolik des Vogels es suggeriert? Wahrscheinlicher ist, dass der Name auf die südfranzösische Herkunft der Mutter verweist – Französisch ist die Sprache, die bei den Bernadones besonders häufig gesprochen wird, was auch erklärt, warum Franz sein Leben lang bevorzugt Französisch predigt und singt. Er hat mindestens noch einen jüngeren Bruder, Angelo, der ihn überleben wird. Auch über ihn gibt Francesco niemals irgendwelche Auskunft, obwohl die beiden Brüder ihr weiteres Leben hauptsächlich in Assisi verbringen werden.

Am Anfang deutet nichts auf die Rolle Francescos als »Idiot der Familie« hin. In dieses Bild hatte Jean-Paul Sartre die Kindheit und Jugend von Gustave Flaubert gebracht. Dieser war der Sohn eines berühmten Chirurgen in Rouen, der in den Schriftstellerambitionen seines Sohnes nichts anderes als Faulheit und Tölpelei entdecken konnte. Und wie lange braucht so ein Kind, sich gegen die Übermacht des Vaters zu behaupten! Flaubert etwa sprach als Kind erst spät und schien dann in allem, was er tat, für den praktischen Wirklichkeitsmenschen, der der in seinem Beruf so erfolgreiche Vater war, aufreizend langsam. Ein lebensuntüchtiger Träumer!

Ist es ein Zufall, dass sich Franz in seinem *Testament* als »idiota et ignorans« bezeichnet – als einfältig und ungebildet? Hier ist der Dissens zur Umwelt, besonders zu seiner engsten, der Familie, berührt. Denn deren Maßstäbe sind nicht seine Maßstäbe, seine Zeit wird anders gemessen. Niklaus Kuster hat die musische Seite Francescos hervorgehoben. Der Traum, der ihn leitet, erwächst nicht aus der Heiligen Schrift, überhaupt nicht aus einem Studium, er kommt ganz unmittelbar über ihn, mit unwiderstehlicher Kraft, einer poetischen Sendung gleich: »Sein ganzes Leben wird er ein Tänzer, Dichter und Gaukler bleiben, der wie ein ›Troubadour‹ auftritt, seine Botschaft leidenschaftlich gern inszeniert und schließlich auch zu seine Predigten tanzt.«[3]

Er ist »idiota et ignorans«, denn ihm fehlen die Voraussetzungen, eine jener üblichen Predigten zu halten, die zumeist Auslegungen von Bibelstellen sind. Aber dieses Nicht-Können im konventionellen Sinne macht ihn frei für Außergewöhnliches! Er spricht aus, was er erblickt, um sich herum und tief in sich. Heraus kommt eine Art magischer Realismus, Visionen von dokumentarischer Kraft. Francesco sucht nach einer eigenen Ausdrucksform und findet diese schließlich in einer Art religiöser Performance. So ist überliefert, dass er einmal einer auf seine Predigt wartenden Versammlung entgegentrat und sich, statt zu sprechen, Asche über den Kopf schüttete und dann still im Gebet verharrte. Mehr nicht? Das ist viel für eine Zeit, in der sämtliche christlichen Symbole so vernutzt und missbraucht scheinen, dass man ihnen nichts anderes mehr zutraut, als bloß die Lügen zu vermehren.

Franz wird gerade durch seine gelegentlich stammelnde Sprachlosigkeit, die den Mystiker zeigt, und seine damit einhergehende kindliche Lust am Spiel mit tieferer Bedeutung zum Erneuerer der christlichen Symbolik werden. Diese Natürlichkeit des Glaubens scheint aus Übermut zu erwachsen. Denn was schließlich zur Emanzipation der Natur werden wird, setzt den Mut voraus, die eigenen Grenzen zu überwinden.

Der Gründungsheilige dieser Familie der Träumer, der im bürgerlichen Sinne tatsächlich »Verrückten«, weil gegen ihre naheliegenden Interessen Handelnden, dieser Bewahrer einer demütigen Klugheit, die eine andere ist als die Geschäftsklugheit erfolgreicher Macher, trägt von Anfang an den Namen Franz von Assisi. Von Anfang an? Ja und nein. Denn das, was seine Bekehrung genannt wird, ist kein plötzliches Ereignis, es bereitet sich lange in ihm vor – und wer will hier mit Gewissheit sagen, dass das Spätere nicht von Anfang an in ihm angelegt gewesen sei?

Als Francesco nach einem Jahr Kerkerhaft vom Vater freigekauft wird, nimmt er sein bisheriges Leben in Assisi wieder auf. Tagsüber steht er im Geschäft des Vaters und bezaubert die gehobene Kundschaft mit seinem Charme, der im dunklen Kerker offenbar keine Kratzer bekommen hat. Nachts zieht er mit den anderen Söhnen Besserverdienender durch die Stadt. Nach üppigem Essen und Trinken, das Francesco bezahlt, hält man laut singend und johlend Ausschau nach schneller Liebe für den Nachhauseweg. Es sind Freuden der Besitzenden, die sich auf diese hastig konsumierende Weise ihrer Vitalität versichern. Ja, Francesco ist nach Krieg und Gefängnis immer noch jung, gerade mal zweiundzwanzig Jahre alt. Und äußerlich ist alles bei ihm wie immer – jedenfalls fast. Denn seit dem Gefängnis ist er krank, hat es auf der Lunge, vermutlich eine Tuberkulose.

Auch sein scheinbar intaktes Selbstbild bekommt erste Risse – er hat bereits zu viel gesehen und erlitten, um sich mit dem zu begnügen, was man für Geld haben kann. Das ganze oberflächliche Leben ist ihm – noch bevor er bereit ist, es sich einzugestehen – fremd geworden. Seine Seele hungert nach echter Nahrung.

Das zeigt sich in kleinen, zufälligen Begebenheiten. Die erste, die uns überliefert wurde, ist die Begegnung mit einem Bettler, der unbotmäßigerweise plötzlich im Laden steht und um eine Gabe bittet. Francesco ist empört, dieser schmutzige und stinkende Kerl vertreibt ihm noch seine gut situierten Kunden! Wütend weist er ihn hinaus. Dann vergisst er diese in einer mittelalterlichen Stadt alltägliche Begebenheit. So wie er auch die Erinnerung an den kurzen mörderischen Krieg mit Perugia und das Jahr im Kerker vergisst.

Doch die verdrängten Bilder kehren wieder – zur Unzeit, dann, wenn er besonders wehrlos gegen sie ist.

Hätte dieser elende Mensch, der nichts besitzt und sich als Bettler von seinen Mitmenschen wie ein Stück Dreck behandeln lassen muss, doch bloß nicht im Namen Gottes um Hilfe gebeten – und nicht irgendwen, nicht allgemein, sondern ihn persönlich, Francesco Bernadone! Und er hatte sich hartherzig gezeigt. War er innerlich bereits derart abgestumpft?

Die Legende berichtet allerdings, er sei dem Bettler, kurz nachdem dieser den Laden verlassen habe, hinterhergelaufen, um ihm so viele Goldstücke in die Hand zu drücken, wie er in der Eile greifen konnte. Ob dies stimmt, wissen wir nicht – aber der Gestus des Gebens hat etwas Zweideutiges. Zum einen ist da echte Scham über das eigene Verhalten, der Versuch, etwas wiedergutzumachen. Denn Gott sprach aus dem Bettler, der Bettler war Gott. Ihm soll schnell und überreich geholfen werden. Zum anderen bleibt etwas Abwehrendes in seiner Handlung. Hier nimm, es ist mehr, als du jemals bekommen hast, aber lass mich in Ruhe!

Francesco handelt in dieser Situation wie ein echter Bernadone, wenn auch milde gestimmt. Er gibt Almosen, will ihm da noch jemand wegen seines Lebens, das sich immer nur um Geld und noch mehr Geld dreht, Vorwürfe machen? Ist er etwa nicht tüchtig, und ist Erfolg denn etwas, dessen man sich schämen muss? Es ist dieselbe selbstgerechte Logik wie bisher, die ihn immer noch gefangen hält. Er ist ein Reicher, und er gibt den Armen. Reichlich durchaus, aber die Rollen sind klar verteilt.

Doch warum ist er reich und die anderen arm? Ist es Schicksal, oder sind sie so faul und dumm wie er fleißig und klug? Diese Welt, beginnt Francesco zu ahnen, ist nicht gerecht eingerichtet und brüderlich schon gar nicht. Aber was kann man tun? Soll er etwa sein ganzes bisheriges Leben fortwerfen, es ablegen wie ein Kleid, das nicht mehr passt?

Noch versucht er beides, sein Leben als vornehmer, freundlicher und großzügiger reicher Bürgersohn fortzuführen und trotzdem mit seinem Geld denen zu helfen, die es zum nackten Überleben brauchen. Aber immer wieder, regelmäßig nun sogar, greift er in die Geschäftskasse, nicht mehr nur, um das Geld mit Freunden auszugeben, das auch noch, aber immer häufiger bringt er es jenen Armen, um die er bislang einen großen Bogen machte.

Diese Ärmsten der Armen vegetieren ganz am Rande der Gesellschaft. Aus Sicht der neureichen Bürger sind sie mehr als bloß lästig, sie sind bedrohlich. Denn aus diesem Elend resultiert Verwahrlosung, und diese wiederum wird zum Nährboden für zahlreiche Krankheiten. Eine Zumutung sind vor allem die Leprösen, die am lebendigen Leibe verfaulen, dass es zum Himmel stinkt. Und es gibt immer mehr von diesen sich selbst überlassenen Aussätzigen. Wo man sie trifft, da bewirft man sie mit Steinen. Oft ziehen sie sich dann in den Wald zurück, daher der Name »Waldmenschen«, der in unserem kollektiven Unterbewusstsein immer noch Ängste auslöst. Sie ernähren sich von dem, was sie finden, auch von verfaulten Früchten und von Getreide, das von Mutterkorn befallen ist – was schlimme Folgen hat wie jene Veitstanz genannte Nervenkrankheit oder schwarze Geschwüre, die den ganzen Körper bedecken.

Die neue städtische Kultur forciert die Desintegration ganzer Gruppen, die in der traditionell ländlich verfassten Kultur noch dazugehörten. Und im 13. Jahrhundert werden es immer mehr von diesen aus der Gemeinschaft Ausgestoßenen, nicht nur die Aussätzigen ziehen hungernd und bettelnd über Land.

Die Freiheit der Städte, zweifellos ein Fortschritt, wirft lange Schatten. Aber was Francesco hier sieht, das sind mehr als bloße Schatten, es scheint ihm wie eine finstere Nacht.

Rilke schreibt es in einem Gedicht, und es ist nicht einmal fromm gemeint, eher wie eine zufällige Begegnung, ein Zusammentreffen, mit dem man nicht rechnete: »Da stürzte Gott aus seinem Hinterhalt.«

Wie gesagt, in dieser Zeile steckt keine christliche Botschaft, dem Dichter liegt es fern, zu bekehren oder sein Innerstes vor Publikum vorzuzeigen. Er vermeldet einen Fakt. Den Einbruch einer anderen Dimension, das Aufsprengen eines Lebenskreises, den man zu lange für intakt gehalten hatte.

TEIL I
Vom Anfangen

Der Spielmann Gottes

Ein Simplicissimus?

Ein einfacher Mensch, der weise ist, weil er im wenigen viel, vielleicht sogar alles findet. Ein Simplicissimus! Aber man kann dies Wort so oder so gebrauchen: voller Bewunderung angesichts eines mit wenig äußerem Aufwand gelingenden Lebens, oder aber auch eher wegwerfend, geradezu verachtungsvoll.

Ausgerechnet einer der mächtigsten Männer seiner Zeit, der von sich behauptete, er sei ein Freund Franz' von Assisi, der aber diesen immer nur gründlich missverstand, wenig achtete und für seine Machtpolitik benutzte, Kardinal Hugolin (auch Hugo oder Ugolino), der dann Papst Gregor IX. wurde und die Heiligsprechung von Franz betrieb, gebrauchte der *Legenda Perusina* zufolge ebenfalls den Vergleich mit einem Simplicissimus. Dieser ist dem Wortsinne nach ja nicht nur ein schlichter Mensch, sondern geradezu ein Idiot, aber Kardinal Hugolins Verständnis nach eben kein heiliger Idiot, der mehr und anderes weiß als all die klug taktierenden Vielwisser, die ihre Interessen zu wahren verstehen. Nein, Franz von Assisi, der Simplicissimus und heilige Idiot im Sinne jenes Fürsten Myschkin, den Dostojewski in Anlehnung an Franz von Assisi schuf – ein Genie des Leidens ebenso wie der Lebensfreude! –, blieb jemandem wie dem ehrgeizigen Kardinal Hugolin in seinem Wesen verborgen.

Auch dieser nennt ihn einen Idioten, aber die folgende Szene zeigt, dass er damit einen ärgerlichen Störfall meint. Franz ist für ihn ein Außenseiter, der das immer gleiche Spiel um Macht und Reichtum auf gefährliche Weise durcheinanderbringt.

Die von Thomas von Celano in seiner zweiten Lebensbeschreibung des Franz berichtete Episode bezieht sich auf ein Gastmahl im Hause des Kardinals, zu dem er auch Franz einlud. Dieser erscheint, aber er bringt erbettelte Brotreste mit, die er auf den üppig gedeckten Tisch des Kardinals legt.

Man kann sich vorstellen, wie indigniert die versammelten kirchlichen Würdenträger auf diese hochsymbolische urchristliche Geste reagierten. Und der Kardinal, der nichts oder aber das Falsche versteht, nimmt den Störenfried beiseite und spricht: »Mein Bruder Einfaltspinsel (*frater mi simplizone*), warum hast du mich blamiert, indem du in meinem Haus, das doch deinen Brüdern gehört, um Almosen betteln gegangen bist?«[4]

Hier prallen zwei Welten aufeinander, die sich offenkundig nicht verstehen können. Aber sollen sie das denn? Der hier aufscheinende Riss in der einen Welt, in der diese beiden Christen leben, wird vor allem in den kommenden beiden Jahrhunderten noch zu viel Streit und Leid führen.

Doch ist Franz wirklich ein Simplicissimus? Das Einfache ist ihm zweifellos ein hohes Gut, das er sehr bewusst gegen die Buchstabengelehrsamkeit der Scholastiker stellt. Aber im Wort »simpel« schwingt eben auch ein Unterton mit: beschränkt, zurückgeblieben. Und das ist er keineswegs, genauso wenig, wie es Rousseau war, als er sein »Zurück zur Natur!« zum Programm erhob. Romano Guardini hat die inneren Gegensätze, die Franz in sich austrug, die große Not, aus der heraus er lebte, so formuliert: »Kein schaffender Mensch ist einfach, denn er ist gespannt zwischen dem, was ist und dem, was noch nicht ist.«[5]

Der utopische Raum seines Handelns ist damit bemerkt. Aber noch etwas anderes – und das eben zeigt bereits das Paradox seiner Sendung – wird damit berührt: Franz von Assisi ist keine in sein Geheimnis versenkte Gestalt wie etwa Meister Eckhart oder Theresa von Ávila. Seine Wirkung ist von großer Klarheit – und auch die immense Zahl von Legenden, die sich dann in den *Fioretti* um sein Leben ranken werden, hat seine schlichte, menschenfreundliche, mit Vorbild und Witz belehrende Art, die sich niemals über andere erhebt, eher noch bestärkt. Im Bewusstsein des Volkes ist er einer der Ihren, der ernst macht mit der Botschaft des Evangeliums, nicht der Wundertäter, zu dem die Kirche ihren Heiligen machen will. Genügt es dem Volk, dass er Jesus auf so selbstverständlich-originelle Weise folgt? Oder muss er dazu der »zweite Jesus« (samt Ausbildung der Wundmale) sein, jemand, der Tote auferweckt und Kranke heilt?

Romano Guardini hat den – tief widersprüchlichen – Rahmen abgesteckt, in dem das Leben des Franz von Assisi im Folgenden zu behandeln sein wird: »Immerfort tönte ihm in die umschriebene Gegenwart der Klang des Unendlichen. Und sein Leben ist eine ewige Wanderung gewesen. Grund genug, ihn unter die Romantiker zu rechnen, unter die dem ewig Flutenden, Grenzenlosen, Unwirklichen, Verfallenen ... Und doch ist es nicht so. Denn Franz gehört auch wieder zu den klaren Kanten und den ummauerten Blöcken der umbrischen Häuser. Er steht in der brennenden Klarheit der assisischen Sonne.«[6]

Nacktheit als Form des reinen Protests und der Apotheose

Mehrfach in seinem Leben steht er vollkommen nackt da. Das erste Mal, als er 1206 seinem Vater Pietro Bernadone öffentlich all seine Kleidung vor die Füße wirft und bekundet, fortan nur einen Vater, den im Himmel, zu haben. Das ist eine Abkehr nicht von der Welt, aber von ihren falschen Maßstäben, vor allem von Eitelkeit, Macht, Ruhmsucht und Geld.

Franz von Assisi wird so zum Erfinder von Nacktheit als Form des Protests. Er demonstriert damit zugleich die Unbedingtheit des eigenen Anliegens wie auch den Verzicht auf jeglichen äußeren Schutz. Fast nackt soll er gewesen sein, als er in San Rufino predigte. Erst gab es Gelächter und empörtes Raunen, dann verstand man die Botschaft: Die arme Kirche benötigt weder prachtvolle Bauten noch sonstigen repräsentativen Prunk und Schmuck. Was sie dagegen unbedingt braucht, ist die Bereitschaft, Jesus beim Wort zu nehmen.

Franz stellt der Macht des Geldes eine solidarische Vision entgegen, die den Wert des einfachen Lebens anerkennt. Werdet endlich bescheidener!, so mahnt Franz von Assisi nicht nur die Mächtigen dieser Welt, sondern auch sich selbst immer wieder.

So geht es dann auch über den Protest hinaus, ist ureigenster Antrieb und Vision zugleich, wenn Franz von Assisi fordert, »man müsse dem nackten Jesus am Kreuz nackt folgen«.[7] Nackt, das heißt hier vor allem: nicht mit dem Schlachtruf »Bekehrung oder Tod!« auf den Lippen, sondern waffenlos die Botschaft des Friedens bringend. Diese »Nacktheit des Geistes«[8] steht vehement gegen die Rede vom »heiligen Krieg«, wie sie Gregor VII., der 1073 Papst geworden war, geführt hatte. Mit ihm billigte sich erstmals ein Papst »Unfehlbarkeit« zu. Damit begann eine neue Ära der Kirche: ein machtpolitisch-imperialer Aufschwung. Gregor VII. rief zum Kreuzzug gegen die Ungläubigen (die Moslems vor allem) auf, verlangte von den Kreuzfahrern, sie sollten Jerusalem für die Christenheit zurückerobern. Dabei berief er sich auf Jeremias 48,10: »Verflucht sei der Mensch, der sein Schwert daran hindert, Blut zu vergießen.«

Als Franz von Assisi am 3. Oktober 1226 stirbt, besteht er darauf, nackt auf dem kargen Boden der Portiunkula-Kapelle zu liegen. Wie der Mensch geboren wird, so schutzlos stirbt er auch wieder. Noch mit seinem Tod hat Franz von Assisi, dieser begnadete Performer, wie man heute sagen würde, Spielmann und Troubadour, wie man im Mittelalter sagte, ein Symbol des wahren Menschseins hinterlassen. Es ist ein in seiner Natürlichkeit berührendes Bild.

Der sterbende Franz singt Loblieder auf Gott, so dass ihn der »Manager« des sich institutionalisierenden Ordens, Bruder Elias, dessen Charakter dem des Franz völlig konträr ist, zurechtweist; das gehöre sich nicht für einen angehenden Heiligen, von dem erwarte man, dass er würdevoll zu Gott hinübergehe. Um eine derartige Würde in den Augen kleiner Geister aber schert sich Franz von Assisi nicht, obwohl er allzu gut weiß, dass sie es sind, die ihn nun beerben werden.

Das erste erhaltene Porträt:
Franz von Assisi im Kloster Subiaco

Zur gleichen Zeit wie Franz von Assisi die Natur, auch die eigene, als beseelt entdeckt, entstand auch das erste Porträt von ihm, das im Kloster Subiaco erhalten ist. Es zeigt nicht den byzantinisch verklärten Heiligen vor einem Goldgrund, der mehr dem Himmel als der Erde anzugehören scheint, sondern das individuelle Bild eines Italieners aus dem umbrischen Assisi, der offenkundig jener Bruder Franz ist, dem Menschen zu folgen bereit sind, eben weil er nicht Sieg und Ruhm verheißt, sondern der Armut ihre Würde verleiht.

Das ist natürlich ein scharfer Protest gegen eine Kirche, die sich mehr Macht- und Eigentumsfragen verpflichtet fühlte als der Nachfolge Jesu. Aber es wird auch zum Beginn einer neuen Sensibilität jenen Dingen gegenüber, die bislang kaum eine Rolle in der mittelalterlichen Gesellschaft spielten, den Armen und Kranken, der Natur, den Tieren und Pflanzen und sogar den unbelebten Elementen: Licht, Wasser, Erde und Luft!

Aber auch sich selbst gegenüber, denn das Bild Franz' von Assisi im Kloster Subiaco zeigt einen Menschen, der offensichtlich mit einem Schmerz kämpft, aber dies andere nicht merken lassen will. In ihm widerstreiten gegensätzliche Gefühle. Auf einen Begriff zu bringen ist dieses Porträt jedenfalls nicht – und gerade darum erlangt es eine für die Malerei des 13. Jahrhunderts neue Ausdruckskraft.

So steht er dann vor uns wie der Schutzpatron jenes einfachen Lebens, das nicht ohne höchsten Anspruch ist. Aber er zielt nicht auf Erfolg, Status, Macht, Ruhm oder Reichtum. Worauf dann? Auf himmlischen Lohn für irdische Entsagung? Auch nicht. Es ist jene minoritische Haltung zum Leben, deren Ähnlichkeit zum Buddhismus zu entdecken wäre: Noch im Kleinsten und Schwächsten das Abbild Gottes zu sehen. In der Achtsamkeit allen Dingen gegenüber ohne jeden Rangunterschied vollzieht sich hier bereits die *religio*, die Rückwendung zu jenem Ursprung, der nicht allein den historischen Anfang meint, an dem alles einmal begann, sondern ebenso die Gegenwärtigkeit des lebenserhaltend-fruchtbaren Prinzips.

Bildnis mit Mängeln

Wie also sieht er aus, jener Franz von Assisi, dessen Beispiel nach achthundert Jahren nichts von seiner Kraft verloren hat? Wie ein Jedermann wirkt er, eher noch unansehnlicher als der Durchschnittsitaliener seiner Zeit. Seine Körpergröße hat die Wissenschaft anhand der Gebeine ermittelt: 1,58 Meter, das war auch im Mittelalter nicht das, was man imposant nennt. Auch schön ist er nicht. Der Heilige der katholischen Kirche wird von seinem ersten Biographen Thomas von Celano seiner äußeren Erscheinung nach als ein Allerweltstyp beschrieben. Neu ist an dieser ersten Biographie aus dem Jahre 1228 die Genauigkeit in der Beschreibung. Hier soll nicht der Wundertäter verklärt, sondern ein Mensch, den man sich zum Vorbild gewählt hat, in größtmöglicher Präzision charakterisiert werden.

Dadurch bekommen wir heute immer noch ein genaues Bild von Franz. Celano schreibt: »Von nicht gerade großer Gestalt, eher klein als groß, hatte er einen nicht sonderlich großen, runden Kopf, ein etwas längliches und gedehntes Gesicht, eine ebene und niedrige Stirne, nicht sonderlich große, schwarze, unverdorbene Augen, dunkles Haar, gerade Augenbrauen, eine gleichmäßige, feine und gerade Nase, aufwärts gerichtete, aber kleine Ohren, flache Schläfen, eine gewinnende, feurige und scharfe Sprache, eine mächtige, liebliche, klare und wohlklingende Stimme, dichte, gleichmäßige und weiße Zähne, schmale und zarte Lippen, einen schwarzen, nicht vollen Bart, einen schlanken Hals, gerade Schultern, kurze Arme, lange Finger, etwas vorstehende Nägel, dünne Beine, sehr kleine Füße, eine zarte Haut, war sehr mager, trug ein raues Gewand, gönnte sich nur sehr kurzen Schlaf ...«[9]

Ein Volkstribun sieht anders aus, sollte man meinen, steht nicht auf dünnen Beinen und mit schlecht entwickeltem Bartwuchs vor den Massen – und was heißt »unverdorbene Augen«? Hier ist wohl der beseelte Blick gemeint, denn in den letzten Lebensjahren leidet Franz von Assisi unter kranken, ständig eitrigen Augen, erblindet schließlich. Er besitzt jedoch genug Selbstironie, die eigene Erscheinung mit der einer »kleinen schwarzen Henne« zu vergleichen.

Die steckbriefartige Präzision in der Charakteristik durch Celano frappiert. Es ist, das wird in der Schilderung schnell klar, kein übernatürlicher spätplatonischer Scheinleib, den wir bei Franz von Assisi vor uns haben, sondern der, den Francesco Bernadone aus Assisi von Natur aus besitzt. Daran hat auch seine Berufung zum Bußprediger nichts geändert. Vor allem: Seine Stimme klingt voll und kräftig. Das ist in Zeiten, wo, wer zur Menge spricht, sich nicht auf technische Verstärkermöglichkeiten verlassen kann, eine entscheidende Voraussetzung, um überhaupt auftreten zu können. Franz, der gelernte Tuchverkäufer, kann sehr beredt sein. Aber da er die Bibel kaum kennt (und auch niemals vorgibt, ein eifriger Bibelleser zu sein), sich auch nicht gern auf Texte bezieht (es sei denn auf wenige ausgewählte Stellen in den Evangelien zur Armut der wahren Christen), lehnt er das Interpretieren von Texten überhaupt ab. Das ist gegen die Scholastik gerichtet, die sich für Franz nicht nur vom wahren Glauben, auch vom simplen Leben entfernt hat. Seine Predigten sind darum höchst ungewöhnlich.

Das in Celanos Beschreibung auffallende Wort ist »klein«, aber dabei auch anmutig. Und seltsamerweise scheinen es seine – später dann so kranken – Augen zu sein, die andere an ihm bezaubern. Sie hätten, so wird berichtet, ständig ihren Ausdruck gewechselt.

Sowohl Luise Rinser als auch Julien Green werden in ihren Charakterisierungen das Wort »verhexen« gebrauchen. Aber eine derartige Form von augenblicklicher Überrumplung liegt Franz fern. Sein Beispiel auf sich zu nehmen heißt nicht, das eigene Urteilsvermögen abzugeben – im Gegenteil, blinde Gefolgschaft ist schon darum in den Anfängen nicht möglich, weil die Brüder oft allein oder zu zweit gehen. Ohne ein starkes Selbstbewusstsein ist das kaum denkbar. Was aber heißt, seine Augen hätten ständig den Ausdruck gewechselt? Unterlag er starken Stimmungsschwankungen, wusste man nie recht, woran man bei ihm war? Vor allem ist damit gesagt, dass hier ein innerer Kampf geführt wurde, der nie endete.

Üblicherweise wurde zu Beginn des 13. Jahrhunderts der Gottesdienst in lateinischer Sprache abgehalten, und da das Volk dies nicht verstand, gab es eine Predigt im eigentlichen Sinne, das Ansprechen der Gemeinde also, auch so gut wie nicht. Franz aber spricht Italienisch und noch lieber Französisch. Ja, er singt und spielt. Er wendet sich nicht allein an den Intellekt, er fordert alle Sinne. Celano stellt die Beschreibung Franz' von Assisi im Kapitel XXIX seiner ersten Lebensbeschreibung unter die Überschrift »Seine große Liebe zu allen Geschöpfen um des Schöpfers willen; seine äußere und innere Erscheinung«. Die »innere Erscheinung« meint seinen Charakter, dasjenige an ihm, das er nicht von Natur aus ist, sondern eben zweite, selbst geschaffene Natur: die Kultur. Denn sein Verhalten anderen Menschen gegenüber resultiert nicht aus einem einzigen Offenbarungserlebnis, sondern aus vielen Erfahrungen, die ihm die Natur des Menschen – auch seine eigene – offenbaren.

Es sind soziale Eigenschaften, von denen wir hier lesen: »Er war ein außerordentlich redegewandter Mann mit fröhlichem Antlitz und gütigem Gesichtsausdruck, frei von Feigheit, ohne jede Überheblichkeit.«[10] Freigebig sei er gewesen, so der Grundzug seines Charakters. Und noch etwas erfahren wir über ihn, das ein allzu eindimensionales Bild von Heiligkeit sofort dementiert: »Und da er der Demütigste war, erwies er allen Menschen jegliche Sanftmut und glich sich in passender Weise dem Charakter aller an. Unter Heiligen war er noch heiliger, unter Sündern wie einer von ihnen.«[11] Die Frage aber bleibt: Wie konnte dieser unscheinbare Mensch, der keine besonderen körperlichen oder geistigen Vorzüge besaß, solch eine Anziehungskraft auf andere Menschen ausüben? Darüber wird noch zu reden sein; aber wer eine bündige Antwort erwartet, wird enttäuscht werden. Das Geheimnis seiner Person bleibt, verbirgt sich in der überlieferten Legende.

Über die vollkommene Seelenfreude spricht Franz von Assisi, sie bestünde nicht darin, »Wunder zu wirken oder Kranke zu heilen oder Teufel auszutreiben oder Tote aufzuwecken; auch nicht darin, alle Dinge zu lernen und zu wissen, oder durch seine Beredsamkeit die ganze Welt zu bekehren, sondern darin, alle Leiden und Kränkungen und Ungerechtigkeiten und Demütigungen mit Geduld und Gleichmut zu ertragen«.[12]

Der unscheinbare Mensch aus Assisi als welthistorisches Ereignis

Wann wird aus dem vagen geistigen Anreiz ein lebensbestimmender Anstoß? Vielleicht müssen dafür verschiedene altbekannte Dinge so zusammentreffen, dass etwas Neues vor uns steht. Die Lebensreise des Tuchhändlersohnes aus Assisi, Giovanni Bernadone, den der Vater Pietro im frankophil-patriarchalen Affekt 1181 oder 1182 nach seiner Rückkehr von einer Geschäftsreise kurzerhand in Francesco (der Franzose) »umtaufte«, dauerte bis zu seiner zweiten Geburt im Jahre 1206 knappe fünfundzwanzig Jahre. Ab jetzt ist er jener Franz von Assisi, der in seiner Heimatstadt jedem verkündet, er habe nur noch einen Vater, und der wohne im Himmel.

Sein Auftritt in seiner Heimatstadt Assisi gleicht dem eines Simplicissimus. Was hatte Franz von Assisi, was andere Bußprediger – etwa Petrus Waldus – nicht hatten? Sagen wir zuerst, was ihm fehlte: theologische Bildung, gründliche Bibelkenntnis. Auch die Institution Kirche kannte er in ihrer Funktionsweise nicht von innen. Das scheinen auf den ersten Blick erhebliche Nachteile für einen, der auszieht, der Kirche das evangelische Ideal nahezubringen. Wie also gelingt es ihm, diese Schwäche in eine Stärke zu verwandeln? Indem er – darin ist er in all seiner Naivität überaus instinktsicher – die Schwäche zu einer Tugend erklärt, die die Kirche erst wieder lernen muss. Dann kann sie, die kranke, auch wieder gesunden.

Er will nicht, wie die Katharer und andere Ketzer, eine Gegenkirche gründen, für ihn sind die Bischöfe und der Papst keine Feinde. Wie sollten sie auch, hatte ihm Guido, der Bischof von Assisi, nicht schützend den Mantel umgelegt, als er nackt vor ihm und seinem Vater stand, der ihn misshandelt, bedroht und schließlich verstoßen hatte? Die Kirche war dem obdachlos gewordenen Francesco zur rettenden Zuflucht geworden, als er sich vom Vater – und damit von der Welt des Handels und des Geldes – für immer abwandte, aber erst nachdem dieser sich von ihm abgewandt hatte.

Und noch einen Vorzug hat Franz von Assisi gegenüber den anderen Bußpredigern und Glaubenserneuerern seiner Zeit: Er ist ein die Menschen, so wie sie sind und nicht wie sie idealerweise sein sollten, ehrfürchtig behandelnder Gefährte. Niemand, der von sich sagt, er liebe alle Menschen, sondern jemand, der immer den Einzelnen in seiner Unvollkommenheit und Bedürftigkeit, seinen Verirrungen wie Beschädigungen und unabhängig von seinem Stand vor sich sieht und zu lieben vermag.

Die Magie Franz' von Assisi, die die Menschen in seiner Umgebung – dieselben, die ihn zuvor als »Verrückten« verlacht und mit Kot beworfen hatten – nun so verzaubert, erwächst aus einer Wurzel: Treue zu sich selbst und seiner Mission. Dies ist ein Mensch, um mit Nietzsche zu sprechen, der ein Beispiel gibt. Eines zumal, nach dem seine Zeit immer drängender verlangt. Seine Heiterkeit verliert er selbst in prekären Situationen nicht, wie etwa, als man ihn in Perugia einkerkerte und erst sein Vater ihn mit viel Geld freikaufte.

Nein, dieser Franz von Assisi ist kein Heiliger des zu Boden gesenkten Blicks, kein Meister der Selbstabtötung. Da spürt einer, dass er Sinne hat, die ihn das göttliche Wunder des Lebens erleben lassen – in seinem Wachstum und Blühen ebenso wie im Welken und Absterben. Mit Franz von Assisi bekommt die *vita activa*, wie sie bereits sein ruhlos Handel treibender Vater verkörpert, eine Seele. Sie hört darum nicht auf, *vita activa* zu sein, aber sie beginnt nach innen zu lauschen, Inseln der Stille zu bilden. Peter Sloterdijk hat in *Du musst dein Leben ändern* (ein Satz Rilkes, der den ganzen Franz von Assisi in sich trägt!) über jene mittelalterliche *vita contemplativa* geschrieben, wie sie sich in der Ordensregel der Benediktiner im 6. Jahrhundert zeigt: »Während die Modernen durch Kuren und Ferien ihre Arbeitskrankheiten kompensieren, setzen die Mönche das Arbeiten ein, um Abhilfe gegen ihre Kontemplationskrankheiten zu schaffen.«[13]

Julien Green erinnert daran, dass es im Mittelalter in Italien etwa hundertfünfzig (!) Feiertage gegeben habe – hier also steht das Leben tatsächlich im Dienste Gottes und nicht im Dienste der Arbeit. Aber zu Beginn des 13. Jahrhunderts ändert sich das. Zeit ist auf einmal Geld! Franz von Assisi ist ganz ein Kind dieser neuen Ära, aber seine kontemplative Weltabwendung, die es gibt, ist nie ohne erneute aktive Weltzuwendung. Dass sich damit in seiner Person *vita activa* und *vita contemplativa* auf eine so noch nie da gewesene spirituelle Weise verbinden, offenbart den modernen Grundzug seiner Religiosität, die zum Zeugnis eines veränderten kulturellen Weltverständnisses des Einzelnen wird. Oder, wie es

Jacques Le Goff prophetisch formuliert: »Dieser arme, kleine und äußerlich hässliche Franziskus (*Poverello*) ist nicht nur eine der wichtigsten historischen Persönlichkeiten, sondern einer der Führer der Menschheit überhaupt.«[14]

Es bleiben Franz von Assisi 1206 noch genau zwanzig Lebensjahre, der zu werden, der er sein will. Nur zwei weitere Jahre nach seinem Tod vergehen, bis er offiziell zum Heiligen der katholischen Kirche erklärt wird. Eine erstaunliche Erfolgsgeschichte, die misstrauisch machen muss, denn wie jeder übergroße Erfolg lässt auch dieser nach dem Preis dafür fragen. Welche Opfer mussten gebracht werden, damit die Franziskaner überhaupt ein so machtvoller Orden innerhalb der katholischen Kirche werden konnten? Wie viel vom Ursprungsideal wurde aufgegeben? Mitte des 13. Jahrhunderts zählte der Franziskanerorden bereits über zweihunderttausend Angehörige! Heute gibt es weltweit noch etwa vierzehntausend Brüder der drei franziskanischen Ordenszweige, die sich im Streit um das Ideal schließlich herausbildeten, den Ordo Fratrum Minorum (OFM), als Orden der Minderen Brüder, die Abspaltung der Konventualen (OFMConv) und die Kapuziner (OFMCap). Die Franziskaner im deutschsprachigen Raum zählen insgesamt weniger als tausend Brüder.

Das ist augenscheinlich – trotz eines aus dem Jesuitenorden kommenden Papstes, der sich Franziskus nennt – nur noch eine verschwindende Minderheit innerhalb der säkularen Welt, in der »neue Religionen« wie die Selbstoptimierungs-Psychosekte Scientology, die das Prinzip Profitmaximierung auf die menschliche Seele anwendet, ein Vielfaches an Anhängern besitzen. Ist die Utopie vom solidarischen Leben dem Prinzip Egoismus damit für immer unterlegen und Franz von Assisi und sein Erbe also nicht mehr als eine ferne Erinnerung, die mit unserer Gegenwart nichts mehr zu tun hat? Oder ist der franziskanische Mensch vielleicht längst ein über die Grenzen des Katholizismus hinausgehendes Symbol für einen künftigen Menschen geworden, einen Menschen, der den Anspruch nichtentfremdeten Lebens inmitten eines krisenhaftselbstzerstörerischen Endzeitkapitalismus in sich trägt? Eine nicht nur religiöse, mehr noch: eine kulturelle Zukunftsvision?

Um das herauszufinden, müssen wir die Widersprüche und Kämpfe bei der Herausbildung des franziskanischen Ideals aufzeigen, ebenso die Verluste und Entstellungen im Versuch, es zu realisieren. Kann, soll man Ideale überhaupt realisieren? Der heikle Punkt der Institutionalisierung ist damit berührt, die immer stärkere »Einpassung« der franziskanischen Bewegung in die Strukturen der katholischen Kirche. War der franziskanische Impuls ursprünglich nicht genau gegen solcherart Art von Strukturen gerichtet gewesen? Gewiss. Doch hätte diese Bewegung ohne feste Strukturen überhaupt eine Chance gehabt, sich dauerhaft zu begründen? Kaum. Aber bis zu welchem Punkt bewahrt der Kompromiss das Ursprungsideal selbst noch in seiner reduzierten Form, ab wann verrät er es?

Geschieht dies bereits unter jenem ominösen Bruder Elias von Cortona, einem machtpolitischen Stehaufmännchen, der sich seit 1215 im Gefolge von Franz von Assisi findet, ab 1217 Kustode in Syrien ist und seit 1221 de facto den Orden leitet, der 1227 abgesetzt wird – aber nur, um 1232 wieder an der Spitze des Ordens zu stehen, ehe er 1239 endgültig entmachtet wird?

Sein Drang zu Luxus und glamourösem Auftreten irritierten viele der Franziskaner. Auch dass unter ihm bereits der Terror gegen die Verteidiger eines strengen Armutsideals, gegen Kritiker seiner Amtsführung überhaupt einsetzte, empörte viele Brüder. Wie stark sich der Orden in nur wenigen Jahren veränderte, zeigt die Verfolgung von Cäsarius von Speyer, der in Paris Theologie studiert hatte und dem wenig bibelkundigen Franz ein enger Vertrauter gewesen war. Er half ihm bei der Abfassung seiner sich anfangs fast ausschließlich auf Bibelstellen stützenden ersten Fassung der Ordensregel. 1221 führt Cäsarius die Missionsreise nach Deutschland (Teutonia) an und wird zum ersten Provinzial der Franziskaner auf deutschem Boden. Nach Franz' Tod erweist er sich als einer der wichtigsten Kritiker des Kurses von Elias, der immer mehr Grundsätze der Franziskaner aus machtpolitischen Motiven missachtet, und wird daraufhin in Klosterhaft genommen und – angeblich während eines Fluchtversuchs – von einem Mitbruder ermordet.

Oder wird der Verrat, jenseits dieser frühen blutigen Richtungsstreitigkeiten im Orden, erst offenkundig, als der erste Franziskaner, der Ordensminister Hieronymus von Ascoli, 1288 zum Papst Nikolaus IV. gewählt wird – und nun seinerseits die Apostoliker, eine Bußbewegung unter Gerhard Segarelli in Parma, mit aller grausamen Härte als Ketzer verfolgen lässt? Auch macht er zahlreiche Franziskaner zu Inquisitoren – und diese suchen sich ihre Opfer nicht nur außerhalb des eigenen Ordens, sondern auch, fast möchte man sagen: bevorzugt, unter den eigenen Brüdern. Natürlich geschieht das immer unter Berufung nicht nur auf Jesus Christus, sondern auch auf den Heiligen Franziskus. Die Franziskaner, eine Kriminalgeschichte?

Der Franz von Assisi treibende Lebenswiderspruch zeigt sich früh. Er ist zugleich der Prophet des Untergangs einer alten Welt und Verkünder des Anbruchs einer neuen. Er kann durchaus hassen: Ein auf Eigentumserwerb ausgerichtetes Leben erscheint ihm verwerflich, Geld vergleicht er immer wieder mit Kot. Aber auch die Utopie einer Bruderschaft, die auf nichts als auf gemeinsamer Nachfolge Jesu gründet, besitzt ihre Abgründe. Wer soll die Brüder führen, nach welchen Regeln sollen sie in ihrer schnell wachsenden Zahl zusammenleben?

Franz ist ein überaus temperamentvoller Visionär. Er ist Asket, aber will nicht, dass man es bei aller geforderten Buße mit der Selbstkasteiung übertreibt. Er liebt die Natur, die ihn umgibt, die Tiere und Pflanzen, aber seine eigene bleibt ihm problematisch. Er plädiert für den Frieden und sucht den Ausgleich, aber verachtet den bloßen Pragmatismus.

Immer erscheint er zugleich als Heiliger und als Ketzer, der Gegensätze zumeist versöhnen kann, aber diese manchmal auch willkürlich verschärft. Die Kehrseite seiner großen Liebe zur Schöpfung ist seine gelegentliche Grausamkeit zu anderen Menschen wie auch zu den Tieren. Franz von Assisi kämpft ständig mit seinen Affekten, die ihn zu übermannen drohen und – mindestens einmal – an den Rand des Selbstmords treiben. Dass er diesen Kampf der lebensbejahenden mit den zerstörerischen Kräften dann doch aushält, den maßlosen Schmerz wie die überbordende Freude in sich zu zügeln vermag, macht sein Leben so beispielhaft.

Der Vogelprediger. Franz von Assisi und die Natur

Thomas von Celano notiert in Kapitel XXI seiner ersten Lebensbeschreibung über die Liebe des Mannes »mit dem überschäumenden Herzen« zu den »niederen und unvernünftigen Geschöpfen«, besonders nahe seien ihm die Vögel gewesen. Auch sie sind für ihn Brüder und Schwestern, ein Teil der anzusprechenden Schöpfung, der er mit Ehrfurcht entgegentritt, und das – zumeist – mit einer ausgesuchten Höflichkeit.

Die berühmte Szene, in der Franz den Vögeln predigt, wird von Celano auf jene Zeit datiert, da sich bereits »viele den Brüdern« beigesellt hatten. Ort ist das Spoleto-Tal, wo er während seiner Wanderung mit den Brüdern auf eine größere Schar von Vögeln trifft. Höflich grüßend will er vorübergehen, als er merkt, dass die Vögel gar keine Anstalten machen fortzufliegen, sondern anscheinend auf etwas warten. Auf ihn?

Also beginnt er, ihnen das Wort Gottes zu verkünden. Wie Celano diese Szene beschreibt, in aller Zartheit der Wahrnehmung dieser besonderen – und für das Mittelalter bislang unerhörten – Situation, das eröffnet eine Legendenwelt, in der Franz von Assisi immer noch ein Bruder unter Brüdern ist und kein Heiliger, dessen Person ins Licht der Verklärung getaucht ist.

Und so erscheint der wunderbare Vorgang wie die natürlichste Sache der Welt. Und ist es das nicht auch, wenn man sein Gegenüber von Gleich zu Gleich anspricht, sei es ein anderer Mensch, ein Tier, eine Pflanze, ein Berg oder eine Regenpfütze? Also hören wir ihn sagen: »Meine Brüder Vögel! Gar sehr müsst ihr euren Schöpfer loben und ihn stets lieben, er hat euch Gefieder zum Gewand, Fittiche zum Flug gegeben und alles, was ihr nötig habt. Vornehm macht euch Gott unter seinen Geschöpfen, und in der reinen Luft schuf er euch Wohnung. Ihr sät nicht und erntet nicht, und doch schützt und leitet er euch, ohne dass ihr euch um etwas zu kümmern braucht.« Derart angesprochen, ist die Reaktion der versammelten Vogelgemeinde enorm: »Bei diesen Worten jubelten jene Vögel auf ihre Art und fingen an die Hälse zu strecken, die Flügel auszubreiten, die Schnäbel zu öffnen und auf ihn hinzublicken ...« Und Franz zeigt sich verwundert über sich selbst, dass er es bislang versäumte, die fliegenden Boten der Schöpfung, die sich laut singend in den Himmel hinein erheben, als seine Brüder und Schwestern anzusprechen, wo doch auch in diesen eine große Ehrfurcht vor dem Schöpfer sei: »Und so geschah es, dass er von jenem Tag an alle Lebewesen, alle Vögel und alle kriechenden Tiere sowie auch alle unbeseelten Geschöpfte eifrig ermahnte, ihren Schöpfer zu loben und zu lieben; denn Tag für Tag konnte er aus eigener Erfahrung sich über ihren Gehorsam vergewissern, sobald er nur den Namen des Erlösers angerufen hatte.«[15]

Allerdings ist die brüderliche Form des Umgangs nur die eine, die andere – vermutlich überhaupt erst durch die Überlieferung des mit Wunderkräften ausgestatteten Heiligen zum Thema geworden – ist ebenfalls nicht zu übersehen: die gebietende, allerdings auch dabei mit ausgesuchter Höflichkeit Befehle in Bitten kleidend. Als Franz eines Tages in der Nähe von Todi einen höher gelegenen Platz betrat, gebot er Stillschweigen: »Alle schwiegen und standen ehrfürchtig da, nur die zahlreichen Schwalben, die am gleichen Ast nisteten, zwitscherten weiter und machten großen Lärm. Da die Leute deswegen den seligen Franziskus nicht verstehen konnten, wandte sich dieser an die Vögel und sprach: ›Meine Schwestern Schwalben! Genug habt ihr bis jetzt geredet, nun ist es Zeit, dass auch ich einmal zu Wort komme. Vernehmt das Wort des Herrn und seid still und ruhig, bis des Herrn Rede beendet ist. Sofort verstummten die Vögel und bewegten sich nicht von jenem Platz,

Der heilige Franziskus predigt den Vögeln, Giotto um 1298

bis die Predigt zu Ende war.«[16] Beide Stellen über Franz und die Vögel, beide aus dem Kapitel XXI in der ersten Lebensbeschreibung Thomas von Celanos, zeigen bereits den doppelten Blick auf ihn: den mit allem solidarischen Bruder und den Heiligen, den Gebieter über die Geschöpfe, der sich als Wundertäter profiliert.

Ist es ein frühes ökologisches Selbstverständnis, das sich hier bei Franz offenbart? Einerseits ja, die gesamte Natur, die belebte wie die unbelebte, ist für ihn vom Geist Gottes beseelt. Hieraus erwächst ein besonders intensives Mitgefühl mit den anderen Geschöpfen auf der Erde. Berichtet wird, und das ist ungewöhnlich für das in dieser Hinsicht eher empfindungslose Mittelalter, dass man Franz einen Hasen brachte, den man in einer Schlinge gefangen hatte, und er ihn ansprach: »Bruder Häslein, komm her zu mir! Warum hast du dich überlisten lassen?« Und er ließ den Bruder Hasen frei. Auffällig ist im ersten Satz der Legende die Analogie zu Jesus, der allerdings die Kinder und nicht die Hasen zu sich kommen lassen wollte. Im zweiten Satz, jener Frage, warum Bruder Hase sich überlisten lassen ließ, kommt etwas ganz und gar Menschliches hinzu: Pass auf dich auf, dass dich deine Jäger nicht erwischen, sei schlau, schlage Haken und verstecke dich, wenn es nötig ist, im kleinsten Loch! Ebenso verfährt Franz mit einem gefangenen Fisch, den man ihm bringt, auch er wird mit freundlichen Worten aufgemuntert und dann ins Wasser zurückgesetzt.

Offenkundig vermenschlicht Franz hier die Natur. Wie die Sonne ein Bruder ist, der Mond eine Schwester, so auch das Gras und die Lerche. Zu Letzteren hat Franz, so wird berichtet, ein besonders inniges Verhältnis. Die Begründung hierfür lässt jedoch aufmerken. Wen meint Franz eigentlich, wenn er die Lerchen lobt und preist? Die Sammlung *Spiegel der Vollkommenheit* gibt darüber auf eine Weise Auskunft, die überrascht. Die Legende ist sogar vogelkundlich präzise, wenn sie betont, es sei besonders die Haubenlerche, die es Franz angetan habe: »Schwester Lerche hat eine Kapuze wie Ordensleute, und sie ist ein demütiger Vogel, weil sie gern über den Weg läuft, um ein paar Körner zu suchen. Auch wenn sie diese im Mist findet, zieht sie sie heraus und frisst sie. Im Fluge lobt sie den Herrn in sehr lieblicher Weise, so wie gute Ordensleute, welche Irdisches verachten, deren Wandel ständig im Himmel ist und deren Sinn stets auf das Lob Gottes ausgerichtet ist. Ihr Kleid, das heißt ihr Gefieder, gleicht der Erde, und sie gibt den Ordensleuten ein Beispiel, dass sie keine auserlesenen und farbigen Kleider haben sollen, sondern geringwertige, was Preis und Farbe betrifft, so wie die Erde geringwertiger als andere Elemente ist.«[17]

G.K. Chesterton charakterisiert das Verhältnis von Franz zu den Vögeln als eine »Heraldik der Demut«. Ägidius, Franz' früher Gefährte, war ein schlichter Handwerker und sah – das bezeugen die Ordenschroniken – während der dreiundfünfzig Jahre, die er im Orden lebte, dessen Entwicklung mit zunehmendem Missfallen. Ähnlich fremd geworden war der Orden auch dem alten Bruder Leo, den Franz zärtlich Bruder Lämmlein nannte, um den Löwen zu befrieden. Bruder Leo wird dann einiges von dem aufschreiben, was Bruder Ägidius zu sagen hat, auch über die Tiere. Die Ameisen hätten Franz nicht sehr gefallen »wegen der zu großen Geschäftigkeit, mit der sie ihre Lebensmittel zusammenraffen«. Die Vögel mochte er gerade wegen ihrer (allerdings nur für den Betrachter) so leichthinnigen Existenz zwischen Himmel und Erde, »denn die sammeln nicht in ihre Scheunen«.

Wie sehr diese »leichthinnige Existenz« zum merkantilen Geist des Bürgertums im Widerspruch steht, zeigt sich in La Fontaines *Fabeln* aus dem 17. Jahrhundert. In »Die Grille und die Ameise« spricht sich ein Menschenbild der sammelnden Vorratshaltung aus, der Befestigung der irdischen Existenz, als sei sie für die Ewigkeit gemacht. Das steht dem Geist Franz' von Assisi diametral entgegen, obwohl sich beide aus der gleichen Wurzel städtischer Existenz speisen. Bei La Fontaine kommt die Troubadour-Grille zur penibel organisierten Ameise und bittet gegen den Hunger um Almosen. »Nun, nicht gern borgt die Ameise, fragte drum: ›Auf welche Weise brachtest du den Sommer hin?‹ – ›Schimpf nicht‹, sprach die Borgerin. ›Hab' mit Singen mich ergötzt.‹ – ›So, du sangst? Dann tanze jetzt.‹«[18]

Diese Fabel, die es zur Schullektüre brachte, wird von Kleinbürgern, die außer Fleiß nichts zu bieten haben, immer wieder genüsslichen Tons zitiert. Da wird das Leistungsprinzip asozial, dient nur noch der eigenen Existenzabsicherung. Solidarisches und mitleidiges Verhalten gilt hier als abzuwehrender Angriff auf den eigenen Besitzstand. Dagegen Franz von Assisi, der sagt: Auch du Mensch bist, gleich der Lerche oder dem Wolf, nur ein flüchtiger Gast auf Erden!

Deutlich wird, dass Franz nicht die Natur der Natur wegen preist, sondern sie nur wegen der universalen Gottes-Analogie bei ihm so eine bis dahin undenkbar wichtige Rolle spielte. Ob es wahr ist, wie die Legende berichtet, dass Franz dem Kaiser ein Gesetz vorschlagen wollte, das den Fang der Lerchen verbieten und deren Fütterung zur Weihnachtszeit per Gesetz anordnen sollte?[19]

Aber nicht alle Tiere, obwohl doch Brüder und Schwestern, sind freundlich, die Mücke etwa verkörpert den Dämon. Wenn sie in ihrer Bosheit sticht, darf man sie erschlagen. Aber auch bei den Vögeln, so will es zumindest die Legende, legt Franz gelegentlich eine unerwartete Härte an den Tag. So hatten die Brüder ein Rotkehlchen-Paar gezähmt, das sie mit Brotkrumen von ihrem Tisch fütterten.

Die Vögel nisteten in der Nähe, bekamen Junge. Aber eines Tages war das Nest verlassen, das Rotkehlchen-Paar fort, nur die Jungen waren noch da. Franz nimmt das sofort als Gleichnis und predigt den Brüdern: »Seht ihr, was unsere Brüder Rotkehlchen getan haben, als ob sie Verstand besäßen? Denn sie haben gesagt: Hier, Brüder, wir übergeben euch unsere Jungen, die mit euren Krumen aufgezogen wurden! Verfahrt mit ihnen nach eurem Gutdünken! Wir lassen uns anderswo nieder.«

Der Vogelnachwuchs im Nest, das nun die Brüder liebevoll versorgen, entwickelt sich gut – doch je größer die Jungvögel werden, umso mehr Konkurrenz untereinander legen sie an den Tag. Besonders einer, der stärkste, nimmt seinen Geschwistern alles Futter weg. Franz, der dieses nicht ungewöhnliche Verhalten der Vögel beobachtet, ist angesichts des dominanten Rotkehlchenjungen in seinem moralischen Empfinden tief verletzt: »Nun seht diesen gierigen Burschen an! Selbst voll und satt neidet er den hungrigen Geschwistern das Futter. Gewiss wird er keinen schönen Tod erleiden.«

Kurz darauf ertrinkt der kleine Vogel in einem Wasserbehälter – Franz hatte wieder einmal richtig vorausgesehen. Mehr noch, wir geraten nun sogar in die Region der Bann-Flüche: »Und es fand sich keine Katze oder ein anderes Tier, das es gewagt hätte, den von dem Heiligen verfluchten Vogel anzurühren.«[20]

Franz ist nicht sentimental, er kann durchaus hart, geradezu grausam sein, wenn er die Gerechtigkeit unter den Tieren verletzt sieht. Das passiert auch, als eine Sau ein Lamm tötet – ausgerechnet ein Lamm, dieses so symbolische Tier, das Lamm Gottes! Und Franz verflucht die Sau. Das Resultat: Die mörderische Sau wird auf der Stelle krank und stirbt drei Tage später, nicht ohne, wie berichtet wird, grausame Qualen erlitten zu haben. Auch ihr Leichnam wird von keinem anderen Tier angerührt.

Das zeigt zweierlei: einerseits, wie nahe in der Anfangszeit der Franziskaner die Wanderprediger der Natur und damit auch den Pflanzen und Tieren waren, die moralischen Beispiele für ihre Predigten aus den Erfahrungen unterwegs bezogen, und andererseits, wie stark eine Art magischer Zauberkult, Flüche und Verwünschungen, der böse Blick, die Dämonenangst, im Volksglauben dieser Zeit verwurzelt sind.

Worauf gründet dieses Naturverständnis? G. K. Chesterton formuliert es provokant: »Der heilige Franziskus war kein Naturfreund. Richtig verstanden ist ein Naturfreund genau das, was er nicht war. Der Ausdruck schließt in sich, daß das materielle Weltall als ungewisse Umwelt genommen wird, also als Art Gefühlspantheismus.« Das scheint einsehbar, aber dann die ebenso überraschende wie den Nerv der Existenz Franz' von Assisi treffende Volte: »Er sah alles dramatisch, ganz und gar nicht ›gestellt‹, nicht als Ganzes wie ein Bild, sondern als Handlung wie ein Theaterstück. Ein Vogel schoß an ihm vorüber wie ein Pfeil, etwas mit einer Geschichte und einem Ziel … Ein Busch konnte ihn so gut wie ein Räuber zum plötzlichen Stillstehen bringen und tatsächlich war er ebenso bereit, den Räuber wie den Busch willkommen zu heißen.«[21]

Erste Vorverständigung über die Frage: Bruderschaft oder Orden?

Wie soll man diese Geschichte heute verstehen? Wollte Franz von Assisi überhaupt einen Orden gründen? Der protestantische Theologe Karl Müller schreibt bereits 1885 in aller Drastik: »Nichts hat die Stiftung des h. Franz in ein unrichtigeres Licht gebracht, als die Vorstellung, dass er von Anfang an einen Orden habe stiften wollen oder dass seine Genossenschaft von Haus aus ein Orden gewesen sei, der nur zwischen 1209 und 1223 um die päpstliche Anerkennung hätte kämpfen müssen.«[22] Starke, dem religiösen Sozialismus nahestehende Worte: Stiftung, Genossenschaft! Mehr noch, er schreibt sogar von der »freien Vereinigung von Brüdern, Genossen«, die allein »durch das gemeinsame Band eines religiösen Ideals« zusammengehalten werde. Zweifellos sind die Franziskaner in ihren Anfängen – in der Nachfolge von Ketzerbewegungen wie den Katharern oder Waldensern stehend – in ihrem urchristlichen Anspruch eine das mittelalterliche Weltbild revolutionierende Kraft: eine quasikommunistische Assoziation Gleichgesinnter.

Aber nun kommt – zumal aus der historischen Erfahrung des 20. Jahrhunderts – der neuralgische Punkt, wenn Müller schreibt, dass dieses Ideal »von irgend einer Organisation keine weitere Spur zeigt, als dass ein Mann von überwältigender persönlicher Autorität an der Spitze steht«. Da wird es heikel, das klingt nach allmächtigem Führer und grenzenloser Willkür, nach Ideologie. Von den Jakobinern der Französischen Revolution bis zu Stalin, dem Vollstrecker des Leninismus – die historische Erfahrung lehrt: Institutionalisierung, recht verstanden, kann auch ein Korrektiv gegen die absolute Macht Einzelner sein, ein möglicher Schutzraum gegen den Terror des reinen Ideals.

Ob Franz von Assisi eine solche Ahnung der Drohung in sich aufsteigen spürte? Mehr als ein Jahrzehnt seit ihm die ersten Brüder folgten – gewiss auch unter Einflüsterung des mächtigen Kardinals Hugolin, des späteren Papstes Gregor IX. – ließ er den Rückgriff auf die Erfahrungen der »alten« Orden zu, vor allem der

Benediktiner, allerdings zog er sich selbst im gleichen Maße von der Spitze der Franziskanerbewegung zurück, suchte immer häufiger das Eremitenleben. Warum es so kam, darüber wird zu reden sein, aber die Hoffnung, dabei aus den Widersprüchen herauszukommen, scheint gering – und wäre dies denn überhaupt wünschenswert?

Waren die Franziskaner vor allem Vorboten der Reformation, die schließlich aus der Volksfrömmigkeit und dem Ruf nach einem persönlichen Gott erwuchs? Einerseits ja, andererseits geht besonders das neue Bild von der Natürlichkeit des Menschen und der Göttlichkeit gerade der unwürdigsten, der kleinsten Dinge erst in der mystischen Form franziskanischer Frömmigkeit auf. Luther lehnte Franz von Assisi als Vorbild ganz und gar ab, für ihn war er bloß ein weiterer katholischer Kuttenträger, dem nicht zu trauen war. Wenn in seiner Gegenwart Franz von Assisi gar als eine Art zweiter Jesus beschrieben wurde, konnte der vormalige Augustinermönch Luther sich in ganz und gar unchristliche Hasstiraden hineinsteigern.

Über all das ist seit Ende des 19. Jahrhunderts, seit den bahnbrechenden Büchern von Paul Sabatier und Henry Thode, vieles und viel Kluges geschrieben worden. Warum dann noch ein weiteres Buch? Weil das Symbol, das Franz von Assisi bis heute vorstellt, ebenso wie der Blick auf die Historie der Franziskaner sich nicht objektiv in einer ein für alle Mal gültigen Form verhandeln lassen.

Das franziskanische Prinzip ist ein persönliches, das sich vehement gegen eine bloße Versachlichung des doch Lebendigen wehrt. Darum muss man immer neu das Bild des Heiligen, der auch den Ketzer in sich trug, zu zeichnen versuchen, nicht unter Absehung der eigenen Lebenserfahrungen, sondern diese ins Bild mit hineinnehmend.

Wer nicht sucht, weiß nicht, wann er findet. Umwege zu Franz von Assisi über Hermann Hesse

Kurz vor der Wende las ich das im katholischen St. Benno Verlag in Leipzig erschienene literarische Meisterwerk Julien Greens, *Bruder Franz,* das ich wegen seiner Erfahrungstiefe für glaubwürdig empfand, da es zugleich die Lebensunsicherheiten des Autors formulierte. Es unterschied sich in seinem poetisch verwandelten Ernst völlig von Luise Rinsers Aussteigerkommune-seligem *Bruder Feuer* (im Westen ein Bestseller).

Eine aufregende Begegnung mit dem Franziskanismus und seinem inneren Widerspruch folgte. Ließ sich innerhalb des Ordens der katholischen Kirche der Geist der Fraternitas lebendig erhalten? Mit den Lebensaltern wechseln auch die Lesarten. Das erfuhr ich, als ich die Quellen zur Ordensgeschichte der Franziskaner erneut zu lesen begann. Denn: Weiß man als junger Mensch einiges noch nicht, so als älterer einiges nicht mehr. Da geht es dem einzelnen Menschen wie der Menschheit im Ganzen. Ist es nun eher ein Vorzug der Jugend oder des Alters, den Möglichkeits- gegen den Wirklichkeitsmenschen einzutauschen? Mancher beginnt gleichsam alt und verjüngt sich mit dem Fortgang der Zeit – dafür gibt Franz von Assisi ein Beispiel. Den neuen Menschen, den er erträumte, sollte man wohl als eine Möglichkeit des alten Adam verstehen – aber dabei die Erinnerung an die Abstürze allzu jäher utopischer Höhenflüge bewahren. Befreiung ist zu allen Zeiten ein schöner Traum, ein leicht missbrauchbarer jedoch.

All das spiegelt sich in Franz' Gestalt und in seinen Nachfolgern. Entwickeln diese seine Ursprungsidee weiter, oder ist, was sie Entwicklung nennen, in Wahrheit eine Zerstörung des authentischen Kerns franziskanischer Existenz? Wann wird aus der radikalen Lesart bloßer Fanatismus?

Noch etwas brachte mich zurück zum zwischenzeitlich längst erledigt geglaubten Thema. Als ich ein Buch über Hermann Hesse schrieb, las ich dazu auch dessen kleine Monographie, die er 1904 unmittelbar nach einem ebenso schmalen Buch über Boccaccio in allerkürzester Zeit verfasst hatte – und war sehr verwundert. Der als junger Mann vorm Pietismus seines Elternhauses davon gelaufene Hesse hatte als Fünfzehnjähriger seinem Vater aus der Irrenanstalt in Stetten, wohin man ihn zwecks Disziplinierung gebracht hatte, einen Brief geschickt, der den überaus starken Passus enthielt: »Wenn ich Pietist und nicht Mensch wäre«. Und 1904, zwölf Jahre nach diesem Ausbruch an Empörung, veröffentlicht er dann nicht nur seinen *Peter Camenzind*, der bereits voller franziskanischer Motive steckt, sondern sogar eine Monographie.

Was hatte der Dichter hier gesehen? Eine der poetischsten Figuren der Menschheitsgeschichte gewiss, den ersten Christen, der in sich Geist und Natur auf völlig selbstverständliche Weise vereinigte – und damit einen neuen Rahmen vorgab, in dem nun über ihn gesprochen werden soll: die Kulturgeschichte. Dieser große Atem ist auch in Hesses kleinem Buch *Franz von Assisi* jederzeit spürbar: »Solche wahrhaft tiefen und wesenhaften Menschen sind häufig anfänglich als Narren verschrien worden, und es fehlt ja nicht an Leuten, denen eine derartige Seele immer unverständlich und närrisch Ding erscheinen will. Wer aber mit ernstem Herzen das Leben eines großen Menschen betrachtet, dem erscheint es gleich einem aus Schlünden hervorstürmenden Strome und gleich einem brünstigen Schrei der ganzen Menschheit: denn in Wahrheit ist solch ein Leben stets ein zu Gestalt und Person gebildeter Traum und ein sichtbar gewordenes Heimweh und Ewigkeitsverlangen der ganzen Erde, deren flüchtig lebende Geschöpfe immer wieder ihr Los mit den ewigen Sternen zu verbünden trachten.«[23]

Dieser Ekstatiker wollte demjenigen, dem er gegenübertrat, ganz ohne Ansehen der Person mit Liebe begegnen – und dafür hat der an Goethe geschulte Pantheist Hesse, der in den Bäumen auf brüderliche Weise immer die innigsten Beter erkennt, einen sicheren Sinn.

Und noch etwas fasziniert Hesse an Franz von Assisi, wenn auch erst auf den zweiten Blick. Dieser Francesco Bernadone, der anfangs auf Kleinstadtskandale abonniert schien, wurde plötzlich zum Weltereignis. Dennoch wollte er niemals den verlachten und verachteten Außenseiter, der er gewesen war, vergessen machen, kehrte darum lebenslang immer wieder in seine Geburtsstadt Assisi zurück, lief nicht etwa aus der Provinz fort, um andernorts zum Propheten zu werden.

Denn er wollte, dass man ihn kennt – in seinem ganzen Lebenswiderspruch. Das macht ihn zum Souverän der Erinnerung, der den oft schmachvollen Geschichten, die seiner frühen Biographie anhängen, nicht ausweicht – im Gegenteil: Sie sind der Stoff, aus dem er gemacht ist! Seine Alternative zur wachsenden Entfremdung (von der entstehenden Geldwirtschaft der Städte) gründet in der Hochschätzung des einfachen solidarischen Lebens, der Schönheit des Sich-Bescheidens.

Nur auf den ersten Blick irritiert es, dass Hesse unmittelbar nach der Boccaccio-Monographie über Franz von Assisi zu schreiben beginnt. Eine merkwürdige, gar befremdliche Verbindung? Aber Boccaccio, das liest man zuallererst bei Hesse, ist ja nicht bloß der heitere Autor, der das Erotische in den Amouren derer ausmalt, die er im *Dekameron* auftreten lässt. Denn die Szenerie in Florenz Mitte des 14. Jahrhunderts scheint apokalyptisch: Die erste große Pestepidemie von 1348 hat jede bestehende Ordnung außer Kraft gesetzt, die Menschen sind schockiert vom allgegenwärtigen Sterben und den Leichen überall. Wohin sich jetzt noch wenden? Man flieht aufs Land, wohnt in verlassenen Schlössern und wärmt sich in der Angst vor dem nahen Tod aneinander.

Eros ist hier die Kehrseite des Todes. Lebenshunger, der sich derart getrieben in Liebesgier überschlägt, bekommt zweifellos etwas Irres. Doch die Frist, die dem eigenen Leben gesetzt ist, scheint so kurz zu sein, dass man alle Regeln von sich wirft. Das ist die dunkle Seite des *Dekameron*: pure Todesangst, die zu Abenteuern aller Art verleitet – und literarisch dem christlichen Abendland einen novellistischen Zug ins Diesseitige gibt. Diesen wird dann die Renaissance zur Blüte bringen.

Hesse fasziniert dieses Zugleich von Eros und Tod sowie der befreiend distanzierte Blick auf die Rituale der Kirche. Und wer einmal mit peinlichen Gefühlen in der Reliquienkammer der Franziskuskirche in Assisi stand, der findet sich darin in Boccaccios souverän-ironischer Schilderung ebenso bestätigt ,wie es Hesse tat, der offensichtlich mit großem Vergnügen diesen Passus aus dem *Dekameron* zitiert: »Der Patriarch zeigte mir noch viele heilige Reliquien, dass ich sie unmöglich alle herzählen kann. Doch um euch nicht ganz trostlos zu lassen, will ich wenigstens von einigen sagen. Er zeigte mir zuerst eine Zehe des Heiligen Geistes, so ganz und gar unversehrt, wie sie nur je gewesen ist, und den Haarbüschel des Seraph, der dem Heiligen Franziskus erschien, und einen der Fingernägel der Cherubim, und eine der Rippen des beiläufig zu Fleisch gewordenen Verbum, und etliche der Kleider des allein selig machenden Glaubens, und einige von den Strahlen des Sternes, der den drei Weisen aus Morgenland erschien, und ein Fläschlein voll Schweiß von dem heiligen Michael, als er mit dem Teufel stritt, und noch anderes mehr.«[24]

Wie frappierend freigeistig – und letztlich der Natur der Dinge angemessen – doch Boccaccio in der Mitte des 14. Jahrhunderts über das spricht, was an der Kirche nur noch ärgerliches Relikt der Unwissenheit ist! Auch der Freigeist Boccaccio stand den Franziskanernspiritualen nahe. Denn er wusste, dass Franz von Assisi gegen derartig läppische Veräußerlichungen der Nachfolge Jesu bereits zu Beginn des 13. Jahrhunderts mit seinem neuen Bild vom Menschen angetreten war. Der konservative Ordensgeneral Bonaventura hatte dagegen zur gleichen Zeit mit seiner *Legenda Maior* letztmalig im großen Stil versucht, dieses Neue, wie es aus der franziskanischen Bewegung erwuchs, wieder zu tilgen.

Wer aber war dieser Heilige, der immer auch ein Ketzer blieb, in seiner Zeit, und wer könnte er für uns heute sein? Eines steht außer Zweifel: Er war der erste der Minoriten. Denn Franz von Assisi wächst darum so hoch über sich hinaus, weil er sich nicht größer macht, als er ist, sondern kleiner.

Umbrische Landschaft. La terra trema

Kommt man zum ersten Mal aus der Toskana nach Umbrien zwischen Perugia und Spoleto, dann verblüffen die Gebirgszüge mit dichten Wäldern, Hochplateaus und abgelegenen Tälern. Man glaubt nicht weiter in den Süden, sondern zurück in den Norden zu fahren. Hier wachsen Eichen, so dick und knorrig, dass man ihnen zutrauen möchte, dass noch Franz von Assisi vor ihnen stand. Aber es ist der Süden, gleich dahinter kommt Latium! Jedoch zeigt sich dieser Süden herb, jenseits des Klischees vom dauersonnigen Arkadien, das wir Deutschen, die unser Italienbild von der Romantik geerbt haben, immer noch in uns tragen.

Vis à vis Perugia sah Reinhold Schneider jene Stadt, deren Namen die Welt kennt: »Gegenüber liegt Assisi, ein leuchtender Häuserfleck auf der bläulichen Bergwand, die hoch hinauf steigt, aber von mächtigeren und schon fernen Zügen überragt wird: Apennin und Abruzzen greifen von beiden Seiten in das Bild; sie tragen noch Schnee, aber so vorsichtig, dass man nicht weiß, ob es nicht Wolken sind.«[25]

Hippolyte Taine reist 1864 – bereits mit der Eisenbahn – durch Italien. Über Perugia notiert er: »Es ist eine Stadt aus dem Mittelalter, eine Verteidigungs- und Zufluchtsstätte, welche oben auf einer schroffen Anhöhe steht, von der aus man das ganze Tal übersieht … Die meisten Straßen sind abschüssig, und überwölbte Gänge ziehen sich in dunklen Reihen dahin entlang. Oft überbrückt die Straße ein Haus, das erste Stockwerk setzt sich in dem gegenüberliegenden fort, und die großen fensterlosen Mauern aus rostigen Ziegeln erscheinen wie Festungsüberbleibsel.«[26]

Genauso geht man auch heute durch Perugia, das man wie Assisi auf einem Hügel erbaute. Die alten Häuser stehen größtenteils immer noch, und auch die Straßen änderten ihren Lauf nicht. An Perugia verblüfft die immens hohe Stadtmauer, die unüberwindbar wirkt. Neubaugebiete aus Beton und formlose Gewerbesiedlungen haben sich in der Ebene ausgebreitet, aber oben auf dem Berg thront die Altstadt mit aller über die Zeiten hinweg spürbaren Macht.

Auf diesen Effekt setzte Perugia, das – obwohl in der Ausdehnung der Altstadt ebenso begrenzt wie Assisi – ungleich kompakter und wehrhafter erscheint. Dabei wird Assisi sogar von zwei Festungen, der Rocca und der kleinen Rocca, überragt. Aber dahinter erhebt sich etwas, das noch viel mächtiger ist und das die Stadt zu einer nicht ganz ernst zu nehmenden Harmlosigkeit zu seinen Füßen degradiert: der Monte Subasio.

Steigt man über lange Serpentinenwege auf seine Spitze, dann hat man einen weiten Blick über die Täler und Höhenzüge, die wie Schichten von Blau übereinanderliegen, so weit das Auge zu schauen vermag. Man blickt von hier bis Perugia, die Stadt unter dem Einfluss der Päpste, während man in Assisi kaiserlich gestimmt war. Es ist das steinerne Erbe einer kriegerischen Zeit, denn im Mittelalter kämpften die italienischen Städte erbittert gegeneinander – mit wechselndem Erfolg, aber immer vielen Opfern. Doch nicht nur die Städte streiten miteinander, auch der Adel und die Bürger. Man beschuldigt sich gegenseitig des Verrats und führt Auseinandersetzungen schnell mit Waffengewalt. So gab es in der Gegend um Perugia über einhundertzwanzig Burgen und achtzig Wehrdörfer. Auch in Assisi lagen die reiche Oberstadt und die arme Unterstadt in ständigem Streit, der in regelmäßigen Abständen zu einer Art Bürgerkrieg eskalierte.

Das ganze 13. und 14. Jahrhundert war man hier in derartige Zustände verwickelt. Frieden erschien wie ein ferner Traum, und dass ausgerechnet Franz von Assisi (Assisi als Todfeindin Perugias) ihn träumte, ließ seine Botschaft wie Samen auf fruchtbaren – blutgetränkten – Boden fallen.

Reinhold Schneider, der 1931 nach Perugia kommt, wird über das, was sich seinen Augen darbietet und ganz seinem »heimlichen Begriff von Landschaft« entspricht, notieren, das Getreide grüne bis zu den Städten hinauf, Weinlaub umspiele die Häuser, aber nur sehr vereinzelt seien Zypressen zu sehen. Atmosphärisch sei jederzeit die Nähe zum Trasimenischen See spürbar, der mittags wie ein »geschmolzener Saphir« strahle.

Streift man durch Perugia, dann weht einen immer noch der Hauch einstiger Mächtigkeit an (Perugia gewann regelmäßig die kriegerischen Streitigkeiten mit Assisi). Die Stadt mit den hohen Häusern scheint nach wie vor aus sich selbst zu leben, der dichte Berufsverkehr verrät Anflüge von Großstadt. Das war Perugia bereits im Mittelalter: eine der wichtigsten Städte Italiens. Hierher reisten häufig die Päpste, denn von Rom kam man auch damals schon recht schnell nach Umbrien. Hier starb einer der mächtigsten Männer des Mittelalters: Papst Innozenz III., hier wurde sein Nachfolger Honorius III. gewählt. Romano Guardini erkannte in Perugia etwas Majestätisches, so als wachse »Kristall an Kristall in die Höhe«. Hier wirke alles auf kubische Weise plastisch. Assisi dagegen sei nicht nur kleiner, auch freundlicher, »kindlich fast, möchte man sagen, neben der alten Etruskerstadt«.[27]

Eines vor allem muss man den Bewohnern Assisis im Schatten der »Metropole« Perugia lassen: Sie, die den jungen Francesco ob seiner Verrücktheit verlacht, mit Dreck und Steinen beworfen hatten, erkannten irgendwann, dass dieser hartnäckige, durch keine Beleidigung zu vertreibende Sohn der Stadt einmal pures Gold wert sein würde – dass er ihnen etwas verschaffen würde, was Perugia nicht

Blick auf Assisi, gelegen auf dem Monte Subiaso

hatte: Weltgeltung! Derart vorausschauend sicherten sie sich seine Leiche noch zu Lebzeiten, indem sie eine bewaffnete Wache um den Sterbenden, oder eher die künftige Reliquie, postierten.

Das Kalkül ist aufgegangen. Seit fast achthundert Jahren kommen Massen von Pilgern in die Stadt, um die Grabeskirche des Heiligen zu besuchen und seit 1823 auch wieder in die Krypta zu dem fünf Jahre zuvor entdeckten Grab des Franz hinabzusteigen, das der Generalminister Bruder Elias heimlich hatte anlegen lassen. Auch heute noch kommen jährlich über fünf Millionen Besucher aus aller Welt hierher.

Davon lebt die Stadt: von den Hotels, den Restaurants bis zu den Andenkenläden. Das Hotel Subasio liegt an der Via Frate Elia, benannt nach dem energischen Baumeister des Ordens, mit dem man jedenfalls hier in Assisi postum seinen Frieden gemacht hat. Schräg gegenüber liegt das Tor zum Eingang des Klosterareals. Ein Mannschaftswagen mit Elitesoldaten zum Schutz der Franziskuskirche steht hier Tag und Nacht. Denn Terror überschattet den Dialog der Weltreligionen, für den Assisi in der neueren Zeit zum Symbol wurde. Die Soldaten tragen Maschinenpistolen, die zum Ort, der ein Symbol des Friedens sein will, in schärferem Kontrast nicht zu denken sind.

Nur die Welt der Andenkenläden mit all dem Franziskus-Kitsch scheint noch intakt. Die häufigste Abbildung von Franz von Assisi, die darin gehandelt wird, ist jedoch keineswegs Kitsch, sondern Kunst: das Porträt von Franz von Assisi, das Cimabue für die Unterkirche malte. Auch ein Theater gibt es, das einen für deutsche Ohren überaus unheiligen Namen trägt: »Teatro Metastasio« – aber nicht um Metastasen absondernden Krebs geht es, sondern um jene »Aussendung« von Franz' Botschaft, die man hier mit religiösen Rührstücken bedient, im bewährten Stile von *Franz und Clara, zwei Heilige aus Assisi.*

Assisi ist eine Touristenstadt mit religiösem Zuckerguss. Ende November ist hier zugleich nach und vor der Saison. Die Hotels rüsten sich seit Generationen immer aufs Neue für einen anstehenden religiösen Feiertag, der Umsatz bringt. Jetzt aber stehen die nicht wenigen Automatenrestaurants, die für Pilger mit schmaler Börse aufgestellt wurden, zumeist leer. Hier kann man nicht nur Müsli mit verschiedenen Zutaten aus dem Automaten ziehen, im Angebot findet man sogar Schweinebraten mit Kartoffelpüree zu moderatem Preis in anonymer Selbstbedienung. Das, was einem dann als Fertiggericht entgegenkommt, stellt man in ein weiteres Automatenfach: die Mikrowelle. Eine Bedienung ist nicht in Sicht, stattdessen werden die Besucher der Automatenrestaurants per Video von einer verborgen bleibenden Zentrale überwacht. Und das alles im Namen des heiligen Franz von Assisi!

In Perugia dagegen: eine in Teilen immer noch intakte Welt der Tradition und der Qualität, die nicht vorsätzlich teuer ist, da sie sich nicht vorrangig an Touristen, sondern den normalen Perugianer wendet. So kann man im 1860 eröffneten Schokoladengeschäft Sandri inmitten der Original-Holzvertäfelung und unter der mit Fresken geschmückten hohen Gewölbedecke Kaffee trinken und hausgemachte Schokolade oder eines der vielen hier erfindungsreich gefertigten Törtchen essen und sich dabei als Bewohner des 19. Jahrhunderts fühlen.

Dies ist kein Reiseführer, der sich für zuständig hält, kulinarische Empfehlungen zu geben – doch der Reisende, der beide

Wie Assisi auf einem Hügel erbaut: Perugia

Orte, Assisi und Perugia, besucht, spürt schnell, dass Assisi zwar bestens von seinem berühmten Sohn lebt, der Stadt dieses gute Leben jedoch in anderer, seelischer Weise durchaus nicht gutgetan hat.

Eine Besonderheit gab es in ganz Umbrien immer schon: Die Erde bebt häufiger als anderswo in Italien. Kleine örtliche Erdbeben sind so alltäglich, dass sie es als Meldung kaum jemals über die Grenzen Italiens hinaus schaffen. Erst als es 1997 Assisi traf, die Franziskuskirche mit den Giotto-Fresken schwer beschädigt wurde, vier Menschen dabei starben, merkte die ganze Welt auf.

La terra trema. Die Erde bebt. So lautet auch der Titel eines Films, den Luchino Visconti 1948 über den Neuanfang in einem Italien nach Mussolini drehte. Solch Übergang zu etwas Neuem verlangt nach bislang ungenutzten Energien, die nur zu erspüren vermag, wer ebenso nach vorn wie zurück, in die Welt ebenso wie auf den Grund der eigenen Seele schaut.

Ein Erdbeben für die Kirche. Das Neue in Gestalt eines Verrückten?

Einem Erdbeben nicht nur in der katholischen Kirche, sondern auch in der mittelalterlichen Kultur gleicht das Auftreten jenes achtundzwanzigjährigen Mannes, der 1209 mit einer kleinen Gruppe von Gefolgsleuten vor Papst Innozenz III. steht und um die Erlaubnis bittet, nach einer simplen selbst verfassten Regel leben und predigen zu dürfen. Was für einen Anfang wagte da einer!

Was ist neu an der Frömmigkeit eines Franz von Assisi, was macht sie so modern und zugleich so unzeitgemäß sperrig jeder Form von schneller Instrumentalisierung gegenüber? Franz von Assisi war kein allzu gelehrter Mensch, er hatte zwar Lesen und Schreiben gelernt, aber theologische Bildung besaß er nicht. Statt in der Bibel zu lesen, ging er lieber in die Natur hinaus, lauschte den Vögeln und spürte den Tages- und Jahreszeiten nach. Er wandte seine Sinne den einfachen Menschen zu, suchte die Tiere und Pflanzen, den Wind ebenso wie den Regen, die Sonne wie den Schnee.

Hier spricht jemand, der intensiv fühlt. Er leidet und freut sich mit anderen Menschen. Er liebt. Er träumt. Ein Vollmensch, der in der starken Gewissheit lebt: Gott ist in den kleinsten Dingen. Mehr noch, allein in diesen wohnt er, in den immer noch kleineren, in den immer noch unwürdigeren Dingen. Als ihn einer seiner Mitbrüder, in einem Anflug von Missgunst, fragt, warum denn gerade ihm alle folgten, antwortet er, weil er von allen der unwürdigste sei.

Solch eine Antwort würde man bei jedem anderen als eine Kampfansage gegen die repräsentierende, die machtvolle Kirche verstanden haben. Nicht so bei Franz von Assisi. Denn sein Verzicht darauf, eine wie auch immer geartete Gegenkirche zu gründen, ist echt. Aber fehlt es ihm darum gänzlich an Machtinstinkt? Wenn ja, dann gäbe es die Franziskaner heute wohl nicht mehr.

Ein Beispiel davon zu geben, wie man leben soll – das ist die Botschaft jener Brüder, die sich um Franz von Assisi versammeln und die sich darum »Minderbrüder« nennen. Nicht herrschen wollte Jesus, sondern dienen. Aber Dienen in einem nicht unterwürfigen Sinne verstanden. Die Macht ist etwas, das weder zu fürchten noch zu verachten ist. Sie besitzt keinen Wert an sich. Franz von Assisi tritt in aller Demut doch auch überaus selbstbewusst auf. Für ihn ist es eine Selbstverständlichkeit, dass alle Menschen vor Gott von gleichem Wert sind.

G.K. Chesterton, der eigensinnige Katholik, der am liebsten Detektivgeschichten (Pater Brown!) schrieb, las wohl auch die Geschichte der katholischen Kirche als eine Kriminalgeschichte. Er war ein Antiideologe par excellence, der eine eigene Form von exzentrischer Gerechtigkeit kultivierte. So schrieb er sowohl ein Buch über die Ketzer wie auch eines über die Orthodoxie. Je nach Tageslaune kann man sich an dem einen oder dem anderen erbauen. Chesterton war nicht der Einzige, der in Franz von Assisi eine Art Verrückten sah, einen nicht aus ökonomischen oder politischen Interessen Handelnden, sondern aus Liebe. Wer sich in seinem Handeln von so etwas Unsicherem wie einem Gefühl leiten lässt, der darf erstens nicht viel Ballast mit sich tragen und muss zweitens eine besondere Art von Narr sein, der sich um die herrschenden Regeln einer lieblosen Welt wenig bekümmert.

Denn das ist neu im 13. Jahrhundert: Die mystische Ekstase sprengt den klösterlichen Rahmen, der sie bislang begrenzte. Jetzt erobert das grenzenlose Gefühl, die ekstatische Verzückung die Welt. Jeder Einzelne darf sich angesprochen fühlen von der die Ordnung der Dinge erschütternden Macht der Liebe. Daraus entsteht bestenfalls eine neue Poesie, die das Zusammenleben der Menschen beflügelt, schlimmstenfalls ein Fanatismus, der sich zu Kreuzzügen berufen fühlt. Hippolyte Taine, der Kunsthistoriker mit dem genauen Gespür für mentalitätsgeschichtliche Übergangszustände, schreibt: »Die Liebe war ebensosehr die Beherrscherin des weltlichen wie des religiösen Lebens geworden … Die neue Sprache, welche jetzt entsteht, und das Dichten und Denken, welches erwacht, beschäftigt sich nur damit, die Liebe zu beschreiben und zu übertreiben.« Man bekäme direkt Angst, sähe man, wie sehr die Menschen »eine glühende Religion« bewohnen, »in welcher die Vernunft schmilzt«.[28] Und gleichzeitig eine neue Vernunft erwacht?

Wenn Chesterton notiert, selbstverständlich sei Franz von Assisi ein Kommunist gewesen, und man bedenkt dabei seine Lobpreisung der Orthodoxie, dann ahnt man, dass er einerseits den Traum von einem »neuen Menschen«, den Franz von Assisi träumte, bewundert, andererseits nicht umhinkommt, ebenso das Gegenteil davon an ihm zu bejahen: seinen Realitätssinn in der Phase des starken Anwachsens der Franziskanerbewegung und ihres drohenden Auseinanderfallens in lauter Splittergruppen.

Hierbei denkt man dann unweigerlich an Kurt Tucholsky, der in Polemik gegen eine Verszeile Rainer Maria Rilkes postulierte, Armut sein kein »großer Glanz aus Innen«, sondern »eine einzige Sauerei«. Das ist natürlich eine vorsätzliche Verschleierung des bei Rilke eigentlich Gemeinten: die Würde der Einfachheit, die man Armut nennen kann, zu bewahren – oder sie wiederherzustellen. Denn es gibt eine Armut, die nicht Verkommenheit und Verelendung ist (die gibt es auch, und die muss zweifellos bekämpft werden), sondern ein selbst gewählter Ausstieg aus der Logik des Immer-schneller-und-immer-mehr.

Eine romantische Grundhaltung, die sich an Franz von Assisi inspiriert? Das auch, aber nicht nur. Denn hier wird ein anderes als das herrschende Menschenbild beschrieben, hier wird über sinnhaftes Leben nachgedacht. Und um ein solches sinnhaftes Leben zu führen, ist es doch nicht so, wie es das sozialdemokratisch-gewerkschaftlich-kommunistische Selbstverständnis unisono meint, dass der Mensch erst aus seiner Armut befreit werden müsse, um ein »vollgültiger« Mensch zu werden. Er muss vielmehr von einer bestimmten Form menschlicher Verarmung erlöst werden, die sowohl in einem gravierenden Mangel an Lebensmitteln als auch in ihrem maßlosen Zuviel liegen kann. Der entscheidende Punkt ist der der Selbstentfremdung, die es zu überwinden gilt – und das ist etwas anderes, als aus Armen im bürgerlichen Sinne Reiche zu machen.

Vittorio de Sica hat in seinem großartigen Film *Das Wunder von Mailand* diese Thematik in Szene gesetzt, gezeigt, dass Arme, denen man auf wundersame Weise ein Konsumparadies eröffnet, nicht bessere, sondern schlechtere Menschen werden. Überhaupt kann man den italienischen Neorealismus von Roberto Rossellini und Vittorio de Sica in den späten vierziger und frühen fünfziger Jahren als eine einzige Auseinandersetzung mit dem franziskanischen Menschenbild verstehen. 1966 dreht Pier Paolo Pasolini schließlich sogar mit *Große Vögel, kleine Vögel* eine sich absurd übersteigernde Franziskus-Parabel.

Die institutionalisierte Ordensgeschichte der Franziskaner ist ein Versuch der Utopie-Austreibung. Das beginnt noch zu Franz' Lebzeiten. Brutal wurden Abweichler in den eigenen Reihen abgestraft. Die bedingungslose Unterwerfung unter die Sakramente der heiligen römischen Kirche, um die sich die Franziskaner anfänglich wenig scherten, war bereits ein Jahrzehnt nach Franz' erstem Bittgang zu Innozenz III. oberstes Gesetz.

Tötet solcherart Realismus den ursprünglichen Liebesimpuls, oder ist er im Gegenteil gerade die Voraussetzung für seine Dauer? Solcherart Strukturfragen sind nicht abstrakt, sondern bestimmen die Formen des Zusammenlebens. Was dem einen Teil der Brüder ein kluger Akt der Überlebenskunst, war dem anderen purer Verrat am Ursprungsgeist. Führte dem kranken und zurückgezogen als Eremit auf dem Monte Alverno lebenden Franz von Assisi gar ein anderer die Schreibfeder bei seinen ordnungspolitischen Schriften, die so überhaupt nicht zum freien und ungezwungenen Pilgergeist der Anfangszeit zu passen scheinen?

Da wird die Ordensgeschichte zum Kriminalfall, von dem man bereits in Umberto Ecos *Der Name der Rose* lesen kann. Überleben kann die Gemeinschaft, so weiß Franz von Assisi, der Träumer und

Realist des 13. Jahrhunderts zugleich, nur als ein Teil der katholischen Kirche, wenn auch als Stachel in der Elefantenhaut einer sich veräußerlichenden Institution. Ein Widerspruch, der Euphorie nicht aufkommen lässt. Denn beim Gang durch die Institutionen ermüden noch die Eigensinnigsten.

Geht man heute durch Assisi und sieht die Rosen-Ornamentik über dem Portal der Franziskuskirche wie auch von San Rufino, dann geben einem diese Rosetten immer noch Rätsel auf. Was wird in ihnen gezeigt, was verborgen? Mit diesen hochsymbolischen Schmuckelementen verlassen wir die klare Luft der Bruderschaft der ersten Gefährten Franz' von Assisi und treten ein in die Welt eines katholischen Ordens, der seine Macht auch immer aus bewahrtem Geheimwissen schöpfte.

Über Franz' Tod von hinaus existieren können die Franziskaner dann eben doch nur als Orden, wenn auch als ein ziemlich unerhörter, der im Namen bereits das Skandalon mit sich trägt: *ordo fratrum minorum*, Orden der Minderen Brüder.

Die Quellen. Zwischen Dokument und Legende

Wir kommen nicht darum herum und so schnell nicht davon weg. Denn ein Buch ist immer auch das Resultat des Lesens anderer Bücher. Es ist wie unter Menschen: Die einen sagen einem mehr als die anderen, nicht zuletzt ist es eine Frage der Sympathie. Wenn man zu schreiben beginnt, dann zumeist mit dem Gefühl, dass das bislang Gelesene nicht ausreicht. Etwas fehlt!

Darum reicht lesen allein nicht, wenn man zu schreiben beginnt. Man muss bereits ein Bild von dem im Kopf tragen, wovon man schreiben will. Wie oft dann dieses im Fortgang der Arbeit übermalt werden muss, bis es dem ursprünglichen Bild am Ende wieder ähnlich wird (im besten Falle), weiß man anfangs nicht. Das ist die Unwägbarkeit, die immer bleibt.

Das Problem bei allem, was man über Franz von Assisi liest: Alles, was wir über sein Leben wissen, wurde erst nach seinem Tode aufgeschrieben. Schlimmer noch, fast alles, was unter seinem Namen als Dokument veröffentlicht wurde, steht im Zweifel, ob es wirklich von ihm selbst verfasst wurde, zumal er häufiger diktierte als mit eigener Hand schrieb.

Heute gelten nur noch zwei der aufbewahrten Autographen des Franz von Assisi als zweifellos echt: beides kurze Mitteilungen von eigener Hand an Bruder Leo, deren Entstehung mehrfach bezeugt wurde. Dieser Bruder, der Beichtvater von Franz von Assisi und sein engster Vertrauter, scheint ein gewissenhafter Archivar gewesen zu sein, darum haben gerade diese gar nicht so bedeutsamen Nachrichten überdauert. Das Besondere daran: Eines der Blätter enthält außer der Notiz auch eine kleine Zeichnung des ebenso griechischen wie hebräischen Buchstabens Tau, die wie ein übermütiger Gruß an den Bruder wirkt. Dieser Buchstabe ist für ihn ganz naiv ein Bild, das sein Glaubensbekenntnis versinnbildlicht. Es deutet jenes Kreuz an, das man heute das Franziskanerkreuz nennt – die Franziskaner beten auch häufig mit seitwärts etwas erhobenen Armen, sich der Silhouette des Kreuzes anverwandelnd.

Doch etwas an dieser Zeichnung bleibt, gerade in ihrer fast übermütig-spielerischen Art, rätselhaft. Denn sie zeigt auch ganz simpel ein Tau, ein Seil, mit dem man etwas zusammenbinden kann – eine Kutte etwa. Wer bindet hier wen zu welchem Zweck? In diesem Zugleich von Einfalt und Symbolik spricht sich Franz' Wesen aus, das ihn nicht nur für seine Zeitgenossen auf so poetische Weise anziehend gemacht hat.

Dem Problem der Überlieferung und der Kritik der Quellen haftet immer etwas Scholastisches an – und gerade dem steht die Strahlkraft des Franz von Assisi entgegen, der sich auf die unmittelbare Magie seiner Person verließ und auf jeglichen Kommentar wie auf komplizierte Erklärungen des Gesagten verzichtete. Darin besteht seine Faszination, die bis heute fortwirkt. Aber das macht es auch so schwer, etwas Gesichertes über ihn zu sagen.

Der französische Historiker Jacques Le Goff hat diesem ohnehin immer existenten Problem in Bezug auf Franz von Assisi noch eine zusätzliche Facette hinzugefügt: »Die Streitigkeiten unter den Minderbrüdern im 13. Jahrhundert führten dazu, dass wir tatsächlich keine absolut zuverlässige Quelle über das Leben des Ordensgründers besitzen.«[29] So muss sich jeder, der über Franz von Assisi spricht, über die wenigen gesicherten Fakten hinaus auf ein Feld begeben, das höchst ungesichert wirkt und eher zur Poesie als zur Wissenschaft zu gehören scheint: die Legende! Am bekanntesten sind die *Fioretti*, die *Blümlein des heiligen Franz*, die erstmals im 14. Jahrhundert auf Italienisch das volkstümliche Bild des Heiligen in kleine schlichte Geschichten brachten. Hier ist Franz der ungewöhnlich einfallsreiche Pilger zu Gott, der, mit viel Menschenkenntnis ausgestattet, voller Witz und Liebe durchs Land wandert und dabei Begegnungen alltäglicher Art hat, die durch die bezaubernde Kraft seiner Schlichtheit zu etwas Besonderem werden.

Die *Fioretti* sind eine ins poetische Bild des Franz gebrachte Biographie, die als Gegenentwurf des offiziell kanonisierten Bildes vom wundertätigen Heiligen der katholischen Kirche verstanden wird. In dieser Legende zeigt sich Franz von Assisi in den Augen derer, die ihn lieben, wegen seines Verzichts auf – fast – jede Form von Macht, für seinen Mut, ein »Minorit« sein zu wollen, als einer, der immer noch kleiner ist als alle anderen.

Dieses Bild, das natürlich auch eine Projektion ist, in das hineingemalt wird, woran es der Zeit, in der es entstand, am meisten mangelt (Bescheidenheit, Demut, Solidarität), wird zu einem Stück Sehnsuchtsliteratur von der Nachfolge Christi. Es scheint darum nicht weniger zutreffend, weil es wahrhaftige Dichtung ist. Denn auch hier gilt das Hölderlin-Wort: »Was bleibet aber, stiften die Dichter!« Umso mehr, als es hier eine Form der mündlichen Überlieferung ist, Volksliedtradition im besten Sinne!

Im Jahr 2009 erschien ein monumentales Werk von fast tausendachthundert Seiten unter dem schlichten Titel *Franziskus-Quellen*. Eine ebenso gewichtige wie wichtige Sammlung von allem, was im

13. Jahrhundert von und über Franz von Assisi geschrieben wurde. Trotz der vermutlich nur zwei zweifelsfreien Autographen aus der Hand Franz' von Assisi lesen wir in der Einführung von Leonhard Lehmann: »Franziskus – ein geistlicher Autor!« Wie soll hier also Autorschaft verstanden werden? Eine in Franz' Fall tatsächlich heikle Frage.

Dennoch gibt es mehrere Fassungen der Ordensregel, Rundschreiben, das so wichtige *Testament*, den berühmten *Sonnengesang* – aber all dies diktiert und von anderen aufgeschrieben und dann weiter kopiert. Dass es da nicht nur den berühmten Fehler des Kopisten gibt, sondern sich andere im Parteienkampf mit hineinschrieben, Akzente auf folgenschwere Weise verschoben wurden, ist anzunehmen, jedoch heute im Detail nicht mehr nachzuprüfen.

Darum stehen wir achthundert Jahre nach Franz von Assisi vor einem dramatischen Ungleichgewicht. Was von Franz' eigener Hand erhalten ist, das passt auf eine Buchseite – dagegen stehen fast tausendachthundert Seiten, die sich mit seiner Wirkung allein in den ersten hundert Jahren nach seiner Geburt beschäftigen. Wer denkt da nicht an Jesus, bei dem die Zeugnislage ähnlich ist?

Hier geraten wir in den Bereich gewagter Analogien – und über die wurde und wird immer wieder gestritten. Interpretation folgt auf Interpretation, Polemik wendet sich gegen Polemik. Es liegt nahe, sich kurz entschlossen aus der scholastischen Umklammerung zu befreien – aber worauf sich dann berufen, wenn man nicht bloß ein Bild des Franz von Assisi nach den eigenen Vorstellungen ausmalen will, sondern eines, in dem sich möglichst viel von der historischen Figur wiederfindet?

Also lesen wir die Quellentexte, wie sie Lothar Hardick und Engelbert Grau 1984 erstmals in einer kritischen Übersetzung vorlegten, die nun auch den *Franziskus-Quellen* zugrunde liegen. Da stoßen wir dann auf drei Stufen der Ordensregel zwischen 1209 und 1223. Wir finden aber auch weitere umfangreiche Lebensbeschreibungen des Franz von Assisi, zwei von Thomas von Celano, die berühmte *Dreigefährtenlegende*, die *Legenda Perusina* und die kanonisierte von

Ordensgeneral Bonaventura, die *Legenda Maior*, darüber hinaus noch ein halbes Dutzend weiterer, mitunter fragmentarischer Beschreibungen des nach seinem Tode immer mehr als Wundertäter dargestellten Franz von Assisi. Hier muss man vergleichen, auch dem eigenen Instinkt für wahre und falsche Zeugen vertrauen. Die berühmten *Fioretti* etwa sind zweifellos bleibende Literatur – aber eine zuverlässige Quelle sind diese seit Ende des 14. Jahrhunderts in italienischer Sprache (daher ihr großer Erfolg) verbreiteten Legenden nicht. Wissen sie darum weniger vom Wesen des Franz von Assisi? Immerhin tragen sie ein Prinzip jeder modernen Biographie in sich: ein Moment der Konstruktion, ohne das kein Bild gelingt. Man kann auch Franz' Leben, wie jedes Leben, in verschiedenen Varianten erzählen.

Der Unschärfe des Materials gilt es darum mit besonders geschärften Sinnen entgegenzutreten. Wir bewegen uns im Bereich der Legenden, aber deren Entstehen ist nicht zufällig, sie folgen bestimmten Mustern und tragen in erzählerisch-erbaulicher Weise etwas mit sich, dessen man sich immer wieder vergewissern muss. Auch im Falle des Franz und einer Dokumentenlage, die ebenso viel über sein Umfeld wie über ihn selber verrät, gilt das Wort Walter Benjamins über den Umgang mit Quellentexten. Es sei falsch, zu erwarten, man könne aus ihnen die Wahrheit gleichsam herausextrahieren wie einen objektiven Fakt, unter Absehung des eigenen Ichs. Im Gegenteil, Benjamin fordert uns auf, uns der eigenen Subjektivität bewusst zu werden – und sie beim Suchen einer Wahrheit, die nicht allein außerhalb von uns selbst existiert, offensiv zu nutzen. Denn, so Benjamin, man lese immer nur etwas aus einem Text heraus, wenn man bereit sei, etwas in ihn hineinzulesen! So geschieht dies in allen Biographien über Franz von Assisi seit Thomas von Celanos erster Lebensbeschreibung von 1228.

Das moderne Bild des Franz ist jedoch ein Ergebnis der historisch-kritischen Geschichtsschreibung in der zweiten Hälfte des 19. Jahrhunderts. Ein Quantensprung im Selbstbewusstsein der Autoren ihrem Gegenstand gegenüber zeigt sich mit dem Erscheinen zweier unerhörter Bücher, die mit so kraftvoll-klugen Strichen ein Bild zeichnen, das heute immer noch in Grundzügen Bestand hat. Das erste stammt von Paul Sabatier, einem französischen protestantischen Pfarrer. Sein *Leben des Heiligen Franz von Assisi* liegt seit 1895 auf Deutsch vor. Sabatier ordnet als Erstes das Feld der Quellenkritik und ärgerte den Papst damit derart, dass er diese Franziskus-Biographie sofort auf den Index setzte. Ebenso bahnbrechend wirkte das zweite Buch, das die Modernität des Menschen- und Naturbildes in der bildenden Kunst thematisiert: Henry Thodes *Franz von Assisi und die Anfänge der Kunst der Renaissance* von 1885.

Mit der Renaissance, so wissen wir, hat sich eine Zeit angekündigt, die Riesen brauchte und Riesen zeugte. Diese erhöht mitsamt der sich zum Himmel erhebenden schlanken Architektur den Menschen, der sich unter ihren steinernen Bögen gleichsam selber erhebt – und dabei freier atmet.

Verweilen wir beim Stichwort Riesen der Renaissance. Auf deren Schultern stehen dann alle, die ihr nachfolgenden, so sagt ein geflügeltes Wort. Wir sind sämtlich nachgeborene Zwerge. Natürlich stehen wir weiterhin in dieser komfortablen Position, die nichts mit eigenem Verdienst zu tun hat. Aber wir sollten die in ihrer Frechheit treffende Bemerkung Heinrich Heines hierzu nicht vergessen: Ein Zwerg auf den Schultern eines Riesen stehend sieht natürlich weiter – besonders dann, wenn er sich eine Brille aufsetzt!

Bleibt nun die vor jedem wieder neu stehende Frage, was das denn für eine Brille sein sollte: Lese- oder Fernsichtbrille? Gar eine Sonnenbrille? Um Franz von Assisi möglichst deutlich in den Blick zu nehmen, müssen wir die Brillen immer wieder wechseln, ihn einerseits mit dem Vergrößerungsglas dicht an unsere Gegenwart heranholen, ihn andererseits in der Distanz des zeitgeschichtlichen Tableaus des 13. Jahrhunderts begreifen. Aus einer einzigen Perspektive betrachtet, bleibt seine Kontur unscharf.

Nur lesend allein wird man ihm bei allem Fleiß nicht gerecht werden können. Vor allem nicht ohne ein Bild der umbrischen

Landschaft, ohne den dramatischen politischen Hintergrund des späten 12. Jahrhunderts, in Europa und in Assisi selbst. Ohne die Ketzerbewegungen zu bedenken, den Machtkampf zwischen Papst und Kaiser einzubeziehen und ohne die Bilder von Giotto zu sehen, wird man unweigerlich fehlgehen.

Die Bücher, die über ihn geschrieben wurden, gewannen – auf den Schultern von Sabatier und Thode stehend – im 20. Jahrhundert an Kontur. Der Franziskaner Heribert Holzapfel veröffentlichte 1909 ein *Handbuch der Geschichte des Franziskanerordens,* das auf redliche Weise die Widersprüche der Ordensgeschichte darzustellen statt sie zu kaschieren versuchte. Das Resultat glich dem bei Sabatier: Dem Papst missfiel diese Art Geschichtsauffassung, damit war für die katholische Kirche der Stab über Holzapfels wichtiges Buch gesprochen.

Aber es kamen andere, vor allem aus dem Franziskanerorden selbst, die hinter diese kritische Geschichte nicht zurückgehen wollten. Der wichtigste unter ihnen war Kajetan Esser mit seinem Buch *Anfänge und ursprüngliche Zielsetzungen des Ordens der Minderbrüder.* Es folgten bis heute wichtige Bücher von Anton Rotzetter, Niklaus Kuster bis hin zum Befreiungstheologen Leonardo Boff. Aber auch die protestantische Kirchengeschichtsschreibung setzte den Weg fort, den Sabatier gewiesen hatte. Von Gert Wendelborn bis Helmut Feld erschienen wichtige Bücher, die auch über den Zusammenhang von Franziskanertum und Reformation nachdachten. Walter Nigg schrieb auf unverwechselbare Weise über die Mystik bei Franz von Assisi, und G.K. Chesterton erkannte mit dem ihm eigenen Sinn für das Absurde einen »Verrückten«, der dem Einzelnen zu einem neuen Platz in der Welt verhalf.

Zu wenig wurden, wie mir scheint, bislang die sogenannten profangeschichtlichen Quellen bedacht, etwa der wichtige Studienband von Ernst Werner und Martin Erbstößer, *Ketzer und Heilige,* der 1986 im Ostberliner Union Verlag erschien, oder auch Eduard Winters *Ketzerschicksale.* Raoul Manselli und Jacques Le Goff haben aus der Perspektive ihrer Mittelalterstudien wichtige Bücher über Franz von Assisi verfasst.

Umberto Eco entdeckte in seinem Roman *Der Name der Rose* im Streit der Spiritualen mit den Konventualen im Franziskanerorden die Kriminalgeschichte, die es nicht aus den Augen zu lassen gilt. Kurt Flasch stellt die geistigen Entwürfe der franziskanischen Intellektuellen von Duns Scotus über Roger Bacon bis zu Wilhelm von Occam endlich dorthin, wohin sie heute auch gehören: in den Kontext der Philosophiegeschichte.

All diese wichtigen Facetten kommen in der katholisch dominierten Diskussion über Franz von Assisi immer noch zu wenig vor. Nur so konnte es geschehen, dass ein so überaus moderner Denker wie der als Häretiker verfolgte Wilhelm von Occam weitgehend unbemerkt bleibt, wenn es um Möglichkeiten franziskanischer Existenz geht. Franz von Assisi, so wäre hieraus zu lernen, ist – aus der kirchengeschichtlichen Engführung der Diskussion befreit – vorrangig als Katalysator kultureller Entwicklungsprozesse zu begreifen, deren Dramatik im 13. und 14. Jahrhundert immer wieder frappiert.

Kindheit und Jugend eines Zauberers

Vorgeschichte eines Heiligen

Kehren wir zu Thomas von Celano, dem ersten Biographen, zurück. Wer als Erster schreibt, der hat es zweifellos am schwersten. Denn er hat noch keine anderen Bücher, weder um sich auf sie zu berufen, noch sich von ihnen abzugrenzen. Er ist der Erste, der ein Feld bestellt – und muss sich sein Material mühsam zusammensammeln. Aber er hat auch das Glück, als Erster ein Bild zu prägen. Paul Sabatier zeigte sich von dieser Ersten Vita durchaus angetan, wenn er deren Autor bescheinigt, er schreibe in einem »reizvollen, oft poetischen Styl«, und fortfährt: »Innige, warmherzige Bewunderung für seinen Helden spricht aus jeder Zeile; wo er sich parteiisch äußert, geschieht es unwillkürlich, vielleicht unwissentlich.«[30] Damit ist gesagt, dass der Autor glaubwürdig ist, aber sich dennoch Töne – vor allem Papst Gregor IX. gegenüber – finden, die man wegen ihrer offenkundigen Parteilichkeit nicht allzu ernst nehmen sollte.

Warum wählen der Papst und der Ordensgeneral Bruder Elias gerade Celano als Biographen aus, wo er Franz doch nur flüchtig kennt, im Unterschied zu den engsten Gefährten, von denen einige – wie Bruder Leo – durchaus im Schriftlichen ausdrucksfähig sind? Vermutlich weil Thomas von Celano Franz einerseits nahesteht – er gehört seit 1215 zu den Brüdern –, andererseits nicht in die Streitigkeiten seines Umfelds verwickelt ist.

Celano stammt aus einer adligen Familie in den Abruzzen, gehört zu den Gebildeten unter den Brüdern. 1221 begleitet er Cäsarius von Speyer, einen der engsten Vertrauten Franz' von Assisi, bei seiner Missionsreise nach Deutschland, wurde hier Kustode von Mainz, Worms, Köln und Speyer. Die deutsche Mission verlief – wie fast alle Missionsversuche der Franziskaner zu dieser Zeit –

nicht eben erfolgreich, darum findet sich Thomas von Celano um 1228 wieder in Assisi. Was er an Material für seine Biographie benötigt, das bekommt er vor allem von jenem Bruder Elias geliefert, der im frühen Orden eine höchst umstrittene Rolle spielt, über die noch zu reden sein wird. Dennoch, es sind erst zwei Jahre nach dem Tod von Franz vergangen, es gibt noch viele, die ihn gut kannten, darum darf man davon ausgehen, dass Celano sich auch mit diesen Brüdern bespricht – und das dabei Erfahrene mit in seine Lebensbeschreibung einfließt.

Gleich zu Beginn seiner Biographie hebt er in drastischen Formulierungen den Bruch hervor, den Franz von Assisi zu seinem bürgerlichen Leben, wie er es im Elternhaus erfuhr, mit seiner Bekehrung zum Ideal der Armut vollzog. Diese begründet dann die ihm nachfolgende Franziskus-Literatur: »Es war ein Mann in Assisi, einer Stadt im Gebiet des Spoleto-Tales, mit dem Namen Franziskus, der, von früher Jugend an von seinen Eltern mit den eitlen Grundsätzen der Welt hoffärtig erzogen, ihr erbärmliches Leben und Gebaren lange Zeit nachahmte und dadurch selbst nur noch eitler und hoffärtiger wurde.«[31] In dieser Drastik findet sich sein Herkommen in keiner anderen Lebensbeschreibung geschildert. Auch Celano mildert in seiner zweiten Lebensbeschreibung die drastische Formulierung vom »erbärmlichen Leben«, das Franz immerhin bis zu seinem fünfundzwanzigsten Jahr – mehr als die Hälfte seines Lebens also – geführt habe. Besonders die Mutter Pica wird nun, und da wird plötzlich die Jesus-Analogie offenkundig, geradezu als Heiligenmutter verklärt.

Diese zweite Vita von 1246 kommt als »heißersehnte Denkschrift« daher und feiert den Wundertäter Franziskus, der wie Jesus Kranke heilte und Lahme dazu brachte, wieder zu gehen. Hier bricht sich mittelalterlicher Wunderglaube Bahn – Franz wird als der ersehnte »Retter in der Not« präsentiert. So hebt diese zweite Lebensbeschreibung, die doch die Berichte letzter Augenzeugen zu sammeln vorgab, wie eine der üblichen Heiligenlegenden an. Sie verklärt Franz' Leben in höchsten Tönen. Keine Fundamentalkritik findet sich hier mehr an den vom Geld verdorbenen Seelen der Neureichen wie Pietro Bernadone, gegen deren Lebensweise sich Franz von Assisi empört. Nein, jetzt lesen wir als erste Sätze: »Franziskus, der Knecht und Freund des Allerhöchsten, dem die göttliche Vorsehung diesen Namen beilegte, damit durch den seltenen und ungewohnten Namen der Glaube an seine Sendung umso schneller bekannt wurde, wurde von der eigenen Mutter Johannes genannt, als er durch die Wiedergeburt aus dem Wasser und dem Heiligen Geiste aus einem Kind des Zornes zu einem Kind der Gnade wurde. Diese Frau, eine Freundin aller Ehrbarkeit, war in ihrem Wandel gleichsam ein Abbild der Tugendgröße jener heiligen Elisabeth, da auch sie bei der Namensgebung ihres Sohnes und ganz besonders durch den Geist der Weissagung, sich eines ähnlichen Vorrechts wie diese erfreute.«[32]

Das schrieb tatsächlich derselbe Autor, der 1228 die erste, sehr direkte, vor keiner drastischen Aussage zurückscheuende Lebensbeschreibung verfasst hatte, obwohl auch sie bereits ein den – überaus kurzen – Heiligsprechungsprozess flankierendes Auftragswerk war. Was war mit Thomas von Celano, was mit den Franziskanern in dieser Zeit geschehen? Fraglos ist, sie wurden auf massive Weise einem katholisch-gängigen Muster angepasst. Taten sie dies freiwillig oder gezwungenermaßen – und wer widerstand dieser Verkitschung eines Menschen, der vor allem wegen seiner Natürlichkeit geliebt wurde?

Aber bleiben wir noch bei dem Leben, wie es uns in der ersten Beschreibung Thomas von Celanos entgegentritt. Dem Befund der Verderbtheit des jungen Franz geht die Diagnose einer kranken Zeit voraus, in der die Christen es nur dem Namen nach noch sind. Es klingt überaus apokalyptisch, was Celano hier anklagenden Tones geradezu herausschreit über die verkommenen Kinder verkommener Eltern: »Denn aus verdorbener Wurzel wächst nur ein schlechter Baum, und was einmal gänzlich verdorben ist, kann kaum mehr auf den rechten Weg zurückgebracht werden. Wenn sie nun vollends in das Jünglingsalter eintreten, was wird dann wohl aus ihnen werden? Dann fürwahr lassen sie jederart von Zügellosigkeit freien Lauf, und weil sie alles tun dürfen, was ihnen beliebt, frönen sie mit allem Eifer den Lastern. So durch freiwillige Sklaverei zu Sklaven der Sünde geworden, geben sie alle ihre Glieder der Ungerechtigkeit als Werkzeug preis, und da sie weder im Lebenswandel noch im Charakter etwas vom christlichen Geist in sich haben, sind sie Christen einzig und allein dem Namen nach.«[33] Das ist ein überaus rigoroser Ton. So darf man sich wohl auch die Bußpredigten der ersten Franziskaner vorstellen. Und durch diese »unglückliche Vorschule« sei Franz von Assisi gegangen, der »bis zu seinem 25. Lebensjahr seine Zeit kläglich vergeudete und vertändelte«.

Nun aber schreiben wir das Jahr 1228, und jetzt wird er als Heiliger verehrt – und wie eine Selbstbeschwörung einer an sich unglaublichen Tatsache klingt an dieser Stelle Celanos Einschub, er sei »ja wirklich ein Heiliger«.[34]

Neben der ersten Lebensbeschreibung durch Thomas von Celano gibt es eine weitere, die dieser mindestens ebenbürtig ist, in einigem wohl noch genauer auf Leben und Lebenshintergründe des Franz von Assisi schaut, die *Dreigefährtenlegende*. Sie wurde 1246 veröffentlicht, zu einer Zeit, da der Blick auf den heiligen Franz kein naiver mehr sein kann. Diejenigen, die hier mit dem symbolträchtigen Absender Greccio (jener schlichten Einsiedelei, die Franz durch seine Weihnachtsfeste berühmt gemacht hatte) schreiben, geben sich namentlich nicht zu erkennen, aber es scheint sicher, dass zu den drei Brüdern, die sich an ihren Mitbruder Franz erinnern, auch jener Bruder Leo (wahrscheinlich sogar federführend) gehörte, der ursprünglich Priester gewesen war und als Beichtvater von Franz den engsten Kontakt zu ihm hatte. Er war es auch, der die beiden einzigen Dokumente von Franz' Hand so sicher aufbewahrte – nicht leicht im 13. Jahrhundert –, dass sie heute noch existieren. Aber warum geben sich die drei Verfasser, wenn es denn außer Leo tatsächlich noch mehrere Autoren gegeben haben sollte, nicht namentlich zu erkennen?

Die Lage im Orden hat sich dramatisch verändert. Für solch nüchterne Lebensbeschreibungen wie die der drei Gefährten oder Thomas von Celanos erster Vita scheint kein Platz mehr zu sein. Warum sonst sollte ausgerechnet Celano zu dieser Zeit eine weitere Lebensbeschreibung vorlegen, nun jedoch Franz als Wundertäter präsentieren? Ausdrücklich wollen die drei Gefährten Franz »nicht nach der Art einer Legende« vorstellen, sondern nach den Zeugnissen jener frühen Gefährten, zu denen sich auch die Autoren zählen. Dass die drei Gefährten anonym bleiben wollen, zeigt: Es ist gefährlich geworden, in schlichtem Ton über die gemeinsame Zeit der Anfänge der Franziskus-Brüder zu schreiben. Wie konnten die über jeden Zweifel stehenden frühen Franziskaner, seine engsten Gefährten, überhaupt derart in Misskredit geraten? Darauf werden wir noch zurückkommen.

Die *Dreigefährtenlegende* hebt in einer sehr schlichten Sprache an; hier wird bei den ersten Sätzen deutlich, dass keine Heiligenlegende erzählt werden soll, sondern der irrtumsreiche Weg eines Menschen zu sich selbst: »Franziskus stammte aus der Stadt Assisi, die im Gebiet des Spoleto-Tales gelegen ist. Von der Mutter wurde er zuerst Johannes genannt; vom Vater aber, der bei der Geburt in Frankreich weilte, erhielt er bald nach dessen Rückkehr den Namen Franziskus.« Hier findet sich weder eine Polemik gegen die verkommenen Sitten im Elternhaus wie in der ersten Lebensbeschreibung Thomas von Celanos, noch die Verklärung der Mutter wie in der zweiten Lebensbeschreibung Thomas von Celanos. Hier sollen nur schlichte Fakten mitgeteilt werden. Und schon im zweiten Satz sind wir beim einträglichen Alltagsleben der Bernadones, das Giovanni Bernadone immerhin ein Vierteljahrhundert prägte: »Als er herangewachsen und sein reger Geist erwacht war, übte Franziskus das Gewerbe des Vaters, das heißt das Kaufmannsgeschäft, aus, jedoch ganz anders, denn er war viel freigebiger und heiterer.«[35]

Das Neue kommt langsam, es wächst in dem Maße, wie das Alte in ihm abstirbt. Aber es ist nicht zu leugnen, der Antrieb für Francescos neuerdings altruistisches Handeln, das dem Vater anfangs wieder nur wie eine Marotte des Sohnes vorkommt, wie auch seine aufreizend simple Kleidung, ist sein Drang, aufzufallen. Bereits Sabatier schreibt von dem Wunsch, der ihn beseelt habe, »die Schranken des Gewöhnlichen zu durchbrechen«.[36] Doch ist dieses »Lebe lieber ungewöhnlich« nicht eine alte Sehnsucht aller Jugend? Es fragt sich nur, auf welches ungewöhnliche Ziel man sein Leben ausrichtet, welche Mittel man dafür wählt.

Diese Fragen kreisen in Francesco, er steckt in der Klemme – eine erste schwere Sinnkrise. Immer häufiger geschieht es nun, dass ihn inmitten ausgelassenster Heiterkeit eine große Traurigkeit befällt. Seine Freunde spüren es, in solchen Momenten ist Francesco nicht bei ihnen. Aber wo ist er dann? Er hat Träume, Visionen. Und diese sind im Mittelalter immer Verheißungen des Kommenden. Traum und Realität sind für den mittelalterlichen Menschen nicht getrennt, im Traum spricht Gott zu uns. Und was hat er ihm, Francesco, gesagt? Die Freunde bedrängen ihn, es ihnen anzuvertrauen. Hat er etwa von einer Liebe geträumt, will er sich eine Frau nehmen? Ja, antwortet der Gefragte, so sei es tatsächlich: »Ihr habt die Wahrheit gesagt; denn ich habe daran gedacht, mir eine Braut zu nehmen, die edler, reicher und schöner ist, als ihr je gesehen habt.«[37] Das berichten die drei Gefährten, auch dass die Freunde ihn nach diesem Geständnis »verlachten«. Sie hatten ihn anders verstanden, als er es gemeint hatte.

Etwa zwei Jahre ist Francesco nun aus der Gefangenschaft zurück, nach außen scheint – bis auf seine Krankheit – alles wie immer bei ihm. Die Stadt hat ihren inneren Frieden wiedergefunden, denn man schloss einen Vertrag zwischen Adel und Bürgern, nach dem die 1202 niedergebrannten und verwüsteten Besitzungen der vertriebenen Adligen auf Kosten der Stadt wieder aufgebaut werden. Francesco träumt weiter von Ruhm und will nun Ritter werden. Es ist die Zeit der Kreuzzüge zur Rückeroberung Jerusalems von den Moslems. Aber Franz hat auch ein ganz konkretes Vorbild, einen Ritter, der gerade in Italien für Furore sorgt: Walter von Brienne, ein Franzose, der – in einem etwas ominösen, fast freibeuterhaften Verhältnis zur Papst Innozenz III. stehend – gegen die Herrschaft der deutschen Kaiser in Italien kämpft. Stadt für Stadt erobert er mit seinem Heer und wendet sich nun nach Sizilien, der letzten großen Bastion der Deutschen. Hier unterliegt Brienne, weil die Flotte Pisas den Deutschen zu Hilfe eilt, denn, wie Julien Green schreibt, »diese Stadt freut sich immer, wenn sie die Pläne des Papstes durchkreuzen kann«.[38]

Die politische Lage in Italien zu Beginn des 13. Jahrhunderts ist chaotisch, denn kaum unterliegt Brienne erstmals, wagen die von ihm gerade erst eroberten Städte von Tarent bis Lecce den Aufstand, und Brienne fängt in echter Rittermanier von vorn an, sie zu erobern. Dieser Walter von Brienne ist das Idol Francescos. Und als er hört, dass einer der adligen Ritter aus Assisi sich in sein Heer begeben will, schließt er sich ihm sofort an. Er hat, so scheint es, noch nicht genug von Krieg und Tod erlebt. Eine Rüstung muss her! Der in allem geschäftsmäßig entscheidende Vater ist froh, dass sein Sohn wieder Ehrgeiz hat, und finanziert ihm diese wie auch die weitere Ausrüstung. Das kostet so viel wie ein ganzes Landgut.

Francesco fällt bei seinen Reisegefährten sofort auf. So neureich ausstaffiert und großsprecherisch, wie er sich benimmt, macht er sich keine Freunde unter ihnen. Kurz vor der Stadt treffen sie einen verarmten Ritter, der Francesco offenbar neidvoll betrachtet. Sofort zieht dieser sein Kleid aus (er hat genügend Ersatz bei sich) und schenkt es ihm. Die drei Gefährten widmen dieser Episode im Leben von Franz große Aufmerksamkeit. Denn der künftige Ritter Franz und seine Gefährten kommen nur bis Spoleto, etwa vierzig Kilometer von Assisi entfernt, immer noch Umbrien.

Er ist in schlechter Verfassung, den ganzen Tag schon reitet er in seiner schweren Rüstung. Wie weit soll das noch gehen? Und dann auch noch in diesem Eisenanzug kämpfen? Francesco hat

Fieber, ist völlig erschöpft. Seine Gefährten machen sich – nach den starken Sprüchen von ihm – über seine Schwäche lustig. Und ihm selbst steht seine Zukunft vor Augen. Ist er gerade dabei, sich in einen Söldner zu verwandeln? In der Nacht träumt er schwer. Später wird er über diese Nacht von Spoleto als dem ersten wichtigen Schritt auf dem Weg zu seiner Bekehrung sprechen – davon berichten verschiedene Quellen.

Die drei Gefährten nennen das, was ihm hier erschienen ist, ein »Traumgesicht«. Es ist bereits das zweite, denn kurz vor seiner Abreise hatte er einen anderen bedeutsamen Traum gehabt. Er sah sich in einem großen Palast voller Kriegswaffen, »alles harrte des Kriegsruhms«. Francesco fühlte sich von diesem Traum in seiner Unternehmung bestätigt, denn eine Stimme sagte ihm, dieser Palast mitsamt Waffen gehöre ihm und seinen Rittern. Glückliche Vorzeichen, so meinte Franz damals und verkündete: »Ich weiß, dass ich ein großer Fürst werde.«

Aber nun in Spoleto, erschöpft, fiebrig und tief beunruhigt, träumt er etwas anderes. Wieder hört er im Halbschlaf eine Stimme. Sie fragt, wohin er ziehen wolle. Franz, im Zwischenreich zwischen Traum und Wachsein, gibt Rechenschaft, und dann kommt die entscheidende Frage jener nur als göttlich zu verstehenden Stimme: »Wer kann dir Besseres geben, der Herr oder der Knecht?« Die Antwort scheint so klar, dass sie hier nicht wiederholt werden muss. Aber die Stimme insistiert weiter: »Warum also verlässt du für den Knecht den Herrn und für den Hörigen den Fürsten?« Das ist die Beunruhigung, die er mit sich trägt. Kann es, nach dem, was er bisher in seinem Leben erfahren hat, wirklich seine Mission sein, ein fahrender Ritter zu werden? Doch hatte der erste Traum ihm nicht verheißen, der Palast mit allem, was darin sei, gehöre ihm? Francesco ist tief verunsichert. Er bricht seine Reise ab, kehrt nach Assisi zurück – zum Spott derer, die bereits vorher zu wissen meinten, dass mit Francesco, seitdem er im Gefängnis war, nichts mehr los sei. War es die Stimme der Vernunft oder die Gottes, die ihn umkehren ließ? In diesem Fall klingen sie ununterscheidbar.

Spekulieren wir: Was wäre geschehen, hätte Franz in Spoleto nicht auf seine Vision gehört? Kaum mit großem Getöse fortgezogen, steht er schon wieder vor der elterlichen Tür. Ist er denn ein völliger Versager? Außer gewaltigen Spesen wieder nichts gewesen? Doch, aber wieder nichts Zählbares, denn Francesco beginnt nun immer mehr in sich hineinzuhören, nach der Stimme zu lauschen, die zu ihm sprach.

Da weiß Franz noch gar nicht, welch einem brutalen Ende er entgangen ist, das ihn ereilt hätte, wenn er tatsächlich zu Walter von Brienne gestoßen wäre. Denn dieser Ritter, im Erfolgsrausch voranstürmend, hat seinen erbitterten Feind, Graf von Acerra, in der Gewalt. In die Enge getrieben, flieht dieser mit seiner Truppe in die Burg von Sarno, eine uneinnehmbare Festung, auf der Spitze des Berges Ferranova in der Nähe des Vesuvs. Von hier oben gibt es keine Fluchtmöglichkeit, und Walter von Briennes Männer haben den Berg umstellt. Sie können warten, bis der Hunger die Verbarrikadierten zur Aufgabe zwingt.

Der anscheinend nahe Sieg hat Brienne leichtsinnig gemacht. Denn Graf Acerra bricht mit seinen Reitern – den Pferden wurden die Hufe mit Filz umwickelt, was sie unhörbar macht – des Nachts aus und greift das schlafende Lager Briennes an. Man tötet jeden, den man greifen kann – unter Rittern wird kein bisschen weniger grausam gemordet als unter Räubern. Brienne selbst aber soll nicht sterben, sondern wird schwer verletzt gefangen genommen. Man will ihn demütigen, er soll schwören, nie wieder den Kampf gegen Acerra zu wagen.

Doch statt zu schwören, reißt der törichte Ritter sich die ihm angelegten Verbände mit stolzer Geste wieder ab – und stirbt kurz darauf an Blutvergiftung. Francesco aber ist vor dem elenden Schicksal, das Briennes Gefolgsleute fanden, durch seine Vision bewahrt worden. Wieder einmal gerettet!

Der Irrungen allerdings ist kein Ende. In Francescos Verhalten, das bemerkt seine Familie zuerst, dann seine Freunde und dann die ganze Stadt, hat sich etwas Grundsätzliches geändert. Eine Weiche ist neu gestellt worden, wie die drei Gefährten berichten: »Von jener Stund an begann er sein eigenes Nichts zu fühlen und die Dinge, die früher seine Liebe gefunden hatten, zu verachten.«[39] Er zieht sich, so heißt es, immer häufiger zum Gebet zurück, will nun Jesus Christus nachfolgen.

Aber wie macht man das? Und gibt es nicht schon mehr als genug religiöse Propheten, die glauben, sie seien von Gott zu Höherem berufen? Aber Francesco sagt das nicht, er spricht überhaupt nicht über das neue Leben, das er in sich spürt, er hält sich auch nicht für einen, der zu irgendetwas Großem berufen ist. Doch er gelobt, niemals mehr einem Armen, der ihn im Namen Gottes bittet, etwas abzuschlagen. Er gibt von Mal zu Mal reichlicher. Es fällt ihm leicht, denn es ist das Geld das Vaters, das er mit vollen Händen verteilt. Er gefällt sich in der Rolle des Almosengebers, der sich, Geld verteilend, ein gutes Gewissen macht. Er hat immer noch mehr als genug, er kann abgeben, ohne ganz aus seinem bisherigen Leben herauszutreten. Denn davor fürchtet er sich.

Wenn der Vater auf eine seiner vielen und langen Geschäftsreisen geht, die ihn zumeist nach Frankreich führen, dann kommt im Hause Bernadone trotzdem immer das Brot für die ganze Familie auf den Tisch. Auf die verwunderte Nachfrage der Mutter, was die vielen Brote auf dem Tisch sollen, antwortet Francesco, »er tue dies, um sie den Armen als Almosen zu geben«. Das sieht nun allerdings allzu sehr nach jener Jesus-Analogie aus, die sich bereits kurz nach seinem Tod in die Lebensbeschreibungen mischt. Er soll so sein wie dieser, ein zweiter Jesus, aber einer, der, von der Kirche ausgewählt, zum Heiligen gemacht wurde, weil er ihr so von größtem Nutzen sein konnte.

Fakt ist, er bleibt in Assisi, wo man ihn als ebenso reichen wie großzügigen Sohn des Tuchhändlers Bernadone kennt. Hier probt er sein neues Leben. Er legt es an wie ein neues Kleid. Es soll ein Leben der angebeteten Armut sein, das weiß er, aber noch ist er der reiche Bürgersohn, der immer nur Rollen spielt. Er hat einen starken Wunsch, er will seine Kleider gegen die Lumpen eines Bettlers tauschen. Aber doch nicht in Assisi, wo ihn jeder kennt?

Wallfahrt nach Rom. Ausstieg auf Probe

So beschließt er, eine Wallfahrt nach Rom zu unternehmen. Dort angekommen, betritt er den Petersdom, sieht, wie kärglich die Spenden sind, die gegeben werden – und macht, was er immer macht: Er greift in seinen prall gefüllten Geldbeutel. Händeweise wirft er mit Silbermünzen um sich, »verursachte damit ein solches Geklirre, dass alle Umstehenden über die hochherzige Spende in größte Verwunderung gerieten«.[40] Was für ein Auftritt! Aber damit noch nicht genug. »Er aber ging hinaus vor den Eingang der Kirche, wo es viele Arme gab, die Almosen bettelten. Dort lieh er sich im Verborgenen die Lumpen eines Armen, zog seine eigenen Kleider aus und jene an. Als er sich auf den Treppenstufen der Kirche zu den anderen Armen stellte, bettelte er auf Französisch Almosen. Mit Vorliebe sprach er nämlich Französisch, obschon er es nicht richtig beherrschte. Nachher zog er die Lumpen wieder aus, nahm seine eigenen Kleider entgegen, kehrte nach Assisi zurück …«[41]

Das war so etwas wie die Generalprobe für den geplanten Ausstieg aus seinem bisherigen Leben. Modern ausgedrückt: ein Happening, eine Performance, eine überaus schrille Kunstaktion! Alles, was er für sein neues Leben braucht, ist bereits da – warum erscheint dieser Auftritt dann so deplatziert, geradezu obszön? Francesco muss es gespürt haben, etwas fehlt noch. Etwas Entscheidendes. Darum sagt er niemandem etwas von der Doppelrolle, die er in Rom gespielt hatte: erst derjenige, der händeweise Almosen verteilt – und dann selbst in geborgten Bettlerkleidern um welche bittet. Das klingt verrückt, das ist verrückt.

Die drei Gefährten, das spricht für sie als frühe Mitwisser Francescos, sparen diesen Auftritt, dem jede Demut fehlte, nicht aus. Sie wissen um ihren Auftrag, den sie sich selbst gaben: den sich von Irrtum zu Irrtum wendenden Francesco zu zeigen, auf seinem langen Weg zu Gott, der doch der Weg zu sich selbst sein soll. Und so beschließen die drei Gefährten diesen Abschnitt ihrer Legende mit dem, was Franz am meisten bedrängte, worüber er aber mit niemandem sprechen konnte: »Denn in der damaligen Zeit folgte niemand der wahren Armut, wie Franziskus sie über alles in der Welt ersehnte und in der er leben und sterben wollte.«

Sein Ziel: als Gefährte der Armen ein neues Leben zu beginnen, das einen Sinn hat, jenseits der Anbetung des Geldes! Aber noch ist er auf dem Weg dorthin. Es ist jene – nicht Selbstverleugnung, das wäre falsch zu sagen, denn Francesco verleugnet sich nicht – Selbstüberwindung, die seinen alten Stolz, sein falsches Ich-Bewusstsein zurücklässt. Die Stunde dieser Prüfung kommt, als er, auf seinem Pferd reitend (noch geht er nicht immer zu Fuß), an einer Wegbiegung unweit Assisis sich plötzlich einem Leprösen gegenübersieht. Wenn er sich vor etwas ekelt, unüberwindbare Abscheu empfindet, dann vor dem Gestank dieser auf so unaufhaltsame Weise verfaulenden Kranken, die mit einer Klapper in der Hand ihr Nahen ankündigen müssen.

Franz hat empfindliche Sinne, und den Geruchssinn kann man nicht ausschalten, selbst dann nicht, wenn man sich darum bemüht. Der Ekel ist zu groß. Das ist der Mensch? An einem gewissen Punkt muss man sich einfach übergeben, fortlaufen. Auch Franz, da sind die frühen Quellen ehrlich, läuft weg. Schon wenn er sich den Behausungen der Aussätzigen näherte, überfiel ihn Übelkeit. »Und wenn es doch geschah, dass er an ihren Häusern vorbeiging oder sie sah, wandte er das Gesicht stets ab und hielt sich mit seinen Händen die Nase zu, obschon er sich aus Mitleid bewegen ließ, ihnen durch eine Mittelsperson Almosen zukommen zu lassen.«[42]

Aber diesmal soll es anders kommen. Kaum bekommt er wieder Luft, schämt er sich – und wendet sein Pferd. Die drei Gefährten berichten, was dann folgte: »Und während er sonst gewohnt war, vor Aussätzigen großen Abscheu zu haben, tat er sich jetzt Gewalt an, stieg vom Pferd, reichte dem Aussätzigen ein Geldstück und küsste ihm die Hand. Und nachdem er von ihm den Friedenskuss empfangen hatte, stieg er wieder aufs Pferd und setzte seinen Weg fort.«

Roberto Rossellini hat diese Szene 1950 in seinem Film *Francesco, giullare di Dio* (zu Deutsch: *Franziskus, der Gaukler Gottes*) auf eindringliche Weise gezeigt. In kargen, quasi dokumentarischen Bildern, die ihre magische Poesie dadurch erlangen, dass alle hier gezeigten Menschen Alltagsmenschen auf der Suche nach Erlösung sind. Der Aussätzige erschrickt geradezu über die Annäherung des ihm fremden Menschen. Gutes hat dieser schrecklich aussehende Kranke von seinen Mitmenschen sonst nicht zu erwarten. Wenn sie sich nicht so vor der Krankheit fürchten würden, dann kämen sie mit Hacken, ihn zu erschlagen. Nur Furcht vor Ansteckung schützt den Aussätzigen, der keine Liebe zu erhoffen hat, der aus der Gemeinschaft der Menschen – ohne eigene Schuld – ausgeschlossen wurde. Ist das im Sinne der Nachfolge Jesus Christus?

Francesco hat seine Mission entdeckt, er will seine Mitmenschen – und die Kirche selbst! – dazu bringen, in den Aussätzigen auch Menschen, und zwar besonders bemitleidenswerte, zu erkennen. Interessant ist, wie Bonaventura, der Mystiker und Ordensgeneral, in seiner Biographie Franz' von Assisi diese Szene schildert. Der Ton, der sich durch seine Lebensbeschreibung zieht, ist der einer Hagiographie, einer Heiligenlegende im althergebrachten Stil, ganz auf Verklärung abzielend, Lebenswidersprüche tilgend.

Er verwendet für seinen Text die Lebensbeschreibungen von Thomas von Celano und auch die *Dreigefährtenlegende*. Aber der Geist, in dem er die Fakten benutzt, zeigt die folgenschwere Wandlung der Franziskaner, die sie im zurückliegenden halben Jahrhundert durchlebt – und durchlitten! – haben. Über die Begegnung mit den Aussätzigen lesen wir also bei Bonaventura, Francesco habe, weil er die »Demut von ganzem Herzen« liebte, sich zu den Aussätzigen begeben, um ihnen zu dienen. Kein Wort von dem Ekel, den er gegen die Krankheit in sich trug und erst nach langem Kampf zu überwinden vermochte. Stattdessen herrscht ein blumiges Schwelgen im Bild eiternder Wunden, eine geradezu ins Erotische gesteigerte Szenerie: »Er wusch ihnen die Füße, verband ihre Schwären, entfernte den Eiter aus ihren Wunden und reinigte sie von aller Unreinheit, ja, er, der bald ein Arzt gemäß dem Evangelium werden sollte, küsste sogar in wunderbarer Ergriffenheit ihre eitrigen Wunden. Darum erlangte er von Gott eine solche Kraft, dass er Wunderbares wirken durfte bei der Heilung geistiger und körperlicher Krankheiten.«[43] Ein Arzt, gemäß dem Evangelium?

Bei Bonaventura – das sei hier einmal vorwegnehmend gesagt – ist Franz von Assisi die Rolle des Wunderheilers zugefallen. Ganz in der Nachfolge Jesu, der als ein Sohn Gottes die Gabe der Heilung besessen habe, wird nun Franz diese Rolle zugeschrieben: ein Heiliger zum Anbeten, eine Gipsfigur, über deren Authentizität zu reden sich von vornherein verbietet. Die Legende genügt der Kirche anscheinend, der Wundertäter, der vom Himmel geschickt wurde, ist allemal harmloser als jener Troubadour Gottes, der den Geist der Reinheit in die Kirche zu bringen versuchte.

Es ist bei Franz jene Reinheit, wie sie auch die Ketzer von der Kirche verlangten, daher das Wort »Katharer«. Der Name dieser mächtigsten häretischen Bewegung des 13. Jahrhunderts trägt auch das griechische Wort *Katharsis* in sich, reinigende Läuterung. Wie die Ketzer fordert Franz Buße von der verkommenen und korrupten Kirche ebenso wie von den neureichen Weltleuten. Dieser nach einem »neuen Menschen« verlangende höchst subversive Ansatz in der frühen Franziskanerbewegung geht im verkitschten Bild des Wundertäters ganz und gar unter.

Der Anspruch, ein Gefährte der von der Gesellschaft Ausgestoßenen zu sein, sich ihnen brüderlich zu zeigen, wird, bereits in der zweiten Hälfte des 13. Jahrhunderts, zum Wunderwerk eines Heiligen stilisiert und so wieder jener schlichten Menschlichkeit beraubt, um die es Franz doch immer zuallererst ging. So lesen wir bei Bonaventura, und wenn wir nicht gesagt bekämen, es ginge dabei um Franz von Assisi, dann würden wir meinen, es mit einer beliebigen, austauschbaren Heiligenlegende zu tun zu haben: »Es geschah, dass eine schreckliche Krankheit einem Mann aus der Grafschaft Spoleto Mund und Wangen völlig zerfressen hatte und keine Arznei ihm helfen konnte. Um die Hilfe der Heiligen anzurufen, besuchte er die Gräber der Apostel und begegnete auf seiner Heimkehr von der

Pilgerreise dem Knechte Gottes (Franz von Assisi – Anm. G.D.). Als er aus Verehrung seine Fußspuren küssen wollte, duldete dies Franziskus in seiner Demut nicht und küsste den, der ihm die Füße küssen wollte, auf den Mund. Als aber Franziskus, der Diener der Aussätzigen, in staunenswertem Erbarmen jene schreckliche Wunde mit seinem heiligen Munde berührte, wich jene Krankheit plötzlich und der Kranke erlangte die ersehnte Gesundheit wieder.«[44]

Das erinnert dann doch sehr an den zynischen Stil der Kirche im 13. Jahrhundert, das vermeintlich beschränkte Volk in seiner Bedrängung durch Krieg, Hunger und Krankheit mit Geschichten von Wundern zu betäuben, es also in seiner realen Existenz gar nicht zur Kenntnis zu nehmen. Wollte Bonaventura als Theoretiker und Ordensgeneral durch viele Kompromisse sowohl die bedrohte Einheit des Ordens retten als auch der Kirche geben, was der Kirche war, und das alles nur, um einen von ihm als wichtig erkannten Rest des Geistes Franz' von Assisi zu bewahren?

Bei den drei Gefährten dagegen ist der Anfang der Mission Franz von Assisis sehr sachlich benannt: »Wenige Tage später nahm er viel Geld mit sich und begab sich zum Hospital der Aussätzigen.« Schon an dieser gänzlich anderen Art, über Franz von Assisi zu sprechen, zeigt sich, dass es zwei sehr unterschiedliche – geradezu gegensätzliche – geistige Strömungen gibt, die sich in Franz' Nachfolge auf das Heftigste zerstreiten werden, was bereits wenige Jahrzehnte nach dem Tod des Poverello zu massenhafter Verfolgung, Folter und Mord unter den Franziskanern führen wird.

Jesus am Kreuz beginnt zu sprechen. Der Auftrag von San Damiano

Weil der Effekt tatsächlich so eindrucksvoll ist, wo er nicht pathetisch in Szene gesetzt, sondern wie eine beiläufige Episode ironisch unterspielt wird, gibt es wundervolle Filmszenen mit sprechenden Jesus-Figuren. Klassisch ist jene wiederkehrende »Beratung« mit Jesus am Kreuz in *Don Camillo und Peppone*.

Der zu heftigen Reaktionen neigende Dorfpfarrer, vom Kompetenzgerangel mit dem kommunistischen Bürgermeister des Ortes genervt, hört, wenn er sich etwas in den Kopf gesetzt hat, eigentlich auf niemanden. Nur auf einen vielleicht, wenn der Zorn verraucht, und das ist Jesus an seinem Kreuz. Mild, aber bestimmt, wie die Stimme des Gewissens, dringen seine Worte zu ihm. War es richtig, was er da getan hat? – Gewiss, was sollte er sonst tun? – Gab es wirklich keinen anderen Weg als den groben der Konfrontation, den Don Camillo bekanntlich immer zuerst wählt? – Er hat sich nur gewehrt, und im Recht war er sowieso. – Ganz sicher? – Ja doch! – Wirklich? – Und jetzt das Seufzen, der Fernandel-Augenaufschlag, der so gar nichts Devotes hat, sondern das Eingeständnis, das aus tiefem Einverständnis kommt: Ja, du hast ja recht, wieder einmal, aber was soll ich tun, ich bin auch nur ein Mensch und wenn man mich reizt ... Nur ein Mensch? Wenn man es schafft, seinen Stolz zu überwinden, und wirklich Buße tun will, dann ist es mehr als ein »nur« – so lebt es auch Francesco vor.

Und so musste auch er auf seinem langen Weg zu sich selbst einmal auf das sprechende Kruzifix treffen. Dies geschieht, als er eines Tages, er ist bereits in einer Art inneren Monolog versunken, an der kleinen Kirche San Damiano vorbeigeht und eine Stimme ihm sagt, er solle hineingehen und beten. Er folgt dieser Aufforderung. Daran, dass das »Traumgesicht« zu ihm spricht, hat er sich bereits gewöhnt. Aber nun passiert etwas Unerhörtes. Das Kruzifix der alten, halb verfallenen Kapelle wendet sich direkt an ihn: »Franziskus, siehst du nicht, dass mein Haus in Verfall gerät? Geh also hin und stelle es mir wieder her.«[45] Zitternd und staunend habe Francesco erwidert, das wolle er tun.

Das sprechende Kreuz, darauf verweist Helmut Feld, sei ein Novum in der katholischen Tradition. Denn hier in San Damiano spricht ein Gottesbild zum ersten Mal seit der Antike wieder direkt zu einem Menschen. Gott nimmt unmittelbaren Kontakt zu einem Einzelnen auf. Das ist nicht weit entfernt von der Wiederkehr Jesus auf die Erde. Wie reagieren die Amtsträger der Kirche auf denjenigen, auf den sie sich tagtäglich berufen, von dem allein sie legitimiert werden? Sie, die Nachgeborenen, bestimmen über sein Bild, sie sind die Herren der Auslegung, sie entscheiden.

Wenn er jetzt hier stünde! Das ist der Gedanke so manches Christen, zumal in den häretischen Bewegungen, die in der Institution Kirche das Erbe Christi schlecht bewahrt sehen. Dostojewski hat in seiner Großinquisitor-Legende der *Brüder Karamasow* die Situation des wiederkehrenden Jesus im Spanien der Inquisition ausgemalt. Der alte Großinquisitor erkennt ihn, das kommt hinzu, er zweifelt gar nicht daran, dass Jesus selbst vor ihm steht – und er zögert dennoch nicht, sein Urteil über ihn zu sprechen: Warum bist du gekommen, uns zu stören!

Ganz so weit geht die Legende vom sprechenden Jesus in San Damiano nicht, aber sie ist durch die Unmittelbarkeit des Auftretens Jesus in der Szenerie nahe dran. Diesen Auftrag, den Francesco erhält, deutet er nicht aus Vision und Zeichen, nein, diesen Auftrag erhält er direkt aus dem Munde Gottes. Noch stärker kann die Mission eines Menschen nicht beglaubigt sein! Also steht Francesco mit seinem Baumeister-Auftrag von Gott da und weiß wieder nicht recht, wie anfangen. Zuerst einmal gibt er alles Geld, das er bei sich trägt, dem alten Priester, der neben der Kirche sitzt (er sitzt dort und rührt keine Hand, auch das ist ein wiederkehrendes Bild in den frühen Legenden).

Etwas hat Francesco verwandelt. Die *vita activa* ergreift von ihm Besitz. Er will diese kleine Kirche wieder aufbauen – und die Chronisten seines Lebens strapazieren den dramaturgischen Effekt; er habe eine Zeit lang geglaubt, es handele sich nur um dieses alte baufällige Gebäude und nicht auch um die katholische Kirche im Ganzen, die in einer ähnlich schlechten Verfassung ist.

Aber Francesco kommt nicht darum herum, seine lang geübte, so bequeme Art, Probleme zu lösen, gerade hier auf die Spitze getrieben zu sehen. Denn nun beginnt er seinen Vater in einem bisher nicht da gewesenen Ausmaß zu bestehlen. Er nutzt dessen häufige Abwesenheit und entwendet die wertvollsten Stoffe aus dem Lager (es ist das Vermögen, das den sozialen Stellenwert und die Handlungsmöglichkeiten Pietro Bernadones garantiert), verkauft das meiste und trägt das Geld wiederum zum neben der Kapelle sitzenden Priester nach San Damiano. Der aber will diese große Summe nicht annehmen. Assisi ist eine kleine Stadt, er kennt den Vater, und er kennt den Sohn, zumindest seinen Ruf. Alles Bitten und Drängen nützt nichts, er lehnt das Geld ab, von dem er nicht zu Unrecht vermutet, es werde ihm Unheil bringen. Die drei Gefährten meinen sogar, der Priester, der von Francescos Eskapaden wusste, habe gedacht, dieser wolle ihn bloß zum Narren halten. Inständig habe ihn Francesco, der weiß, nach Hause zu gehen wäre jetzt keine gute Idee, gebeten, bei ihm in San Damiano wohnen zu dürfen. Der Bericht der drei Gefährten vermeldet: »Schließlich stimmte der Priester zu, dass er bei ihm bleibe. Das Geld aber nahm er aus Furcht vor den Eltern nicht. Daher warf es der wahre Verächter des Geldes in eine Fensternische und erachtete es wie Staub.«[46]

Der »wahre Verächter« des Geldes? Als solcher ist Francesco bisher nicht in Erscheinung getreten, auch sein überreiches Almosengeben ist immer noch ein Ausdruck der ihn beherrschenden Geldlogik. Aber hier ist es tatsächlich zum ersten Mal anders, die Ablehnung des Geldes durch den Priester lässt ihn selbst das Geld, das er unter Bruch aller Regeln an sich genommen hat, achtlos beiseitewerfen. Francesco, eben noch auf dem Holzweg, ein Dieb in göttlicher Mission zu werden (nicht der erste und nicht der letzte), spürt die Verfehltheit seines Handelns und wirft das Geld einfach beiseite. Er wird es niemals wieder an sich nehmen, niemals wieder versucht er das Leiden anderer mittels Geld zu lindern.

Die Umwertung aller Werte in seinem Leben vollzieht sich in diesem Moment.

Damit hat er auch mit seinem bürgerlichen Herkommen gebrochen. Wer das Geld anderer erst nimmt und dann fortwirft, der gehört nicht mehr dazu. Man kann sich den Schock vorstellen, den sein Vater bekommt, als er erkennen muss, dass sein eigener Sohn ihn im großen Maßstab bestohlen hat. Mehr noch: Er hat die Axt an die Existenz der Familie gelegt. Wer so handelt, der nimmt auf nichts mehr Rücksicht. Der Vater, so lesen wir in den Berichten, sei umhergegangen wie »ein eifriger Kundschafter, um zu erfahren, was mit seinem Sohn geschehen sei«. Als er es erfuhr, war er »im Innersten des Herzens von Schmerz getroffen«.

Er ruft eine Anzahl Freunde und Nachbarn zu Hilfe und zieht mit ihnen nach San Damiano, um seines Sohnes habhaft zu werden. Jetzt scheut er auch vor Gewalt nicht mehr zurück, den verrückten Francesco zur Räson zu bringen. Dieser erhält Kunde vom Nahen des Greiftrupps, hört bereits ihre Flüche und Drohungen. Francesco muss sich verstecken. Er, der, wie die drei Gefährten mit feiner Ironie bemerken, als Ritter Christi noch ein Neuling war, »suchte eine verborgene Höhle auf, die er sich zu diesem Zweck hergerichtet hatte«. Dort harrt er einen Monat lang aus. Und immer betet er unter Tränen, der Herr möge ihn befreien. Damit ist diesmal, anders als im Kerker von Perugia, nicht sein leiblicher, sondern der himmlische Vater gemeint.

Das Drama, das sich nun abspielt, ist vom Vernichtungswillen des Vaters angetrieben. Bis jetzt hatte Pietro Bernadone seinem exzentrischen Sohn in allem nachgegeben, in der Hoffnung, er werde sich schließlich doch noch als guter Sohn in seinem Sinne erweisen. Aber diesen Glauben hat er nun angesichts des seine Existenz bedrohenden dreisten Diebstahls verloren. Er will nur noch eins von diesem Menschen, der bis eben sein Sohn war: sein Geld zurück, mit allen Mitteln. Und Francesco? Er antwortet nicht weniger drastisch, mit einem – allerdings nur symbolischen – Vatermord.

Nachdem er sich einen Monat in seiner Höhle verborgen gehalten hat, betend und weinend, beschließt er, diesem unwürdigen Spiel ein Ende zu machen. Wer die Welt erlösen will, darf der sich so vor seines leiblichen Vaters Zorn fürchten? Also kriecht er hervor aus seinem Versteck, ermannt sich endlich, eines starken inneren Beistands gewiss. Er ist nun bereit zur Konfrontation mit dem Vater und seiner Welt, von der er weiß, dass er deren Stärke nur seine Schwäche entgegenzustellen vermag. So kehrt er zurück nach

Assisi, wo man ihn mit »harten Vorwürfen« überhäuft, einen »Narren und Verrückten« nennt und im Stil der Zeit »mit Dreck und Steinen« bewirft. Doch das Schlimmste steht ihm noch bevor: »Das Gerücht über die Vorgänge durcheilte Plätze und Gassen der Stadt und gelangte schließlich zum Vater. Als dieser hörte, was seinem Sohn von Mitbürgern angetan wurde, erhob er sich sofort, ihn zu suchen, nicht etwa um ihn zu befreien, sondern vielmehr um ihn zu vernichten. Ohne jede Selbstbeherrschung lief er wie ein Wolf zum Lamm, schaute ihn mit grimmigem Blick und finsterem Angesicht an und legte ruchlos Hand an ihn. Dann schleppte er ihn in sein Haus, sperrte ihn dort mehrere Tage in einen dunklen Kerker und bemühte sich durch Worte und Schläge seinen Sinn wieder auf die Eitelkeit der Welt zu lenken.«[47]

Die Brutalität, die Francesco in seiner Vaterstadt entgegenschlägt, verbergen die drei Gefährten keineswegs. Ihre Schilderung ist so dokumentarisch nüchtern, dass kaum an ihr zu zweifeln ist. Auch Thomas von Celano, auf dessen Bericht sie sich hier stützen, hatte bereits das Bild vom Vater als Wolf, der sich auf den Sohn als Lamm stürzt, gebraucht.

Francesco wird nicht mehr nur gedemütigt, er soll »vernichtet« werden, wie der Lebensbericht gewiss nicht zufällig formuliert. Hier zerschneidet der Vater endgültig das Band zum Sohn. Mehr noch, Francesco braucht all seine Kraft und Klugheit, sich dieser Vernichtungsdrohung zu entziehen. In Thomas von Celanos erster Lebensbeschreibung finden sich bereits zahlreiche erbauliche Sentenzen in den Bericht gestreut, etwas, worauf die drei Gefährten fast vollständig verzichten. Celano hat einen guten Grund, zu schreiben, was die maßlose Grausamkeit des Vaters gegen den Sohn bei diesem bewirkt: »Kein Unrecht konnte ihn entmutigen oder umstimmen. Für alles dankte er dem Herrn. Vergeblich verfolgt ja ein schlechter Mensch den, der nach Hohem trachtet; je mehr nämlich jener bedrängt wird, umso mannhafter wird dieser triumphieren. Einen hochgesinnten Geist, sagt jemand, macht Schande nur noch tapferer.«[48] So auch Francesco im dunklen Keller seines Elternhauses.

Als der Vater wieder auf Reisen gehen muss, Geschäft ist Geschäft, übergibt er der Mutter, die der Peinigung ihres Sohnes ohnmächtig zusieht, die Schlüssel zum Keller. Es dauert nicht lange, dann lässt sie ihn frei, seiner Beredsamkeit noch durch die geschlossene Tür hindurch ist sie nicht gewachsen. Sofort läuft Franz dorthin zurück, wo er seinen Platz weiß: nach San Damiano. Aber noch einmal will er sich nicht verstecken, er weiß nun auch, wie er sich retten kann.

Der Mantel des Bischofs

Kaum ist der Vater zurück in Assisi, zeigt er Francesco im Rathaus wegen seines Diebstahls an und klagt auf Herausgabe des Geldes. Die Konsuln, die in der Stadt zugleich die Verwaltung und die Gerichtsbarkeit verkörpern, senden einen Boten nach San Damiano. Der Beschuldigte habe sich im Rathaus einzufinden und zu den Vorwürfen zu äußern. Aber nun zeigt sich ein neuer Francesco, erfüllt von Sendungsbewusstsein, ausgestattet mit einem klugen Instinkt, der ihn in den kommenden Jahren noch durch schwierigste Zeiten führen sollte. Francesco nämlich schickt die Boten wieder fort und gibt ihnen mit auf den Weg, er unterstehe nicht mehr ihrer Gerichtsbarkeit, sondern als ein Diener der Kirche, wenn auch nur als Handwerker eine alte Kapelle wieder aufbauend, sei er allein dem Bischof Rechenschaft schuldig.

Die Konsuln verzichten, nachdem sie die ziemlich dreiste Botschaft erhalten haben, darauf, ihn mit Gewalt herbeizuschaffen, wie der wütende Vater von ihnen fordert. Sie lassen sich auf die Logik Francescos ein und erklären sich für nicht zuständig. Soll sich doch Bischof Guido mit dem Familienstreit herumärgern, man ist im Rathaus froh, die unerfreuliche Sache loszuwerden.

Dem Vater bleibt nun nichts anderes übrig, als beim Bischof selbst seine Klage vorzubringen. Francesco habe viel Geld gestohlen, mit dem er nun vorgebe, die Kapelle von San Damiano restaurieren zu wollen. Kann dies gottgewollt sein? Zum Bischof beordert, sagt Franz freudig zu. Ja, zu diesem wolle er gern gehen. Der Empfang beim Bischof ist überaus freundlich, denn viele freiwillige Aufbauhelfer hat die Kirche zu dieser Zeit nicht.

Der Bischof, so wissen die drei Gefährten, spricht zu ihm: »›Dein Vater ist gegen dich aufgebracht und sehr verärgert. Wenn du also Gott dienen willst, so gibt ihm das Geld zurück, das du hast. Da es vielleicht auch auf unrechte Weise erworben ist, will Gott der Sünde deines Vaters wegen nicht, dass du es zum Bau der Kirche ausgibst. Seine Wut wird sich legen, sobald er es zurückerhält.‹«[49] Ohne zu widersprechen, gehorcht Francesco, geht nach San Damiano, der Geldbeutel liegt immer noch in jener Nische, in die er ihn hineingeworfen hatte.

Zurück beim Bischof, der ihn in Gegenwart des Vaters empfängt, sagt Francesco jene Worte, die Legende geworden sind, er wolle nun nicht nur das Geld zurückgeben, sondern auch seine Kleider: »Bis jetzt habe ich Pietro di Bernadone meinen Vater genannt; aber weil ich mir vorgenommen habe, Gott zu dienen, gebe ich ihm das Geld zurück, um dessentwillen er so aufgeregt ist, und alle Kleider, die ich von ihm habe. Von nun an will ich sagen: ›Vater unser, der du bist im Himmel‹, nicht mehr Vater Pietro Bernadone.«

Hier zeigt sich Francescos große Stärke, sein sicherer Sinn für die Symbolik von Handlung. Denn bei diesen Worten hat er sich ausgezogen und steht nun nackt vor dem Bischof, dem Vater und den weiteren Anwesenden. Die Nacktheit ist ein besonderes Symbol. In direkter Anknüpfung an den nackten Jesus steht es für einen radikalen Neuanfang, für den man alles Bisherige zurückzulassen bereit ist. Auch Francesco steht in dieser Situation wie neugeboren da. Und während der Vater, wie es heißt, von »tiefstem Schmerz und Grimm« gepackt das Geld und die Kleider nimmt und davoneilt, schlägt der Bischof seinen Mantel um den nackten Francesco. Ein folgenreiches Bild: Der Mantel des Bischofs schützt Francesco fortan, aber er umschließt ihn auch, nimmt ihn für sich in Beschlag.

Francesco ist von nun an ein Mann der Kirche, wenn auch nicht ohne den Vorbehalt, dass sie sich zur apostolischen Armut zurückwenden müsse. Er ist der Macht des Vaters entronnen, damit auch der Macht des verhassten Geldes, das die Vater-Sohn-Liebe, die es einmal gab, so brutal zerstört hat. Nun will er seinem neuen Vater, dem göttlichen Geist der Liebe, dienen. Man muss dieses Gefühl der Rettung des misshandelten Francesco in aller Tragweite begreifen: Bis eben wusste er nicht, wohin, jetzt hat er eine neue Heimat gefunden. Hier, so glaubt er, sei der Ort für den »neuen Menschen«, der er dabei ist, zu werden.

Diese Szene wird zum Grundstein seiner lebenslang bewahrten Loyalität gegenüber der Kirche, noch in ihren eigentlich nicht annehmbaren Einflussnahmen auf jene von ihm begründete Gemeinschaft der Minderen Brüder, die doch dieses Gefühl des »neuen Menschen« in sich tragen wollen – aber sich damit in einer alten, von Krisen und Intrigen beherrschten Institution wiederfinden.

Seiner Mission gemäß geht er zurück nach San Damiano. Diese Kapelle wieder aufzubauen, das soll das erste sinnvolle Werk seines Lebens werden. Sofort – er bleibt doch der Sohn eines Tuchhändlers, Kleidung ist ihm nie unwichtig – denkt er über das Gewand nach, das er nun tragen soll. Passend für seine neue Rolle findet er das einem Eremiten Nachempfundene. Ein einfacher sackähnlicher Kittel, mit einem Gürtel zusammengehalten, so gefällt er sich. Er ist, nach seiner Rettung und der vom Bischof bestätigten Mission, so berichten die Zeugen, ganz trunken vor Glück und beginnt auch sofort auf den alten Priester, der wie gewöhnlich neben der Kapelle sitzt, einzureden.

Die drei Gefährten offenbaren hier einen Grundzug in seinem Charakter: Er lernt schnell, er beobachtet genau, und er vermag andere, wenn es ihm nützlich scheint, umgehend in ihrem Auftreten zu kopieren: »Den Priester jener Kirche stärkte er mit dem gleichen Wort, mit dem er selbst vom Bischof gestärkt worden war.«[50]

Aber er ist mehr als jemand, der sich problemlos in eine gegebene Situation einzufühlen vermag. Seine Phantasie erlaubt ihm, das zu werden, was man heute, jedoch eher bei den Nachfahren jener Verkäufernaturen, wie Pietro Bernadone eine ist, ein geborenes Werbetalent nennt. Denn vor der verfallenen Kapelle stehend, sieht er: Bis er sie ganz allein wieder aufgebaut hat, kann es lange dauern. Vermutlich reicht sein Leben – und sein Enthusiasmus – nicht, die Arbeit zu vollenden. Und außerdem, wer wird es sehen, wenn er hier allein mauert, denn ihm geht es ja – wie häufig bei seinen Handlungen – um die damit verbundene Symbolik. Also braucht er Hilfe – viele Helfer, denn vom Mauern und Dachdecken versteht er nichts, wen wundert es bei seiner Biographie. Doch er ist sich für diese Arbeit mit seinen Händen nicht zu schade. Wie produktiv er dabei tatsächlich ist, hierüber geben die drei Gefährten auffällig unklare Antwort, loben jedoch seinen Eifer: »Wieviel er bei dem erwähnten Bau gearbeitet hat, das zu erzählen wäre zu langwierig und mühsam. Er, der in seinem Vaterhaus so verwöhnt gewesen war, trug auf eigenen Schultern die Steine herbei und plagte sich auf vielfache Art am Dienste Gottes ab.«

Er weiß nun, was er kann – zur Not auch Steine schleppen. Aber es ist etwas anderes, das ihn auszeichnet, eine Gabe, die er für seine Mission einsetzen wird: Er motiviert andere dazu, ebenfalls den »neuen Menschen« in sich zu suchen. Noch hat er die Einwohner Assisis gegen sich, gilt als Verrückter. Aber der Auftritt vor dem Bischof, als er dem Vater alles zurückgab und nackt, mit nichts als dem Glauben an seine Mission, davonging, verschafft ihm bei einigen doch Respekt.

Schließlich hat Francesco eine Idee, wie man Bewegung in die Bautätigkeit, für die es ihm ja nun gänzlich an Geld mangelt, bringen kann. Er stellt sich in Assisi auf die Straßen und Plätze, lobt Gott und bringt das Bauproblem zur Sprache. Die Bürger Assisis sollen ihm die Steine, die er zum Bauen braucht, kaufen! Man stelle sich vor, eben noch als Verrückter beschimpft und mit Dreck beworfen, steht derselbe Mensch nun da und fordert sie auf, ihm bei seiner gottgewollten Unternehmung zu helfen. Er kann sein Verkaufstalent nun aufs Neue ausleben, diesmal zum Lobe Gottes. Es ist auch wirklich so originell, dass den Zuhörern gefallen muss, was sie da hören: »Wer mir einen Stein gibt, wird einfachen Lohn erhalten; wer mir aber zwei gibt, wird doppelten Lohn erhalten; wer drei, wird dreifachen Lohn haben.«[51]

Lange muss Francesco nicht allein mauern, denn er ruft Vorbeigehenden zu, und bei solchen Gelegenheiten wechselt er dann immer gern ins Französische, sie sollten mittun, denn dies sei ein heiliger Ort. Er überzeugt durch sein Beispiel immer mehr Menschen, die an ihm eine Kraft spüren, die sie bisher vermissten. Benimmt sich Francesco, die Frage muss erlaubt sein, wie ein beliebiger Seelenfänger, wie jene gestern wie heute zahlreichen Sektengründer, die andere zu ihren Gefolgsleuten machen wollen? Es sieht fast so aus, auch wenn man bedenkt, wie Francesco diese an sich triste freiwillige Aufbauleistung zu inszenieren vermag.

Aber etwas Grundlegendes unterscheidet ihn von den vielen, die auf Seelenfang aus sind. Ihm liegt nichts daran, sich selbst zu erhöhen, er will niemanden beherrschen, er will jedem die Freiheit lassen, seinen Weg zu Gott – und das ist für ihn die Liebe zu allen Geschöpfen – zu finden. Suchen muss jeder für sich selbst – nur so wird er auch die Opfer bringen können, die es kostet, sein Leben wirklich zu ändern. Franz von Assisi weiß, er muss sich in Demut üben. Darum lehnt er die Extraportion guten Essens, die ihm der aus seiner Lethargie erwachte Priester kocht, rigoros ab. Reste vom Tisch der Bürger erbettelt, das muss als Nahrung genügen! Anfangs ekelt er sich, aber vom Arbeiten erschöpft und von Gott gestärkt, schmeckt ihm dieser Abfall schließlich wie nie ein Essen zuvor.

Eines Tages beschließt Francesco, in San Damiano sollten zum Lobe des Herrn und zur Freude der Arbeitenden Tag und Nacht so viele Öllichter wie nur möglich brennen. Ein sichtbares Zeichen für die Erleuchtung, die von diesem Ort ausgeht! Also läuft er nach Assisi und hat nun keinerlei Schwierigkeiten damit, selber in den Häusern um das dafür gebrauchte Öl zu betteln, denn es geht doch um eine große Sache – und eine schöne zumal, denn der ästhetische Sinn spielt bei ihm immer eine Rolle.

Auf diese Weise gelingt es ihm, in seiner Funktion als spiritueller Baumeister, tatsächlich, San Damiano in Rekordzeit zu renovieren. Nun hat er wieder Zeit, über andere, nicht unwichtige Dinge nachzudenken, seine Kleidung vor allem. Das Eremitenkleid, so meint er jetzt, passt doch nicht ganz zu seiner Mission. Er will ja nicht aus der Welt hinausgehen, oder doch, das auch, aber anders als ein Eremit, und das soll man seiner Kleidung auch ansehen. Franz zeichnet aus, solche äußeren Dinge ernst zu nehmen, denn sie sind eben nicht nur äußerlich, sie haben eine Signalwirkung.

In einer Predigt des Priesters von San Damiano vernimmt er über Jesus, dieser habe seine Jünger mit den Worten zum Predigen ausgesandt, dass sie »nämlich weder Gold noch Silber, weder Tasche noch Brot noch Stab auf dem Weg tragen, weder Schuhe noch zwei Röcke haben sollten«.

Jesus wollte, dass die, die ihm nachfolgen, arm seien, dessen ist sich Franz ganz sicher. Er hat das Ideal gefunden, um das sein Leben nun kreisen soll: das Ideal der Armut, die Verachtung allen Besitzes. Er hasst das Geld, den ärgsten Feind der Liebe. So wie Jesus will er fortan leben und predigen! »Ohne Zaudern legte er ab, was er doppelt hatte, und benützte deshalb von nun an weder Stab noch Schuhe, weder Beutel noch Tasche. Er machte sich ein unansehnliches und schmuckloses Gewand, warf den Riemen weg und nahm als Gürtel einen Strick.«

Es warten noch weitere halbverfallene Kirchen darauf, unter seiner Leitung renoviert zu werden. Aber vor allem, das wird ihm nun Schritt für Schritt klar, muss die Institution der Papstkirche selbst gründlich erneuert werden. Das also hatte der sprechende Jesus am Kreuz von San Damiano gemeint. Ein praktischer Geist wie Francesco schweift nicht gern ins Allgemeine ab, wenn der Einzelfall vor ihm liegt. Er weiß, dass in jeder kleinen Kapelle am Wegrand sich der Geist des Großen und Ganzen verkörpert. Gott ist für ihn in allen Dingen, nur nicht in der Abstraktion. Und der Geist der Städte mit dem Bürgertum als bestimmender Kraft ist von einer solchen Abstraktion bestimmt: dem Geld als Äquivalent des Warenwertes.

Thomas von Celano schildert in seiner ersten Lebensbeschreibung nun eine Begebenheit, die die drei Gefährten nicht in ihren Bericht mit aufnehmen. Vielleicht wussten sie, dass es nur eine fromme Legende ist, vielleicht wollten sie sich auch nicht damit aufhalten, Celano bloß zu wiederholen. Eine für ihn typische Episode ist es durchaus, die wir hier lesen.

Francesco also, vom Bischof Guido soeben in den Mantel liebender Vereinnahmung geschlagen, zieht, die Botschaft des Friedens zu bringen, über Land. Das ist, geht man wie er allein und unbewaffnet, eine gefährliche Mission. Francesco wandert, wie es seine Art ist, den Herren lobend und singend durch den Wald. Plötzlich stehen – das ist in dieser Zeit nicht selten – Räuber vor ihm. »Wie sie ihn mordgierig fragen, wer er sei, antwortete Franziskus zuversichtlich und rief mit voller Stimme: ›Der Herold des großen Königs bin ich! Was geht das euch an?‹«

Ein kecker Auftritt, bedenkt man, wie wehrlos er der Willkür dieser räuberischen Gesellen ausgeliefert ist. Aber er hat nichts an Besitz, was man ihm noch rauben könnte, das ist ihm in dieser angstvollen Lage doch ein Trost. Seinen wertvollsten Schatz trägt er in sich! Die Räuber sehen, was für einen Wanderer sie da vor sich haben, aber etwas in ihnen hält sie davon ab, ihn zu töten. Sie werfen ihn in eine Grube voll mit tiefem Schnee – das winterlich kalte Umbrien! – und rufen ihm zu: »Da lieg gut, bäuerischer Herold Gottes!« Kaum sind die Räuber fort, kriecht er aus seiner Grube heraus und zieht weiter, Loblieber nun über die eigene Errettung singend.

Doch die Geschichte ist noch nicht vorbei. In einem kleinen Kloster der Benediktiner findet Francesco, den Räubern und dem Schnee entkommen, eine Zuflucht, die doch keine ist: »Mehrere Tage stand er in bloßem, ärmlichen Hemd als Gehilfe in der Küche und wünschte, auch nur mit Suppe seinen Hunger zu stillen. Da ihm aber jegliches Erbarmen versagt blieb und er nicht einmal ein altes Gewand bekommen konnte, ging er nicht wütend, sondern notgedrungen, von dort weg …«[52]

Es dauert nicht lange, da ist er wieder in der Stadt, die sein Schicksal sein soll: Assisi. Dort wartet eine weitere verfallene Kirche auf ihn, Santa Maria von Portiunkula, die bald darauf so etwas wie das Stammhaus der Minderen Brüder werden wird.

Die ersten Gefährten

Wer andere führen will, braucht Gefolgsleute. Die schwerste Hürde für jeden, der vorangeht, ist es, den allerersten Gefolgsmann zu finden. Wer ist es, der zuerst bekennt: Dir will ich folgen! Dieser allererste Gefolgsmann Francescos, so wollen es die Biographen, ist im namenlosen Dunkel des 13. Jahrhunderts verschollen. Aber es muss ihn gegeben haben.

Bereits die Existenz des zweiten jedoch wurde bestens dokumentiert. Es ist Bernhard von Quintavalle, ein Doktor der Rechte und angesehener Bürger Assisis. Hier zeigt sich, wie richtig Francescos Entscheidung war, in Assisi zu bleiben, trotz der erlittenen Demütigungen. Hier kannte man ihn erst als jungen reichen Weltmann, dann als verlachten und beschimpften Büßer, hier hatte er sich mit dem Wiederaufbau von San Damiano erste Achtung verschafft. Und lebte er nicht tatsächlich höchst bescheiden und ganz im Sinne des Evangeliums? Er tat etwas gegen den Niedergang der Kirche, nicht indem er große Reden hielt, sondern indem er kleine verfallene Kapellen auf dem Land wieder aufbaute. Währenddessen steckte das Papsttum in einem tiefen Korruptionssumpf. Denn längst war es in der katholischen Kirche üblich, mit Ämtern und Pfründen in schamloser Offenheit zu handeln, genauso wie Pietro Bernadone mit seinem Tuch.

Dem offenkundig überaus cholerischen Vater übrigens ist die andauernde Gegenwart des Sohnes in Assisi eine bleibendes Ärgernis. Immer wenn er ihm auf der Straße begegnet, attackiert er ihn und überhäuft ihn mit Beschimpfungen. Aber Franz rettet sich auch aus dieser Situation. Er ist eben einfallsreicher als alle anderen, das macht ihn nun mehr und mehr zum Magneten, der die

Menschen anzieht. Um die rüden Attacken des Vaters zu kontern, engagiert er einen ehrwürdig aussehenden alten Bettler, der ihn bei seinen Gängen durch die Stadt begleitet. Diesen hat er sich für die unausweichlichen Begegnungen zum »Adoptivvater« gewählt. Als Lohn für seinen Dienst teilt er die erbettelten Gaben mit ihm. Kommt es zu hässlichen Szenen mit dem Vater, muss dieser Bettler ihn in der Rolle des Adoptivvaters bei jeder Schmähung laut loben und mit dem Kreuzzeichen segnen. Franz kann den Attacken des wütenden Vaters nun souverän begegnen: »Glaubst Du, dass Gott nicht imstande ist, mir einen Vater zu geben, der mich segnet, damit deine Flüche zuschanden werden?«[53]

Die drei Gefährten wissen in ihrem Bericht, dass es zwei Jahre von seiner Bekehrung an dauert, bis er erste Gefolgsleute findet, also im Jahre 1208. Julien Green schreibt, nicht ohne eine gewisse bittere Ironie über die völlig gewendete Stimmung in Assisi gegenüber diesem merkwürdigen apostolischen Sohn der Stadt: »Die Stimmung im Volke schlug wie so häufig um, und aus der feindseligen Haltung gegen Franziskus wurde Respekt, schließlich Schwärmerei und fast so etwas wie Liebe.«[54]

Bernhard von Quintavalle ist kein leicht zu begeisternder Mensch, sein Alter und sein Beruf haben ihn ernst und vorsichtig gegenüber allzu großen Versprechungen gemacht. Aber Franz macht keine Versprechungen, er lebt nach dem von ihm für richtig erkannten Armutsgebot die Nachfolge Christi. Dennoch stellt Bernhard von Quintavalle ihn – so will es zumindest die Legende – auf die Probe. Keinesfalls will er für einen geschickten Heuchler sein bürgerliches Leben wegwerfen. Also lädt er Francesco in sein Haus ein, bewirtet ihn und bietet ihm zum Schlafen ein Bett in derselben Kammer an, in der er selbst nächtigt.

Die »fromme List«, wie sie genannt wird, besteht nun darin, dass er ein Nachtlicht brennen lässt und sich dann sehr schnell schlafend stellt und zu allem Überfluss auch noch laut schnarcht. Kurze Zeit später steigt Francesco wieder aus seinem Bett und kniet lange davor, wobei er die Augen gen Himmel richtet und dabei immer wieder flüstert, fast stöhnt: »Gott, o mein Gott!« Bernhard, der trotz vorgetäuschten Schnarchens ein genaues Auge auf seinen Schlafgast hat, ist nun von dessen Redlichkeit überzeugt. Jedenfalls fast. Denn tags darauf, das berichten wiederum die drei Gefährten, gehen sie in die Kirche zu einem sogenannten Buchorakel, das im Mittelalter verbreitet war, allerdings auch gewisse heidnische Züge aufweist. Dieses Orakel soll über den weiteren Weg Bernhards Aufschluss geben.

In aller Offenheit berichten die drei Gefährten nun davon, wie unvertraut Franz und seinem Gefolgsmann die theologische Welt ist. Franz von Assisi wird auch nie das werden, was man als »bibelfest« bezeichnet. Und so lesen wir, wie diese beiden Pilger in die Kirche San Nicolò am Marktplatz von Assisi kamen: »Dort traten sie ein, um zu beten; denn sie waren einfältig und wussten nicht, wie sie das Wort des Evangeliums vom Verzicht auf die Welt finden sollten. Deshalb baten sie andächtig den Herrn, er möge ihnen beim ersten Öffnen des Buches gnädig seinen Willen kundtun.«

Die Dramaturgie der Lebensgeschichte will es nun, dass ihnen beim zufälligen ersten Aufschlagen gleich diese Sätze aus dem Matthäus-Evangelium vor Augen stehen: »Wenn Du vollkommen sein willst, geh und verkaufe alles, was du hast, und gib es den Armen, und du wirst einen Schatz im Himmel haben!« Als sie das lesen, freuen sie sich natürlich, ihr Vorhaben bestätigt zu sehen, aber wie im Märchen will es Francesco dreimal bestätigt sehen. Und so schlagen sie noch zweimal das Buch der Bücher auf – und siehe, es sind beide Male jene Passagen, die zu Gründungstexten der franziskanischen Bruderschaft werden sollten und sich auch in der ersten Ordensregel von 1209 wiederfinden.

So lesen sie beim zweiten Aufschlagen im Lukas-Evangelium: »Nehmt nichts mit auf den Weg …«, und beim dritten Mal im selben Evangelium: »Wer mir nachfolgen will, verleugne sich selbst …« Derartig geistlich gestärkt, geht Bernhard nun und verkauft all seine Habe, das Geld verteilen sie unverzüglich an die Armen der Stadt. Die drei Gefährten – und das verrät ihren kritischen Geist zur Lage des Ordens nach dem Tode Franz' von Assisi – verweisen ausdrücklich auf einen Satz im *Testament* Francescos: »Der Herr selbst hat mir offenbart, dass ich nach der Form des heiligen Evangeliums leben sollte.«

Der Satz klingt heute harmlos, wie eine Selbstverständlichkeit – aber in der Zeit, als er niedergeschrieben wurde, war er eine Ungeheuerlichkeit, geradezu eine Ketzerei. Gott hat sich Franz von Assisi persönlich offenbart?! Das *Testament* wurde 1230 von Papst Gregor IX. für nicht verbindlich für den Orden erklärt; dieses Diktum kam einem Verbot gleich. Dass es die drei Gefährten hier ausdrücklich erwähnen und damit den subversiven Geist der Gottesunmittelbarkeit, die jedem Einzelnen gegeben sei, betonen, spricht für ihren Mut – erklärt aber auch, dass sie sich als Autoren vorsichtshalber anonymisieren und nur als »drei Gefährten« unterzeichnen. Denn die Jagd auf Abweichler im Orden ist bereits in vollem Gange.

Die Art, wie Bruder Bernhard nun sein Vermögen verteilt, bringt nach der Legende gleich den nächsten Gefolgsmann herbei. Aber nicht auf direktem Wege, sondern über die Buße. In der Art, wie die drei Gefährten davon berichten, zeigt sich auch das Grundprinzip ihrer Erzählung: Nicht um Wunder geht es, sondern um wunderbare Beispiele des Anderswerdens von Menschen, die sich läutern! So wird berichtet, dass bei Bernhards Geldverteilaktion auch ein Priester namens Silvester anwesend ist. Dieser Silvester hatte Francesco Steine zum Aufbau von San Damiano verkauft, jedoch, wie er nun fand, viel zu billig. Als er Bernhard nun das Geld mit vollen Händen verteilen sieht, erwacht die Habsucht in ihm, und er sagt zu Franz, er bekomme noch Geld von ihm für die Steine, für die er ihm zu wenig bezahlt habe. Francesco greift, ohne etwas zu sagen, in Bernhards Mantel, holt eine Handvoll Geldstücke hervor, dann noch eine, und drückt sie Silvester in die Hand. »Hast du jetzt die volle Bezahlung, Herr Priester?«, fragt er ihn. Ein verächtlicher Satz, von Francesco aber gleichmütig gesprochen. »Ja, ich habe sie.« Damit geht der Priester hochzufrieden, noch mehr Geld aus dem Verkauf herausgeholt zu haben, nach Hause.

Doch wie es so häufig im Mittelalter passierte: Des Nachts träumt der Priester, und dieser Traum hat Folgen. Er sieht ein riesiges Kreuz vor sich. Die Spitze berührt den Himmel, und der Fuß steht im Munde Francescos. Ein merkwürdiges, nicht ganz geschmackssicheres Bild, aber es erfüllt seinen Zweck. Silvester ist erschüttert! Dieser Francesco ist ein Freund Gottes, und er hat ihn beleidigt. Darum fürchtet er sich nun und beginnt Buße zu tun. Die drei Gefährten kennen das Ergebnis: »Schließlich trat er nach kurzer Zeit in den schon gegründeten Orden ein ...«

Der Bann ist vollends gebrochen, als sich ihnen ein weiterer Mann anschließt, Ägidius, ein einfacher Handwerker. Nun predigen sie gemeinsam von der wahren Armut Jesu, die ein Beispiel für die ganze Kirche und für jeden Menschen sei. Solche Predigten sind neu, die Priester der Amtskirche handeln die Zeremonien der Gottesdienste in der Regel ab, ohne das Volk anzusprechen, es verstünde sie ohnehin nicht, wenn sie auf Latein zu ihnen sprechen.

Franz und die Seinen aber predigen auf Italienisch und Franz ab und zu auf Französisch. Sie wissen, was das Volk will: Glaubwürdigkeit! Und wer kann glaubwürdiger über den Segen der Armut sprechen als diejenigen, das weiß man in Assisi sehr wohl, die all ihren Besitz fortgegeben haben und nun so arm sind, dass sie betteln müssen?

Die Bürger Assisis sind hin- und hergerissen. Was für ein verrücktes Treiben! Aber sie erkennen den großen Ernst darin. Der Anspruch, das eigene Leben nach den Evangelien auszurichten, fällt wie ein Same auf den spirituell ausgedörrten Boden des 13. Jahrhunderts: »Man war verschiedener Meinung über diese evangelischen Männer. Die einen sagten nämlich, sie seien Toren oder Betrunkene; andere aber behaupteten, solche Worte kämen nicht von Torheit.«[55]

Auch wenn man sie nun stärker beachtet, auch achtet, man bleibt skeptisch in Assisi. Die Brüder bekommen kaum Almosen, wenn sie betteln. Erst allen Besitz verschenken und dann betteln gehen, was ist denn das für eine Sache? Das wissen die Brüder selbst noch nicht so genau, aber es gärt in ihnen. Auch die verlassenen Ehefrauen, Eltern und Kinder der Brüder beobachten sie, manche verfolgen sie auch mit Hass, wie die drei Gefährten schreiben.

Glücklicherweise hält Bischof Guido von Assisi, bei dem viele Klagen landen, Franz weder für einen Verrückten noch für einen gefährlichen Ketzer, sondern für einen etwas naiven Menschen, dem es ernst ist sowohl mit dem Evangelium als auch mit seiner Loyalität zur Kirche. Solche Männer wird man noch einmal brauchen! Er weiß um den Mantel, den er – es ist noch nicht lange her – um den Schutz suchenden Francesco schlug und auch, wie dankbar ihm Franz dafür ist. Wäre Bischof Guidos Urteil über Franz und die Seinen negativ ausgefallen, dann hätte er ihnen zumindest das Predigen verboten, was ohnehin als Vorrecht der Kleriker galt.

Als Bischof Guido Francesco zu sich holt und sagt: »Hart scheint mir eure Lebensweise und rau, nichts in der Welt zu besitzen«, da antwortet ihm dieser: »Herr, wenn wir irgendwelche Besitztümer hätten, bräuchten wir Waffen für unseren Schutz. Daraus entstehen Rechtsfragen und Streitigkeiten, und in der Folge wird die Gottes- und Nächstenliebe gewöhnlich vielfach verhindert. Deshalb wollen wir in dieser Welt lieber nichts besitzen.«[56] Er hat Glück, dem Bischof gefällt diese Antwort, man lässt ihn gewähren.

Und Franz macht sich nun daran, die Grundzüge einer Regel der Minderen Brüder zu entwerfen, die zur großen Verfluchung des Geldes und zum Lobe der Liebe werden wird: »Hüten wir uns, die wir alles verlassen haben, wegen etwas so Geringem das Himmelreich zu verlieren. Und wenn wir irgendwo Geld finden sollten, dann wollen wir uns darum nicht mehr kümmern als um den Staub, den wir mit Füßen treten.«[57]

Die Zahl der Brüder ist nun bereits auf sechs angewachsen, sie sind immer noch ohne feste Bleibe, wandern durch die Lande, oft zu zweit, um zu predigen. Doch etwas anderes als Hohn und Spott ernten sie dabei nicht. Da wird Franz klar, dass sie einen gemeinsamen Ort brauchen, der ihnen Schutz und Ruhe zum Gebet bietet. Zufällig stehen sie eines Tages vor einer armseligen, verlassenen Kirche, die man Santa Maria von Portiunkula nannte.

Dies, so beschließt Franz, soll fortan ihr Haus sein.

»… das Leben ist hart, und trotzdem war stets ein Gefühl des Auswegs da und dass er möglich sei. Da er so lange nicht gefunden wurde, schwärmte träumerischer Mut nach überallhin aus.«

ERNST BLOCH,
Das Prinzip Hoffnung

Die neue Religiosität der Städte – Reformkirche und Ketzerbewegungen

Wer sind die Ketzer, und was wollen sie?

Was in kirchlicher Sicht zu einem Schmähbegriff wurde, war ursprünglich eine »ehrende Selbstbezeichnung« (Eduard Winter). Dieser Ausdruck eines Sendungsbewusstseins des wahren christlichen Glaubens orientierte sich an der Gestalt Jesus und der Evangelien.

Die wohl stärkste Ketzerbewegung im 13. Jahrhundert ist die der Katharer, so das griechische Wort für Ketzer. Sie nennen sich Katharer, weil sie sich – im griechischen Wortsinne *hoi kartharoi* – für die »Reinen« halten. Verderbt ist in ihren Augen die Amtskirche, die mit Ämtern handelt (Simonie!), mit den weltlichen Fürsten in Sachen Reichtum und Macht konkurriert und dabei die eigentliche Botschaft der Evangelien völlig aus den Augen verloren hat. Weder eine soziale Verantwortung für die Armen noch ein seelsorgerischer Anspruch spielte in der Praxis der Priester und Bischöfe noch eine Rolle. In den Augen der einfachen Leute sind die Kleriker alles andere als moralische Vorbilder, sie scheinen verderbt. Die Laien als Träger der Volksfrömmigkeit sehen sich immer stärker in einem Gegensatz zur Amtskirche.

Aber neben dem Wort »Ketzer« hat sich auch die Bezeichnung »Häretiker« erhalten. Häresie, das meint aus kirchlicher Sicht eine Irrlehre, die es zu bekämpfen gilt. Auch das hier zugrunde liegende griechische Wort hat anfangs eine positive Bedeutung, Häresie meint Erwählung. Im Hellenismus bezeichnet man mit diesem Wort eine Lehre oder auch Schule, der man sich freiwillig anschließt.

Um 1000 herum gerät die Kirche in eine Art Isolation. Sie erreicht immer weniger das Volk, das die Bischöfe und Priester doch im Sinne von Jesus und Petrus führen sollten. Die Kluft zwischen Volksreligion und römischer Kirche wird immer größer statt kleiner. Der einfache Gläubige vermisst an der Kirche etwas sehr Schlichtes: Mitmenschlichkeit. Sollten die Bischöfe und Priester nicht bescheidener und demütiger sein, nicht zuallererst der Nachfolge Jesu verpflichtet? Stattdessen spielen sie sich als Herren auf. Auch dass die Reste antiker Religionen im Volk präsent geblieben sind, zeigt sich jetzt. Und so steht die Papstkirche vor dem Phänomen eines eklatanten Mangels an Spiritualität. Denn: »Die breite Masse vertraute im Mittelalter hauptsächlich der Magie und Personen, in denen sie göttliche Kräfte vermutete.«[58]

Die Kurie hatte bereits kurz nach der Jahrtausendwende die Krise der Kirche erkannt und einen Reformkurs beschlossen. Nach Papst Gregor VII. ist dann auch die sogenannte Gregorianische Reform bezeichnet, die ein stärkeres Selbstbewusstsein der Kirche (sprich: Machtbewusstsein!) zum Ziel hat. Doch noch ein weiteres wesentliches Element tritt hinzu: Eine neue Frömmigkeit soll die Institution durchdringen.

Das Reformkloster Cluny gibt den Anstoß, und neue Orden wie die Zisterzienser verbinden strenge Askese mit einem hohen Arbeitsethos. Die Cluniazenser nennen sich *pauperes*: Arme. Aber das bedeutet bei ihnen nicht arm im sozialen Sinne, sondern waffenlos.

Diese Kräfte prägen die Reform. Das ist aber wiederum nur die eine Seite. Die andere: Das Papsttum strebt nach der alleinigen Herrschaft in der damals bekannten Welt. Das bedeutet sowohl die Entmachtung regionaler Kirchenführer als auch die Dominanz gegenüber der weltlichen Macht der Fürsten.

Darum ging es in jenem sogenannten Investiturstreit (»Einsetzungsstreit«), der zur Wurzel der großen Ketzerbewegungen werden wird. Papst und Kaiser streiten noch zu Franz' Zeiten um die politische Vorherrschaft in Italien. Die Päpste wollen es sein, die die Kaiser einsetzen!

Zwischen Mitte des 11. und Anfang des 12. Jahrhunderts dauert dieser erste große Machtkampf um die Vorherrschaft des Papsttums, das in sich geistliche und weltliche Macht vereinigen will. Die Schwächung der regionalen Fürsten wie der Bischöfe hat aber auch mit einer anderen Entwicklung zu tun. Gab es bis zur Jahrtausendwende eine rein ländlich strukturierte Gesellschaft, so erstarkten im 12. Jahrhundert die Städte und mit ihnen die dort lebenden Bürger. Die Handwerkerzünfte werden zum wirtschaftlichen Rückgrat dieser neuen Lebensform, die auch dem Geld einen ganz neuen Stellenwert verschafft.

Die Kirche fungiert hierbei als erste moderne internationale Bank! Nicht zuletzt profitiert sie selbst von den neuen technischen Entwicklungen, denn das Ziel der Reformpäpste heißt: Reichtum und Macht. Werner Erbstößer schreibt: »Ökonomisch nutzten die Reformer die sich entwickelnde Ware-Geld-Beziehung. Der Reichtum der Kirche wuchs während dieser Jahrzehnte beträchtlich durch einen geschickten Ausbau des Finanz- und Verwaltungssystems.«[59] Die Kirche ist es auch, die, statt große Geldsummen zu transportieren, erstmals mittels Wechselbriefen Finanzgeschäfte abwickelt.

Jacques Le Goff verweist auf den ökonomisch-demographischen Aspekt, der in den kirchengeschichtlichen Darstellungen, wenn überhaupt, dann nur am Rande vorkommt. Kurz nach dem Jahre 1000 setzt eine rasante ökonomische und in der Folge auch demographische Entwicklung ein, die das gesamte bislang rein agrarische Leben revolutioniert. Neue technische Entwicklungen, wie die Einführung der Dreifelderwirtschaft und neue Pflüge, steigern die Erträge. So können immer mehr Menschen ernährt werden. Die Bevölkerungszahl Europas verdoppelt sich in diesen Jahrzehnten, denn immer dort, wo Städte aufblühen, explodiert die Bevölkerungszahl. Die Folge davon aber ist auch, dass immer mehr verarmte Landbevölkerung in die Städte hineindrängt. Dort jedoch sind sie erst einmal Entwurzelte, müssen jede Arbeit, die sich ihnen anbietet, übernehmen. Das führt zu einem starken Produktivitätsanstieg.

Die bislang riesigen Wälder Europas werden durch Rodungen erschlossen – und die neuen Orden, allen voran die Zisterzienser, erweisen sich als die Pioniere dieser Neulandgewinnung. Da sie auch große Kirchen in Sumpfgebiete bauen, treiben sie nicht nur die Bautechnik in bislang unvorstellbare Regionen, auch Fragen der Entwässerung (Melioration) werden zum Thema für die wegen ihres Habits auch »weiße Mönche« genannten Zisterzienser, die die wissenschaftlich-technische Avantgarde ihrer Zeit sind.

Unter ihrer Führung vollzieht sich ein heute immer noch zu besichtigender Quantensprung in der Baukunst: Riesige Kathedralen an Orten, an denen wenige Jahrzehnte zuvor nur Wald gewesen war, kündeten von Mut und Intelligenz der Bauleute wie auch dem Reichtum und Expansionswillen der Kirche. Ihre Klosteranlagen sich hocheffektive Wirtschaftseinheiten, Keimzellen einer neuen Kultur, die auf Arbeit, Disziplin und Erfindungsreichtum basiert.

Stadtluft macht frei!, so heiß es bald – aber dieser enorme Aufschwung unter Führung der Reformkirche, die Laxheit und Korruption bekämpft und einen ausgesprochenen Leistungswillen beweist, stößt auch auf Widerstand. Zum einen sind es jetzt die Modernisierungsverlierer, die es nicht schaffen, in den Städten Fuß zu fassen, und betteln müssen. Wanderprediger attackieren die Institution Kirche und das städtische Leben gleichermaßen als teuflisch, weil irdischen statt göttlichen Werten verhaftet. So ist es nicht zufällig der Zisterzienser Bernhard von Clairvaux, der vor den Wanderpredigern warnt. In seinen Augen – und es sind die Augen der geistigen Elite seiner Zeit – sind diese Prediger Feinde der Ordnung, die nicht nur der technischen Entwicklung im Wege stehen, sondern auch die Kultur von Romanik und Gotik um ihre Blüte zu bringen drohen. Damit hat er einerseits recht, andererseits legen diese Wanderprediger den Finger in die Wunde einer sich selbst feiernden Gegenwart.

Die Kirche des 12. Jahrhunderts interessiert sich nun mal nicht für Kranke und Sieche, für die inmitten des neuen Reichtums Hungernden. Aber nun gibt es eine sowohl soziale als auch spirituelle Gegenbewegung, die danach fragt, wofür Jesus am Kreuz gestorben sei. Dafür, dass sich der Papst und seine Bischöfe immer größere Kirchen bauen, immer mehr Grundbesitz an sich reißen?

Die Modernisierung findet ihre Kritiker, und diese werden zum Motor jener Ketzerbewegungen, die vor allem im 13. und 14. Jahrhundert dem urchristlichen Beispiel folgend ihre Vision der armen und solidarischen Kirche verteidigen – innerhalb und außerhalb der Kirche.

Bereits um 1100 treten Wanderprediger in Frankreich auf, die die Nachfolge Christi anmahnen und ein Leben in Reichtum und Luxus als unchristlich anprangern. Diese »Pauperes Christi« sind die ersten Vertreter jener Ketzerbewegungen, die auf eine sich verändernde Zeit antworten. In Rom ist Mitte des 12. Jahrhunderts Arnold von Brescia der bekannteste Vertreter jener Bewegung, die der reichen Kirche die arme als einzig wahre Kirche entgegenstellt.

Die wachgehaltene Mahnung einer Nachfolge Jesu wird dabei zum entscheidenden Punkt der Kritik an der Institution Kirche. Da befremdet es immer mehr Laien, dass das Kreuz auf byzantinische Weise als reines Herrschaftsinstrument gezeigt wird, denn hat nicht Jesus am Kreuz gelitten? Der Leidensaspekt des Gottessohnes rückt im 12. Jahrhundert stärker in den Mittelpunkt. Und damit auch die theologische Frage der Trinität. Geht es zuallererst um den Gott, der dort am Kreuz verehrt werden soll, oder den Menschen Jesus, der der Gottessohn doch auch war, der unter Qualen gestorben ist? Wenn das Leiden des Menschen Jesus ins Zentrum der Kreuzestheologie rückt, dann geht es doch auch immer stärker um seine moralische Vorbildrolle?

Damit tritt das einzelne Individuum in seiner Besonderheit erstmals auch dann hervor, wenn es kein Amt in der Kirche besitzt, weder Macht noch Reichtum vorzuweisen hat. Das Thema des armen Christus wird immer aktueller.

Und das ist die religiöse Lage in der Kirche wie in der Gesellschaft des 12. Jahrhunderts, an dessen Ende Franz von Assisi geboren wird: »Immer mehr Laien nahmen am klerikalen Leben teil; auch wenn die Schranken zwischen Geistlichen und Laien beibehalten wurden, drängten zahlreiche Laien in die geistlichen Institutionen. In den neuen Orden spielten Laienbrüder und Laienschwestern eine immer größere Rolle. Die Ritterorden förderten sogar eine gewisse Vermischung von Mönch und Krieger, von Klosterleben und Rittertum.«[60]

Der »Ketzervater« Joachim von Fiore, Fixstern in der Geschichte der Sozialutopien

Nicht zufällig ist es ein Zisterzienserabt, dessen Auftreten die römische Kirche weit über seinen Tod hinaus erschüttern wird: Joachim von Fiore, der als »Ketzervater« gilt. Er lebte von 1135 bis 1202. Geboren und aufgewachsen ist er in Kalabrien als Sohn eines Notars. Früh von seiner religiösen Mission überzeugt, folgt er dem Aufruf zum Kreuzzug gegen die Ungläubigen, der seit Gregor VII. das Christentum machtpolitisch hochrüstet.

So nimmt er an den kriegerischen Missionsreisen dieser Zeit teil, kommt bis in den Orient und nach Byzanz. Was er erlebte, muss ihn im Innersten erschüttert haben, denn nach seiner Rückkehr nach Kalabrien zieht er sich ins Einsiedlerleben zurück. Dort entschließt er sich, in einen Orden einzutreten. Aber in welchen? Die Benediktiner sind arrivierte Grundbesitzer geworden, sie können seiner religiösen Unbedingtheit keine Heimat bieten.

Also tritt er in das Zisterzienserkloster in Corazzo ein, wo er 1177 Abt wird. Der Versuch, dort eine neue Form von asketischer Religiosität zu begründen, scheitert am Widerstand der Mitbrüder. Nach fünf Jahren vergeblicher Klosterreform gibt er auf und zieht sich wiederum in ein Einsiedlerleben zurück, um – in strengster Askese lebend – die Heilige Schrift zu studieren. Besonders um die Johannes-Apokalypse kreist sein Denken, er hat Visionen über die Zukunft der Kirche und der gesamten Menschheit. Er konstatiert, dass die Kirche, wie auch die Gesellschaft,

Der Zisterzienserabt, der als »Ketzervater« gilt: Joachim von Fiore

weiter denn je vom Geist Christi entfernt ist. Die tausend Jahre sind in der Johannes-Apokalypse eine magische Zahl im Kampf Gottes mit dem Teufel. Denn ein Engel überwältigte den Drachen und fesselte ihn für tausend Jahre. Aber was passiert, wenn diese Zeit vorbei ist? Der Kampf steht von Neuem an. Man muss sich eine Zeit vorstellen, in der Visionen, Prophezeiungen und Legenden das Weltbild der einzelnen Menschen bestimmten, deren Glaube an Gott etwas war, das sie ganz und gar ausfüllte. Darum entfaltet Joachim von Fiores Deutung der Johannes-Apokalypse auch solch eine ungeheure Wirkung.

Seine Vorstellungen sind ganz und gar vom Gedanken des großen Gerichts an der Schwelle des von ihm verkündeten dritten Reichs Gottes als dem des Geistes (der Liebe und der Freiheit) bestimmt. Der verheißene Anbruch des Reichs Gottes fasziniert ihn. Wie wird er sich ereignen? Joachim von Fiore beginnt sich in die Zahlenmystik zu versenken. Bereits das Jahr 1000 war als Zeitpunkt des großen Gerichts im Bewusstsein früherer Jahrhunderte gewesen, nun aber liegt die Jahrtausendwende bereits in der Vergangenheit – und die Welt steht immer noch. Joachim von Fiore rechnet noch einmal neu – und kommt auf das Jahr 1260 als Zeitpunkt für das befürchtete Weltende. Die alte Welt muss untergehen, damit eine neue erstehen kann! Dieses Weltuntergangsmotiv ist zugleich ein Weltaufgangsmotiv und zieht sich bis in den Expressionismus am Vorabend des Ersten Weltkriegs, man denke nur an Jakob van Hoddis' Gedicht »Weltende«.

Schnell sammelt er einen Kreis von Gleichgesinnten um sich, die einen neuen Orden, die Florenser, gründen. Sie leben in der Erwartung des Jüngsten Gerichts: Die Apokalypse ist nah! Der Welt, dem irdischen Leben überhaupt, begegnen sie darum mit größter Verachtung. Das ist alles nichts wert, einschließlich des eigenen Körpers. Das eigentliche Leben beginnt erst, wenn das Reich Gottes anbricht. Doch wo liegt dieses Reich? Im Himmel oder in einer fernen – oder eben nicht mehr so fernen – Zukunft?

Die Arbeiten Joachim von Fiores über die Apokalypse interessieren auch den Papst in Rom. Clemens III. fordert in einem Schreiben vom 8. Juni 1186 Joachim von Fiore, inzwischen Vorsteher des von ihm gegründeten – und von Papst Cölestin III. bestätigten – Ordens der Florenser, auf, nach Rom zu kommen und seine Auffassung von der Apokalypse darzulegen. Klingt hier schon der Ketzerverdacht gegen ihn mit?

Doch Abt Joachim von Fiore ist kein Umstürzler, seine radikalen Überlegungen sind theoretischer Natur. Praktisch verhält er sich der Kirche gegenüber loyal, was ihm dann – im Unterschied zu vielen seiner Gefolgsleute – auch einen friedlichen Tod beschert. Er gilt in der katholischen Kirche als Seliger, obwohl er auch als Ketzer verdächtigt wird. Und Dante weist ihm in seiner *Göttlichen Komödie* einen Platz im Paradies an.

In der Distanz des radikalen Theoretikers zur Kirchenpraxis kann man einen Widerspruch erkennen, seine Schüler taten das dann mehrheitlich auch. Viele der sogenannten Spiritualen unter den Anhängern Franz' von Assisi waren Anhänger Joachim von Fiores und seiner Lehre vom kommenden Zeitalter des Heiligen Geistes. Sie werden zu Propheten dieses neuen Zeitalters, das aus den Ruinen des alten hervorsteigt – und zugleich zu radikalen Kirchenkritikern. Ihre Weltverleugnung und das radikale Armutsgebot bringen sie unausweichlich in Gegensatz zu den Pragmatikern im Orden, den sogenannten Konventualen.

Der subversive Stachel in Joachim von Fiores Geschichtstheologie liegt in seinem Chiliasmus. Darunter versteht man die Abfolge von drei Zeitaltern. Das erste ist das des Vaters, das zweite das des Sohnes und das dritte das des Heiligen Geistes. Wir, so Joachim von Fiore, befinden uns am Ende des zweiten Zeitalters vor dem Anbruch des dritten. Der Entscheidungskampf um das Reich Gottes auf Erden hat begonnen, das Gute kämpft gegen das Böse. In seiner Auslegung der Johannes-Apokalypse und der Rede von der »Hure Babylon« kann man sehr schnell den Eindruck bekommen, dass mit der Letztgenannten die Kirche selbst gemeint und der Papst der Antichrist auf dem Thron Gottes sei.

Für den Papst ist die Endzeitideologie nicht länger zu übersehen, als der Franziskaner Gerhard von Borgo San Donnino 1255 (ein halbes Jahrhundert nach dem Tod Joachim von Fiores) in Paris Joachim von Fiores Hauptwerke herausgibt und selbst noch einen Kommentar über dessen Apokalypse-Auslegung hinzufügt, der unter der Überschrift »Liber introductorius in Evangelium aeternum« (»Einführung in das ewige Evangelium«) steht. Hier ist für Rom der Punkt eindeutiger Ketzerei erreicht, zumal der angesehene Franziskaner-Spirituale Johannis Olivi diesen Apokalypse-Gedanken aufgreift und in der aktuellen Polemik gegen die römische Kurie verwendet.

In der Lesart der radikalen Spiritualen erwächst daraus als Mission für den Einzelnen, auf diesen Anbruch des neues Reichs hin zu leben und zu kämpfen, in aller Selbstverleugnung. In der Folge wird das Ideal in seiner Abstraktheit auch zur militanten Ideologie, ihre Anhänger zu Fanatikern.

Die heilsgeschichtliche Konstruktion fordert natürlich Vergleiche heraus. Die mythische Abfolge der drei Zeitalter ist dabei augenfällig: In der Antike kannte man das goldene, das silberne und das eiserne Zeitalter. Golden ist der Ursprung, eisern die Gegenwart. Damit wird klar, dass nach dieser Logik die Geschichte ein Verfallsprodukt ist.

Joachim von Fiore dreht den Verfallsprozess um: Die Gegenwart ist nach wie vor verderbt – aber das goldenen Zeitalter, hier das dritte Zeitalter des Heiligen Geistes genannt, liegt erst noch vor uns in der Zukunft. Man denkt die Rettung jetzt nach vorn, Zukunft wird so erst geschichtlich relevant, vorerst als Kampfplatz zwischen Gott und Teufel. Chiliasmus ist also eine Form von angewandter Apokalyptik. Joachim von Fiore fasst das dritte Zeitalter des Heiligen Geistes bereits als Reich der Freiheit auf – und das scheint geradezu identisch mit populären Auffassungen des Kommunismus als Reich der Freiheit siebenhundert Jahre später. So wird auch verständlich, warum G. K. Chesterton von den Franziskanern als ersten Kommunisten der Geschichte spricht.

Das Datum, an dem Joachim von Fiore seine so folgenreiche Erleuchtung hatte, wurde genau festgehalten: Pfingstmorgen des Jahres 1184. Es ist im Grunde das Bild zu 2 Korinther 3,17: »Wo der Geist des Herrn ist, da ist Freiheit.« Dieser Satz fällt nun in die Geschichte wie ein Same auf fruchtbaren Boden.

Aber natürlich ist die Rede von den »drei Weltordnungen« in Analogie zur Trinität eine gedankliche Konstruktion. Mit gleichem Recht könnte man auch die ersten urchristlichen Gemeinden bereits als urkommunistisch bezeichnen, was ebenso richtig wie falsch wäre. Denn die ersten Christen lebten noch in der Naherwartung der Wiederkehr Jesu Christi, des Erlösers. Erst mit dessen Ausbleiben institutionalisierte sich in den folgenden Jahrhunderten die Kirche. In der Nachfolge des Apostels Paulus, der das Reich Gottes ins Jenseits verlegte, entstand dann eine Theologie, die das Ausbleiben des Messias rechtfertigte.

Und nun soll er doch auf einmal mit Flamme und Schwert auf Erden herniederfallen, um sein Reich zu errichten?

Das war ein brandgefährlicher Gedanke, zumal in Zeiten, die als krisenhaft empfunden wurden. Allein die Rede von einer neuen Ordnung, die die alte ablösen wird, ist, wenn auch theologisch intendiert, fast schon offen umstürzlerisch. Es fehlt dazu nur noch eine Volksbewegung, die sich dieses Gedankens bemächtigt. Da wendet sich die Geistkirche mit ihrem neuen starken Spiritualismus gegen die ihre Privilegien verteidigende Amtskirche: Christus selbst wird die auf Abwege geratene Kirche richten! Aus dieser Logik resultiert dann der Rigorismus, immer selber der bessere Christ zu sein, besser als die verderbte Kirche.

Dass aus dieser Logik heraus ein Verfolgungsprinzip erwachsen muss, scheint klar. Und die fundamentalistischen Spiritualen, die permanent die Frage forcieren, wer die reine Lehre des Franz von Assisi lebt und wer von ihr abweicht, bereiten damit – ungewollt – etwas in der Kirche vor, dessen erste Opfer sie dann selbst werden sollten: die Inquisition. Darüber wird im Zusammenhang des erbitterten Streits, den die Spiritualen mit den Konventualen in der ersten Hälfte des 14. Jahrhunderts um die Vorherrschaft im Franziskanerorden führten, noch gesprochen werden.

Neu in Joachim von Fiores Auffassung der Johannes-Apokalypse ist auch, dass erst durch das Handeln der Einzelnen das dritte Reich erlangt werden kann, oder es durch ihr Nicht-Handeln verspielt wird. Dies wird zur Urzelle des Fortschrittsdenkens, allerdings vor einem mythischen Hintergrund. Und der heilsgeschichtliche Aspekt bleibt immer dort präsent, wo die Rede um »Reiche« kreist, die anbrechen werden und dabei – in der direkten Negation der schlechten Gegenwart – eine lichtvolle Zukunft verheißen.

Auch Lenins Bolschewiki praktizierten diese Art von Heilsgeschichte in ihrer Lesart des Kommunismus (die von jener durch Marx und Engels vertretenen in diesem entscheidenden Punkt unterschieden war). Das vorgestellte Ende des alten an der Schwelle zum neuen Zeitalter hieß dann »revolutionäre Situation«. Diese wiederum rechtfertigte die terroristische Praxis der Bolschewiki als Umsturzpartei gegen die bestehende Ordnung.[61]

Aber auch die Rede der Nationalsozialisten vom »Dritten Reich« als »tausendjährigem Reich« bedient sich rhetorisch bei der Apokalypse und fußt auf einer chiliastischen Geschichtskonstruktion. Arthur Moeller van den Brucks Buch *Das dritte Reich* von 1923 schlägt dann den Bogen von der geschichtstheologischen Konstruktion zu etwas, das der Ideologie des Nationalsozialismus zumindest nahestand (sich nur durch einen stark elitären Zug von dieser unterschied). Eine Instrumentalisierung gewiss, aber das Motiv des kommenden Messias ist etwas, das sich heilsgeschichtlich einer derartigen Verwendung immer wieder anbietet. Nur dass der Messias dann ganz profan zum auserwählten Führer geworden ist, wie es auch Alfred Rosenberg in seinem *Mythus des 20. Jahrhunderts* demonstriert, wo er die »arische Rasse« zum ideellen Träger des kommenden dritten Reichs erhebt. Rosenbergs Buch, das ist bezeichnend, wurde unmittelbar nach seinem Erscheinen 1930 fast ausschließlich von Theologen wahrgenommen und wegen der rasseideologischen Umfunktionierung des eschatologischen Motivs heftig kritisiert.

Ernst Bloch hat Joachim von Fiore ein Kapitel seines *Prinzip Hoffnung* gewidmet. Es schließt an Überlegungen von Augustinus' *De Civitate Dei (Vom Gottesstaat)* an. Hier ist sie bereits da, jene Apokalyptik der Geschichte, die sich erst noch ereignen wird. Bloch stellt diesen Ansatz – der sich explizit gegen die paulinische Theologie der Verjenseitigung des Reiches Gottes wendet – in die Geschichte der Sozialutopien. Augustinus schreibt: »Der siebente Tag der Schöpfung werden wir selbst sein!« Das heißt, das Reich Gottes als »Civitas Dei« verstanden, erwächst mitten unter uns, ist etwas, das nicht im Jenseits, sondern in der Zukunft liegt. Es wird damit in eine menschliche Geschichte gestellt, angetrieben von einem heilsgeschichtlichen Motor, wie Bloch schreibt: »Civitas

Dei gerät erst ganz, wenn der Weltstaat zum Teufel geht, dem er angehört.«[62]

Der Gedanke vom »Reich Gottes« als Quasinegation aller Gegenwart, die weltlich, also teuflisch sei, existiert bereits bei Augustinus. Diesen Gottesstaat werden dann nach dem Ende der bisherigen Geschichte – das in Form eines Gerichts über uns hereinbrechen wird – jene bewohnen, die die »Gemeinschaft der Vollendeten und Heiligen auf Erden« sind. In dieser Verbindung von Apokalypse und Chiliasmus steckt zweifellos eine unerhörte Militanz, wie Bloch einräumt: »Chiliasmus brach in allen Unruhezeiten wieder vor, Reich Gottes auf Erden wurde das revolutionäre Zauberwort durchs Mittelalter und die erste Neuzeit hindurch ... Die Menschen wurden fortan auch dort als Brüder utopisiert, wo an keinen Vater mehr geglaubt wird – Civitas Dei blieb ein politisches Wunschbild auch ohne Gott.«[63]

Joachim von Fiores Lehre von den drei Reichen wurde somit zur »folgenreichsten Sozialutopie des Mittelalters«, wie Bloch konstatiert. Denn hier bekommt die Vision von der Civitas Dei, wie sie Augustinus formuliert, erstmals eine soziale Dimension. »Joachims Erwählte sind die Armen, und sie sollen lebendigen Leibs, nicht bloß als Geist, ins Paradies. In der Gesellschaft des dritten Testaments leben keine Stände mehr; ein ›Zeitalter der Mönche‹ wird sein, das ist der allgemein gewordene Kloster- und Konsumtionskommunismus, ein ›Zeitalter des freien Geistes‹, das ist spirituelle Erleuchtung, ohne Sondersein, Sünde und Welt.«[64]

Hier ist der subversive Funke der innerweltlichen Transzendenz angelegt: die Morgenröte einer neuen Menschheit, von der alle Revolutionen in der Geschichte träumen. Auch bei Franz, der theologisch unwissend war und somit kaum etwas von Augustinus und Joachim von Fiore wissen konnte, ist diese große Erwartung an den kommenden Tag da. Franz selbst fühlt sich auf eine ganz unmittelbar naive Weise als solch ein Bewohner jenes künftigen Gottesreiches, das für ihn identisch ist mit der Nachfolge Jesu, der für ihn die Idee des solidarischen und brüderlichen Miteinanders jenseits solch falscher Maßstäbe wie Geld, Macht und Amtsinhabe verkörpert.

Bei Franz von Assisi selbst wird dies jedoch nicht im Sinne eines Entweder-oder verstanden, sonst wäre er kaum zu Innozenz III. nach Rom gepilgert, um sich dessen Einwilligung für die von ihm gewollte evangelische Lebensform zu holen, sonst wäre er eher den Katharern und ihrer papstfeindlichen Gegenkirche gefolgt und letztlich als Ketzer und nicht als Heiliger gestorben. Aber ist er dabei nicht auch immer beides zugleich: Heiliger und Ketzer?

Die Franziskaner, genauer die Spiritualen unter ihnen, fühlten sich dann auch als legitime Fortsetzer nicht nur der ursprünglichen Ideen Franz' von Assisi, sondern immer auch jener Joachim von Fiores, wofür sie im 14. Jahrhundert von der Inquisition (zu der auch Franziskaner gehörten) verfolgt und nicht selten als Ketzer verbrannt wurden. Das Thema der Ketzergeschichte also ist immer präsent, wenn man über die Franziskaner spricht, ebenso wie die Frage nach der Mystik. Auf beides wird noch zurückzukommen sein.

Zu fragen ist, ob eine andere Lesart jener Lehre von den drei Zeitaltern möglich sein wird als die letztendlich ideologische, die in der Geschichte eine so immense Wirkung entfalten sollte? Eduard Winter verweist auf den von den streitenden Parteien selten bemerkten poetischen Charakter in ihr: »Joachims Auslegung der Apokalypse war geprägt von seinem seherischen Blick in das erwartete dritte Weltstadium. Die Auflösung der symbolischen Bilder des Bibeltextes erfolgte wieder in Bildern. Sein in die Zukunft vorgreifender Prophetismus erwuchs aus seinen dichterisch-religiösen Vorstellungen. So berichtete er, daß ihm während der kirchlichen Gesänge am Pfingstfest das Geheimnis der Dreifaltigkeit aufgegangen sei im Bild des zehnseitigen Psalters. Und der Schrift, die davon kündet, gab er den Namen dieses Musikinstrumentes: ›Psalterium decem chordanum‹.«[65]

Die mächtige Gegenkirche der Katharer

Man hat das Weltverständnis der Katharer mit Melvilles *Moby Dick* verglichen: Das Böse sei überall in dieser Welt. Dabei werden Gut und Böse nicht als moralische Kategorien aufgefasst, sondern als metaphysische Wesenheiten: Gott kämpft mit dem Teufel. Alles, was sichtbar und greifbar ist, kommt direkt vom Teufel. Also die gesamte materielle Welt, in der wir leben, mit all ihren Interessen wie Erfolg, Geld oder auch einer triebhaften Sexualität. Der Inbegriff dieser teuflischen Verführung ist jener weiße Wal, bei Melville Moby Dick genannt. Man jagt ihn, aber niemandem gelingt es, ihn zu erlegen. Im Gegenteil, die Reihe der im Kampf gegen ihn gefallenen Märtyrer ist lang.

So ganz zwingend aber ist das auch von Walter Nigg gebrauchte Bild denn doch nicht. Melville lässt mit Kapitän Ahab einen vom Bösen besessenen Verfolger auftreten, der ohne Rücksicht auf Verluste den weißen Wal jagt, so dass man am Ende gar nicht mehr weiß, ist nun der von allen gejagte Wal, der sich zu wehren weiß, das Untier, oder nicht eher sein fanatischer Jäger Ahab?

Der gute Gott, der mit dem bösen Gott im ewigen Krieg steht, dieses Bild zeigt den katharischen Dualismus: die Welt des Lichts im Kampf mit der Welt der Dunkelheit. Allerdings sind die Katharer, die die irdische Welt für verderbt halten, keine Verfolger. Sie wollen sich fernhalten von der Versuchung alles Irdischen, das macht sie von vornherein zu Asketen, die mit Verachtung auf die mächtige und reiche Papstkirsche schauen, die für sie eine vom Antichrist beherrschte Institution ist.

Sie fordern gelebte Armut, sexuelle Enthaltsamkeit (die Leibfeindschaft der Katharer ist eklatant), lehnen die Ehe wie auch den Kriegsdienst ab, schwören keine Eide. Ihrem Gemeinschaftsideal entspricht das Mitleid im Umgang mit Schwächeren, Kranken, aber auch Tieren. Sie leben vegetarisch. An den Katharern, die zur größten Bedrohung der Papstkirche im 13. Jahrhundert werden, zeigt sich, dass das Neue meist nicht wirklich neu ist. Es war längst da, aber plötzlich ist seine Stunde gekommen, es entfaltet eine bislang nicht für möglich gehaltene Wirkung. So lässt sich auch der große Erfolg der Katharer um 1200 erklären. Ihre Lehre ist jahrhundertealt, doch plötzlich ergreift sie die Massen. Die Lehre, mit der die Katharer es zu einer machtvollen Gegenkirche bringen, die Roms Vormachtstellung bedroht, ist also längst bekannt. Nur blühte sie bislang im Verborgen, bei kleinen Gruppen, so den Bogomilen kurz vor der Jahrtausendwende. Ernst Werner und Martin Erbstößer schreiben dazu: »Die Ketzer ... schlossen sich einer Linie an, die das Johannesevangelium und die paulinischen Briefe usurpierte und hinführte zu den apokryphen Evangelien, Marcion und anderen Gnostikern.«[66]

Gnosis lautet das Schlüsselwort für diese Art Häresie. Das ist ein Feld für sich, das hier nicht im Detail erörtert werden kann. Aber konstitutiv für die Gnosis wird ihr Dualismus. Es gibt zwei Welten (die sichtbare und die unsichtbare) und zwei Götter, einen guten und einen bösen, der gute ist Schöpfer der unsichtbaren Welt, der böse (also der Teufel) der sichtbaren. Beide Welten liegen in ständigem Kampf miteinander: »In Satan sahen sie den ältesten Sohn Gottes, der sich gegen den Vater empört, die Erde und einen zweiten Himmel geschaffen hatte. Er habe in der Gestalt der Schlange Eva verführt, ihre Jungfräulichkeit verletzt, Kinder gezeugt und ihr sowie Adam die Gottähnlichkeit geraubt, auf der ihre Jungfräulichkeit beruhte. Ganz im gnostischen Sinne trat Jesus als Lehrer und Rufer auf, um die Menschen aus dem Schlaf aufzurütteln. Er stieg in die Hölle hinab, band Satan und kehrte dann zu seinem Vater zurück.«[67]

Prominentester Vertreter eines solchen Dualismus war im frühen Christentum Mani, der so einflussreich war, dass der nach ihm benannte Manichäismus sogar Augustinus jahrelang in seiner Auffassung vom Christentum bestimmte. Jesus war für ihn ein Prophet, aus dem Lichtreich herabgestiegen, den Menschen die Botschaft des Geistes zu bringen. Der Geist soll die verderbte Materie überwinden. Jesus ist für die Manichäer nicht als ein Mensch am

Kreuz mit allen Qualen gestorben, denn sein Leib war nur ein Scheinleib, ganz aus Licht und Geist gemacht.

Die Gnostiker ebenso wie die Manichäer und die Katharer sind sämtlich theologisch gebildet, ihr Weltverhältnis ist theoretisch gut begründet, resultiert aus ambitioniertem Bibelstudium. Darin liegt sowohl ihr Reiz als auch ihre Beschränktheit: Das Zusammenleben der Katharer resultiert aus Gesetzen, die das Ergebnis von Schriftexegese sind – ein Vorgehen, das Franz von Assisi ganz und gar ablehnt. Theologische Bildung gehört für ihn zu jener Art Reichtum, die von der Nachfolge Jesu wegführt. Seine theologische Unwissenheit ist es auch, die ihn schließlich für Papst Innozenz III. zum geeigneten Reformer der katholischen Kirche werden lässt. Denn Franz steht – anfangs – ganz und gar jenseits der Parteistreitigkeiten verschiedener theologischer Fraktionen, er ist unparteiisch nicht im Sinne von unbeteiligt, etwa als gleichgültiger Beobachter, sondern verkörpert als Mystiker die Überwindung des parteiischen Entweder-oder-Prinzips.

Der Mystiker Franz von Assisi ist weder für noch gegen die Kirche als Institution – das Prinzip der Nachfolge Jesu kann für ihn in der Kirche ebenso wie in einem Schafstall oder einem Palast, einem Gefängnis oder einem Krankenasyl gelebt werden. Seine Botschaft ist: Allein der Geist der Liebe verbindet. Er trennt nicht, ist nicht kriegerisch, sondern friedlich. Das ist die Position des Mystikers, der keine Kirche braucht, seinen Glauben zu leben, aber es anderen freistellt, diesen Glauben auch in der Kirche zu finden. Die Kirche ist für Franz, der sehr wohl um den Amtsmissbrauch und die Unmoral in der Institution weiß, nicht der Hort des Antichrist wie für die Katharer, kein Feindbild also, sondern ein Ort wie jeder andere auch. Welcher Geist darin herrscht, bestimmen wir selbst – und erste Voraussetzung eines solidarischen Miteinanders ist, dass der Geist nicht herrschen, sondern dienen will. Darum streitet Franz auch nicht wie die Katharer für eine Gegenkirche, die nach den selbst definierten Regeln der Reinheit strukturiert sein soll, sondern nimmt die gegebene mangelhafte Institution genauso als gottgewollt hin wie den schwachen und verführbaren Menschen. Ein Fanatiker, das merken Anhänger und Gegner schnell, steckt nicht in ihm.

Das Entweder-oder-Prinzip der Katharer resultiert aus dem Dualismus ihres Weltbildes, in dem der gute mit dem bösen Gott streitet. Dieser gnostische Glaube war bei den Bobomilen noch ganz dem ländlichen Lebensgefühl verhaftet. Bei den Katharern aber trifft er auf ein imperial auftrumpfendes Reformpapsttum und eine sich entwickelnde städtische Kultur. Vor diesem Hintergrund wird die Lesart der Gnosis ihre geradezu revolutionäre Wucht entfalten.

Wenn die Katharer nun mit der alten Lehre der Bogomilen auftreten und die gesamte materielle Welt als vom Teufel geschaffen anprangern, dann treffen sie damit auf eine andere Lebenswirklichkeit als die Bogomilen noch zweihundert Jahre zuvor. Es ist inzwischen Bewegung in die Ökonomie gekommen, das Leben in den Städten hat einen schnelleren Takt als das Leben auf dem Lande. Aber warum fällt gerade in den prosperierenden Städten die Rede, dass materielle Güter – und besonders natürlich das Geld! – vom Teufel seien, auf so fruchtbaren Boden? Weil hier Reichtum und Armut ein anderes Ausmaß bekommen als in rein ländlichen Lebenswelten. In der Stadt ist nicht nur der Reichtum größer, auch die Armut. Was hier zum Prunk führt, wird zum Elend dort. Plötzlich steht für jedermann das soziale Gefüge der Stadt unter dem Vorbehalt, ob es denn gerecht sei. Anders gefragt: Sind diese Zustände gottgewollt? Nicht nur die Gegensätze werden schärfer, auch die Auseinandersetzungen.

Und hier geraten die Katharer, die vom Volk wegen ihrer bescheidenen, an der Bibel ausgerichteten Lebensweise geachtet werden, mehr und mehr in machtpolitische Auseinandersetzungen. Der Ort, an dem sich dieses am deutlichsten zeigt, ist Südfrankreich, die Gegend um Albi, weshalb die Katharer auch Albigenser genannt werden.

Über dreißig Jahre lang können sich die Katharer in Südfrankreich behaupten, auch weil sie die Unterstützung des örtlichen

Adels besitzen, der sich so dem machtpolitischen Zugriff des Papstes entzieht. Die Katharer etablieren sich hier als christliche Kirche mit sechs eigenen Bistümern und zahlreichen Priestern, die tatsächlich das Prinzip der Eigentumslosigkeit leben – und dafür den Rückhalt im Volk besitzen. Alfred Läpple schreibt: »Die Katharer wollen die Gemeinde Jesu in ihrer ursprünglichen Schlichtheit und Reinheit, in ihrem ursprünglichen Glaubenselan, in ihrer ungebrochenen Bruderliebe, ihrer ursprünglichen Kühnheit der Kreuzesnachfolge und zum fröhlichen Martyrium, im täglichen Brotbrechen und der Handauflegung wiederherstellen.«[68]

Es ist schon ein unerhörter machtpolitischer Akt der Brutalität, wenn der Papst in Rom sich gegen das Erfolgsmodell der Albigenser in Südfrankreich nicht anders zu helfen weiß, als 1209 einen Kreuzzug gegen sie (gegen Christen immerhin!) auszurufen. Nach langen Kämpfen und wiederholten Massakern gelingt es dann dem Kreuzfahrerheer am 12. März 1244 endlich, die letzten Festungen der Albigenser einzunehmen, ein grausames Gemetzel folgt: Niemand wird am Leben gelassen, Kinder, Frauen und Greise, alle werden sie im Blutrausch der Eroberer abgeschlachtet. Der letzte Katharerbischof Bertrand Marty wird mit zweihundertfünfzehn Getreuen verbrannt. Der päpstliche Legat berichtet nach Einnahme von Béziers euphorisch nach Rom, Gottes Zorn habe in »wunderbarer Weise« gewirkt. Über die vielen Tausend ermordeten Menschen – man spricht von bis zu hunderttausend – aber heißt es lapidar: »Tötet sie alle, Gott wird die seinen schon herausfinden!«[69] Das ist der Geist der Kreuzfahrer, dem Franz von Assisi das Gebot der Liebe entgegenstellt.

Darum ist es mehr als eine Fußnote, dass man auch Franz von Assisi verdächtigen wird, ein Sympathisant der Katharer zu sein. Eine arme Kirche: Dieser Anspruch musste auch Franz gefallen. Und so milde er sich auch den Fehlern der Welt gegenüber zeigte und so fremd ihm jede Form von Dämonisierung des welthaft-leiblichen Daseins als Werk des Teufels war, so sehr verbindet ihn ein starker Affekt mit den Katharern, der gegen das Geld. »Das

Geld der Welt ist die Fäulnis der Seele.« Diese Parole der Katharer hätte – in all ihrem Rigorismus – auch von ihm stammen können. Ebenso nah ist Franz das Verbot, zu töten, das sich nicht nur auf die Verweigerung jeglicher Kriegsteilnahme bezieht, sondern auch das Töten von Tieren mit einschließt.

Auf sein Ansinnen, in Südfrankreich zu missionieren, wird ihm der Protektor des Ordens Kardinal Hugolin nicht bloß freundlich abraten, diese Reise zu tun, wie es in den Ordenschroniken gelegentlich beschönigend heißt, er wird ihn auf halbem Wege nach Frankreich abfangen und ihm die Weiterreise strikt verbieten.

Wollte Rom verhindern, dass er sich am Ende mit den Katharern verbrüdert, oder ihn im Gegenteil davor bewahren, ebenfalls als Ketzer verbrannt zu werden? Denn die Franziskaner sind plötzlich Hoffnungsträger der Kurie geworden. Da sie sich – was die Katharer nie getan hätten – in die Kirche integrieren ließen, war mit ihrer Hilfe die innere Krise des Papsttums vielleicht doch noch überwindbar? Auf das Wirken von Kardinal Hugolin (dem späteren Papst Gregor IX.) werden wir noch zurückkommen. Die Bewegung der Katharer wurde durch den Massenmord im Namen Jesu Christi jedenfalls ausgelöscht.

Der Katharer-Kreuzzug bekam dann Modellcharakter für den späteren Umgang mit Abweichlern, nicht nur in der Kirche. Denn fatalerweise war das Prinzip erfolgreich: Tötet all eure Feinde, und ihr werdet Frieden haben! Diese Logik bestärkte der Katharer-Kreuzzug auf lang anhaltende Weise. Christen, vom Hass auf Abweichler getrieben, verfolgen und töten brutal andere Christen. Das ist eine Demonstration blind machender Machtideologie, gegen die Franz von Assisi sein Lob der Schwäche stellen wird.

Warum werden die Waldenser verketzert und die Franziskaner nicht?

Die Ähnlichkeiten von Petrus Waldus mit Franz von Assisi verblüffen stets aufs Neue. Petrus Waldus war ein erfolgreicher Kaufmann, reich geworden mit Kreditgeschäften. Ein schwerer Verstoß gegen das biblische Zinsverbot! Das wurde ihm bei seinen ersten zufälligen Begegnungen mit der Bibel deutlich. Wie sich diese Begegnung genau vollzog, ist nicht bekannt. Jedoch, so viel scheint klar: Zu einem bestimmten Zeitpunkt seines Lebens hat ihn das Jesuswort in Matthäus 19,21 mit ganzer Wucht getroffen: »Wenn du vollkommen sein willst, geh, verkauf deinen Besitz und gib das Geld den Armen; so wirst du einen bleibenden Schatz im Himmel haben; dann komm und folge mir nach.«

Petrus Waldus ergreifen diese Worte, als er sie – vermutlich im Jahre 1173 – zum ersten Mal hört, in ganzer lebensverändernder Wucht. Der angesehene Bürger aus Lyon, der verheiratet ist und Kinder hat, geht, sein altes Leben zurückzulassen. Er will nicht als Sünder vor Gott stehen, sondern sieht seine Mission nun darin, die Nachfolge Jesu als Besitzloser zu leben und das Wort Gottes, so wie es in der Bibel steht, zu verbreiten. Darum verlässt er seine Familie, gibt seinen Besitz fort und sammelt Gleichgesinnte um sich, um mit ihnen ein Wanderleben als Bußprediger zu führen. Wichtig ist festzuhalten, dass auch Petrus Waldus nichts von den theologischen Vorstellungen der Katharer wusste. Deren gnostischer Dualismus ist ihm unbekannt. Ihn treibt, ganz wie Franz, die Ablehnung des Geldes als oberster Wert, er plädiert für neue Werte in einer christlichen Kirche, die auf Demut und Bescheidenheit, Brüderlichkeit und Mitleid gründen soll.

Da vollzieht sich ein zu Franz frappierend ähnlicher Weg der inneren – und dann auch äußeren – Umkehr, nur eben dreißig Jahre vor ihm. Und hier zeigt sich, dass die Kurie Ende des 12. Jahrhunderts noch nicht bereit war, im Anspruch einer armen Kirche etwas anderes zu sehen als gefährliche Ketzerei. Dass hier die Laien sich erstmals als tragende Kraft der christlichen Gemeinden zeigen, entgeht den kirchlichen Würdenträgern, die vor allem ihr Privileg der Predigt (von dem sie zu dieser Zeit fast keinen Gebrauch mehr machen) in Gefahr sehen.

Genau wie Franz will auch Petrus Waldus keinen Bruch mit der Kirche. Auch er geht also im Jahre 1179, als unter Alexander III. ein Laterankonzil stattfindet, nach Rom, um dem Papst um seine Predigterlaubnis zu bitten und ihm außerdem die Anfänge seiner Bibelübersetzung ins Französische zu zeigen. In Rom ergeht es ihm wie Franz von Assisi, als er das erste Mal vor Innozenz III. steht – man sieht in ihm einen jener schmutzigen Propheten, wie sie jetzt überall durchs Land ziehen. Der Unterschied: Franz hat wohlmeinende Fürsprecher, die um die kommende Rolle der Laien in der Kirche wissen, Petrus Waldus dagegen hat Pech und trifft nur auf hochmütige Amtsinhaber.

Der Papst glaubt nicht, in Petrus Waldus einen gefährlichen Ketzer vor sich zu haben, aber was soll man von seinem Anliegen halten? Soll man ihm erlauben, als Wanderprediger dem Volk Gottes Wort zu verkünden? Es geschieht, was im Normalfall immer geschieht: Eine Kommission wird eingesetzt, den Fall zu prüfen. Sie steht unter Vorsitz von Walter Mapes, einem Theologen, der sich auf seinen Stand einiges einbildet. Bei seinem bereitwilligen Gang durch die Institutionen hat Petrus Waldus jetzt schon verloren.

Die Kommission kommt dann auch zu dem vorhersehbaren Resultat, das hohe Gut der Predigt dürfe nicht in die Hände von theologisch Ungebildeten fallen. Von Mapes ist der Ausspruch überliefert: »Soll die Kirche die Perlen den Schweinen geben, das Wort den Idioten überlassen, die wir unfähig wissen, es aufzunehmen?« Da zeigt sich die ganze Volksferne, an der die Papstkirche krankt. Mapes vergleicht die Wanderprediger verächtlich mit Vögeln, die überall herumschwirren würden – und hat damit in negativer Weise bereits jenes Symbol angesprochen, das Franz von Assisi zur Legende machen würde: sein vertraulicher Umgang mit den Vögeln, die nur scheinbar das Wort Gottes nicht verstehen.

Begründer der Waldenser: Petrus Waldus,
Denkmal in einem Alpental von Piemont

Aber sie sind weder taub noch stumm noch empfindungslos – nur hat sich ihnen bislang noch niemand zugewandt!

Mapes aber geht noch weiter in seiner Ablehnung der demütig vorgetragenen Bitte von Petrus Waldus. Er beschwört die Gefahr, die mit solchen armen Volkspredigern der Kirche erwächst: »Sie fangen jetzt außerordentlich demütig an, weil sie noch nicht festen Fuß gefasst haben. Lassen wir sie aber herein, so werden sie uns herauswerfen!«,[70] so die Stimme jener Fraktion, die keinerlei Änderung des Bisherigen zulassen will.

Aus Rom also wird Petrus Waldus samt seinem evangelischen Anspruch nach Lyon zurückgeschickt, man erklärt ihn nicht zum Ketzer, aber erlaubt ihm auch nicht das Predigen. Er ist also ein verdächtiges Subjekt, ein potentieller Dissident, und als solchen behandelt ihn auch der Bischof von Lyon. Zuerst ist Petrus Waldus gehorsam, verzichtet darauf, das Bibelwort zu verbreiten. Aber die Jahre vergehen, und er, samt den sich um ihn sammelnden Brüdern, fragt sich, ob sie nicht ihren von Gott gegebenen Auftrag verraten, wenn sie sich derart mundtot machen lassen. Wem sollen sie gehorchen, wer ist die höhere Autorität, der Bischof, der Papst oder das geoffenbarte Wort, das zu verkünden ihnen von Gott aufgegeben?

Sobald bekannt wird, dass Petrus Waldus gegen das Predigtverbot fortgesetzt verstößt, spricht der Papst gegen ihn den Bann aus – der gutwillige, kirchenfreundliche Petrus Waldus ist in seinem Bestreben, seine Seele fürs Himmelreich zu retten, zum Ketzer geworden. Die Waldenser werden fortan verfolgt.

Einige einflussreiche Kardinäle aber erkennen darin einen Fehler. Es wäre höchste Zeit, so glauben sie, angesichts des Glaubwürdigkeitsverlustes des Papsttums und der ständig erstarkenden Ketzerbewegungen, dass sich die Kirche den Laien öffnet. Auch das spirituelle Vakuum, das sich im Schatten der päpstlichen Machtpolitik immer deutlicher zeigt, gelte es zu korrigieren. Wenn sich wieder jemand wie Petrus Waldus in Rom zeige, da sind sie sich einig, dann dürfe man nicht solche bornierten realitätsblinden Figuren wie Walter Mapes entscheiden lassen, was mit ihnen passiert, sonst sei die katholische Kirche tatsächlich am Ende.

Somit hat Petrus Waldus gut vorgearbeitet für den Auftritt von Franz von Assisi im Jahre 1209. Die Waldenser jedoch, die an ihrer Überzeugung festhielten, dass jeder Gerechte ein Priester sei, der Gottes Wort verkünden dürfe, wurden das ganze Mittelalter hindurch auf blutige Weise verfolgt. Aber ihre Verwurzelung in den armen Schichten des Volkes war so stark, dass ihre Ausrottung nie gelang. Noch heute existieren sie als evangelische Kirche der Waldenser vor allem in einigen Gegenden Italiens.

War es also ein welthistorisches Pech, dass Petrus Waldus nicht zum Heiligen der katholischen Kirche wurde, sondern ihr Ketzer? Einerseits ja, andererseits trug auch Franz den potentiellen Ketzer immer in sich. Beide wollten sie eine Bruderschaft Gleichgesinnter schaffen und keinen dem Papst unterstehenden Orden mit hierarchischer Struktur. Waldus ist dieser Weg in die Kirche erspart geblieben, mit all den fragwürdigen Kompromissen, die damit zusammenhängen.

Allerdings, auch darauf ist zu Recht hingewiesen worden, war Petrus Waldus keine legendenstiftende Figur, ihm fehlte das Talent, aufzutreten und Massen damit zu faszinieren, dass er etwas völlig Überraschendes tat. Zweifellos: Der Performer Franz war der außergewöhnliche Mann der Stunde, der redliche Petrus Waldus aber wurde zum Stifter einer evangelischen Gemeinde, die viele unbekannte Märtyrer hervorbrachte. Sie fielen jener Inquisition zum Opfer, die maßgeblich von den beiden neuen Bettelorden der Kurie, den Dominikanern und Franziskanern, getragen wurde.

Wer denkt hier nicht an Goethes Satz, dass die Geschichte (nicht nur die der Kirche) ein »Mischmasch aus Irrtum und Gewalt« sei?

Exkurs: Lob der Ketzer oder der Orthodoxie?

Das Problem der Ketzergeschichte sprengt den Rahmen der Kirchengeschichte. Denn immer gibt es, wie Walter Nigg schreibt, »nicht nur eine Wirklichkeit, sondern verschiedene, die hintereinander gelagert sind und die nicht zusammenhanglos auseinanderfallen«.[71] Es gibt eine sich realisierende Geschichte, die den Sieger des historischen Augenblicks präsentiert, und es gibt jene andere Geschichte, über die die siegreiche im stolzen Hochmut hinweggeht, als hätte es sie nie gegeben. Das sind dann die in die Sackgasse der Geschichte Geratenen, die Verlierer, die im Fortgang gründlich vergessen werden. Aber der Stachel des Scheiterns sitzt immer noch in unserem Fleisch, denn: »Die leidgequälte Ketzergeschichte führt direkt ins Herz des Christentums.«[72]

Aber was wäre geschehen, um nur ein Beispiel aus der Kirchengeschichte zu nehmen, wenn der frühe Streit zwischen Arius und Athanasius anders ausgegangen wäre und sich Arius mit der

Auffassung, dass Jesus nur gottähnlich, nicht gottgleich sei (theologisch eine bloße Spitzfindigkeit), gegen Athanasius durchgesetzt hätte? Musste alles so kommen, wie es kam (das möchte eine im Selbstbeziehungswahn befangene Gegenwart uns glauben machen: Das Vernünftige, das Wahre und Gute haben gesiegt), oder gibt es jene »Verluste im Fortschreiten« von denen Ernst Bloch spricht? Muss man, wie Walter Benjamin forderte, das, was an Zukunft in der Geschichte voreilig begraben wurde, das also am Vergangenen Unabgegoltene, immer wieder neu bedenken, wenn es darum geht, Alternativen zu dem, was ist, zu finden, den Möglichkeitsraum der Geschichte wieder zu öffnen?

Das sind Fragen, die sich mit der Ketzergeschichte verbinden und die in den Diskurs der Außenseitergeschichte münden, die auch eine Geschichte des Verborgenen, des erst wieder neu zu Entdeckenden ist. Ernst Bloch hat es immer wiederholt, das Beste an der Religion sei, dass sie Ketzer hervorruft. Denn die Ketzer sind das Unruhe-Element in der Geschichte, ohne sie wäre nur Stillstand, keine Bewegung, kein Überschreiten dessen, was ist, nichts Neues also unter der Sonne. »Wenn alles und jedes auf dem problemreichen religiösen Feld als Aberglaube angegeben wird, auch dort, wo ›selbst‹ die Bibel besonders hoch und sprengend vom Menschen spricht. Von hier aus gilt der Satz: *Denken ist überschreiten,* was sich vom bloßen Liegen und Besitzen freilich nicht behaupten lässt. Und noch weniger von bloßem grundsätzlich banalisierendem Aufkläricht (dies Wort stammt genau von Lessing) statt der wirklichen, nach steigendem Licht benannten Aufklärung. Lessing freilich war ein Ketzer, kein von vornherein Meinender, daß es nur zwei Dimensionen auf der Welt gäbe und nicht auch Spero ut intelligam. Derart gilt hier ebenso der Satz: *das Beste an der Religion ist, dass sie Ketzer schafft,* ein Zustand, von dem die Gleichgültigen, wie die alle, welche Hegel etwa mit Heckel verwechseln, allerdings unberührt sind.«[73]

Eine vom orthodoxen Marxismus-Leninismus tief beargwöhnte (und dann auch unterdrückte) Lesart der Ketzergeschichte, die mit der Blochs korrespondiert, schließt sich in der *Allgemeinen*

Geschichte des Sozialismus an, die Max Beer 1924 verfasste. Darin werden in zwei aufeinanderfolgenden Kapiteln Joachim von Fiore und Franz von Assisi behandelt. In Analoge zu Hegel'schen Linken spricht Beer von der franziskanischen Linken, womit er die radikalen Spiritualen meint, die sich auf Joachim von Fiores Lehre von den drei Reichen beziehen. Das ist sicherlich eine problematische Aktualisierung, aber sie zeigt, was sich nicht nur an geistesgeschichtlichem, sondern auch an sozialem Sprengstoff im radikalen Eigentumsverbot verbirgt. Beers Bestandsaufnahme der Situation unter den Minoriten nach dem Tod Franz' von Assisi lautet: »Es bildete sich eine Linke, die die Regel von der apostolischen Armut, von Arbeit und Betteln streng aufrecht erhalten wollte. Die Anhänger dieser Richtung wurden die Eiferer genannt. Das andere Extrem vertrat die Rechte: Sie wandte sich gegen die apostolische Armut und wollte aus den Franziskanern einen gewöhnlichen Mönchsorden machen. Zwischen beiden stand eine Mittelpartei, die die Mehrheit der Mitglieder umfasste und für die Organisation eines Mönchsordens mit gemäßigter Regel eintrat, der Gemeineigentum besitzen, im Christentum zu Einfluss gelangen, Theologie und andere Universitätswissenschaften pflegen sollte.«[74]

Interessant an Beers Position ist, dass er sich im Folgenden weniger für die beiden Extreme interessiert, sondern dafür, wie jene Art von »Gemeineigentum« denn praktisch aussehen solle und wie es mit dem Ideal der apostolischen Armut in Einklang zu bringen sei. Er untersucht die Staatstheorien der verketzerten Franziskaner Marsilius von Padua und Wilhelm von Occam sowie deren Überlegungen über »Sondereigentum« (die Nießbrauchsproblematik als Kompromissversuch zwischen Gebrauch und Besitz von Dingen) und Gemeinbesitz. Besonders in Occam erkennt er einen Vorläufer der Idee der Volkssouveränität.

Nun heißt, eine Sache lebendig zu halten, nicht, eine Apologie der Ketzergeschichte zu schreiben. Die andere Perspektive gehört immer dazu. Wenn so mancher Repräsentant des Bestehenden (von Georg Wilhelm Friedrich Hegel bis zu Peter Hacks) sagt, das Pendeln zwischen Außenseiterei und Außenseiterei sei ihm zuwider, dann ist damit ein Position definiert, die ihren Widerschein in unserer Welt hat. Wo sie bloße Machthybris des Bestehenden ist, wird die Geschichte darüber hinweggehen – an bloße Legitimationsideologie vergehender politischer Macht erinnert man sich bereits nach kürzester Zeit nicht mehr.

Doch es gibt eine Kritik der Ketzergeschichte, die resultiert nicht aus Machtinteressen, sondern ist selbst Form des Ringens um die geistige Substanz – um die Wahrheit in der Geschichte. Ein solcher origineller Selbstdenker, der nicht im Verdacht steht, bloße Vasallendienste zu leisten, war in der ersten Hälfte des 20. Jahrhunderts G. K. Chesterton. Seine fantastische Feier des Paradoxons zeigt den freien Geist. Obwohl (oder gerade weil) das, was er zu sagen hatte, sich aufgeklärt gebende Zeitgenossen aufs Heftigste provozierte. So windet er sich keinen Moment darum herum, zu sagen, was ihm am selbstgefälligen Fortschritt zu billig ist: dass er immer auf Erleichterung abzielt, wo doch gerade das Schwere uns bleibende Erfahrungen beschert. Aber mehr noch: die nie nachlassende Kritik an der Institution Kirche, die sich – im Unterschied zu vielen Kritikern, die kamen und spurlos wieder verschwanden – seit zweitausend Jahren von Irrtum zu Irrtum wendet, dabei dennoch überdauerte. Über dieses Geheimnis der Dauer wäre zu reden – und man erinnert sich dabei an Ernst Jünger, der zu seinem hundertsten Geburtstag ausdrücklich seinen Freunden und Feinden danke, beide gehörten zum Karma.

Genauso wie Orthodoxie und Ketzertum zur Kirche? Es scheint so. Chestertons angewandt einfallsreiche Dialektik lautet: »Ich bin ein Mann, der mit dem größten Wagemut entdeckte, was längst entdeckt war. Wenn im Folgenden etwas Possenhaftes steckt, dann bin ich das Opfer der Posse … Ich strebte danach, eine Ketzergeschichte zu finden, die mir passt, und kaum hatte ich ihr den letzten Schliff gegeben, musste ich feststellen, dass es die Orthodoxie war.«[75]

An dieser Stelle muss man an den Ketzerchronisten Gottfried Arnold erinnern, der nicht annähernd so witzig wie Chesterton war, aber auch nicht der moralinsaure Pietist, zu dem ihn manche gern erklären. Vor allem war er ein Mensch mit vielen Seiten, die pietistische (in der Nähe zu Speners *Pia desideria*) gehört dazu, aber ohne ihn als Barockmenschen und Frühaufklärer zu begreifen, wird man auch sein Hauptwerk von 1699/1700 nicht verstehen, die voluminöse *Unparteiische Kirchen- und Ketzerhistorie*. In dieser überwindet Arnold tradierte Muster der die Rechtgläubigen repräsentierenden Kirchengeschichte auf der einen und der ketzerischen Irrlehre auf der anderen Seite. Unparteiisch heißt hier nicht objektivistisch, sondern im Gegenteil: höchst subjektiv urteilend, aber dabei jeden Parteistandpunkt zurücklassend. Arnold beharrt – wie später Bloch und Chesterton – auf seiner Subjektivität. Er ist niemandes Sprachrohr als sein eigenes. Verketzert wurde in der Kirchengeschichte aus vielen Gründen, aus machtpolitischen, dogmatischen, aus Zufall oder Dummheit. Mit dem Akt des Verketzerns ist also noch nichts über den Inhalt des Verketzerten gesagt – oft sei dieser im Rückblick vernünftiger, so stellt Arnold fest, als die Positionen derer, die die Macht haben, zu verketzern. Wer aber darf über wahr und falsch – denn darum geht es ja zuletzt – entscheiden? Welche Autorität soll das sein? Doch wohl nicht die eines interessengeleiteten Amtes, sondern die der Vernunft!

Darum gilt es, anhand der von Arnold verfassten Geschichte von Kirche und Ketzern vieles wiedergutzumachen: Es gilt, voreilig verurteilte Lehren wieder zu bedenken und Opfer von willkürlicher oder planmäßiger Verketzerung zu rehabilitieren.

Denn nicht die Verketzerten haben sich vor uns zu rechtfertigen, sondern die Ketzermacher! Das ist der neue Standpunkt Arnolds, und Walter Nigg hat ihn den Beginn einer »fragenden Geschichtsschreibung«[76] genannt: »Für Arnold hatte das Wort ›unparteiisch‹ vor allem den Sinn: Kampf gegen die Vorurteile, die dem Menschen anerzogen werden, und die er dann immer mit sich schleppt.«[77]

TEIL II
Die Krise des gelebten Ideals

Franz und die Seinen gehen nach Rom – Der Eintritt der Fraternitas in die katholische Kirche?

Zwiegespräch der Träume. Franz trifft Innozenz III.

Die Macht der Träume ist für das Mittelalter kaum zu überschätzen. Dem nüchternen protestantischen Pfarrer Paul Sabatier hat diese Art traumdeutender Geschichtsschreibung erheblich missfallen. Wo der Traum zum Argument wird, da hört für ihn jede kritische Deutung auf. Für ihn ist klar: »Der heilige Bonaventura gibt uns in der Tat ein falsches Bild von ihm, wenn er ihn in seinen wichtigsten Entschlüssen durch Träume bestimmt, schildert.«[78]

Diese Aversion mag durch die Flut der Franz von Assisi angedichteten Wundertätergeschichten hervorgerufen sein, aber es hieße, diesen allzu protestantisch auszunüchtern, striche man diese entscheidende Rolle von Traum und Vision einfach durch. Zumal das, was Sabatier an deren Stelle setzt, erstaunlich dürftig wirkt: »Gehörte der heilige Franziskus doch zu jenen ernsten Kämpfern, von denen das schöne Bibelwort gilt, dass sie ihre Seele durch Beharrlichkeit gewinnen.« Das verkennt dann – trotz der immer auch notwendigen nüchternen Strenge, die der Biograph in der Begeisterung für seinen Gegenstand nie ganz zurücklassen darf – eine entscheidende Eigenschaft Francescos: die eines Troubadours, eines Spielmanns Gottes, ja sogar die eines Gauklers. Vielleicht hörten jene, die ihn erlebten, gar nicht ganz auf, über sein kindisches Gebaren zu lachen, nur trat jetzt nach und nach etwas hinzu, das Nietzsche meinte, als er sagte, er mache sich aus einem Menschen nur so viel, wie er ein Beispiel zu geben vermag.

Sabatiers Franziskus-Buch ist einerseits ein Befreiungsschlag gegen die Form von katholischer Heiligenlegende, in der weder der Mensch noch die genaue geschichtliche Situation seines Handelns mehr erkennbar werden, andererseits machte er den Mystiker, den Gefühlsmenschen Franz wohl allzu sehr zum protestantischen Pfarrer, der es mit Ordnung, Fleiß und Strenge hält. Nein, Franz war ein Italiener, der von Frankreich träumte und lieber sang als sprach. Er war südlich und nicht nördlich geprägt, das heißt, er ging die Dinge lieber leichtfüßig als schwerblütig an. Er war kein mit dem Teufel streitender Kirchenreformator, er war kein Luther. All das gehört zu seiner Erfolgsgeschichte: Sein Handeln ist ein durch und durch symbolisches, zeichenhaft bestimmtes. Nur so konnte er zum Leitbild von welthistorischer Dimension werden.

Julien Green hat den Urgrund seiner Wirkung deutlich gemacht. Die Macht der Träume gering zu schätzen, so schreibt er, hieße, die »Psychologie des mittelalterlichen Menschen völlig zu verkennen, der so oft aufgrund von Vorahnungen handelte und im Traum ein von Gott gewähltes Mittel sah, um mit ihm in Verbindung zu treten und ihm nicht selten auch seinen Willen kundzutun«.[79] Träume waren Vorzeichen, die ein reales Geschehen vorwegnahmen. An der Vorbedeutung der Träume wagte man nicht zu zweifeln – weder dann, wenn sie Positives, noch dann, wenn sie Negatives verhießen.

Als Franz von Assisi und Papst Innozenz III. 1209 in Rom zusammentrafen, hatten sie beide kurz zuvor Bedeutsames geträumt. Eine schicksalhafte Weichenstellung – und doch auch ein Zufall. Franz macht sein Traum Mut, Innozenz III. dagegen der seine Angst.

Doch der Reihe nach. Als sich mehrere Brüder um Franz gesammelt hatten – die Legende will, dass es mit ihm zwölf waren, wie bei Jesus und den Aposteln –, beschließt Franz, nach Rom zum Papst zu gehen. Was will er dort?, so könnte man fragen, denn besser ist es für derartige evangelische Bewegungen, bei der Kurie nicht aufzufallen. Gehe nicht zu deinem Fürsten, wenn du nicht gerufen wirst!, sagt das Sprichwort – und der Papst hat ihn nicht gerufen, er kennt ihn nicht einmal. Genau das will Franz ändern.

Oder soll man gar vermuten, dass Franz zielstrebig seinen Plan verfolgte, einen Orden zu gründen? Manche Ordenshistoriker, darunter auch Kajetan Esser, vertreten diese Position. Die drei Gefährten dagegen sind in ihrer Lebensbeschreibung sehr zurückhaltend in ihrem Urteil über die Absichten Francescos, sie begründen den Gang nach Rom bündig damit, er habe dem Papst melden wollen, was der Herr durch ihn zu wirken begonnen habe, auf dass er seinem (also Gottes) Willen und Geheiß entsprechend weiterführen könne, was er angefangen habe. »Melden« ist ein sehr neutrales Wort. Von bitten ist nicht die Rede, aber auch nicht davon, dass man den Papst belehren wolle. Im Grunde will Franz nur eins: sich absichern gegen den Vorwurf der Häresie. Und da er und seine Anhänger als Bußprediger über Land ziehen, verstoßen sie permanent gegen das Predigtverbot für Laien. Franz weiß dies, und er ahnt auch, dass bei ungünstiger Betrachtung sein Fall in den Augen der Kurie schlecht aussehen könnte. Also lieber von selbst vorstellig werden, erklären, dass man der Kirche treu sein wolle, und ein Blatt mitbringen, auf dem steht, was man zu tun gedenke. Auf dem Blatt steht nicht viel, nur einige Bibelstellen, auch jene über die Armut, die der Kirche missfallen könnten, jedenfalls dann, wenn die Überbringer den Eindruck erweckten, potentielle Unruhestifter zu sein. Franz will Frieden, auch mit der Kirche, was aber nicht heißt, dass er selber ein Mann der Kirche ist.

Auf dem Weg nach Rom beschließt Franz (er beschließt!), dass sie jemanden brauchen, der sie führe, aber nicht er werde dies tun. Es solle auch kein Abt oder Prior sein, denn an derartige Dinge denkt Franz auf seinem Weg nach Rom nicht. Was man brauche, sei eine Art »Wächter«, einen Organisator und Vorsteher, der sich um alles kümmert. Dieses Amt eines Guardians wird später noch wichtig werden für die Brüder. So zeigt sich hier bereits Francescos Neigung, all jene Dinge an andere zu delegieren, die mit der Organisation der Gemeinschaft zusammenhängen.

Natürlich wissen die anderen, wer sie eigentlich nach Rom führt, aber Franz beginnt bereits hier, Verantwortung abzugeben, die Macht – und sei sie noch so klein – zu teilen. Denn niemand soll gezwungen sein, diesen Weg zu gehen. Am deutlichsten ist das in einer weiteren – erstmals 1993 ins Deutsche übertragenen – Lebensbeschreibung des Franz ausgesprochen, jener von Johannes von Perugia (*Legenda Perusina*), in der über den Entschluss zur Reise nach Rom zu lesen ist, Franz habe den Brüdern vorgeschlagen nach Rom zu gehen. Und weiter heißt es: »Und da ihnen gefiel, was er gesagt hatte, nahm er die zwölf Brüder mit sich ...«[80]

Das Einverständnis der Brüder wird ausdrücklich erwähnt, das geschähe kaum, wenn man dieses für unwichtig hielte. Bei Thomas von Celano dagegen ist der Blick ganz und gar auf die Person Francescos fixiert, zu dessen Heiligsprechung er schließlich beauftragt worden war, die Biographie zu schreiben. Franz wandert mit den Brüdern nach Rom, weil er das große Verlangen hat, »dass ihm von Papst Innozenz III. bestätigt werde, was er geschrieben hatte«. Von einer Einwilligung der Brüder zu dieser Reise ist hier nicht die Rede. Spielten jene, die soeben erst ihre oftmals bürgerliche Existenz aufgegeben hatten, um ebenfalls der »heiligen Armut« zu dienen, bereits keine Rolle mehr in der Gemeinschaft, waren sie bloße Gefolgsleute Franz' von Assisi? Er war der Inspirator, das ist allen klar, er hat die charismatische Ausstrahlung und die Beharrlichkeit, die braucht, wer Neues inmitten des Alten durchsetzen will, doch was zählen die anderen Brüder?

Erst im Rückblick der Heiligenlegende von Celano ist es Franz allein, der die Brüder mit sich zog. Aber wie sehr haben sie ihn, den unsteten, kindlichen Charakter, auch getragen, ihn stark gemacht? Anfangs ist es der Geist der Gemeinschaft, der sie überhaupt erst an ihre Mission glauben lässt. Ihre Stärke liegt im freien Entschluss eines jeden in ihrer kleinen Assoziation Gleichgesinnter, in ihrer Brüderlichkeit. Sie wählen Bruder Bernhard zum Guardian, jenen Ersten unter ihnen, der alles für das Ideal der Armut aufgab – und der zumal in seinem Vorleben Doktor der Rechte war, was nie schaden kann.

Kaum in Rom angekommen, treffen sie dort – welch ein Zufall! – Guido, den Bischof von Assisi, der sich von Franz und den Seinen einiges verspricht. War das Treffen gar arrangiert? In den Legenden heißt es, er habe erst hier in Rom gehört, dass die Brüder zum Papst persönlich wollen. Dieser jedoch öffnet bekanntlich nicht jedem Erneuerer des christlichen Glaubens die Tür. Also begibt sich Franz – durch Bischof Guido vermittelt – zum Kardinalbischof von Sabina, Johannes von Sankt Paul, eine wichtige Stimme in der Kurie und Ratgeber des Papstes. Dieser empfängt die Brüder, und was sie zu sagen haben, gefällt ihm, mehr noch, es scheint genau das zu sein, was der Kirche in ihrem jetzigen Zustand fehlt: der Geist der Liebe und Demut. Da sagt jemand, wir müssen alle Buße tun. Er sagt nicht, die anderen müssen Buße tun, er allein sei gerecht. Franz will keine Gegenkirche, er will die bestehende mit neuem Geist erfüllen.

Diesen Bußprediger dem Papst vorzustellen beschließen nun Kardinal und Bischof. Nur ein kleines Anliegen haben sie an ihn, er solle sich für das Mönchs- oder Einsiedlerleben entscheiden. Wie wäre es, wenn er sich, statt eigene Regeln für ihre Gemeinschaft zu schreiben, eine der bewährten Regeln der alten Mönchsorden, etwa die der Benediktiner oder Augustiner, aussuche? Genau diesen Vorschlag wird die Kurie einige Jahre später auch Dominikus machen, der ebenfalls Buße predigen will. Und weil 1215 auf dem Laterankonzil der Beschluss gefasst wird, keine neuen Ordensregeln mehr zuzulassen, muss Dominikus sich dem beugen. Aber Franz ist viel zu sehr von der eigenen Mission begeistert, er versteht gar nicht, was man von ihm will. Streit um Rechtsfragen ist seine Sache nicht.

Franz erweist sich damit gleich zu Beginn seiner katholischen Laufbahn als ungehorsam, denn das, worum es ihm geht, hat mit Amtshierarchien nichts zu tun. So lesen wir in Celanos erster Lebensbeschreibung (in der zweiten kommt diese Szene dann nicht mehr vor): »Doch der heilige Franz wies dieses Ansinnen, soweit er konnte, demütig zurück, nicht weil er das Angeratene gering schätzte, sondern weil er eben etwas anderes fromm anstrebte und eine höhere Sehnsucht ihn erfüllte.«[81]

Der Einschub »soweit er konnte« zeigt an, dass man Franz die Grenzen seines Eifers aufgezeigt hatte. Ohne sich der Autorität des Papstes ganz und gar zu beugen, wird er keine Erlaubnis bekommen, weder für das Zusammenleben in einer Brüdergemeinschaft noch für die Predigt. Aber Franz, der intuitiv versteht, worum es geht, hat eine Lösung parat. Er nennt die Gemeinschaft »Orden der Minderen Brüder«. So kann jeder wissen, dass sich dort Brüder versammeln, die dem Ideal der Armut anhängen und dabei weder nach Amt noch Würden streben! Seine Utopie eines »neuen Menschen« soll nicht zur Ideologie werden – weder einer kirchlichen noch einer antikirchlichen! Dass es Franz auch, aber eben nicht nur um die Kirche geht, sein Bestreben einer *unio mystica*, einer liebenden Vereinigung also, nicht nur das Verhältnis von Mensch und Gott meint, sondern auch ein bruderschaftliches Verhältnis der Menschen untereinander und derselben wiederum auch mit Tieren und Pflanzen, sogar mit der sogenannten unbelebten Natur (die für ihn nicht unbelebt ist), spielt hier anscheinend noch keine Rolle. Vor allem: Der soziale Stand der Brüder scheint unwichtig geworden. Das ist völlig neu in der ständischen Welt des Mittelalters.

Hier steht die Frage: Wird jemand wie Franz der Kirche in ihrer Sinnkrise eher nutzen oder schaden?

Entscheiden muss das letztlich der Papst. In der *Legenda Maior* von Bonaventura, die wegen ihres blumigen Tons und der Vorsätzlichkeit der Heiligenverklärung von den meisten Interpreten wenig geschätzt wird, findet sich ein später Nachtrag, der einen wichtigen Fakt vermeldet. Vermutlich ist er authentisch, warum hätte man ihn sonst, da er nicht zum Ton der Legende passt, so spät einfügen sollen? Die Einfügung ist 1278 vorgenommen worden, und zwar von Bonaventuras Nachfolger in der Ordensleitung Hieronymus von Ascoli, der 1288 Papst werden würde. Dieser berief sich dabei auf eine Mitteilung des 1274 verstorbenen Kardinals Richardus de Annibaldis, also von jemandem aus der unmittelbaren Umgebung des Papstes. Hier wird nachgetragen, dass Innozenz III. Franz und seine Gefährten nicht habe empfangen wollen, sie sogar »unwillig« zurückgewiesen habe, weil er »hohen Gedanken nachhing«.

Es gibt noch eine weitere Variante, in der die erste Begegnung von Franz mit Innozenz III. geschildert wird. Roger von Wendover, ein Chronist des 13. Jahrhunderts, berichtet über die Ablehnung in noch drastischeren Tönen, der Papst hätte »von dem schäbigen und ungepflegten Äußeren des Franziskus abgestoßen, diesem empfohlen, sich mit den Schweinen zu suhlen, ihnen zu predigen und sie auf seine Regel zu verpflichten«.[82] Legende ist es gewiss, wenn nun berichtet wird, Franz sei daraufhin still davongegangen und habe sich mit den Schweinen im Dreck gesuhlt, wie ihm vom Papst aufgetragen. Daraufhin sei er wieder zu Innozenz III. gegangen und habe ihm die Ausführung seines Befehls gemeldet, was diesen so gerührt habe, dass er ihm diesmal zuhörte.

Etwas anderes kommt hier ins Spiel: die Träume und deren schicksalhafte Verknüpfung. Denn Innozenz III. hat schwere Sorgen, vor allem hat er schlecht geträumt von der einstürzenden Laterankirche. Er will niemanden sehen. Der Papst hat allen Grund zur Sorge, der Machtkampf mit dem deutschen Kaiser Friedrich II. spitzt sich zu, die Ketzerbewegung in Frankreich ist so stark, dass die Katharer dort die Amtskirche zu dominieren beginnen. Auch in Italien selbst hört die Unruhe, der Krieg der Stadtstaaten gegeneinander, nicht auf. Der Papst ahnt, die Kirche ist verloren, wenn sie nicht das Band zum Volksglauben neu zu knüpfen vermag.

In der darauffolgenden Nacht träumt Innozenz III. wiederum, und diesmal ist der Traum erfreulicher: »Er sah, wie vor seinen Füßen langsam eine Palme emporwuchs und sich zu einem herrlichen Baum entfaltete.«[83] Als er sich nun fragt, was ihm damit gesagt werden soll, fällt ihm jener Francesco aus Assisi ein, den er tags zuvor abgewiesen hatte. Nun weiß er, was diese kraftvolle Palme versinnbildlicht: die Armen Christi!

Auch erinnert er sich, dass in seinem Traum von der einstürzenden Laterankirche noch jemand anwesend war, »ein armer Mann, bescheiden und verachtet, beugte sich mit dem Rücken darunter und stützte sie, so dass sie nicht zusammenfalle«.[84] Innozenz atmet auf, er hat eine Lösung vor Augen, er hat eine Vision.

»Am folgenden Morgen ließ er daher diesen Armen durch seine Diener in der Stadt suchen. Als man ihn im Hospital des heiligen Antonius neben dem Lateranpalast gefunden hatte, ließ er ihn sogleich zu sich rufen.«[85]

Wir sehen: Hier streiten Träume miteinander! Denn als Franz schließlich vor Innozenz III. steht, empfängt ihn der Papst überaus freundlich, so berichten übereinstimmend Thomas von Celano und die drei Gefährten. Den Vorsatz der Brüder, Buße zu predigen, billigt er, aber beim strikten Armutsgebot, wie in der kurzen Regel, die Franz ihm vorlegt, beschrieben, hat er Bedenken. Darum spricht er auch wie ein Diplomat, der eine ausgleichende Lösung sucht: »Meine lieben Söhne, eure Lebensweise scheint uns allzu hart und rau; wenn wir auch glauben, ihr besitzt so große Begeisterung, dass wir euretwegen keine großen Bedenken zu haben brauchen, so müssen wir trotzdem auch an jene denken, die nach euch kommen, dass es ihnen nicht allzu rau erscheint.«[86]

Er zögert also und fordert Franz auf, die Sache zu überschlafen, damit Gott ihm offenbare, was er wolle. »Wenn wir den Willen des Herrn kennen, wollen wir deinen Wünschen zustimmen.« Jetzt ist Franz gefordert, dem Papst eine Vision zu liefern, die ihn davon überzeugt, es sei Gottes Wille, dass er ihm und den Seinen die Erlaubnis gibt, im Namen des Herrn zu predigen und als Gemeinschaft zusammenzuleben.

In solchen Situationen zeigt sich das große Talent Francescos, sein religiöses Genie. Er vermag Sinnbilder von zwingender Art zu erfinden, die jeder versteht. Sie gehen über das Religiöse hinaus, werden zu allgemein menschlichen Gleichnissen: »Eine ärmliche und schöne Frau lebte in einer Wüste. Ihre Schönheit bewundernd, begehrte sie ein großer König zur Ehefrau, weil er von ihr Söhne zu zeugen hoffte. So wurde die Ehe geschlossen und vollzogen. Als viele Söhne geboren und herangewachsen waren, sagte die Mutter zu ihnen Folgendes: ›Kinder, seid nicht schüchtern; denn ihr seid die Söhne des Königs! Geht also an seinen Hof, und er selbst wird euch alles Nötige geben!‹ Als sie deshalb zum König kamen,

Papst Innozenz III. mit der Schenkungsurkunde des Klosters San Benedetto

staunte er über ihre Schönheit, und da er erkannte, wie ähnlich sie ihm waren, sprach er zu ihnen: ›Wessen Söhne seid ihr?‹ Sie antworteten, sie seien die Söhne einer ärmlichen Frau, die sich in der Wüste aufhalte. Da umarmte sie der König mit großer Freude und sprach: ›Fürchtet euch nicht, denn ihr seid meine Söhne! Und wenn sich von meinem Tisch Fremde ernähren, um wie viel mehr ihr, meine rechtmäßigen Söhne.‹ So gebot denn der König jener Frau, alle von ihm empfangenen Kinder zur Ernährung an seinen Hof zu schicken.«[87]

Diese Geschichte erzählt Franz dem Papst, und es erinnert fast an eine Geschichte aus *Tausendundeiner Nacht*. Was Franz berichtet, muss dem Papst gefallen, sonst kann es ihm schnell den Kopf kosten. Als er geendet hat, fügt er in gebotener Ausführlichkeit mittelalterlicher Geschichtenerzähler hinzu, was der Papst längst wissen kann: »Ich, Herr, bin jene ärmliche Frau, die der liebende Herr durch seine Barmherzigkeit auszeichnete und aus der er rechtäßige Söhne zu zeugen wünschte. Der König der Könige aber sagte zu mir, er werde alle Söhne, die er aus mir zeugen wird, ernähren; denn wenn er schon die Fremden ernährt, gehört es sich wohl, dass er auch die rechtmäßigen Söhne ernährt. Wenn nämlich Gott aus Liebe zu seinen Kindern, die er ernähren muss, schon den Sündern zeitliche Güter schenkt, um wie viel mehr wird er gegenüber den Männern des Evangeliums freigebig sein, denen das nach Verdienst gebührt.«[88]

Eine lange Rede ist es, die Franz hier dem Papst hält. Man könnte sie für ungebührlich lang halten, zumal sie damit endet, er gehöre zu den Männern des Evangeliums. Denen gegenüber gebühre es, freigebig zu sein, weil es ihnen nach ihrem Verdienst zukomme. Doch wenn er sich mit der »armen Frau« vergleicht, wer ist dann die Wüste? Die Welt – oder auch die Kirche, wie sie sich auf eine dem Papst Sorgen machende Weise darstellt?

Doch der Papst hat sich bereits entschieden. Im Gespräch der Träume und Visionen sind sich zwei begegnet, die einander verstehen. Julien Green hat den Glücksfall ins Bild gebracht: »Zwischen Innozenz III. und Franz von Assisi findet ein Austausch von Visionen statt, die eine antwortet auf die andere, wie Schiffe, die sich in der Nacht auf hoher See begegnen.«[89]

Allerdings weiß der Papst durchaus, welch subversives Potential Franz' Armutsideal innewohnt, er weiß es vermutlich genauer als Franz selbst. In allen Berichten ist die Rede von den Ermahnungen, die der Papst Franz mit auf den Weg gibt, aber nirgendwo ist erwähnt, um welche genau. Dass der Papst von ihm Mäßigung in der Armutsfrage verlangt, kann man nur vermuten.

Innozenz III. also gibt Franz die Erlaubnis, »überall Buße zu predigen«. Das ist für die Brüder wichtig, denn nun kann kein Priester oder Bischof ihnen mehr untersagen, dies zu tun. Als äußeres Zeichen für ihre Zugehörigkeit zum Klerikerstand – allerdings auf unterster Stufe – wird ihnen die Tonsur geschnitten. Mehr äußerliche Beglaubigung als diesen Haarschnitt gibt es für sie vorerst nicht. Der Papst belässt es – Staatsräson bleibt Staatsräson – bei einer mündlichen Bestätigung der Regel. Erlaubnis, im Sinne der apostolischen Armut zu leben, auf der einen und gelobter Gehorsam dem Papst gegenüber auf der anderen Seite. Dass hierin ein Widerspruch schwelt, der jederzeit offen zutage treten kann, muss allen Beteiligten klar gewesen sein.

Fast fünfzehn Jahre werden vergehen, bis 1223 ein anderer Papst, Honorius III., schließlich die Ordensregel der Franziskaner bestätigen wird. Bis dahin ist Zeit genug, immer mehr klerikale Wünsche zu äußern, die alle in der Regel berücksichtigt werden müssen, auf dass die Franziskaner ganz und gar Teil der Kirche werden! Ganz aber wird die Einpassung des Ordens in die traditionellen Strukturen der Kurie nie gelingen.

Dieses Druckmittel einer noch ausstehenden schriftlichen Bestätigung wird sich der Machtpolitiker, der Innozenz III. auch ist, vorbehalten. Zum Abschluss seiner Romreise, in der Nacht bevor Innozenz III. die Regel mit seinem Wort bestätigt, träumt Franz einen wunderbaren Traum. Er geht darin auf einem Weg, auf dem ein Baum steht, »schön, stark und stämmig«. Und dann spürt er sich selbst in die Höhe wachsen, »dass er die Spitze des Baumes berührte und er ihn ganz mühelos zur Erde niederbeugte«.[90] Ein recht triumphaler Traum, den er dem Papst besser nicht erzählt.

Rückkehr aus Rom. Aufbruch in die Illusion

Auf dem Rückweg von Rom nach Assisi sind die Brüder innerlich hin- und hergerissen. Es ist ein großer Erfolg, den sie da errungen haben, denn alle Wege stehen ihnen weiterhin offen. So erscheint es Franz in manchen Augenblicken. In anderen: Nichts ist gewonnen, alles kann mit einem einzigen Wort des Papstes wieder zunichtegemacht werden. Sie sind gezwungen, sich wohlgefällig und dankbar zu zeigen, denn es war wohl auch die Absicht von Innozenz III., die Brüder in Unsicherheit zu halten und Schritt für Schritt zu disziplinieren.

Aber die Euphorie überwiegt. Und Franz ist so von seiner Mission erfüllt, dass er gar nicht taktieren kann – das wiederum sichert den Erfolg beim Volk. Celano schreibt über diese Zeit der unmittelbaren Anfänge: »Er verstand sich nicht darauf, die Vergehen gewisser Menschen zu beschönigen, wohl aber zu geißeln, nicht das Leben der Sünder zu entschuldigen, sondern sie durch scharfen Tadel zu erschüttern; denn zuerst hatte er sich selbst das im Tun vertraut gemacht, was er anderen in Worten riet.« Darum habe das Volk in ihm den »Mensch des anderen Zeitalters« gesehen. Wie »ein glänzender Stern in finsterer Nacht und wie der Morgen« sei er den Menschen vorgekommen. »So sehr hatte eine abgrundtiefe Gottvergessenheit und träge Nachlässigkeit gegen Gottes Gebote fast alle befallen, dass sie sich kaum aus ihren alten, eingewurzelten Lastern aufrütteln ließen.«[91]

Das Treffen in Rom scheint also sowohl für Franz als auch für Innozenz III. zum Erfolg zu werden. Die Kirche hat einen charismatischen Prediger des Evangeliums in ihre Obhut genommen und profitiert von dem Zulauf, den er nun in immer größerem Maße erhält. Und Franz selbst steht nicht unter dem Verdacht, ein Ketzer zu sein, das gibt ihm und seinen Anhängern Rückhalt. Aber wie lange wird der äußere Kompromiss, geschlossen zu gegenseitigem Vorteil, den Sprengsatz – das absolute Geldverbot –, den Franz in die Fundamente der Amtskirche gesenkt hat, kaschieren können?

Der Rückweg von Rom nach Assisi also ist bestimmt von Gesprächen über die Folgen der Entscheidung des Papstes, der ihnen seine Erlaubnis gegeben hat – aber was zählt diese auf Dauer, wenn sie nicht schriftlich fixiert wird?

Die Brüder sind zwischen Hoffnung und Sorge hin- und hergerissen. Und nun stehen sie in dieser verlassenen Gegend bei Rom. Sie sind vom Fußmarsch müde und hungrig. Als sie sich umblicken, meinen sie, in einer Wüste zu stehen. Hierher hat Gott sie geführt? Dann taucht wie aus dem Nichts ein Mann auf, vielleicht ein Bauer aus der Umgebung, der ihnen etwas zu essen bringt und genauso plötzlich wieder verschwindet. Aber den Brüdern erscheint er wie ein Sendbote des Himmels, ein rettender Engel. Und da für sie alles eine symbolische Bedeutung hat, nehmen sie es als göttliches Zeichen der Zustimmung.

Mit neuem Mut und gesättigt ziehen sie weiter, um in der Nähe der Stadt Orte fünfundsiebzig Kilometer hinter Rom zu lagern. Hier gibt es Höhlengräber an einem Berghang. In diesen beschließen sie zu bleiben und sich betend ihrer selbst und der gewählten Armut zu vergewissern. Auch sprechen die Brüder hier über die Frage, ob sie sich aus der Welt zurückziehen oder sich unter Menschen aufhalten sollen. Sie sind jetzt ein vom Papst – wenn auch in aller Vorläufigkeit – bestätigter Orden. Sollen sie darum ihr Wanderpredigerdasein aufgeben und in Klöstern leben? Aber wollten sie denn je Mönche sein?

In den Höhlengräbern von Orte findet also die erste Generalversammlung der Minoriten statt. Viele Fragen, um die sie sich bisher nicht zu kümmern brauchten, werden nun wichtig. Denn wenn sie immer mehr Brüder werden, muss es Regeln des Zusammenlebens geben, die für alle gelten. Und auch nach außen hin müssen die Brüder nun erkennbar sein als Angehörige des *ordo fratrum minorum*.

Für Franz steht die Bußpredigt im Zentrum ihrer Mission. Auch sollen die Brüder für ihren Lebensunterhalt selbst sorgen – arbeitend oder bettelnd. Doch immer wenn es möglich ist, für das Essen zu arbeiten, sollen die Brüder die Arbeit dem Betteln vorziehen. Diese Hochschätzung der körperlichen Arbeit – die Ausdruck der *vita activa* der Franziskaner in den Anfangsjahren ist – für alle Brüder wird sich erst während der Klerikalisierung des Ordens (des Quasiausschlusses des Laienelements) wieder zur mittelalterlichen Verachtung der Arbeit zurückwenden – damit aber büßt der Orden jene Avantgardefunktion wieder ein, die er bis Mitte des 13. Jahrhunderts innehatte.

Franz von Assisi braucht immer wieder den Rückzug in einsame Meditation. Die von ihm geforderte *vita activa* verlangt nach der *vita contemplativa* als Gegengewicht. Franz' Leistung in den Anfangsjahren der Minderbrüder liegt darin, ein lebbares Maß zwischen beiden Existenz-Polen vorzugeben. Der Weg ins Eremitische soll jedoch allen Brüdern für eine gewisse Zeit offenstehen. Diese Mischung aus *vita activa* und *vita contemplativa* wird zu einem in den kommenden Jahrzehnten und Jahrhunderten hart umkämpften Grundzug der franziskanischen Identität werden.

Noch scheint die Kraft der Euphorie so groß, dass die inneren Widersprüche nicht schwer ins Gewicht fallen, der Geist der Gemeinschaft ist stärker als die äußere Ordensregel, die sie – eher pro forma – zusammenhält. Auch das bezeugt Celano in Franz' erster Lebensbeschreibung: »O wie brannten die neuen Jünger Christi vor Liebe! Welche Zuneigung verband sie zu frommer Gemeinschaft! Wenn sie sich irgendwo trafen oder sich auf dem Weg irgendwo begegneten, sprang ein Pfeil geistiger Liebe über, der über alle natürliche Zuneigung den Hauch einer wahren, höheren Liebe streute. Was ist damit gemeint? Keusche Umarmung, zarte Hinneigung, heiliger Kuss, trautes Gespräch, bescheidenes Lächeln, frohe Mienen, unverdorbenes Auge, demütige Aufmerksamkeit, gewinnende Sprache, freundliche Antwort, dasselbe Ziel, pünktlicher Gehorsam und gegenseitige Dienstfertigkeit.«[92]

Es ist der Geist des Anfangs, der sie beseelt, mit einer eigenen Poesie und zarten Erotik des Miteinanders – aber wie weit wird er reichen?

Die erste Regel.
Noch freie Assoziation oder schon Orden?

Jener kurze Text, der vor allem aus Bibelzitaten bestanden haben soll und den Franz 1209 mit nach Rom brachte, hat sich nicht erhalten. An der ersten Regel, der *Regula non bullata*, würde Franz, zusammen mit Brüdern (und Ratgebern der Kurie!), die er selbst hinzuzieht, bis 1221 schreiben. Dann liegt sie, inzwischen recht umfänglich geworden, vor, aber auch dann wird es noch zwei Jahre dauern, bis eine weitere – wieder gekürzte – Fassung als Ordensregel von Papst Honorius III. 1223 mit einer Bulle bestätigt werden wird, die fortan gültige *Regula bullata*.

Viel Streit um Worte, wo es doch um den Geist der Liebe und der Armut geht! Franz jedenfalls muss es so empfunden haben. An der Endfassung der *Regula bullata* von 1223 wird er gar nicht mehr beteiligt sein. Darum auch die juristisch gefärbte Diktion, die nun das Regelwerk prägt.

Liest man heute die *Regula non bullata*, ist man erstaunt, wie viel Freizügigkeit sich hierin noch behauptet hat, wie viel in das Ermessen des einzelnen Bruders gelegt ist. Die Durchregelung des Alltags der Brüder ist in dieser Phase der Institutionalisierung jedenfalls noch nicht erfolgt. Doch es zeigen sich bereits bedenkliche Züge einer Klerikalisierung, vor denen Franz, nach seiner Rückkehr aus dem Orient im Jahre 1220, auffallend widerstandslos kapitulierte.

Der franziskanische Ordenschronist Kajetan Esser scheint in diesem Punkt nicht ganz unparteiisch zu sein, wenn er urteilt: »Man wird also feststellen dürfen, dass die Gemeinschaft, die sich um Franz bildete, ihrem Selbstbewusstsein nach von Anfang an ein Orden in der Kirche sein wollte und es nach den zeitgenössischen Aussagen auch war.«[93]

Das ist aber nur die eine Perspektive, die von der späteren Ordensgeschichte her auf deren Anfänge zurückblickt. Aus einem anderen Blickwinkel heraus wäre zu bemerken, dass Franz seine Utopie vom neuen Menschen nicht im Rahmen eines Mönchsordens realisiert sehen wollte (dann hätte er tatsächlich eine der vorhandenen Ordensregeln annehmen können), ja nicht einmal nur im Rahmen der Kirche! Seine Vision geht, wie sein geistliches wie poetisches Vermächtnis, der *Sonnengesang*, zeigt, in ihrer Brüder- und Schwesterlichkeit bis hin zum kleinsten unwürdigsten Staubkorn unter der Sonne, das er mit Bruder anspricht, weil auch in ihm der Geist Gottes als Geist der Liebe lebt. Franz' Gottesbild revolutioniert in der Folge das mittelalterliche Weltbild!

Doch bleiben wir noch bei der *Regula non bullata*. Nichts war Franz von Assisi mehr zuwider als Interpretation und ergänzende Erläuterung des Geschriebenen. Redet und schreibt so klar und deutlich, dass euch jeder verstehen kann, dann braucht es die alles wieder verunklarenden und den neuen Geist auf den alten zurückbringenden Kommentare nicht! Immer wieder hat er Interpretationen etwa des Armutsgebotes untersagt – die Evangelien sprechen eine deutliche Sprache. Dennoch hat es die scholastische Theologie (zuletzt mit dem allerdings brillanten Thomas von Aquin) geschafft, einen anderen Geist als den unmittelbar erfahrbaren aus dem evangelischen Ideal der Armut herauszuinterpretieren. Das Verborgene in scheinbar schlichten Sätzen, die andere Verstehensmöglichkeit, die in ihnen liegt, aufzuzeigen ist eine Profession des Philosophen. Aber etwas anderes ist es, ein augenscheinlich unliebsames Postulat wie das Eigentumsverbot für eine wahre christliche Kirche unter anderen Interpretationsmöglichkeiten zu begraben.

Im ersten Kapitel der *Regula non bullata* werden unter der Überschrift »Dass die Brüder leben sollen ohne Eigentum, in Keuschheit und in Gehorsam« jene Stellen aus dem Matthäus- und Lukas-Evangelium zitiert, die Armut als Forderung jeder Nachfolge Christi postulieren. Nach diesem kurzen Abschnitt folgt das zweite Kapitel, das »Von der Aufnahme und der Kleidung der Brüder«. Über die folgenreichen strukturellen Veränderungen im Orden, zu dem die Gemeinschaft gerade mit aller Konsequenz wird, vor allem unter Einfluss des Protektors Kardinal Hugolin, wird noch zu reden sein.

Hier im Jahre 1221 lesen wir noch, und es klingt nicht nach allzu strengem Gehorsam (gewiss, dem selbst erkannten Gesetz, aber nicht den Ordensoberen gegenüber): »Wenn jemand auf Gottes Eingebung hin dieses Leben annehmen will und zu unseren Brüdern kommt, werde er liebevoll von ihnen aufgenommen. Wenn er nun entschlossen ist, unser Leben anzunehmen, sollen sich die Brüder sehr hüten, sich in seine zeitlichen Angelegenheiten einzumischen; vielmehr sollen sie ihn bei ihrem Minister vorstellen, so schnell sie können. Der Minister aber nehme ihn gütigst auf und bestärke ihn und erkläre ihm sorgfältig die Eigenart unseres Lebens. Ist das geschehen, dann soll der Genannte, wenn er will und vom Geist erfüllt es ungehindert kann, all seine Habe verkaufen und alles unter die Armen zu verteilen suchen. Hüten sollen sich die Brüder und die Minister der Brüder, sich irgendwie in seine Angelegenheiten einzumischen …«[94]

Ämter wie jenes der Minister gibt es noch nicht lange im Orden, erst seit der Einteilung in Provinzen 1217. Sie sind Teil der Hierarchisierung, die sich nun vollzieht – mit Billigung Franz' von Assisi, oder trotz seiner Missbilligung? Erstaunlich, dass die Minister hier zwar genannt werden, aber vom Gehorsam der Mitbrüder ihnen gegenüber noch nicht ausdrücklich die Rede ist. Die Minister werden als hilfreiche Mittler und Erklärer des franziskanischen Lebens vorgestellt.

Offenkundig ist der Wille am Anfang groß, Euphorie nicht zu Fanatismus werden zu lassen. Man muss durch das eigene Beispiel überzeugen, was auch heißt, anderen nicht in der Pose moralischer Überlegenheit entgegenzutreten.

Helmut Feld hat die Phase zwischen Genossenschaft und Orden, in der sich die Minderen Brüder in den ersten Jahren befanden, dann auch einen »rechtsfreien, ›prophetischen‹ Raum«[95] genannt. Tatsächlich ist es ein utopischer Möglichkeitsraum, in dem Wirklichkeit neu definiert wird.

Dadurch, dass seit 1217 jedoch Ordensprovinzen mit Provinzialministern existierten, gab es nun auch eine neue Funktionärsschicht im Orden, die mittels administrativer Methoden immer mehr Einfluss in der Fraternitas gewann.

Der Prozess der Klerikalisierung schreitet voran, die die Volksfrömmigkeit repräsentierenden Laien verlieren wieder an Bedeutung, werden ausgegrenzt. Vor allem dadurch, dass die Brüder nicht mehr ohne Genehmigung ihrer Minister umherwandern und auch nicht mehr predigen dürfen, geht der Reformimpuls fast verloren. Das betrifft, streng genommen, auch Franz selbst, der bekanntlich ein Laie ist. Jedoch haben seine »Beschützer« in der Kurie ihm in dieser Situation noch schnell den Status eines Diakons gegeben, damit ihr künftiger Heiliger nicht ganz zum Schweigen verurteilt ist.

Aber dieser Heilige trägt eben auch – nicht vorsätzlich, aber in der Radikalität, mit der er das Armutsgebot vertritt – den Ketzer in sich. Walter Nigg kommentiert: »Die Andersartigkeit zwischen seinem Geist und dem Geist der Kirche hat er gefühlt. Ohne es zu wollen, befand er sich in einem Gegensatz zur Kirche. Mit seinem neuen Mönchtum in der Welt ist er weit über den priesterlichen Horizont hinausgewachsen. Es haftet Franziskus' Religiosität etwas tief Unklerikales an, weil er ein Schüler Gottes und nicht so sehr ein Schüler der Kirche war.«

Stand auch Franz – wie später die Spiritualen im Orden – in der Gefahr, als Ketzer verurteilt zu werden? Nigg nennt das »eine bloß geistreiche Vermutung«, aber auch er konstatiert: »Für die Kirche war das Franziskanertum wichtiger als Franziskus. Das Ergebnis dieser kurialistischen Beeinflussung war eine offensichtliche Umbiegung der Bestrebungen des Franziskus. Sie war an dieser Verunstaltung nicht allein beteiligt. Die berüchtigte Eigengesetzlichkeit der Dinge hat zu dieser Veränderung das Ihrige beigetragen, welcher Ugolino nur noch den päpstlichen Segen erteilte.«[96]

Die Ur-Regel von 1209 hat sich nicht erhalten. Sie bestand wohl auch nur aus einigen Bibelstellen über Armut und Buße. Wir haben aus der Zeit, da Franz den Brüdern vorstand, nur die Regel von 1221, die *Regula non bullata.* Wir haben ebenfalls nicht jene Regel, die Franz in seiner Zurückgezogenheit Anfang der 1220er Jahre schrieb und die er dem (de facto) Generalminister Bruder Elias zur Prüfung gab. Denn dieser »verlegte« sie und fand sie nie wieder.

Es gab Momente, da sah Franz in Elias die größte Bedrohung der Minoriten, eine Art Teufel, der sich an die Spitze des Ordens gesetzt hatte und diesem den ursprünglichen Geist austrieb. Aber dann obsiegte doch regelmäßig die ihm angeborene Milde und der Wille, in den Menschen das Gute zu sehen, zumal Bruder Elias, wie auch der falsche Freund der Minoriten Kardinal Hugolin, es immer wieder verstand, Franz mit zelebrierter Reue und Demut von seinen lauteren Absichten zu überzeugen.

Das, was bereits in der noch nicht bullierten Regel von 1221 steht, spricht eine andere Sprache. Nach den eingangs zitierten Sätzen, man solle den Brüdern nicht zu nahe treten in der Freiheit ihres gelebten Glaubens, kommen die harten Fakten. Gehorsam und Strafe! Aber nun nicht mehr nur Franz, sondern – das ist der Preis der stark gewachsenen Gemeinschaft – auch den Ministern und Guardianen gegenüber. Vor allem wird die Frage, wer wo und wann predigen darf, auf eine Weise beantwortet, die dem Gründungsimpuls der Gemeinschaft völlig zuwiderläuft. In der *Regula non bullata* von 1221 heißt es im Kapitel 17 »Von den Predigern«: »Keiner der Brüder soll gegen Vorschrift und Anordnung der heiligen Kirche predigen und nur, wenn es ihm vom Minister erlaubt ist. Der Minister hüte sich jedoch, jemandem unerlaubt die Erlaubnis zu erteilen.«[97] In der *Regula bullata* von 1223 ist das gleiche Predigtverbot enthalten, nur sehr viel apodiktischer im Sinne eines Gesetzestextes formuliert. Im Kapitel 9 »Von den Predigern« heißt es: »Und keiner der Brüder soll es jemals wagen, dem Volke zu predigen, wenn er nicht vorher vom Generalminister dieser Bruderschaft geprüft und bestätigt und ihm von diesem das Predigtamt gewährt worden ist.«[98]

Da ist das bereits zwei Jahre zuvor ausgesprochene Verbot noch einmal verschärft. Nur der Generalminister selbst gibt einzelnen Brüdern, die er zuvor prüft, die Predigterlaubnis! Absurderweise ist zu dieser Zeit Bruder Elias der Generalminister, selbst ein Laie, der folglich ebenfalls nicht predigen dürfte!

Der umbrische Sommer der Anarchie war heiß, aber dauerte nicht lange. Ab 1217 beginnt die Klerikalisierung und damit die Umfunktionalisierung der Bruderschaft in einen Orden, der die Gesetze der katholischen Kirche verinnerlicht.

Ein ebenso starker Einschnitt in das Leben der Gemeinschaft ist, dass bereits die *Regula non bullata* den Teilnehmerkreis für die regelmäßig stattfindenden Pfingstkapitel stark reduziert: Nur noch Funktionsträger des Ordens sind zu diesen Versammlungen zugelassen, nicht mehr die einfachen Brüder. Damit verlieren diese Zusammenkünfte ihren spirituellen Happening-Charakter, den Franz ausdrücklich gefördert hatte. Auch sollen diese Kapitel nicht mehr jährlich stattfinden, sondern nur noch alle drei Jahre. Damit hat die Gemeinschaft vollends ihren unmittelbaren Zusammenhalt verloren, sie gestaltet sich um in eine juristisch geregelte Gesellschaft.

Von Rivotorto zur Portiunkula-Kapelle

Roberto Rossellini hat 1950 das Leben des Franz von Assisi verfilmt, unter dem Titel *Francesco, giullare di Dio* – zu Deutsch: *Franziskus, der Gaukler Gottes*. Der Film verbindet den dem Regisseur eigenen Geist des Neorealismus mit dem Geist seiner Schauspieler, die sämtlich im realen Leben Franziskanerbrüder waren.

Die italienische Schnittfassung hebt an, als Franz und die Brüder aus Rom kommen. Sie sind von unklaren Gefühlen beherrscht, denn sie haben beim Papst zumindest einen halben Erfolg errungen. Sie sind nicht sofort verboten worden, dürfen – vorerst – weiter pilgern. Auf die Bilder, die wir dazu sehen, verirrt sich kein Strahl Sonne. Es regnet in Strömen, der Weg ist aufgeweicht. Italien kann sehr nördlich wirken.

Wir wandern dabei mit Franz und den Seinen durchs Reich der Legenden. Aber diese Legenden sind gleichsam der poetische Mantel, in den gehüllt Franz von Assisi die weite Reise aus dem 13. Jahrhundert bis in die Gegenwart gelang – aus dem umbrischen Assisi in die Welt! Man kann, ausgehend von den sehr überschaubaren zweifelsfreien Fakten seines Lebens, die Pilgerreise des Franz zu Bruder Sonne und Schwester Mond in sehr verschiedene Beleuchtung tauchen. Hatte Rossellini in seinem Franziskus-Film die Rückkehr der Brüder aus Rom nach Umbrien in Novemberregen der kältesten Art getaucht, so zeigt uns der erste große Franziskus-Biograph der Moderne, Paul Sabatier, die Szene in ganz anderem Licht. Wie befreit sei man in Rom aufgebrochen, die Heimreise anzutreten, denn die Atmosphäre der Großstadt, der allgegenwärtige Prunk mitsamt den dünkelhaften Würdenträgern des Vatikans ist ihnen überaus unangenehm.

Die Gruppe habe sich in guter Stimmung, aber schlecht für die Reise vorbereitet auf den Weg gemacht. Sie sind aufs Heiterste entschlossen, das halbe Ja des Papstes zu ihrer Bußprediger-Lebensform als haltbare Basis ihrer künftigen Existenz zu nehmen. Und so wandern sie durch die römische Campagna – bei Sabatier in brütender Hitze, mit viel zu wenig Wegzehrung. »Mitten hindurch führt die staubige Landstraße immer geradeaus, mitleidlos dem Auge nichts bietend als den wirbelnden Tanz der glühenden Atmosphäre. Vergeblich späht das Auge des Wanderers mit wachsender Bangigkeit nach einem Hause oder einem Baum; vergeblich sehnt es sich nach einem Hauch der Kühlung. Hier und da einige Ruinen, tote Überreste einer vergangenen Kultur, verlassene Hütten und am fernen Horizont Hügel, die wie riesige, unüberschreitbare Mauern emporragen.«[99]

In dieser Gluthitze verlieren sie nach und nach das klare Bewusstsein – wenn nicht bald rettender Schatten mitsamt Wasser und stärkender Kost erreicht wird, dann werden sie auf der Landstraße, die sie so gänzlich unvorbereitet entlanggegangen sind, verdursten. Ihre Gedanken kreisen jetzt nicht mehr um die Worte des Papstes und das, was sie unausgesprochen ließen, sie kreisen jetzt unablässig um das Nächstliegende.

Endlich erreichen sie die vertraute Landschaft Umbriens mit seinen fruchtbaren Tälern und Wäldern. Hier werden sie zum ersten Mal als, wenn auch nur provisorisch, bestätigte Bruderschaft gemeinsam beten und wohnen. Sabatier beschreibt die Szenerie so: »In der Ebene von Assisi, etwa eine Stunde weit von der Stadt, nahe der großen Straße, die von Perugia nach Rom führt, lag ein ganz verfallenes Häuschen, Rivotorto genannt. Ein vom Monte Subasio herabkommender Bach, der vielfach wasserlos, doch durch Gewitterregen gefährlich werden kann, fließt in nächster Nähe vorüber.«[100]

Das Gebäude gehört niemandem, vormals war hier ein Spital für Aussätzige, das aufgegeben wurde. Nun ziehen hier die Brüder ein. In den Beschreibungen von Celano und der *Sammlung von Perugia* scheint es so, als wären sie hier nur sehr kurze Zeit geblieben, aber tatsächlich waren es gewiss eine Reihe von Monaten – von 1210 bis 1211 besitzen sie keine andere Bleibe als diese.

Rivotorto hat Vorzüge, die Franz und die Seinen zu schätzen wissen. Man ist schnell in Assisi, aber trotzdem für sich. Zumal in der Nähe die Garcieri liegen: kleine natürliche Höhlen im Berg, die sich für stille Meditation eignen. Den Hang zum Eremitentum trägt Franz immer mit sich – er kämpft dagegen an, aber er weiß auch, dass jeder Mensch, der sich im stillen Zwiegespräch mit Gott befindet, Zeiten der Ruhe benötigt, in denen die Außenwelt mit ihren Forderungen bloß stört.

Celano berichet in seiner ersten Lebensbeschreibung, dass sich die Brüder nach ihrer Rückkehr aus Rom noch unsicher gewesen seien, wie sie fortan leben sollten. Arm in der Nachfolge Christi wollen sie sein, darin sind sie sich einig. Aber über die Art ihres künftigen Zusammenlebens sind sie sich noch unklar: »Als wahre Liebhaber der Gerechtigkeit überlegten sie miteinander, ob sie sich unter den Menschen aufhalten oder in die Einsamkeit begeben sollten.«[101] Doch dann ist es Franz, der zu ihnen von ihrem Auftrag spricht, zu den Menschen zu gehen und Buße zu predigen.

In Rivotorto treffen sie sich nach ihren Wanderungen, um gemeinsam zu beten und miteinander zu essen und zu sprechen. Die drei Gefährten berichten, dass sie oft kein Brot hatten und erbettelte Rüben essen mussten. Trotzdem ist dies ihr erstes gemeinsames Haus, es kostet nichts und bietet nicht mehr als Wände gegen den Wind und ein Dach gegen den Regen. Im Winter, den sie hier verbringen müssen, ist es überaus kalt. Man probt dennoch, dank des feinen psychologischen Gespürs, das Franz beweist, erfolgreich das Zusammenleben der immer größer werdenden Gemeinschaft.

Franz hat bereits eine, wenn auch simple Ordnung eingeführt. Damit in dem engen und überfüllten Raum, der, wie Celano schreibt, so klein war, dass »sie kaum sitzen oder liegen konnten«, jeder seinen Platz zum Ruhen und Beten finden kann, schreibt er die Namen der Brüder auf einen Balken. So wissen sie immer, wo ihr Platz ist. Die »heilige Einfalt« führt immer neue Anhänger zu ihnen.

Einige der Brüder übertreiben es mit dem Fasten und der Abtötung des sündigen Leibes, so dass Franz nun auch gegen diese Art von strenger Askese auftreten muss. Ihm geht es um das rechte Maß, mit dem man für seinen sterblichen Körper sorgen soll. Die Lehren, die er denen gibt, die sich ihm anschließen, sind immer auch Beispiele für Lebensklugheit und eine Form von spielerischer Heiterkeit. Sein Einfallsreichtum behandelt menschliche Schwächen nicht nur mit Nachsicht, er versteht es, solchen Situationen den Charakter von gemeinschaftsstärkenden Happenings zu geben.

Und so berichtet die *Sammlung von Perugia* von einer Begebenheit aus der Fraternitas in Rivotorto: »Als eines Nachts gegen Mitternacht alle in ihren Betten ruhten, schrie einer der Brüder laut auf: Ich sterbe! Ich sterbe! Benommen und erschreckt fuhren alle Brüder aus dem Schlaf auf. Der selige Franziskus erhob sich und sagte: ›Steht auf Brüder, und zündet ein Licht an!‹ Als das Licht brannte, sagte der selige Franziskus: ›Wer ist es, der gesagt hat: Ich sterbe?‹ Jener Bruder aber sprach: ›Ich bin es.‹ Und der selige Franziskus sagte zu ihm: ›Was hast du Bruder? Warum wirst du sterben?‹ Jener antwortete: ›Ich sterbe vor Hunger!‹ Der selige Franziskus, als ein Mensch voller Liebe und Klugheit, ließ sogleich den

Tisch decken, so dass jener Bruder sich nicht schämte, allein zu essen, und alle aßen zusammen mit ihm.«[102] Nach dem Essen mahnte Franz die Brüder mit den Worten: »Ein jeder nehme Rücksicht auf seine Natur!«

Franz selbst sucht in seinen letzten Lebensjahren immer wieder die eremitische Lebensform, teils aus Resignation über die Entwicklung des Ordens, teils seiner quälenden Krankheit wegen. Nur noch wenige Brüder haben dabei Zugang zu ihm. Obwohl man auch darüber rätseln kann, wie freiwillig diese zurückgezogene Existenz ist. Fast wirkt er wie ein persönlicher Gefangener des machthungrigen Ordensgenerals Bruder Elias und des Protektors Kardinal Hugolin. Beide warten sie auf den Tod der legendenhaften Gründerfigur, um ihn dann – darin sind sie sich einig – im Expresstempo zum Heiligen machen zu können.

Schon damals, im Jahre 1209, drang die Weltgeschichte bis zu den Brüdern in ihrer selbst gewählten Abgeschiedenheit in Rivotorto. Im Machtspiel um die Einsetzung eines ihm genehmen Kaisers beweist sich Papst Innozenz III. wiederum als politisches Talent ersten Ranges. So zieht im September Otto IV. auf dem Weg zur Kaiserkrönung mit prächtigem Gefolge nahe an Rivotorto vorbei. Otto IV. wird jedoch nur als Fußnote in die Geschichte eingehen. 1198 waren nach dem Tod von Heinrich VI. gleich zwei deutsche Könige gekrönt worden – erst Philipp von Schwaben und kurz darauf Otto IV. Für derartige Machtspiele hat Franz nur Verachtung, bestenfalls Gleichgültigkeit übrig.

Weder Franz noch seine Brüder lassen sich beim Volksauflauf sehen, der den Zug des Kaisers säumt. Die Legende will, dass er einen der Brüder geschickt habe, um den Kaiser daran zu erinnern, dass weltliche Macht und Reichtum nur von kurzer Dauer seien. Das war es auch, denn schon im Jahre 1210 wird Innozenz III. den Kaiser exkommunizieren. Der Papst ist zu dieser Zeit der zweifellos mächtigste Mann der Welt – und er hat einen neuen Favoriten, der 1211 zum deutschen König gewählt wird: Friedrich II.

Im Jahr 1210 ist Franz noch voller Optimismus für die Zukunft. Es sind seine – und die seiner frühen Gefährten – besten Jahre. Er ist jetzt dreißig Jahre alt und hat seine Bestimmung gefunden: den Menschen das Evangelium nahezubringen, die Vermählung mit der Armut als Lebensideal zu predigen.

Da nimmt er es dann auch als einen Fingerzeig Gottes, dass sie in Rivotorto nicht länger bleiben können. Eigentlich ist es eine Niederlage für ihn, jedenfalls sind die Brüder irritiert, so passiv haben sie Franz noch nie gesehen. Es ist in letzter Zeit selten, dass Francescos Charme so gar nicht verfängt. Denn auch in Assisi haben sie ihnen nach ihrer Rückkehr aus Rom, wo sie vom Papst, so wissen die Bürger, gnädig aufgenommen worden waren, einen überaus freundlichen Empfang bereitet. Die Zeiten, wo man Franz als Spinner, als peinlichen Versagersohn des Tuchhändlers Bernadone wie den letzten Dreck behandelte, scheinen endgültig vorbei.

Das hat auch viel damit zu tun, dass sich Franz in dieser Situation als Sohn seiner Stadt und als Vermittler der verfeindeten Parteien in ihr bewährt. Der ewige Krieg zwischen Perugia und Assisi war zwar 1203 einem brüchigen Frieden gewichen, aber der Streit zwischen Adel und Volk in Assisi selbst ist fast zehn Jahre danach immer noch nicht beigelegt. Denn die im Krieg aus Assisi nach Perugia geflohenen Adelsfamilien fordern nun energisch das geraubte Eigentum zurück und eine Entschädigung für die Zerstörungen. Aber auch die einfachen Bürger Assisis haben ihre Forderungen.

Die Auseinandersetzungen nehmen immer wieder bürgerkriegsähnliche Formen an, bis dann im November 1210 ein Waffenstillstand vereinbart wird. In dieser Situation hält Franz seine berühmte Friedenspredigt in San Rufino, bei der er halb nackt vor die Zuhörer tritt und von jedem Buße verlangt.

Franz stellt sich in diesem Streit zwischen Adel und Volk auf die Seite der Schwachen, der Besitzlosen, der Minores, gegen die Reichen, die Majores. Daher auch der Anstoß zur Namenswahl der Brüder, die sich fortan Minoriten nennen.

Franz gelingt es, zwischen den Parteien zu vermitteln – den Erfolg des wiederhergestellten Friedens in der Stadt verdankt man so vor allem ihm. Ein Kompromiss in den Eigentumsfragen war ausgehandelt worden und auf den Schiedsspruch von Franz hin auch beurkundet worden. Dieser Narr Gottes ist einfältig in einem höheren Sinne: Er glaubt trotz herrschender Interessengegensätze an die Liebe, aber auch an den praktischen Verstand der Menschen, Streitigkeiten friedlich zu regeln. Und so lesen wir dann bei Sabatier über das, was bis heute an Resultaten der Schlichtung von 1210 in den Archiven der Stadt lagert: »Gegen einen bescheidenen Grundzins verzichteten die Adligen auf alle ihre Lehnsrechte; die Bewohner der zu Assisi gehörigen Dörfer sollten den Städtern gleich gestellt werden, die Fremden jeglichen Schutzes genießen, das Verhältnis der Steuern geordnet werden. Am Mittwoch, den 9. November im Jahre 1210 auf dem Marktplatze Assisis beschworen und unterzeichnet, wurde dieser Vertrag so vollkommen anerkannt, dass selbst die Verbannten ungefährdet heimkehren konnten …«[103]

Doch in Rivotorto gerät Franz in eine Situation, die ihn ganz und gar wehrlos zeigt. Das erste Zusammenleben also endet jäh und durchaus schmachvoll, wie die drei Gefährten nicht verschweigen: »Eines Tages aber, da sich die Brüder an dem erwähnten Ort aufhielten, geschah es, dass ein Bauer mit seinem Esel kam und mit dem Esel in dem Schuppen Unterschlupf suchte. Um von den Brüdern nicht abgewiesen zu werden, ging er schnurstracks mit dem Esel und trieb ihn an: ›Nur hinein, nur hinein, dann werden wir diesem Ort einen Gefallen tun.‹«[104]

Franz ist zwar empört ob dieses frechen Eindringens, aber er gibt den Brüdern ein Zeichen, still den Schuppen zu verlassen. Im Bericht ist aber auch sein ebenso zorniger wie doppeldeutiger Ausruf überliefert: »Ich weiß, Brüder, dass Gott uns nicht berufen hat, einem Esel Unterkunft zu bereiten!«[105] Die Brüder weichen also den eher lächerlichen Drohgebärden des Alten, stehen wieder frierend und völlig durchnässt draußen vor der Tür im Dauerregen. Manch einer von ihnen mag sich in diesem Moment einen zu mehr Widerstand entschlossenen Anführer gewünscht haben.

Rossellini nimmt diese Episode als eine der Eröffnungsszenen seines Films. Sie lässt keine Spur von Verklärung zu. Dies ist die Gemeinschaft der Minoriten, die keinen Platz für sich beanspruchen, die wehrlos in allen Situationen scheinen, wo Grobheit und Gewalt am Werke sind. Aber diesen Schwachen, so glaubt Franz felsenfest, gehört die Zukunft!

Die Brüder folgen Franz von Assisi murrend ob solcher in ihren Augen übertrieben wirkenden Wehrlosigkeitsdemonstrationen. Sie sind wieder einmal obdachlos geworden, Wanderprediger im wortwörtlichen Sinne des Wortes: ohne ein Zuhause in dieser Welt.

Die englische Schnittfassung beginnt anders, eher im Stile eines Filmessays. Mit einem Blick auf Giottos Bilderfolge über einen den Vögeln predigenden Franz von Assisi in der Franziskuskirche erfahren wir in aller Kürze etwas über den Menschen als Teil der Natur, dessen erster Prophet Franz von Assisi war. *Franziskus, der Gaukler Gottes* war kein Verkaufserfolg, wie der Neorealismus Rossellinis überhaupt etwas für jene Minderheit blieb, die in einer Zeit der Ungewissheit, des harten Neubeginns nach 1945 mit all seinen Unwägbarkeiten und Entbehrungen, sich nicht bloß zerstreuen und von ihrem grauen Alltag durch opulente Farbigkeit ablenken lassen wollte, sondern sich diesem Alltag selbst mit erhöhter Intensität zuwendete. Schwarz-Weiß-Bilder bei Regen und Laien, die sich selbst spielen – und das in einer Zeit, die nach Trost und Erbauung verlangt! Doch ist dies nicht der einzig ehrliche, über die Zeiten hinweg reichende Trost, die Dinge so zu sehen, wie sie sind – und dennoch nicht an ihnen zu verzweifeln?

Dieser Mensch sagt: Hör den Vogel dort, sieh die Blume, freue dich trotz Krankheit und näher rückendem Tod am Geschenk des Lebens! Selbst unser alter, halb debiler Bruder ist an diesem Tage wieder zu närrischem Tatendrang erwacht. Und Franz von Assisi dankt Gott für die Gnade des Lebens in all seiner unerforschlichen Merkwürdigkeit um sich herum, lächelt zu den immer neuen Absurditäten und schlägt nur manchmal die Hände vor die Augen: Gott, man kann es mit all den Narrheiten auch übertreiben!

Franz von Assisi, der aus der »heiligen Einfalt«, die er über jede Form von Gelehrsamkeit stellt, immer wieder närrische Funken zu schlagen versteht, ist in dieser ersten Zeit Herbergsvater und geistiger Mittelpunkt der kleinen Gemeinschaft. Um alles sorgt er sich persönlich, jeder der Brüder kommt mit seinen Anliegen zu ihm. Diese Art der unmittelbaren Gemeinschaft mit einer überschaubaren Zahl von Brüdern, die er so im direkten Zusammenleben in ihren Schwächen und Stärken kennenlernt, ist das eigentliche Ideal Franz' von Assisi. Ernst Bloch wird vom ebenso urchristlichen wie urkommunistischen Kern der kleinen Gemeinschaft sprechen. So wandert Franz persönlich nach Assisi, um für einen kranken Bruder Fleisch zu besorgen. Mit einem anderen, der sich übermäßig kasteit, geht er gemeinsam Trauben essen, damit er sich stärke. Er will nicht, dass sich die Brüder durch allzu strenge Askese um ihre Kraft bringen. Doch das Sich-selbst-Geißeln mit Peitschenhieben oder das Tragen von sogenannten Panzerhemden, die die Haut wund reiben, ist bei den Brüdern überaus verbreitet. Der sündhafte Leib ist der Feind des Gläubigen, wenn man ihn zu gut ernähre, dann erwache der teuflische Trieb, so glauben die Brüder.

Celano berichtet von regelrechten Selbstfolterungen der Brüder: »Schließlich suchten sie die Reize des Fleisches mit solcher Art Abtötung zu unterdrücken, dass sie oft nicht davor zurückschreckten, sich bei klirrender Kälte zu entkleiden oder den ganzen Körper in spitzen Dornen zu wälzen, bis Blut floss.«[106]

Und Franz? Einerseits ist er gegen jeden Fanatismus, versucht den Brüdern ein gesundes Maß im Umgang mit ihrem sterblichen Körper zu vermitteln, andererseits ist auch er ein Kind seiner Zeit, und der kann – das ist das Erbe jenes Dualismus von gutem und bösem Gott, den die Katharer auf die Spitze treiben werden – im Körper wenig anderes sehen als eine sündhafte Hülle, in der der göttliche Geist eingesperrt ist. Ideal wäre es, eine Harmonie von Geist und Körper zu finden, und Franz geht darin weiter als alle anderen Glaubensstifter seiner Zeit. Für ihn ist auch die Natur beseelt!

Doch vom Selbstgeißeln kommt auch er nicht los, wie die frühen Legenden berichten: »Wenn ihn, wie es natürlich ist, eine fleischliche Versuchung bedrängte, warf er sich, wenn es Winter war, in eine eisbedeckte Grube und blieb solange darin, bis jeder fleischliche Anreiz verschwand. Auch die anderen folgten dem Beispiel einer solchen Abtötung mit brennendem Eifer.«[107]

Die Vertreibung von Rivotorto hat auch ihr Gutes: Sie führt die Brüder zur Kapelle Santa Maria von Portiunkula, die zum spirituellen Herz der Bruderschaft werden sollte, es in gewisser Weise bereits war, denn – so berichtet es jedenfalls Celano in seiner ersten Lebensbeschreibung – die kleine Kapelle gehörte zu jenen halb verfallenen Kirchen, an denen sich Franz, nachdem er mit San Damiano fertig war, bereits als Retter bedrohter Bausubstanz erprobt hatte.

In der *Sammlung von Perugia* ist beschrieben, wie schwierig sich die Suche nach einem neuen Quartier für die Brüder zunächst anließ. Den Schuppen von Rivotorto, aus dem sie so rüde vertrieben wurden, bezeichnet Franz den Brüdern gegenüber nun als »nicht ehrenhaft«. Das ist eine für Franz von Assisi ungewöhnliche Formulierung, aber sie zeigt, worum es ihm geht: um einen eigenen, nur ihnen bestimmten Ort zum Verrichten des Stundengebets. Dass er klein und ärmlich ist, das muss man nicht extra dazusagen – aber ein geweihter Ort soll es eben doch sein. Und daneben wollen sie selbst ein schlichtes Haus zum Wohnen erbauen, aus dem sie kein übellauniger Bauer vertreiben kann.

Doch wer soll ihnen eine solche Kirche geben? Die *Sammlung von Perugia* berichtet: »Der selige Franziskus erhob sich also, ging zum Bischof von Assisi, ihm das Anliegen mit denselben Worten wie zuvor den Brüdern darzulegen. Der Bischof antwortete ihm: ›Bruder, ich habe keine Kirche, die ich euch geben könnte.‹ Er ging zu den Kanonikern von San Rufino und sagte zu ihnen ähnliche Worte; doch sie antworteten wie der Bischof. Also ging er zum Kloster San Benedetto vom Monte Subasio und trug dem Abt die gleichen Worte wie dem Bischof und den Kanonikern vor, und überdies, wie der Bischof und die Kanoniker ihm geantwortet hatten. Der Abt aber hielt, vom Mitleid bewegt, mit seinen Brüdern eine Beratung darüber ab. Und wie es der Wille des Herrn war, überließen sie dem seligen Franziskus und seinen Brüdern die Kirche Santa Maria von Portiunkula als die ärmlichste Kirche, die sie hatten, sie war sogar noch ärmlicher als sonst eine Kirche im Umkreis der Stadt Assisi.«[108]

Aber Franz ist glücklich, diese Kapelle ist genau das, was er sich vorstellte. Eine Bitte hat der weitsichtige Benediktinerabt aber doch an Franz: Die kleine Kapelle soll der Hauptsitz der Brüder auch dann bleiben, wenn sich die Gemeinschaft vergrößert. Dieser Wunsch – gleichgültig ob er wirklich so ausgesprochen wurde oder nachträgliche Legende ist – gefällt Franz. Ein einfaches Gebäude mit Lehmwänden und Strohdach entsteht neben der Kapelle. Noch will niemand der Brüder das Wort Kloster in den Mund nehmen, nein, dies ist eine schlichte Wohnstätte, mehr nicht.

Bleibt noch die Frage des Kaufpreises. Das Problem: Franz fasst kein Geld an, er will auch kein Eigentum, nicht einmal das an dieser kleinen Kapelle. Was also tun?

Es gelingt ihm, die Portiunkula-Kapelle vom Abt des Klosters auf jene Weise zu erwerben, die für die Franziskaner der Anfangszeit – und zum Teil noch heute – typisch ist. Das Geld- und Eigentumsverbot muss strikt eingehalten werden! Also bleiben die Benediktiner Eigentümer von Land und Kirche, aber überlassen Franz die Kirche zur Nutzung, eine Art Pacht. Als »Pachtzins« lässt Franz den Benediktinern einmal im Jahr einen Korb mit Fischen schicken, die Benediktiner revanchieren sich mit einem Krug Olivenöl.

Mit der armseligen Kirche Santa Maria von Portiunkula haben die Brüder nun einen Ort, der sowohl organisatorisches wie geistliches Zentrum ihres Zusammenlebens werden wird. Franz bestimmt dann auch, dass hier zwei Mal im Jahr ein Kapitel abgehalten wird: »Zu Pfingsten kamen zum Kapitel alle Brüder bei Santa Maria zusammen; sie erörterten, wie sie die Regel besser beobachten könnten, und bestimmten für die verschiedenen Provinzen

Brüder, die dem Volk predigen und den anderen Brüdern in der jeweiligen Provinz einen Ort zuweisen sollten. Der heilige Franziskus jedoch gab Ermahnungen, sprach Tadel aus und erließ Vorschriften, wie es ihm nach Gottes Rat gut schien.«[109]

Auffällig ist, dass Franz nach dem Zeugnis der drei Gefährten von Anfang an gegen einen den Geist der Liebe verletzenden Fanatismus in der Befolgung des Armutsgebotes auftrat. Ausdrücklich ermahnte er die Brüder, »keinen Menschen zu verurteilen, noch jene zu verachten, die üppig leben und sich ausgesucht und luxuriös kleiden«.[110] Denn die Nachfolge Christi ist eine des solidarischen Miteinanders, nicht des Gegeneinanders, des Friedens, der damit beginnt, nicht die eigene Wahrheit absolut zu setzen.

Für Franz sind alle Menschen Pilger auf dem Weg zu Gott, voller Irrtümer und Sünden, der Buße bedürftig: »Und er sagte zu ihnen: ›Wenn ihr mit dem Mund den Frieden verkündet, so versichert euch, ob ihr ihn auch, ja noch mehr, in eurem Herzen habt. Niemand soll durch euch zu Zorn oder Zank gereizt, vielmehr sollen alle durch eure Sanftmut zu Friede, Güte und Eintracht angehalten werden. Denn dazu seid ihr berufen, Verwundete zu heilen, Gebrochene zu verbinden und Verirrte zurückzurufen. Viele scheinen uns nämlich Glieder des Teufels zu sein, die eines Tages Jünger Christi sein werden.«[111]

Vor allem tritt er immer wieder gegen die extremen Selbstgeißelungen auf, mit denen einige der Brüder alles Natürliche und Weltliche an sich abtöten wollen: besonders den Geschlechtstrieb. Sie peitschen sich, fasten über die Maßen, schlafen fast nicht und wälzen sich im Winter nackt im Schnee. Diese jedes vernünftige Maß überschreitende Askese ist dem lebensfreudigen Franz tief verdächtig, ihm kommt es so vor, als ob jeder, der sich derart selbst malträtiere, »sich selbst zu hassen schien«.[112] Auch das ist in seinen Augen eine Form der Eitelkeit, wenn auch unter negativem Vorzeichen. Diese Art der exzessiven Selbstbestrafung ist unfranziskanisch, weil den Frieden mit der Schöpfung störend, zudem einen Mangel an echter Demut, die nichts Exaltiertes hat, offenbarend.

Das Geheimnis der magischen Wirkung, die Franz auf andere ausübt, liegt in seiner außergewöhnlichen Fähigkeit der Einfühlung: »Denn er sprach voll Mitleid zu ihnen, nicht wie ein Richter, sondern wie ein barmherziger Vater zu seinen Kindern und wie ein guter Arzt zu den Kranken. Er verstand es mit den Schwachen schwach und mit den Betrübten traurig zu sein.«[113]

Eine weitere Eigenschaft hebt ihn unter den Brüdern hervor: sein Spieltrieb, sein Drang, zu unterhalten. Fast alles ist erlaubt, nur eines nicht: zu langweilen! So bereitet Franz der Nachfolge Jesu eine Bühne für eine bislang noch nie da gewesene Performance. Diese Troubadour- und Gauklerseite an ihm macht ihn beim Volk beliebt. Es geht um schwere, ernste Themen: Buße für ein falsches bequemes Leben in Wohlstand und Erfolg, um Maßlosigkeiten aller Art: zu viel zu gutes Essen, das den Sexualtrieb, den es doch zu unterdrücken gelte, nur weiter anstachelt.

Das sind Themen, zu denen die Leute normalerweise nicht massenhaft gelaufen kommen. Aber bei Franz ist das anders: Er hat nichts Dogmatisches an sich, ist kein Parteigeist, kein Ideologe, der ihnen mit billigen Belehrungen kommt. Bei Franz weiß man nicht, was passiert, er lebt aus dem Einfall des Augenblicks heraus. Thomas von Celano berichtet von einer für Franz typischen Handlung, im heutigen Sprachgebrauch müsste man sagen, einer »Aktion«: »Es kam einmal vor, dass er während einer schweren Krankheit ein klein wenig Hühnerfleisch aß. Als er wieder einigermaßen zu Kräften gekommen war, ging er in die Stadt Assisi. Zum Stadttor gekommen gebot er dem Bruder, der bei ihm war, er soll ihm einen Strick um den Hals binden und ihn gleich einem Räuber durch die ganze Stadt schleppen. Dabei soll er wie ein Herold laut rufen: ›Schaut ihn an, den Schlemmer, der sich mit Hühnerfleisch gemästet hat; ohne euer Wissen hat er es gegessen!‹ Da liefen viele Leute zu diesem so ungewöhnlichen Schauspiel herbei, und unter Tränen und Seufzen riefen sie aus: ›Wehe uns Elenden! Unser ganzes Leben lang nähren wir uns mit Fleisch, und in Schwelgerei und Trunkenheit mästen wir Herz und Leib!‹ So wurden sie im Herzen zerknirscht und durch solches Beispiel aufgerufen, ein besseres Leben zu führen.«[114]

Auf diese Weise bekommt das ernste Anliegen bei Franz einen aberwitzigen Ton, der sein Publikum nicht mit Moralgeboten bedrängt, wenn er jeden Einzelnen auffordert, die Art, wie er lebt, infrage zu stellen. Im Zweifelsfalle ist Franz immer Pragmatiker. Er lässt alle Dogmen und Regeln das sein, was sie sind: Abstraktionen, die sowohl hilfreich als auch schädlich für das Leben sein können. Darum darf man keinen Kult mit ihnen treiben. Als die Brüder einmal, als Weihnachten auf einen Freitag fällt, eine verbissene Diskussion darüber beginnen, ob man denn nun, weil Weihnachten sei, Fleisch essen dürfe, oder aber, weil es auch ein Freitag sei, nicht, da reagierte Franz, das antischolastische Temperament, den man heute häufig für einen überzeugten Vegetarier hält, überaus drastisch: »Ich möchte, dass an so einem Tag sogar die Wände Fleisch äßen, und wenn sie es nicht können, dann sollen sie außen damit bestrichen werden!«[115]

Wir glauben heute gelegentlich, dass die Frage, was man wann und wie häufig essen sollte, einen zu großen Raum in unserem Leben einnimmt. Aber die neuen religiösen Bewegungen des 12. und 13. Jahrhunderts, gerade auch die Franziskaner, haben über diese Fragen (Wie stark darf man fasten? Soll man überhaupt Fleisch essen?) noch viel intensiver – und mit religiösen Pathos aufgeladen – gestritten. Ernährungsregeln waren Teil der religiösen Lebensführung, man beleidigte Gott, wenn man zur unrechten Zeit etwas (oder das Falsche) aß, aber man lobte ihn, wenn man zur richtigen Zeit im rechten Maß das Richtige zu sich nahm!

Die Hysterie einiger jedoch führt zur Auffassung, dass, wer überhaupt ausreichend esse, bereits sündige, dass also derjenige, der am strengsten faste, am gottgefälligsten lebe. Solch Extremismus ist Franz überaus verhasst. Im Orden wird dieses Thema jedoch lange umstritten bleiben.

Von der Portiunkula-Kapelle ziehen nun die Brüder, zumeist zu zweit, zum Predigen durch die Lande, hierher kehren sie immer wieder zurück. Hat die Bruderschaft der ortlosen Wanderprediger damit endlich einen festen Ort gefunden, eine Art Stammhaus, aus dem sich der Orden entwickeln wird? Hierüber wird man in den kommenden Jahren, nein Jahrzehnten und Jahrhunderten, nicht aufhören zu debattieren.

Die wandernden Bußprediger betteln um Nahrung und bitten um Unterkunft, zuerst bei den Priestern der Ortskirche, die dies jedoch oft verweigern. Darum nächtigen sie häufig bei jenen einfachen Gläubigen, die zu den Predigten kommen: »So hielten sie es, wenn sie durch einzelne Städte und Dörfer zogen, bis der Herr einigen gottesfürchtigen Leuten eingab, den Brüdern Unterkunft zu bereiten, und bis schließlich eigens für sie in Städten und Dörfern Niederlassungen errichtet wurden.«[116]

Dem heutigen Leser stellt sich natürlich die Frage, warum Franz, der doch nichts Ungewöhnliches geleistet hat, nach seiner Rückkehr aus Rom 1209 in seiner Heimatstadt plötzlich ganz anders angesehen wird als noch kurz zuvor. Liegt es allein daran, dass ihm Innozenz III. mündlich die Erlaubnis gab, mit den Brüdern ein evangelisches Leben zu führen und auch zu predigen? Wohl nur zum Teil. Denn die Atmosphäre hat sich gewandelt, das Volk hat ihn als einen der Ihren angenommen.

In diesen ersten Jahren zeigt sich ein Phänomen, mit dem Franz auch ganz persönlich fertig werden muss, wie die drei Gefährten berichten: »Aber nicht nur Männer wendeten sich so dem Orden zu, sondern auch viele Jungfrauen und Witwen, zerknirscht von der Predigt der Brüder …«[117]

Eine unter ihnen wird Franz und mehr noch der römischen Kurie ganz besonders zu schaffen machen: Klara Offreduccio, ebenfalls aus Assisi, aber nicht wie Franz das Kind eines reich gewordenen Händlers, sondern von Adel.

Schicksal einer Frau: Klara von Assisi

Es war nur eine Frage der Zeit, dass sich auch Frauen für den absonderlichen Bußprediger begeistern. Aber es dauert, denn anfänglich sind die schmutzigen, bettelnden und in Assisi als Verrückte verlachten Brüder keineswegs die Idole für Frauen jener gehobenen Schichten, die in sich ein spirituelles Vakuum spüren, das die gängigen Orden, in denen die Frauen zuallererst von der Welt weggesperrt werden, nicht zu füllen vermögen.

Thomas von Celano, von dem die beiden Lebensbeschreibungen Franz' von Assisi verbürgt sind, soll auch der Autor einer Lebensbeschreibung von Klara sein, jedoch ist die Autorschaft in diesem Falle nicht verbürgt. Umfänglich sind die Akten des Heiligsprechungsprozesses nach Klaras Tod 1253, in dem zahlreiche Zeugen, darunter Verwandte und Mitschwestern, aussagen.

Hier wird deutlich, dass das Bekehrungserlebnis der 1193 (oder 94) in Assisi in der reichen adligen Familie Offreduccio geborenen Klara auf das Jahr 1211 (oder 1212) fällt – da ist sie achtzehn Jahre alt. Ausdrücklich wird im Kanonisierungsprozess festgehalten, dass dieses Ereignis sechs Jahre nach Franz' eigener Bekehrung im Jahre 1206 stattfand. Das ist eine recht lange Zeit – und dass Klara achtzehn Jahre alt ist, kein Kind mehr, sondern bereits im heiratsfähigen Alter, zeigt, dass in Assisi bereits eine neue Generation heranwächst, die in Franz nicht mehr den peinlichen Versagersohn des Pietro Bernadone sieht, sondern den glaubwürdigen Nachfolger Christi, der den »neuen Menschen« in sich trägt!

Darin, dass ausgerechnet die gründlich in Latein und anderen Sprachen unterrichtete Klara, Tochter aus gutem Hause, in Franz ihr Idol findet, kündigt sich eine Art »Jugendkultur« des 13. Jahrhunderts an. Franz ist für sie die Zukunft, symbolisiert die Erneuerung des Glaubens. Seine öffentliche Wirkung ist der eines Popstars nicht unähnlich.

War Franz eine Art radikal-anarchistischer Aussteiger aus einem falschen Leben und Klara sein erstes Groupie? Es so zu sehen hieße eine dramatische Lebensentscheidung, die wiederum auch kulturgeschichtlich Weichen stellt, allzu salopp über heutige Zeitgeistbegriffe zu lesen. Jedoch, eines scheint klar: Klara ist fasziniert von Franz! Und er? Erkennt darin sofort das Problem. Frauen als wandernde Bußpredigerinnen? Niemals würde die Kurie das zulassen. Offenkundig ist zudem: Sie ist verliebt in den charismatischen Kopf der Minoriten.

Für Franz stellt sich das als gefährliche Situation dar. Auf so etwas warten seine Gegner doch nur, denen er vorgeworfen hat, Wasser zu predigen und heimlich Wein zu trinken. Ein Zusammenleben mit Frauen – wie es etwa bei den Katharern üblich war – wäre ein offener Bruch der selbst formulierten Regeln für die Gemeinschaft. Das könnte auch der Papst nicht tolerieren.

Franz predigt Buße und Askese – und nun hat er selbst einen weiblichen Fan, der sich ihm zu Füßen wirft? Aber natürlich erkennt Franz auch die große geistliche Kraft in den von der Kirche wenig ernst genommenen Frauen. Er darf Klara weder enttäuschen noch kompromittieren. In der Art, wie Franz das Verhältnis zu der in der Liebe zu Gott – und ebenso zu ihm – entbrannten Klara regelt, ohne deren ekstatische Energie zu zerstören, zeigt sich der klug abwägende Diplomat, der er auch sein konnte.

Jacques Le Goff weist jedoch auch auf ein Problem hin, das die Begegnung mit Klara heraufführt, wenn er schreibt, die Frau bleibe für Franz von Assisi »ein gefährlich-doppeldeutiges Wesen«.[118] Was also ist Klara in seinen Augen? »Franziskus sah die Frau als Traumbild, und für ihn hatte sie die Bedeutung eines Symbols.«[119]

Für die Öffentlichkeit bekommt ihre Begegnung jedoch alles, was ein Skandal braucht: Klara Offreduccio verlässt in der Nacht nach Palmsonntag, am 28. März 1211 (nach anderer Quelle am 18. März 1212), ihr Elternhaus. Sie traf Franz bereits einige Male heimlich, dabei legte er ihr die Nachfolge Jesu ans Herz, so heißt es.

Nun reißt sie aus, läuft ihren Eltern davon. Die Aktion ist gründlich geplant. Sie verlässt das Haus durch einen Nebeneingang, der mit Steinen und Balken verbarrikadiert ist und erst freigeräumt werden muss. Von dort begibt sie sich – der Stadtpalast der Familie liegt direkt am Platz vor dem Dom San Rufino – nach der Portiunkula-Kapelle, wo sie die Brüder bereits, im nächtlichen Gebet bei Kerzenschein versammelt, erwarten. Franz beweist wiederum seinen Sinn für Inszenierung.

Was in dieser Nacht geschieht, verwundert auf den ersten Blick – am meisten mag es Klara verwundert haben –, aber Franz hat sich sein Vorgehen genau überlegt, was ihn als kirchenpolitischen Realisten zeigt. Denn als Erstes schneidet er Klara persönlich die Haare ab. Mit der Tonsur soll die unauflösliche Verbindung mit Jesus sichtbar gemacht werden: Klara gehört ab jetzt der Kirche. Das geradezu tolldreiste an Franz' Handlung ist, dass er zu solchen – noch dazu nächtlich-überstürzten – rituellen Handlungen an einem jungen Mädchen gar nicht befugt ist. Er ist kein Bischof, nicht einmal Priester – und bislang verstehen sich die Brüder auch nicht als Orden im engeren Sinne. Warum dann diese so kirchenkonform anmutende Handlung als erster Schritt auf dem Wege Klaras zu den Minderen Brüdern?

Als Erstes wohl, um zu zeigen: Bei den Brüdern kann sie nicht bleiben, eine gemischte franziskanische Gemeinschaft wird es nicht geben. Mit ihrem schwärmerischen Entschluss, nachts in die Portiunkula zu kommen, drängt sie Franz und die Brüder auch zu einer stärkeren institutionellen Ordensform. Das Regelwerk wächst angesichts solch neuer Herausforderungen. Gewiss, auch Frauen sollen im Sinne von Franz der Armut dienen, aber als Schwestern und unter Schwestern. Darum lässt Franz noch in der Nacht Klara in das vier Kilometer entfernte Frauenkloster der Benediktiner San Paolo delle Abbadesse bei Bastia bringen. Dort wollte Klara nie hin – das ist nicht der Orden, dem anzugehören sie erträumte. Die Nonnen im Kloster begegnen ihr ebenfalls mit Misstrauen. Was will diese Fanatikerin, die – obwohl aus reicher adliger Familie – darauf besteht, als Dienstmagd in schäbiger Kleidung die niedrigsten Arbeiten zu verrichten?

Wie richtig Franz die Situation eingeschätzt hatte, zeigen die folgenden Ereignisse. Die Familie stürmt ins Kloster, um Klara wieder nach Hause zu holen. Aber sie entblößt daraufhin ihren Kopf, alle sollen ihren geschorenen Schädel sehen, sollen wissen, dass sie ihrem bisherigen Leben entsagt hat. Jeden Versuch, sie fortzuziehen, wehrt sie ab. Die anderen Nonnen hätten es allerdings ganz gern gesehen, diese Unruhestifterin schnell wieder loszuwerden.

Aber es kommt noch schlimmer: Zwei Wochen nachdem Klara von zu Hause fortlief, folgt ihr auch die jüngere Schwester Agnes. Sie ist erst fünfzehn Jahre alt – und die Familie setzt alles daran, um wenigstens sie aus dem Kloster herauszuholen. Das Kloster selbst scheint den Verfolgern offen gestanden zu haben, die nun zu zwölft, lauter schwer bewaffnete Ritter, Agnes gleichsam abführen wollen. Sie stehen unter der Führung eines Onkels der Mädchen namens Moraldus.

Mit großer Brutalität wird die sich wehrende Agnes geschlagen und an den Haaren aus dem Kloster herausgezerrt. Dort bricht sie ohnmächtig zusammen, und die Legenden finden reichlich Stoff. Plötzlich sei sie auf wundersame Weise schwer wie Blei geworden, die Kräfte der Entführer reichen nicht, sie davonzutragen. Als der vor Wut rasende Moraldus die Eisenfaust hebt, um Agnes zu erschlagen, kann er plötzlich seinen Arm nicht mehr bewegen. Ein Wunder folgt dem anderen.

Jedenfalls rettet diese Jäger wie Gejagte befallende Starre Agnes davor, wieder nach Hause zurückzumüssen. Ihrer und Klaras Berufung als Schwestern Franz' von Assisi steht nun nichts mehr im Wege. So glauben, so hoffen sie.

Franz, der heilfroh gewesen sein dürfte, nicht als »Mädchenräuber« den Zorn der Familie Offreduccio auf sich gezogen zu haben (jedenfalls nicht in direkter Weise), ahnt bereits die kommenden Schwierigkeiten. Wird Rom den Schwestern die gleichen Möglichkeiten einräumen wie den Brüdern? Er ist skeptisch, aus guten Gründen. Helmut Feld schreibt über die unterschiedlichen Motivationslagen von Franz und Klara: »Wäre es nur um das

Klara von Assisi, Fresko, Giottoschule um 1300, Palmerino de Guido zugeschrieben

Verlassen der Welt, die Bewahrung der Jungfräulichkeit und den Vollzug der mystischen Hochzeit mit Christus gegangen, so hätte Klara dies ebenso gut in einem traditionellen Frauenkloster erreichen können. Vielleicht wollte Franziskus gar nicht mehr von ihr. Aber Klara wollte mit Sicherheit mehr.«[120]

Der Unterschied: Franz ist für Klara der Mittelpunkt ihres Lebens, er kommt gleich nach Jesus. Nur was er zu ihr sagt, hat für sie verbindliche Kraft, was die Kirche sagt, das ist ihr gleichgültig. Ihre widerständig-ungehorsame Rolle Rom gegenüber erwächst aus dieser inneren Stärke, die zweifellos die Treue zu ihrer Liebe ist.

Für Franz dagegen scheint Klara vor allem ein komplizierter Fall von Gefolgschaft. Die Komplikationen, die daraus erwachsen können, fürchtet er. Denn die Minderbrüder existieren am Rande der Legalität, stehen immer noch unter Häresieverdacht. Was er jetzt nicht brauchen kann, sind ekstatische Frauen, die sich in ihrem Glauben erweckt fühlen und zwischen ihm und Jesus nur einen graduellen Unterschied machen. Denn nur ihm, Franz von Assisi, hat sie ewige Treue geschworen, niemandem sonst.

Zu dieser Zeit – um 1212 – ist Franz von Assisi gezwungen, das Maß zwischen Freiheit und Ordnung unter den Brüdern in ein Regelwerk zu bringen, das weder den neuen Charakter ihrer Gemeinschaft verleugnet noch die Kurie brüskiert. Eine zermürbende Aufgabe, die Franz mehr Verdruss als Erfüllung bereitet. Dennoch fühlt er sich für Klara verantwortlich, die wie er der Armut dienen will. Klara und ihre Schwestern (1214 sind es sechs) wohnen, nachdem sie San Paolo verlassen haben, schließlich in San Damiano, einer der drei unter Franz' Leitung wieder aufgebauten Kirchen.

Franz schreibt den Schwestern sogar eine Art Regel, die *forma vivendi*, bei der es um die Bewahrung der »heiligen Armut« geht und auf deren einzig verbindliche Autorität sich Klara im Streit mit der Kurie immer wieder berufen wird: »Da ihr euch auf göttliche Eingebung hin zu Töchtern und Mägden des erhabensten, höchsten Königs, des himmlischen Vaters, gemacht und euch dem Heiligen Geiste verlobt habt, indem ihr das Leben nach der Vollkommenheit des Heiligen Evangeliums erwähltet, so will ich, und ich verspreche dies für mich und meine Brüder, für euch genauso wie für diese immer liebevolle Sorge und besondere Aufmerksamkeit hegen.«[121]

Damit stellt er die Klarissen unter seinen Schutz. Doch kann er überhaupt halten, was er verspricht? Denn eines ist Franz ebenso klar wie den wechselnden Päpsten, die mit Klaras Willen, eine Franziskanerin zu sein, konfrontiert sind: Ein Leben als Wanderpredigerin soll es bei den Minderbrüdern nicht geben. Sonst hätte Franz nicht selbst ihre Inklaustrierung in San Damiano betrieben.

Die Klarissen sollen nach der Benediktiner-Regel leben, dabei wollen sie Franziskanerinnen sein. Warum lebt dann Franz nicht selbst nach einer der Regeln der alten Orden, wenn er diese für Klara angemessen findet? Die vom Papst immer wieder aufs Neue bestätigte Benediktinerregel, die die Klarissen in ihrem Klosteralltag, so gut es geht, ignorieren, hat jedoch eine Grenze, die auch Klara, die nun Äbtissin werden soll, aber es nicht sein will, nicht verschieben kann: Sie dürfen das Kloster nicht verlassen, sind lebenslänglich eingesperrt, lebendig begraben hinter Klostermauern.

Doch wenigstens, so Klaras Trost, haben die Minderbrüder freien Zugang zu San Damiano, der geistliche Austausch scheint gesichert – noch. Denn bald schon gibt es auch für die Brüder Zugangsbeschränkungen, sie müssen sich jeden ihrer Besuche genehmigen lassen. Für Klara ist das nicht hinnehmbar. Immer wieder wird sie in Briefen an Bischöfe, Kardinäle und verschiedene Päpste für ihre Zugehörigkeit zu den Minderbrüdern streiten.

Ein Traum, in dem Franz vorkommt, zeigt aber auch, dass sich für sie – unbewusst – mit Franz eine starke erotische Motivation verbindet. Schwester Filippa gibt diesen Traum, den Klara ihren Mitschwestern erzählt hat – erstaunlich ahnungslos – in ihrer Zeugenaussage im Heiligsprechungsprozess Klaras wieder: »Frau Klara berichtete, sie habe einmal geträumt, daß sie ein Gefäß Wasser zum Heiligen Franziskus trage und dazu ein Tuch, um die Hände zu trocknen. Sie sei damit eine hohe Treppe hinaufgestiegen. Das sei so angenehm gewesen, als ob sie auf ebenem Boden gegangen wäre. Als sie zum Heiligen Franziskus gekommen sei, habe er ihr seine Brust hingehalten und gesagt: ›Komm, nimm und saug.‹ Und nachdem sie gesaugt habe, habe Franziskus sie aufgefordert, noch einmal zu saugen. Was sie da getrunken habe, sei so süß und angenehm gewesen, daß sie dafür keine Worte fände. Danach sei die Rundung der Brustwarze, aus der die Milch gekommen sei, zwischen ihren Lippen haften geblieben. Sie sei mit den Händen wie Gold anzufassen gewesen: klar und glänzend. Sie hätte sich darin wie in einem Spiegel ganz und gar wiedererkannt.«[122]

Über das Leben im Kloster ist sonst wenig überliefert. Nur Klaras exzessive Art, sich zu geißeln, ist immer wieder vermerkt worden. Diese Martern, ebenso wie ihr Fasten, nahmen selbstzerstörerische

Züge an, so dass Franz ihr schließlich befehlen muss, mehr zu essen. Klara wiederum gibt 1228 diese Ratschläge, die zeigen, wie bedeutsam die Frage der richtigen Ernährung für ihr geistliches Selbstverständnis ist, in einem Brief an ihre Anhängerin, die Prinzessin Agnes von Prag, weiter: »Jedenfalls soll deine Klugheit wissen, dass außer den gebrechlichen und kranken Schwestern, denen wir gemäß seiner Mahnung und seinem Auftrag hinsichtlich aller Speisen die größtmögliche Rücksichtnahme angedeihen lassen sollen, sowohl an Wochentagen wie an Festtagen. Wir fasten jeden Tag, außer an den Sonntagen und an Weihnachten; an diesen Tagen sollen wir zweimal am Tag essen dürfen … wie schon gesagt, essen wir, die gesund und kräftig sind, immer nur Fastenspeisen.«[123] Gesund und kräftig ist sie, da sie das schreibt, allerdings schon vier Jahre nicht mehr – sondern ständig bettlägerig.

Gewiss ist auch, dass sie in einem Jungfräulichkeitswahn lebte und einen geradezu masochistischen Erfindungsreichtum an den Tag legte, wenn es darum ging, ihr Fleisch zu martern. So trug sie beständig verschiedene »Buß-Westen« auf der Haut, die sie aus Schweinsleder machen ließ, mit abgeschnittenen Borsten auf der Innenfläche, die die Haut blutig rieben, desgleichen Westen aus Pferdeschwanzhaaren und ähnliche Folterutensilien.

Als Franz von Assisi im Jahre 1226 stirbt, ist Klara bereits schwer krank. Weitere siebenundzwanzig Jahre lang, bis zu ihrem Tod im Jahre 1253, wird sie das Bett nicht mehr verlassen können. Aber auch in diesem Zustand kennt sie nur ein Ziel: dem Orden der Klarissen endlich eine den ursprünglichen Zielen der Minderbrüder verpflichtete Regel zu geben.

Das Gefühl des Verrats ist dennoch nicht aus der Welt zu schaffen, wie die Klage der Schwestern zu Franzens Tod zeigt, von der Thomas von Celano in seiner ersten Lebensbeschreibung Franz' von Assisi berichtet: »Vater, Vater, was werden wir tun? Warum verlässt du uns Arme? Oder wem überlässt du uns in unserer Trostlosigkeit? Warum hast du uns dorthin, wohin du gehst, nicht vorausgehen lassen, mit Freuden wären wir vorausgegangen; und jetzt lässt du uns in solcher Betrübnis zurück! Was trägst du uns auf zu tun? Wir, die so eingeschlossen in diesen Kerker und die du nun nie mehr besuchen wirst, wie du es sonst immer getan hast? Mit dir schwindet all unser Trost, und ein Ersatz gibt es nicht für uns, die wir für die Welt begraben sind.«[124]

Ein Hoffnungszeichen inmitten der Verzweiflung ist der Besuch des Papstes Gregor IX. bei den Klarissen, als er zur Heiligsprechung Franz' von Assisi anreist. Wobei reisen nicht das richtige Wort ist, denn der Papst ist aus Rom geflüchtet. Als er am Ostermontag 1228 im Petersdom die Messe zelebrierte, stürmte eine aufgebrachte gewalttätige Menschenmenge herein – der Papst entkommt knapp seinen Verfolgern und ruht sich einige Tage bei den Klarissen aus. Thomas von Celano schreibt über diesen ungewöhnlichen Besuch: »Dort verweilt er einige Tage, und über die Lage der Kirche im Bilde, sucht er in Begleitung der ehrwürdigen Kardinäle gütig die Dienerinnen Christi auf, die für die Welt tot und begraben sind. Ihr heiliger Wandel, ihre allerhöchste Armut und ihre treffliche Lebensordnung rühren ihn und seine Begleitung zu Tränen, rufen zu Weltverachtung auf und entflammen zum jungfräulichen Leben.«[125]

Klara, für die Päpste auch nur Menschen wie andere sind, nutzt die Gelegenheit, sich zu beklagen, dass sie als Minoriten nach der Benediktinerregel leben müssen und damit ihr wertvollstes Gut, das Privileg der Armut, nicht garantiert sei. Der Papst kann sich in seiner Lage keinen weiteren Streit leisten, darum liefert er bereitwillig das ihm abgeforderte Schreiben, in dem es heißt: »Was Ihr also gebeten habt, bekräftigen Wir mit apostolischem Gunsterweis Euern Vorsatz der allerhöchsten Armut, und wir gewähren Euch Kraft dieses Schreibens, daß ihr von niemandem gedrängt werden könnt, Besitztümer anzunehmen.«[126] Doch Klara ist, was die Zuverlässigkeit von päpstlichen Versprechen angeht, misstrauisch. Nur eine päpstliche Bulle bietet eine gewisse Garantie. Aber in Sachen Armut vertritt der Papst nun mal andere Interessen, die er auch durchzusetzen versucht. Ein Eigentumsverzicht der Kirche wäre für ihn nicht nur abwegig, sondern ein zu unterbindender Angriff auf die

Existenz der Institution. Darum ist es ein gefährliches Zeichen, wenn Teile der Kirche, also auch einzelne Orden, und seien sie noch so klein und lebten wie die Klarissen in strenger Klausur, sich ein Eigentumsverbot in ihre Satzung schreiben würden.

Klara macht sich über die Rolle Gregors IX., des vormaligen Kardinals Hugolin, keine Illusionen. War er es doch, der die Institutionalisierung – und damit eine Hierarchisierung – der franziskanischen Bruderschaft vorantrieb in Richtung eines katholischen Ordens, der sich von den anderen Orden kaum mehr unterscheiden sollte.

Als der Papst sich 1228 von Klara verabschiedet, aus Rom gerade noch mit dem Leben davongekommen, ist er doch schon ganz wieder in seiner Rolle: Als Dank für die Gastfreundschaft – und quasi Wiedergutmachung für die erzwungene Existenz einer lebendig Begrabenen – bietet er ihr unverblümt Güter an, die sie für das Kloster (man weiß nie, was für Zeiten kommen) in Besitz nehmen solle. Er fühlt sich freigebig – trotz seines kurz zuvor übergebenen Schreibens über die garantierte Armut! – und weiß nicht, wie er Klara damit beleidigt. Oder weiß er es und will er genau das?

Eine Dispensierung vom strengen Armutsgelübde – gleichsam zum Abschied nachgereicht? Klara, so ist überliefert, habe geradezu ungebührlich direkt, aber so auch unmissverständlich auf dieses ihr teuflisch anmutende Angebot geantwortet: »Heiliger Vater, ich will in keiner Weise, in Ewigkeit nicht, von der Nachfolge Christi dispensiert werden.«[127]

Der vormalige Kardinal Hugolin und jetzige Papst Gregor IX., der gekommen ist, Franz von Assisi heiligzusprechen, den er seinen Freund nennt, ist nicht nur ein erbitterter Rivale für Klara, er ist, das hat sie erfahren, auch ein Feind der franziskanischen Idee, die er Schritt für Schritt zu unterhöhlen unternimmt. Klara hat es ihm ohnehin nicht verziehen, dass er das Umgangsrecht der Franziskanerbrüder mit den Klarissen stark einschränkte und Besuche der Brüder im Kloster von seiner persönlichen Erlaubnis abhängig machte. Klaras wütender Kommentar dazu ist überliefert: »Dann soll der doch gleich alle Brüder von uns abziehen, nachdem er uns die Geber der geistlichen Nahrung genommen hat!«[128]

Klara fühlt sich auch in späteren Jahren von den Nachfolgern Gregors IX. auf dem Stuhle Petri immer wieder getäuscht. Ständig bekommt sie neue Fassungen der Ordensregel für die Klarissen aus Rom, immer mit feinsinnigen Variationen – nur das Gebot der »Heiligen Armut« fehlt jedes Mal.

Einen Tag vor ihrem Tod am 11. August 1253 hält sie endlich ein Dokument in Händen, für das sie seit ihrem Davonlaufen aus dem Elternhaus und der Tonsur durch Franz – das war 1212 gewesen – gelebt hat. Einundvierzig Jahre dauerte der Kampf mit den Windmühlenflügeln der kirchlichen Bürokratie! Doch jetzt, am 10. August, hält sie endlich die päpstliche Bulle *Solet annuere* in Händen, in der die von Klara verfasste Regel des »Ordens der Armenschwestern« bestätigt wird. Darum hatte sie Papst Innozenz IV., der an das Krankenbett der Sterbenden gekommen war, nochmals inständig gebeten.

Der Sieg einer einfachen Frau, die die »Heilige Armut« ins Zentrum ihres Lebens stellte und selbst von Franz von Assisi nur halbherzig als seine Schwester anerkannt wurde, über die Kurie? Einerseits, wie Paul Sabatier es auffasst, tatsächlich der Lohn für lebenslange Treue dem eigenen Ideal gegenüber, auch für Renitenz der Kurie gegenüber, mit der sie die Nachfolge Jesu verteidigt.

Andererseits ist es tatsächlich nur ein Stück Papier, wie Helmut Feld mit dem Blick auf die spärlich bleibenden Auswirkungen der Bulle bemerkt. Der Papst hatte vor allem – nach dem Erfolg von Franziskus als Heiliger der katholischen Kirche – nun auch Klara als Heilige vor Augen, als er an ihr Sterbebett eilte. Und tatsächlich, unmittelbar nach ihrem Tod begann der Heiligsprechungsprozess, für den es – wie auch bei Franz – vor allem auf bezeugte Wunder ankam: plötzliche Heilungen etwa, die auf das Gebet des potentiellen Heiligen zurückzuführen seien.

Bereits Thomas von Celano sammelt in seiner zweiten Lebensbeschreibung Franz' von Assisi vor allem solche Wundertätergeschichten. Nun werden sie auch über Klara gesucht. Und das, wo sie das Kloster lebenslang nicht verlassen durfte?

Aus der Nachfolge Jesu wird damit eine Nachfolge des Wunderglaubens, den man Franz und Klara andichtet, eine bloße Verkitschung des tief existentiell verstandenen Reformgedankens der Institution hin zu einer brüderlichen und schwesterlichen Lebensgemeinschaft.

Was ist ein Minderbruder? Die Feier der Armut, der Fluch des Geldes und die wiederkehrende Geschichte vom Mantel

Von einem Kleriker, Bruder Rizzerius, wird Franz gefragt, welche Absicht er am Anfang gehabt habe, als er begann, Brüder um sich zu sammeln – und ob es ihm als Kleriker, der viele Bücher besitze, gestattet sei, diese zu behalten, unter der Bedingung, dass sie fortan dem ganzen Orden gehören würden, also Gemeineigentum seien? Die Antwort, die Franz nach der *Sammlung von Perugia* gibt, ist rigoros: »Ich sage dir, Bruder, dass dies meine erste und letzte Absicht und mein Wille war und ist, wenn die Brüder es mir nur geglaubt hätten, dass kein Bruder etwas anderes haben dürfe als das Gewand, wie unsere Regel es uns gestattet, mit Gürtelstrick und Hosen.«[129]

Und Bruder Ägidius, der als vierter der Gefolgsleute Franz' von Assisi das plebejische Element der Anfänge der Fraternitas bildet und sich fortan, besonders auch nach Franz' Tod, als Stimme der Einfalt überaus kritisch zu den Entwicklungen im Orden äußern wird, erklärt den Ur-Impuls der Minderbrüder, wie er sich bereits in ihrem Namen zeigt, so: »Minderbruder – das heißt so viel wie aller Welt unter den Füßen liegen. Denn je mehr Abstieg, desto mehr Aufstieg!«[130]

Franz von Assisi hat wohl immer beides im Auge gehabt: reale Armut, als Verzicht auf jede Art von Besitz zum einen, aber auch ein Bekenntnis zum »geistlich Armen«, der Schlichtheit des Glaubensbekenntnisses. Darum habe er immer wieder Matthäus

25,40–45 zitiert, wo beide Formen der Armut zugleich gemeint sind: »Was ihr einem von diesen meinen geringsten Brüdern getan habt, das habt ihr mir getan.«

Den Anspruch der Armut teilen in der Kirchengeschichte immer wieder dem evangelischen Ideal verpflichtete Gruppen: Die Eremiten verschiedenster Glaubensrichtungen etwa üben sich seit jeher in großer Bescheidenheit, was materielle Güter betrifft. Aber bei Franz ist es mehr als Bescheidenheit, mehr als Verzicht, mehr auch als bloße Verachtung: Es ist eine große Verfluchung des Geldes, die man diesem so durch und durch optimistischen, fröhlichen und gar nicht dogmatischen Menschen nicht zugetraut hätte. Aber der völlige Bruch mit dem Geld und einer durch dieses dominierten Lebensweise wird zum Ur-Impuls seiner religiösen Sendung. Geld ist für Franz die Ursache aller Streitigkeiten, es zerstört menschliche Beziehungen (wie die zu seinem Vater, dem Tuchhändler), es führt letztlich zu Krieg. Geld tötet, weil es die Menschen daran hindert, solidarisch zu leben. Darum muss man das Geld behandeln wie Unrat. Man darf es nicht einmal berühren – und diese Forderung an seine Gefährten ist ernst gemeint. Über das Übel, das mit dem Geld verbunden ist, sagt er den Brüdern immer wieder: »Hüten wir uns, die wir alles verlassen haben, wegen etwas so Geringem das Himmelreich zu verlieren. Und wenn wir irgendwo Geld finden sollten, dann wollen wir uns darum nicht mehr kümmern als um den Staub, den wir mit Füßen treten.«[131]

Dies ist ein Rigorismus, der fasziniert und – wo er Lebenspraxis einer wachsenden Zahl von Brüdern sein wird – ebenso schnell wieder irritiert und sogar in seiner Abstraktheit befremdet. Das rein gehaltene Ideal wird – so scheint es zumindest dem einen Teil der Brüder – im Alltag schnell nicht nur lebensfern, sondern auch lebensfeindlich. Der Streit um die Armut im Orden eskaliert dann zu Beginn des 14. Jahrhunderts, als sich Spirituale und Konventuale unversöhnlich feindlich gegenüberstehen.

Ist es, wenn es ums Geld geht, nicht eine Frage des rechten Maßes, der gerechten Verteilung? So fragen wir uns von Soziallehren aller Art geprägten Leser, aber für Franz kommt das Geld vom Teufel, da gibt es keine Brücke zu einer Nachfolge Jesu. Seinem Glauben wohnt das asketische Moment als konstitutives inne.

Armut meint bei ihm eben nicht nur die materiellen Dinge, auch die geistigen. Und auch darum wird man in seiner Nachfolge erbittert streiten. Man darf nicht darum herumreden: Franz ist Feind jeder Art von Bildung, außer der des Herzens, Bücher sind für ihn nicht nur sinnlos, sondern auch gefährlich, denn sie verbilden das reine und klare, vor allem einfache Gefühl. Wer sein Wissen aus Büchern bezieht, der verunklart, der interpretiert, wo es nichts zu interpretieren gibt, der versteht die einfachsten Dinge nicht mehr, etwa die Sprache der Tiere. Natürlich ist das eine Reaktion auf eine Form der Theologie, die sich vom Leben entfernt hat – aber ist es die Basis für eine Entwicklung? Wenn die Armen nicht am Reichtum beteiligt werden, was bleibt ihnen außer Almosen? Wenn die Ungebildeten nicht lesen und schreiben lernen, welche Chancen haben sie in jener städtischen Gesellschaft, die sich im 13. Jahrhundert herausbildet? Aber derart sozialpolitisch denkt Franz nicht, und das wird seinen Gefolgsleuten noch viel Ärger bereiten.

Er hat etwas anderes vor Augen: Ein Wissen, das die Tugend nicht stärkt, ist schädlicher als die Unwissenheit. »›Meine Brüder‹, sprach er, ›diejenigen, die sich von neugierigem Wissensdurst leiten lassen, werden am Tag der Bedrängnis die Hände leer finden. Ich wünschte, sie würden eher in den Tugenden erstarken, damit sie, wenn sie in Zeiten der Bedrängnis geraten, in der Not den Herrn bei sich haben. Denn es wird auch eine Bedrängnis kommen‹, sagte er, ›in der die Bücher zu nichts nütze sind und in Fensternischen und Winkel geworfen werden.‹ Er sagte dies nicht, weil ihm das Studium der Schrift missfiel, sondern um damit alle von den überflüssigen Lernsorgen abzuhalten und weil er lieber wollte, dass sie aufgrund ihrer Liebe gut als infolge ihrer Wissbegierde überklug seien. Er ahnte auch, dass schon bald Zeiten kommen würden, von denen er wusste, dass dann Gelehrsamkeit verderblich sein würde.«[132]

Das ist jene Zeit Mitte des 13. Jahrhunderts, als sich an der Pariser Universität auch Franziskaner etablieren und eine eigene Theologie lehren, deren vorerst wichtigster Lehrer, Bonaventura, 1257 Generalminister des Ordens wird. Bruder Ägidius, Volkes Stimme im Orden, auch noch Mitte des 13. Jahrhunderts, hat dazu zu bemerken: »Paris, Paris, du bist der Ruin für den Orden des heiligen Franziskus!«[133]

Für Franz sollte dem obersten Minderbruder sein Amt mehr Bürde als Würde sein: »Für seine Person, sagte er, muss dem Generalminister ein Habit und ein Büchlein, für die Brüder aber eine Federschachtel und ein Siegel genügen. Er soll keine Bücher anhäufen und nicht sonderlich auf das Lesen bedacht sein, um seinem Amt nicht zu entziehen, was er dem Studium widmet.«[134]

Die vielen Geschichten, die man über Franz, lange nach seinem Tod, etwa in den *Fioretti* vom Ende des 14. Jahrhunderts, erzählt, zeigen einen liebenswerten, bisweilen auch exzentrischen Heiligen ohne jeden Heiligenschein, der wie ein einfacher Pilger seiner Wege geht und dem folgt, was er für richtig erkannt hat. Dabei handelt er ganz und gar unorthodox. Ein Bruder vertraut ihm an, er habe ständig sündhafte Gedanken. Die beichte er täglich, aus lauter Scham wechsle er jedoch oft den Beichtvater, denn über diese Anfechtungen zu sprechen mache ihn ganz krank. Franz sieht, wie der Bruder leidet, und spricht: »Liebster Bruder, ich will, und ich sage dir, dass du von nun an nicht mehr verpflichtet sein sollst, jene Einflüsterungen und Eingebungen des Teufels jemandem zu beichten. Und hab keine Angst, denn sie haben deiner Seele nicht geschadet. Doch sprich mit meiner Erlaubnis sieben Vaterunser, sooft du von diesen Einflüsterungen bedrängt wirst.«[135] Mit diesem Rat, der eine tiefe Kenntnis der menschlichen Seele offenbart, stellte Franz heute noch manch einen Psychotherapeuten in den Schatten!

Die Frage des Geldes wird er nicht los – wie auch das Geld ihn als seinen Verächter niemals loswird. Die Brüder treibt der ihnen abgeforderte Verzicht auf alles Eigentum an den Rand ihrer Existenzmöglichkeiten. Franz jedoch hört nicht auf, sein Geldverbot zu wiederholen. Dass sein Rigorismus für andere zunehmend zum Problem wird, erfährt auch er, das spielt in den über ihn erzählten Geschichten immer wieder eine Rolle. So nähert sich ihm nach einer Predigt ein Mann, der sagt, er wolle ihm folgen. Franz ist einverstanden und trägt ihm auf, zuvor sein Eigentum an die Armen zu verteilen. Der Mann geht, es zu tun, und als er wiederkommt, fragt ihn Franz, wie er es gemacht habe: »Jener antwortete ihm: ›Bruder, ich habe meine Habe unter einige meiner Verwandten verteilt, die sie nötig hatten.‹ Der selige Franz erkannte sogleich durch den Heiligen Geist, dass der Mann fleischlich gesinnt war, und sagte zu ihm: ›Geh deines Weges, Bruder Fliege, denn du hast deine Habe unter die Verwandten verteilt und willst unter den Brüdern von Almosen leben.‹«[136] Die Fliege ist für Franz, dem sonst das Geringste so viel wert ist wie das Höchste, kein geschätztes Lebewesen, wie auch die Mücke nicht.

Seine Urteile können nicht nur hart sein, sondern mitunter schleicht sich hier sogar ein bei ihm kaum vermuteter dämonischer Zug ein. Etwa wenn er einem allzu gierig beim Fressen sich vordrängenden Rotkehlchen, das die Brüder per Hand aufziehen, weil die Eltern die Brut verlassen haben, einen baldigen schmachvollen Tod prophezeit. Dieser sei dann auch eingetreten. Charakterisiert das ihn, oder eher jene, die oft Jahrzehnte später diese Geschichten erzählen? Wir wissen es nicht genau, aber auch sie gehören zur Legende, die ihm im Gedächtnis des Volkes erst seine Gestalt gab.

Die Geschichte, wie Franz die falsche Heiligkeit eines Bruders aufdeckte, klingt fast schon inquisitorisch. Sie berichtet von einem ehrbaren und wegen seines Lebenswandels von den Mitbrüdern geradezu für heilig gehaltenen Bruder, dessen Tage darin bestehen, zu schweigen und zu beten. Er verständigt sich mit anderen nur durch Zeichen. Franz kommt in das Haus, in dem der Bruder schon mehrere Jahre lebt, und ärgert sich über dessen prätentiöse Art, sich über die anderen Brüder zu erheben. Auch der Generalminister trifft hier ein, vermutlich um Franz zu sprechen. Über den »heiligen« Bruder äußert er sich überaus bewundernd, aber Franz antwortet: »Glaube mir, Bruder, dass dieser Bruder vom bösen Geist geleitet und getäuscht wird.«

Der Generalminister will ihm dies nicht glauben, also sagt Franz zu ihm, er solle ihn zwingen zu beichten, dann werde er sehen. Der Generalminister ist erstaunt über die üble Meinung, die Franz, warum auch immer, von diesem Bruder hat, der ganz dem Schweigen und dem Gebet lebt und sich nichts zuschulden kommen ließ. Doch geht er zu ihm, wie Franz geraten hatte und fordert ihn auf, zu beichten. Der Bruder schüttelt den Kopf und gibt ein Zeichen, dass er das nicht tun werde. Der Generalminister (der Namen ist nicht genannt, aber es kann nur Petrus Cathani oder Bruder Elias gemeint sein) zieht sich daraufhin zurück und lässt den Bruder in Ruhe.

Doch kurz darauf verlässt der schweigende Bruder den Orden. Andere Brüder treffen ihn auf der Straße, da beginnt er sich zu erklären, zu beteuern und zu schwören. Die Brüder sind verblüfft, ja angeekelt. Was er denn wie ein Weltmensch schwöre? Der entlaufene Bruder beteuert wortreich, nicht anders zu können. Wenige Tage nach dieser Begegnung findet er den Tod.

Diese Geschichte spricht nicht für den Psychologen Franz, eher zeigt sich hier jene exzentrisch-dämonische Seite, die seine Reaktionen so unberechenbar und überraschend macht. Und nicht immer sind es gute Überraschungen.

Falsche Berufung, falsche Heiligkeit scheint in Franz' Nachfolge ein wichtiges Thema gewesen zu sein. Und dabei legt man Franz bereits die Abstrafung derer, die sich unrechtmäßig auserwählt fühlen, in den Mund. Was führt zu einer derartigen falschen Heiligkeit? Für Franz ist klar, es ist die Buchstabengelehrsamkeit, Wissen, das nicht lebt, weil es nicht – um mit Kant zu sprechen – durch die Erfahrung hindurchgegangen ist. Auch davon wird berichtet, dass immer wieder junge Brüder zu Franz kamen und mit ihm über bestimmte Bibelstellen disputieren wollten, worauf Franz jedes Mal sehr unwirsch reagierte.

Über einen besonders hartnäckigen Bruder, der Franz mit seinem Bildungseifer verfolgte, heißt es: »Ein anderes Mal, als der selige Franziskus am Feuer saß, um sich zu wärmen, kam der Novize wieder auf den Psalter zu sprechen. Da sagte der selige Franziskus zu ihm: ›Nachdem du einen Psalter erhalten hast, wirst du nach einem Brevier verlangen und es haben wollen; nachdem du ein Brevier erhalten hast, wirst du auf dem Lehrstuhl sitzen und wie ein hoher Prälat zu deinem Bruder sagen: Bring mir das Brevier!‹ Und er redete mit so großer Glut des Geistes, nahm mit der Hand etwas Asche und streute sie sich auf den Kopf, indem er mit der Hand rings auf dem Kopf herumfuhr wie einer, der sich den Kopf wäscht, und sprach auf folgende Weise zu sich selbst: ›Ich (bin das) Brevier! Ich (bin das) Brevier!‹ Und diese Worte wiederholte er mehrmals, indem er dabei mit der Hand über den Kopf fuhr. Da war jener Bruder betroffen und beschämt.«[137] Mit Recht ist hierzu bemerkt worden, dass Franz sich dem jungen Bruder gegenüber als jener Narr Gottes zeigt, dessen Einfalt für ihn der Weg zur Nachfolge Jesu ist. Der Weg über die Bücher aber führt für Franz in den Hochmut, und das ist für ihn nur eine andere Form jenes Reichtums, der die Seele verdirbt.

Immer wieder wird er die wahre Armut auf eine Weise darbieten, die zum einen Exerzitium ist, zum anderen aber auch eines jener lehrreichen Spiele, die er liebt. Eine zentrale Metapher ist hierin der Mantel, der seit jener Stunde, da der Bischof von Assisi ihm den seinen um die nackten Schultern legte, eine so symbolische Bedeutung für ihn besaß.

Auch die braune Kutte war für Franz vor allem etwas, das Armut signalisieren sollte (erst später bekam sie dann den die Zugehörigkeit zu einem Orden oder einer Ordensrichtung signalisierenden Charakter), und so achtete er streng darauf, dass niemand mehr als zwei Kutten besaß, und auch der Stoff zu ihr sollte möglichst grob und minderwertig sein. Sie gegen die Kälte mit aufgenähten Stoffresten zu füttern, gestattete er jedoch: »Den Brüdern aber, denen Krankheit oder sonstige Not zusetzte, erlaubte er eine weiche Kutte auf der bloßen Haut zu tragen, doch so, dass außen am Habit Rauheit und Minderwertigkeit gewahrt würden.«[138]

Da die Brüder kein Geld, überhaupt keine Wertgegenstände besaßen, war das Verschenken der Kutte die einzige Geste, die ihnen noch Ärmeren gegenüber blieb. Zwar untersagte es Franz, dass die Brüder ihre Kutten fortgaben, aber er selbst praktizierte dies immer wieder, sehr zur Sorge, fast schon zum Ärger der Mitbrüder, die dann eine neue Kutte für Franz besorgen mussten. Aber die symbolische Geste war für Franz so wichtig, dass er darauf keine Rücksicht nahm. So gibt es zahlreiche Geschichten von Franz, wie er seinen Mantel verschenkt, immer mit einer kleinen Predigt verbunden.

Einmal, als er ihn einem Armen gibt, sagt er zu seinen Gefährten: »Wir müssen den Mantel diesem kleinen Armen zurückgeben, dem er gehört. Wir haben ihn nur leihweise erhalten, bis wir einen noch Ärmeren finden können.« Seine Gefährten halten ihm vor, dass er sich selbst darüber vernachlässige, dass er für die Armen sorge, worauf Franz entgegnet: »Ich will kein Dieb sein! Es würde uns als Diebstahl angerechnet, wenn wir ihn nicht einem noch bedürftigeren gäben.«[139]

Das erinnert an Proudhons Bekenntnis, das typisch für den Anarchismus des 19. Jahrhunderts war: »Eigentum ist Diebstahl!« Solch ein früher Anarchist inmitten einer Welt, die sich über Reichtum und Macht zu definieren beginnt, ist auch Franz von Assisi!

Aber gelegentlich bekommt die überreich zelebrierte Symbolik auch etwas hintersinnig Absurdes, wie die *Sammlung von Perugia* nicht verschweigt: »Der selige Franz trug einen neuen Mantel, den die Brüder unter Mühe für ihn aufgetrieben hatten. Da kam ein Armer zur Niederlassung und beklagte seine verstorbene Frau und die armselig hinterlassene Familie. Der Heilige sagte zu ihm: ›Diesen Mantel übergebe ich dir um der Liebe des Gottessohns willen unter der Bedingung, dass du ihn niemandem weitergibst, es sei denn, er bezahle ihn gut.‹ Sogleich liefen die Brüder herbei, um den Mantel wegzunehmen und die Schenkung zu verhindern. Doch der Arme schöpfte aus der Miene des heiligen Vaters kühnen Mut und verteidigte ihn mit Händen und Füßen als sein Eigentum. Zuletzt kauften die Brüder den Mantel zurück. Der Arme aber nahm den Kaufpreis und ging.«[140]

Hieraus wird deutlich, wie klar Franz von Assisi um die Bedeutung des Geldes gerade für die Armen weiß. Sein Geldverbot, das zeigt diese kleine Geschichte deutlich, richtet sich nicht gegen jene, für die jede noch so kleine Summe eine Überlebenshilfe in einem harten Alltag ist. Er will, dass weder die Reichen noch die Armen ihr Leben in Ausrichtung auf das Geld verbringen, das keinen echten Wert hat, sondern im Gegenteil echte Werte zerstört. Dass er nebenbei einen Sinn für gerechte Verteilung eines bescheidenen Reichtums (den hier sein Mantel symbolisiert) besitzt, zeigt diese Episode.

Abschied vom Anfang. Die Mattenkapitel

Wie lange besteht jene Fraternitas, die Franz 1209 vor Augen hatte, als er nach Rom zu Innozenz III. pilgerte? Bis zu den ersten einschneidenden Veränderungen in der Struktur der schnell wachsenden Gemeinschaft. Eine Zäsur bildet das Pfingstkapitel 1217. Bis dahin liefen die Zusammenkünfte der Brüder alljährlich so ab, wie es die drei Gefährten beschreiben: »Zu Pfingsten kamen zum Kapitel alle Brüder bei Santa Maria zusammen; sie erörterten, wie sie die Regel besser beobachten könnten, und bestimmten für die verschiedenen Provinzen Brüder, die dem Volk predigen und den anderen Brüdern in der jeweiligen Provinz einen Ort zuweisen sollten. Der heilige Franziskus jedoch gab Ermahnungen, sprach Tadel aus und erließ Vorschriften, wie sie ihm nach Gottes Rat gut schienen.«[141]

Das klingt wie eine Mischung aus ekstatischer Gemeinschaft mit Franz von Assisi als wortführendem Apostel einerseits und basisdemokratischer Kommune andererseits.

Aber bald schon ist die Rede von den Provinzen, in die man Brüder entsendet. Das bedeutet, hier ist bereits das umgesetzt, was 1217 auf dem als »Mattenkapitel« berühmt gewordenen Pfingstkapitel beschlossen wurde: die Aufteilung des Ordens in sechs Provinzen (mitsamt Provinzialministern) und eine damit verbundene Mission in diesen Gebieten. Die Orientmission wird ebenso beschlossen wie die Mission in Frankreich, Spanien und Deutschland.

Es haben sich in diesen Jahren einige Veränderungen kirchenpolitischer Art ergeben, von denen die Minderbrüder nicht unberührt bleiben. 1215 findet in Rom das Laterankonzil statt, wo man beschließt, keine neuen Ordensregeln mehr zuzulassen. Neue Glaubensgemeinschaften sollen sich eine der bereits bestehenden Ordensregeln (der Augustiner oder der Benediktiner) wählen, was Franz jedoch ablehnt, anders als Dominikus, der die Augustinerregel wählt. Damit geraten die Minderbrüder kirchenrechtlich noch stärker in eine Grauzone, als sie es ohnehin schon sind, denn ihre Regel ist vom Papst bislang nicht mit einer Bulle bestätigt worden. Das bekommen sie bei ihren Missionsreisen immer stärker zu spüren. In vielen Ländern werden die missionierenden Minderbrüder wie jene wandernden Ketzerprediger behandelt, denen sie tatsächlich ähnlich sehen.

Das zwingt Franz zu weiteren Zugeständnissen an die Kurie, die die Minderbrüder zu schützen bereit ist – aber dafür auch Bedingungen stellt, und die laufen alle auf eine Stärkung der Hierarchie hinaus. Mehr äußere Disziplinierung der Brüder soll sie fester an die Kirche binden. 1214 oder 1215 stirbt jener Kardinal von Sankt Paul, der Franz die Audienz bei Innozenz III. ermöglicht hatte – und der sich beim Papst für die Duldung der evangelischen Glaubensgemeinschaft ausgesprochen hatte. Auch Innozenz III. stirbt 1216 – was gilt seine mündliche Bestätigung der Regel der Minderbrüder nun noch? In diese Verunsicherung der Brüder, einschließlich Franz selbst, tritt jener Kardinal Hugolin von Ostia, der sich den Brüdern als Protektor beim neuen Papst Honorius III. anbietet und diese Funktion so zielstrebig ausbaut, dass er 1220 tatsächlich so etwas wie der »Papst« des Ordens wird. Paul Sabatier hat in diesem vorgeblichen Freund, der sich Franz förmlich aufdrängte und mit seiner heiligen Einfalt in der Art von Intriganten zu spielen wusste, dessen schlimmsten Feind erkannt.

Unabhängig davon, ob jenes als »Mattenkapitel« berühmt gewordene Pfingstkapitel bereits 1217 oder erst später stattfand, wie einige Chronisten meinen, die Szenerie der Zusammenkünfte jener Jahre ist immer die gleiche, bis 1221 beschlossen wird, nur noch die Funktionsträger des Ordens zum Pfingstkapitel einzuladen, und auch das – wegen der oft weiten Wege aus den Provinzen – nur noch alle drei Jahre. Insofern spricht alles dafür, dass das »Mattenkapitel« 1217 stattfand, als die Basisdemokratie der Bruderschaft noch intakt ist. Julien Green erinnert zu Recht daran, dass alle Kapitel, die seit dem 29. Mai 1216 stattfanden, »Mattenkapitel« waren. Die Brüder hatten ihre Strohmatten unter sich und über sich den bestirnten Himmel Umbriens! Die Nächte sind hier um diese Jahreszeit oft schon lau.

So kommen in diesen Jahren zu den »Mattenkapiteln« etwa dreitausend, andere sagen sogar fünftausend Brüder nach Assisi. Ein Freilufthappening, bei dem die Brüder unter provisorischen Schilfdächern kampieren und von der Bevölkerung Assisis mit Essen versorgt werden. So wird hier der Geist der rein zahlenmäßig bereits an die Grenze der Überschaubarkeit gelangten Gemeinschaft für alle erfahrbar. Bald schon setzen andere Mechanismen ein, anonym-differenzierende. Juristische Regeln, die schriftlich fixiert werden müssen, samt Durchführungsbestimmungen, Kommentaren und genau definierten Ausnahmeregelungen bestimmen nun mehr und mehr das Zusammenleben der Brüder.

Die neue Struktur ist notwendig, aber sie hat einen entscheidenden Nachteil: Sie ist nicht mehr erlebbar. Thomas von Celano hat in seiner zweiten Lebensbeschreibung Franz' von Assisi darüber berichtet. In weiten Teilen ist seine zweite Franziskus-Vita ein »Mirakelbuch«, das die Beispiele von Wunderheilungen versammelt, die Franz vollbracht haben soll (die frühen Weggefährten sagen darüber kein Wort). Doch diese Szenerie des »Mattenkapitels«, die er schildert, trifft den Widerspruch zwischen ursprünglichem Geist der Minoriten einerseits und organisatorischen Anforderungen religiöser Großveranstaltungen andererseits.

Was das Wohnen betrifft, so zitiert Franz von Assisi oft die Stelle aus Matthäus 8, 20: »Die Füchse haben ihre Höhlen und die Vögel des Himmels ihre Nester, der Sohn Gottes aber hatte nichts, wohin er sein Haupt legte.« Eine überaus rigorose Haltung. Sollte sie für alle Minderbrüder verbindlich sein? Franz meint es zweifellos ernst, er nimmt solche Bibelstellen wortwörtlich. Darum eskaliert auch die Situation bei einem der Pfingstkapitel, wie Celano berichtet: »Als einst bei Santa Maria von Portiunkula ein Kapitel stattfinden sollte und der Zeitpunkt schon nahe war, bauten die Leute von Assisi in aller Eile für das Kapitel ein Haus, da noch keines dort stand, ohne dass der Mann Gottes etwas wusste und dabei war. Als der Vater schließlich dorthin zurückkehrte und das Haus erblickte, wurde er ungehalten und empfand nicht gelinden Schmerz. Alsbald erhob er sich als erster, das Gebäude wieder niederzureißen. Er stieg aufs Dach und warf mit starker Hand Latten und Ziegel herunter. Er befahl auch seinen Brüdern, hinaufzusteigen und dieses Ungeheuer abzubrechen, das schon von fern der Armut Hohn spricht.«[142]

Sie sind schon mitten beim Abriss, da erst können sich die Vertreter der Gemeinde von Assisi, die herbeieilen, vernehmlich machen: Dies Haus gehöre nicht den Brüdern, sondern der Stadt, die es mit ihren Mitteln erbaut habe.

Der Einbruch der Realität in den Traum

Zeit der Kreuzzüge. Märtyrerträume und der letztliche Wille zum Frieden

Auch Franz von Assisi ist ein Kind seiner Zeit. Er hat früh davon geträumt, Ritter zu werden, als eine Art Glaubensritter sieht er sich dann auch noch, als er zum ersten Mal beschließt, die Ungläubigen – also vor allem die Moslems – zum Christentum zu bekehren.

Diese insgesamt drei Reisen, die Franz von Assisi zwischen 1212 und 1219 unternimmt, führen jedoch zum Gegenteil einer siegreichen Verbreitung des Christentums: Er ist skeptisch geworden, sieht mit Schaudern die brutale Gewalt und die moralische Verkommenheit der Kreuzfahrer. Nein, dieser Weg, mit Feuer und Schwert den Ungläubigen die Botschaft Jesu zu bringen, das erkennt er mehr und mehr, ist grundfalsch. Wer Frauen, Kinder und Greise niedermetzelt, wer raubt und plündert, Städte niederbrennt – der lobt nicht den Herrn, der verhöhnt die Botschaft der Liebe und des Friedens. Dessen ist er sich spätestens 1219 gewiss, als er voller Ekel das Schlachtfeld von Damiette hinter sich lässt.

Er wäre gern zum Märtyrer geworden, so widersprüchlich ist sein Charakter, so viel mittelalterliche Glaubenshysterie steckt auch in ihm – er wäre lieber tot, als sich wieder um die Querelen im immer größer werdenden Orden, zu Hause in Portiunkula, kümmern zu müssen.

Die Quellenlage für diese doch wichtigen Unternehmungen ist allerdings spärlich. Thomas von Celano hat kaum mehr als einige dürre Fakten mit blumiger Wunderpointe zu bieten. Der erste Versuch, in den Orient zu gelangen, endet ebenso zeitig wie kläglich. Da hilft es wenig, wenn Celano ein – bei ihm unübliches – Pathos aufbietet, um den Entschluss zu dieser ersten Reise anzukündigen, die Wortwahl wird zum Spiegel des Zeitgeistes, also der herrschenden Kreuzzugsideologie. Das Resultat klingt am Ende umso dürftiger: »Glühend von göttlicher Liebe suchte der hochselige Vater Franziskus stets Hand anzulegen an Heldentaten, und bereitwillig den Weg der göttlichen Gebote wandelnd, ging sein Wunsch dahin, den Gipfel der Vollkommenheit zu erreichen. Im sechsten Jahr seiner Bekehrung wollte er nämlich aus flammender Sehnsucht nach dem heiligen Martyrium nach Syrien hinüberfahren, um den Sarazenen und anderen Ungläubigen den christlichen Glauben zu verkünden und Buße zu predigen. Als er dazu ein Schiff bestieg, wurde er jedoch infolge ungünstigen Windes mit der übrigen Schiffsbesatzung nach Slavonien verschlagen.«[143]

Nach Syrien geht von hier ohnehin kein Schiff, aber auch so bald keines zurück nach Italien. So schleichen sich Franz und seine Begleiter heimlich als blinde Passagiere an Bord – derart unrühmlich langen sie wieder in Ancona an. Celano bemüht sich angestrengt, etwas heilige Aura in diesen kläglichen Misserfolg zu mischen, etwa wenn er von einem heftigen Sturm unterwegs schreibt, nach dem Franz dann, weil das Schiff alle Vorräte verliert, von seinem eigenen Mundvorrat den dankbaren Matrosen abgibt.

Es ist die Zeit des berüchtigten Kinderkreuzzugs von 1212, der ein Bild Europas unter Innozenz III. gibt. Religiöser Wahn verbindet sich mit imperialer Geste. Hier sind es auf einmal Kinder, neun- und zehnjährige Gotteskrieger, die nach Jerusalem wollen, um die heilige Stätte aus den Händen der Moslems zu befreien. Sie würden wie Jesus übers Wasser gehen können, sie würden unbesiegbar sein – so hatten es ihnen gewissenlose Prediger eingeredet. Papst Innozenz III. rief, als er von einem Kreuzzug der Kinder hört, aus: »Diese Kinder machen uns zuschanden; indes wir schlafen, ziehen sie munter aus, das Heilige Land zu gewinnen!«[144]

So strömen dann Tausende dieser Kindersoldaten Gottes zusammen, werden von skrupellosen Geschäftemachern auf Schiffe verladen – und direkt in die Sklaverei verkauft. Doch der Sündenfall der Kreuzzugsideologie lag bereits in ihrer Entstehung. Erstmals hatte Urban II. 1095 aufgerufen, den Heiligen Krieg gegen die Ungläubigen zu führen – Expansion war ein Wesenszug des Reformpapsttums. Zum geistigen Kopf der Kreuzzüge wird Bernhard von Clairvaux. Er spricht von den Rittern Christi, die in dessen Auftrag die Ungläubigen töten, die nach seiner Auslegung keine Menschen sind. Ausrottung oder Bekehrung!, so lautet der Schlachtruf der Kreuzzüge.

Unter Innozenz III. hatte die Kreuzzugsideologie eine neue Dimension angenommen. Unbedingt wollte er die Heilige Stadt, also Jerusalem, von den Ungläubigen befreien. Leider ließ er sich für seinen 1204 beginnenden 4. Kreuzzug auf die Mithilfe Venedigs ein, deren Doge Enrico Dandolo ganz eigene Eroberungspläne hatte. Dandolo ist bereits fünfundachtzig Jahre alt und blind, als er 1192 Doge wird. Zuvor hatte er fast sechs Jahrzehnte in Byzanz verbracht, dort gab es eine starke venezianische Handelskolonie. Doch unter Basileus Manuel I. wurden die Venezianer enteignet und vertrieben. Dandolo war fortan nur von einem Gedanken getrieben: Vergeltung! Die Chance bietet sich erst 1204, als der vierte Kreuzzug zur Befreiung Jerusalems beginnt. Venedig soll mit seiner Flotte den Transport des Kreuzfahrerheers übernehmen. Dandolo ist zu diesem Zeitpunkt bereits siebenundneunzig Jahre alt und stellt sich persönlich an die Spitze des Kreuzfahrerheers.

Doch statt Ägypten steuert die venezianische Flotte unter Führung des blinden Dogen zuerst die Stadt Zara in Dalmatien an, die sie erobert, weil hier das Holz wächst, das Venedig für seinen Flottenbau braucht. Der erboste Innozenz III. exkommuniziert daraufhin das gesamte Kreuzfahrerheer. Aber Dandolo macht keine halben Sachen und kennt zudem nur ein Ziel: Byzanz (Konstantinopel). Dort gibt es einiges mehr zu rauben. Das Kreuzfahrerheer scheint die Fahrplanänderung wegen der versprochenen Beute in Söldnermanier akzeptiert zu haben. Jedenfalls mordet es in Konstantinopel genauso brutal und rücksichtslos, wie es das in Jerusalem tun sollte. Nur dass ihnen in Konstantinopel keine Moslems, sondern griechische Christen gegenüberstehen.

Zum ersten Mal also richtet sich ein solch groß angelegter Vernichtungs- und Raubzug unter christlicher Losung gegen Christen selbst. Welch ein Fiasko für die Glaubwürdigkeit, sollte man meinen – zumal die Venezianer kurzerhand einen lateinischen Patriarchen in Konstantinopel einsetzen (natürlich einen Venezianer), der dann den Transport von allem, was schön und teuer ist, nach Venedig organisiert. So baute man die Markuskirche als freie Improvisation auf die Hagia Sophia und schmückte sie mit dem, was man in Konstantinopel geraubt hatte – nicht nur mit Löwen und Säulen, auch den vier Bronzepferden, die in Konstantinopel vor dem Hippodrom gestanden hatten.

Und der genarrte Innozenz III.? Ist anfangs überaus empört, ändert aber schnell die Perspektive auf das Vorgefallene – hat die Besetzung und Zerstörung Konstantinopels doch auch seine Macht vergrößert. Das ist schließlich das Wichtigste.

Als dann 1209 der Kreuzzug gegen die Albigenser ausgerufen wird, der langwierig ist, aber letztlich zur physischen Liquidierung aller Katharer führt, kennt man in Rom schon keinerlei Skrupel mehr, gegen Christen die Ausrottungsparole auszugeben. Franz wollte, da war der Kreuzzug schon im Gange, nach Südfrankreich reisen – er konnte gut Französisch, seine Mutter war Französin, er liebte die Troubadoure –, da wird ihm Kardinal Hugolin von Ostia energisch den Weg versperren. Nicht nach Frankreich in die Nähe der Ketzer, denen Franz ähnlicher ist, als er vielleicht glaubt!

Sein nächster Anlauf, »sein glühendes Verlangen nach dem Martertode« zu stillen, mit dem Ziel Marokko, wird zwei Jahre später bereits in Spanien gestoppt. Eben noch sei er »trunkenen Geistes« seinen Reisegefährten immer wieder vorausgeeilt, da hielt er plötzlich inne. Hat er eine Eingebung, wie damals, als er dem Ritter Walter von Brienne folgen wollte und lieber schmählich nach Hause zurückkehrte, als den plötzlich als falsch erkannten Weg fortzusetzen? Vollzieht sich hier bereits die zweite Bekehrung nach seiner ersten, der Abschied von der Märtyrerideologie, die so viele sinnlos dahin schlachtete? Genau wissen wir es nicht, wir haben nur Celanos spärliche, aber in ihrer Nüchternheit doch aufmerken lassende Erklärung: »Aber der gute Gott, dem es aus lauter Güte gefiel, meiner und vieler anderer zu gedenken, widerstand ihm, als er schon bis nach Spanien gekommen war, ins Angesicht und rief ihn, damit er seinen Weg nicht weiter fortsetze, durch eine Krankheit von der begonnenen Reise zurück.«[145]

Und noch einmal, das verwundert, wird Franz in den Orient aufbrechen. Das ist im Jahr 1219 – und diesmal, o Wunder!, drängt ihn ausgerechnet Kardinal Hugolin, selbiger, der ihm die Reise nach Frankreich verbot, sich dem Kreuzfahrerheer anzuschließen. Warum? Will er ihn los sein in Assisi, wo sich in Kürze Weichen stellen werden? Franz ist längst nicht mehr bester Gesundheit, er ist weiser, auch skeptischer, vor allem friedlicher geworden, von einem Märtyrertod, den er sich sehnlichst wünschte zu erleiden, ist nicht mehr die Rede.

Innozenz III. will unbedingt, dass dieser fünfte Kreuzzug ein Erfolg wird. Aber Venedig bleibt, das weiß er, ein Problem. Wenn die Venezianer den Transport übernehmen, kann es passieren, dass sie die Route, wie schon bei der ungeplanten Eroberung Konstantinopels, eigenmächtig ändern. Das wollte er verhindern. Pisa und Genua sollten diesmal am Kreuzzug teilnehmen, aber vorher mussten die beiden verfeindeten Städte versöhnt werden.

All das sollte auf einem groß angelegten Treffen, das in Perugia stattfand, verhandelt werden. Am 1. Juli 1216 reist Innozenz III., er ist inzwischen fünfundfünfzig Jahre alt, in Begleitung von zwanzig Kardinälen an. Am 16. Juli stirbt er plötzlich, mitten in den Beratungen. Der englische Franziskaner Thomas von Eccleston schreibt, Franz sei bei dem Tod des Papstes anwesend gewesen. Unwahrscheinlich ist das nicht, denn Perugia liegt nahe genug an Assisi, dass man von seiner Anwesenheit – denn auch er ist inzwischen, ob er will oder nicht, eine wichtige Figur der Kirche – ausgehen kann. Denn warum kam Innozenz III. sonst nach Umbrien, wenn er nicht die verjüngende Kraft der Franziskaner spüren wollte? Reinhold Schneider kann es sich in seiner übergroßen Innozenz-Bewunderung nicht versagen, dessen Tod gerade in Perugia poetisch so zu stilisieren, dass er wie vorbestimmt wirkt. Er schreibt, nirgends trete die Natur so nah wie hier an den Menschen heran, »um ihm ein Wort der Liebe abzuschmeicheln; ihm zu helfen; es ihm leicht und heimisch zu machen auf der Erde. Und aus all dem versteht man, dass einer hier sterben musste: Innozenz.«[146]

Franz von Assisi sprüht also längst nicht mehr so vor Kraft wie noch wenige Jahre zuvor, er hat sich in den ständigen Zwistigkeiten um die Organisation der Bruderschaft, die noch immer kein Orden sein will, aufgerieben.

Jakob von Vitry, der Franz 1219 im Orient bei seiner dritten Missionsreise treffen wird, war gerade Bischof von Akko geworden und reist ebenfalls nach Perugia, aber er kommt zu spät, um Innozenz noch lebend zu sehen. Jakob von Vitry notiert, was die Biographen des einst mächtigen Papstes sonst geflissentlich verschweigen: »Nachdem ich in die Stadt namens Perugia gekommen war, fand ich dort Papst Innozenz schon tot, aber noch nicht begraben; ihn hatte man in der Nacht seiner kostbaren Kleider beraubt, mit denen er bekleidet war. Seinen Leichnam hatten sie nahezu nackt und übel riechend in der Kirche zurückgelassen. Als ich nun in die Kirche trat, erkannte ich augenblicklich, wie kurz und eitel die trügerische Herrlichkeit dieser Welt ist.«[147] Schon am nächsten Tag wird in Perugia – so will es der Brauch – ein neuer Papst gewählt, Honorius, den Jakob von Vitry »einen gutmütigen, religiösen Greis« nennt.

Was bis 1217 noch als Pilgerreise in fremde Weltgegenden verstanden werden konnte, ändert sich nach dem Pfingstkapitel dieses Jahres. Die Strukturreform der Fraternitas in Richtung eines hierarchischen Ordens wird hier erstmals institutionell begründet. Damit verliert auch Franz de facto die alleinige Führungsrolle.

Man beschließt, die Missionsgebiete in Provinzen einzuteilen. Auch eine nahöstliche entsteht – und der später auf so berüchtigte Weise berühmt gewordene Bruder Elias von Cortona soll als Erster die Organisation dieser Provinz übernehmen. Wer geht von den

Brüdern nach Ägypten oder Marokko – erst einmal auch nach Spanien, wo gerade die letzten muslimischen Enklaven von den Kreuzfahrern bekämpft werden? Spanien den Christen, nicht den Muslimen!, lautet ihr Motto. Die Franziskanerbrüder, die sich auf das Wagnis Orient einlassen, sind vor allem eins: jung, abenteuerlustig und mit einem fatalen Hang zum Martyrium ausgestattet.

Doch die Moslems zeigen sich ungewöhnlich geduldig mit den provokanten Missionaren. Zumeist bewegen sich die Brüder auch im Schutz des Kreuzfahrerheeres und können sich einiges herausnehmen. Mit Unruhe und zunehmendem Missfallen hat Jakob von Vitry ihr Gebaren beobachtet und erkennt in ihnen »junge und unvollkommene Brüder, die man noch eine bestimmte Zeit in klösterlicher Zucht hätte schulen und prüfen müssen«.[148]

Als Franz von Assisi auf dem Pfingstkapitel 1219 ankündigt, in den Orient zu reisen, geschieht dies wohl weniger aus eigenem Antrieb als auf Drängen der Kurie, speziell seines falschen Freundes Kardinal Hugolin. Vielleicht spekuliert man auf ein Martyrium, das Franz sozusagen über Nacht zum Heiligen machen würde? Julien Green bringt es auf den Punkt: »Wenn Franz es mit schlauen Füchsen zu tun hatte, tappte er meistens im dunkeln.«[149]

Franz ist zurückhaltend geworden, religiöser Heldentod ist nicht das, was er auf dieser Reise sucht. Anders als seine fünf Ordensbrüder, die zu den ersten Märtyrern der Franziskaner wurden – was im Orden (wir sind im Mittelalter) mit Jubel aufgenommen worden sei. Julien Green berichtet von der uns absurd vorkommenden Szenerie, ein Lehrstück in Sachen religiösem Fanatismus: »Als sie in Sevilla gegen den Koran gepredigt hatten, waren sie mit Stockschlägen bestraft worden. Das hatte ihnen nicht genügt. Sie stiegen auf einen Turm und riefen lauthals Betrug, während die anderen Mohammed verherrlichten. Aus Sevilla vertrieben, gingen sie nach Marokko, um dort ihr Glück zu versuchen. Hier schmähten sie vor dem Miramolin (*amir al-mu'minin* für »Befehlshaber der Gläubigen« – Anm. G.D.) den islamischen Glauben, wurden gefoltert und aus dem Lande gejagt. Sie kehrten zurück, gingen nach Marrakesch, schlichen sich in die Moscheen und wiederholten ihre Flüche und Verwünschungen. Um sich dieser aufdringlichen Kerle zu entledigen, ließ der Miramolin ihnen Geschenke anbieten, die sie sofort höhnisch zurückwiesen. Als man sie durch die Folter umzustimmen versuchte, setzten sie alles daran, sogar noch ihre Henker zu bekehren, bis sie schließlich, ihrem Wunsche entsprechend, enthauptet wurden.«[150]

Die vom Martertod ihrer fünf Glaubensgenossen begeisterten Brüder wollen sofort eine Legende über ihr Wirken verfassen lassen – Franz untersagt dies jedoch. Jeder solle seine eigene Passion rühmen, nicht die eines anderen, habe er diese Haltung begründet. Vielleicht wollte er auch nicht, dass das Beispiel Schule macht?

Kluge, nicht fanatische Zeugen des Geschehens gab es auch, so wie Boncampagno von Signa, der ein Buch mit dem Titel *Rhetorica antica* veröffentlicht hatte und 1220 über den Missionseifer der Minoriten schreibt: »Die Minderen Brüder sind zum Teil noch Knaben und junge Burschen. Zieht man in Betracht, wie leicht beeinflussbar ihre Altersstufe ist, erscheint es nicht gegen die Natur, wenn sie wankelmütig und schwach werden. Doch sind sie bereits zu solchem Wahnsinn gelangt, dass sie sich ganz unklug in Städten, Dörfern und einsamen Gegenden herumtreiben und dabei unmenschliche Martern erdulden.«[151]

Nun also bricht Franz selbst nach Ägypten auf, wo das Kreuzfahrerheer lagert. Vermutlich begann die Reise unmittelbar nach dem Pfingstkapitel von Ancona aus mit dem Schiff. Man weiß von dieser Reise wenig, aber schmückt das wenige umso blumiger aus. Nicht alle der Brüder, die mit Franz zusammen sein wollten, passten aufs Schiff, ein Kind zeigt schließlich mit dem Finger auf jene zwölf, die mitreisen dürfen. Egal was unterwegs passierte, in Assisi lässt Franz jedenfalls eine Bruderschaft zurück, die nur noch eine päpstliche Bulle weit von einem katholischen Orden entfernt ist. Die Brüder, die seit Beginn dabei sind, sehen es mit großer Sorge. Und nun ist auch noch Franz fort, weit weg im Orient. Ob er je wiederkehrt, ist ungewiss. Für die Zeit seiner Abwesenheit hat er die organisatorische und spirituelle Leitung in die Hände von zwei Brüdern gelegt: Matthäus von Narni und Gregor von Neapel.

Celano hat wenig von dieser so wichtigen und legendenumwobenen Reise zu berichten, und das wenige klingt kolportiert, abgezweckt für eine Heiligenbiographie. So hören wir von Franz' Ankunft in Syrien (im 13. Jahrhundert scheint man alles, was südlich des Mittelmeeres lag, als Syrien zu bezeichnen), die in Wirklichkeit eine Ankunft in Ägypten war. Hier wurde um die Vorherrschaft im Orient gekämpft, hier seien, so Celano, »täglich heldenhafte und erbitterte Kämpfe zwischen Heiden und Christen« ausgebrochen.

Franz glaubt nicht an einen Sieg der Kreuzfahrer, das sagt er auch laut. Und tatsächlich, das die Festung von Damiette belagernde Heer erleidet im Kampf eine Niederlage. Es wird ein Waffenstillstand geschlossen – und jetzt sieht Franz die Chancen, zum Sultan selbst zu gelangen, um mit ihm zu sprechen, natürlich mit dem Ziel, ihn von der Wahrheit des christlichen Glaubens zu überzeugen.

Der Aufenthalt beim Kreuzfahrerheer jedoch ist von unparteiischen Zeugen dokumentiert. Der im Orient lebende Franzose Ernoul schildert die tatsächlich stattgefundene Begegnung zwischen Franz, seinem Begleiter Illuminatus und dem Sultan Melek al-Kamil von Ägypten. Dieser Neffe Saladins war ebenso alt wie Franz und ein überaus kultivierter Herrscher. Man darf nicht vergessen, dass die arabische Kultur zu dieser Zeit eine geistige Blüte erreicht hatte (besonders in ihren spanischen Enklaven): In Philosophie, Medizin, mathematischen und astronomischen Wissenschaften war man dem christlichen Europa voraus.

Die Scholastik des Mittelalters kam zu Aristoteles erst wieder über die Vermittlung der Araber. Averroes, Avicenna, Ibn Gabirol und Ibn Tufail, der Geschichtsschreiber, all das gehörte zu jenem geistigen Reichtum, von dem Franz nichts weiß. Er kommt in aller Einfalt, den Sultan zu missionieren. Dieser soll zum Christentum übertreten! Die Zurückdrängung der Moslems ist unter

Innozenz III. zu einem wichtigen Ziel des Papsttums geworden. Vor allem aus Spanien sollen sie vertrieben werden. In dieser Ideologie befangen ist auch Franz vor dem Sultan. Nur mit dem Unterschied, dass er im Glauben ist, ihm sei es möglich, selbst einen Sultan mit seiner Predigt, nur mit Worten also, von einem Moslem zu einem Christen zu bekehren.

Weniger wortgläubig, aber dem gleichen Ziel verpflichtet, verbünden sich die vier spanischen Königreiche Kastilien, León, Navarra und Aragon gegen die Araber – 1212 war ihnen bei Las Navas de Tolosa ein wichtiger Sieg gelungen. Gert Wendelborn schreibt: »Seit diesem Sieg war die Vertreibung der Araber von der Iberischen Halbinsel und der endgültige Sieg der Reconquista nur noch eine Frage der Zeit.«[152] Das Papsttum mit seiner Kreuzzugsideologie fühlt sich – nach einigen herben Niederlagen – mehr und mehr in seiner imperialen Politik bestätigt, denn auch der Kreuzzug gegen die sich hartnäckig verteidigenden Albigenser in Südfrankreich wird mit großer Brutalität fortgesetzt. Das ist der Hintergrund für die Anfänge der franziskanischen Bewegung, die mit ihren Missionsreisen in den Orient plötzlich zum Teil des Kreuzzugskonzepts geworden ist.

Dabei erweist sich die Begegnung zwischen Franz und dem Sultan als aufschlussreich, ungefähr so wie jene zwischen Innozenz III. und Franz zehn Jahre zuvor. Jeder mit Recht skeptische Leser wird sich zuerst fragen: Wie kommen die beiden unscheinbaren Brüder überhaupt bis zum Sultan? Doch das scheint mit der Waffenstillstandssituation erklärbar. Zuerst einmal wollten sie die Einwilligung vom päpstlichen Gesandten im Heiligen Land, dem Kardinal Pelagius Galvani, in das feindliche Lager hinüberzugehen. Ernoul berichtet: »Sie kamen zum Kardinal (Legaten) und sagten, sie wollten zum Sultan gehen, um ihm zu predigen; aber ohne seine Einwilligung wollten sie nicht dorthin gehen. Der Kardinal jedoch antwortete ihnen, dass er sie weder mit seiner Erlaubnis noch in seinem Auftrag dorthin gehen lasse, denn er wolle ihnen keinesfalls die Erlaubnis geben, an einen Ort zu gehen, wo sie umgebracht würden.«[153]

Der kirchliche Würdenträger ist verärgert, Teil des in seinen Augen sicheren Märtyrertodszenarios der beiden Brüder zu werden. Warum müssen sie ihn auch fragen? So sagt er ihnen, sie könnten gehen, wenn sie wollen, »aber niemand soll glauben, er habe sie geschickt«.

Sie lassen also das Lager der Kreuzfahrer zurück, in dem für Franz unerträgliches Volk versammelt ist, auf den ersten Blick unchristliche, wilde, unmoralische Menschen, die es aus Abenteuerlust und Geldgier hierher verschlagen hat: ein Heerlager eben. Bald treffen sie auf die ersten Wachposten des Sultans. Jetzt entscheidet es sich: Werden sie sofort getötet, oder haben sie eine Chance, diesen Augenblick zu überleben und so, Schritt für Schritt, zum Sultan zu gelangen. Franz schreit, so berichtet Illuminatus im Nachhinein, immerzu so laut er kann: »Sultan!«, Sultan!«. Die Posten sind irritiert. Haben sie vielleicht Parlamentäre vor sich, die zum Sultan wollen? Womöglich aber sind es auch Spione – wir sind immerhin mitten im Krieg.

Diese Augenblicke jedoch sind lebend überstanden, man mutmaßt nun, was die Fremden vom Sultan wollen. Jetzt kann Franz wieder seinen ganzen Charme spielen lassen – und tatsächlich werden sie zum Sultan gebracht.

Ernoul schildert die dann folgende Szene: »Als sie vor den Sultan traten, grüßten sie ihn. Auch der Sultan hieß sie willkommen. Dann fragte er sie, ob sie Sarazenen werden wollten oder ob sie mit einer Botschaft zu ihm gekommen seien. Sie antworteten, nie und nimmer wollten sie Sarazenen werden. Sie seien zu ihm gekommen als Botschafter mit einer Botschaft von Gott, dem Herrn, zum Heil seiner Seele.«[154]

Wieder ein gefährlicher Moment. Aber der Sultan ist klug und welterfahren genug, sich nicht provozieren zu lassen, er lädt die beiden Missionare vielmehr zu einem Glaubensgespräch mit seinen Gelehrten und Würdenträgern ein. Solche Dispute sind nichts für Franz, und zum Glück lassen sich auch die Herbeigerufenen nicht auf eine Diskussion mit den wenig imposanten Kuttenträgern ein.

Er solle die beiden dreisten Eindringlinge lieber schnell köpfen, so raten sie dem Sultan.

Aber dieser scheint seine Freude an dem merkwürdigen Besuch zu haben. Franz predigt nun also – in welcher Sprache, ist nicht überliefert, aber seine Predigten sind ja ohnehin so etwas wie Theateraufführungen –, und der Sultan schaut sich die Sache durchaus freundlich an. Ein weiterer Zeitgenosse, Bernhard der Schatzmeister genannt, schreibt, der Aufritt von Franz vor dem Sultan habe mit den Worten geendet, sie seien bereit, für ihren Glauben den Tod zu erleiden. Der Sultan, ein »herzensguter Mensch«, habe darauf geantwortet: »Es sei mir ferne, dass ich euch zum Tod verurteile, die ihr für mein Leben gekommen seid.«[155]

Wahrlich ein weiser Sultan, einer, wie ihn Lessing mit seiner »Ringparabel« in *Nathan der Weise* auftreten lassen wird. Natürlich könne er nicht seinen Glauben an Mohammed verleugnen, dann wäre er ja ein Verräter, antwortet er ihnen. Damit ist der Bekehrungsversuch beendet, der Sultan bietet ihnen an, bei ihm zu bleiben, er will ihnen auch wertvolle Geschenke machen, aber das lehnen sie ab. Nur das Angebot einer Eskorte, die sie sicher durch die feindlichen Linien zurück ins Kreuzfahrerlager bringen soll, nehmen sie vorsichtshalber an.

Gewiss scheint, beide, der Sultan und Franz, sind voneinander beeindruckt. Von jener legendären Feuerprobe, die auf einem Fresko Giottos in der Franziskuskirche überaus effektvoll dargestellt ist, der Aufforderung des Sultans, für seinen Glauben durchs Feuer zu gehen, der Franz dann auch ohne zu zögern und Schaden zu nehmen folgt, ist in den frühen Quellen mit keinem Wort die Rede. Erst Bonaventura wird darüber in seiner überaus ausgeschmückten *Legenda Maior* berichten.

Aber der Kreuzzug ist damit noch nicht am Ende. Am 5. November wird Damiette von den Kreuzfahrern erobert – der Sultan hatte sich mit seinem Hofstaat jedoch in Sicherheit bringen können. Das übliche furchtbare Gemetzel der Eroberer an den Eroberten bleibt auch diesmal nicht aus. Zusätzlich leidet die Stadt unter der Pest – so dass die Sieger über einen Ort triumphieren, in dem nur noch Tote sind.

Franz ist davon zutiefst angewidert, er verlässt das Kreuzfahrerheer. Dass Moslems keine Menschen seien, wird er niemals behaupten, und daran, dass man mittels Krieg christliche Werte verbreiten kann, glaubt er – wenn er das je getan haben sollte – ebenfalls nicht mehr. Ist er überhaupt noch der richtige Mann für die katholische Kirche und die Art, wie diese mit Jesus Christus Machtpolitik betreibt?

Walter Nigg wird das unerhört Unzeitgemäße aussprechen, das sich mit Franz' Reise nach Ägypten verbindet: »Während die Kirche auf gewaltsame Eroberung des Heiligen Landes ausging, war Franziskus der einzig wehrlose Kreuzfahrer, der allein die friedliche Bekehrung der Sarazenen dem Evangelium entsprechend fand.«[156]

Rückzug oder Vertreibung von der Ordensspitze?

Die Nachrichten, die er, noch immer im Orient, bekommt, sind schlecht. In Assisi wird bereits verbreitet, er sei längst tot. Da können es einige augenscheinlich nicht erwarten, die Dinge nach ihren Vorstellungen zu regeln.

Doch Franz ist Intrigen gegenüber so naiv wie ein Kind. Darin liegt seine Stärke, aber auch seine Verwundbarkeit. Aber merkwürdig ist sein Verhalten schon, denn nachdem er sich voller Ablehnung über die Praktiken der Kreuzfahrer aus dem Lager vor Damiette zurückgezogen hat, übt er sich in Kontemplation. Es ist von ihm monatelang nichts zu sehen und zu hören. Im Nachhinein heißt es, er habe in aller meditativer Stille heilige christliche Stätten besucht. Das klingt als Erklärung für sein Verweilen dürftig. Es klingt aber auch nicht so, als ob er schwer krank oder zu geschwächt für die Rückreise wäre. Will er nicht zurück – oder soll er nicht?

Gegenüber Fastenregeln verhielt er sich immer zurückhaltend, die Brüder sollten Mäßigung suchen, wo es ging, das Niedrigste vom Niedrigsten sei gut genug für sie. Das war seine Position. Im Übrigen, da die Brüder Wanderprediger seien, gelte für sie das Gebot der Evangelien: »Wenn ihr in eine Stadt kommt und man euch aufnimmt, so esst, was man euch vorsetzt« (Lk 10,8). Danach richtete sich Franz, darum gibt es in der *Regula non bullata* auch keine detaillierten Fastenvorschriften, wie asketisch einer der Brüder leben will, das ist ihm weitgehend selbst überlassen.

Nun aber scheinen in seiner Abwesenheit die beiden von ihm eingesetzten Vikare Matthäus von Narni und Gregor von Neapel detaillierte Fastenregeln – die an jene der alten Orden erinnern – erlassen zu haben, ohne dass Franz etwas davon wusste. Hier schwelt der Konflikt Laien gegen Kleriker in der Fraternitas. Es ist dann auch ein Laienbruder namens Stephan, der sich heimlich auf den Weg in den Orient macht, wo sich Franz immer noch aufhält. Dieser sei, so schreibt Jordan von Giano, gerade beim Essen gewesen – ein Fleischgericht, wie er betont –, als Bruder Stephan bei ihm eintrifft: »Und als er zum seligen Franziskus kam, bekannte er zuerst seine Schuld, ohne Erlaubnis zu ihm gekommen zu sein und bat um Vergebung; als Motiv seines Handelns nannte er jedoch die Notwendigkeit, dass die Vikare, die er zurückgelassen hatte, sich angemaßt hatten, zu seiner Regel neue Verfügungen hinzuzufügen. Und er ergänzte, dass der Orden in ganz Italien verwirrt würde sowohl durch die Vikare als auch durch andere Brüder, die sich Neuerungen anmaßten.«[157]

Interessanterweise erwähnt Jordan von Giano eine »Hellseherin, die vieles Wahre voraussagte«. Warum Franz, immer noch jenseits des Mittelmeeres, sich von dieser wahrsagen lässt, wird nicht erwähnt. Nur dass auch sie Franz rät, schnell zu seinem bedrohten Orden zurückzukehren, ist überliefert. Aus heutiger Sicht versteht man die Aufregung, in der der Orden gewesen sein soll, nicht mehr. Was ist an den verschärften Fastenregeln, wie sie Jordan von Giano aufführt, so bedrohlich für den Orden, der da noch keiner im päpstlichen Sinne ist? Modifikationen der Regeln gab es zu dieser Zeit ständig, und auch diese Änderung könnte eine Fußnote der

Regelentwicklung bleiben. Aber eines fällt auf – und nicht wenigen Brüdern scheint es ebenfalls aufgefallen zu sein: Es ist ein kleinkariert-reglementierender Geist, der sich in die Gemeinschaft einzuschleichen beginnt, ausgehend von den Provinzialministern, die den Brüdern immer mehr im Detail vorschreiben, wie sie ihren Tag zu gestalten haben.

Der Verbote werden immer mehr. Darum geht es auch bei dem Widerstand gegen die Modifikationen der Fastenregeln: Ihr Geist ist durchdringend scholastisch – und dagegen war die Fraternitas der Minderbrüder ein Jahrzehnt zuvor doch gerade angetreten! Das also ist der Casus Belli, wegen dessen Bruder Stephan übers Meer reist und Franz Gefahr im Verzug signalisiert: »Und weil die Brüder gemäß der ersten Regel am vierten und sechsten Wochentag sowie – gemäß der Erlaubnis des seligen Franziskus – am zweiten und am Sabbattag fasteten und an den übrigen Tagen, an denen der Fleischkonsum erlaubt war, auch Fleisch aßen, hielten die genannten Vikare mit einigen älteren Brüdern aus Italien ein Kapitel ab, auf dem sie festsetzten, dass die Brüder an den Fleischtagen kein eigens dafür beschafftes Fleisch verzehren, sondern nur solches essen sollten, das ihnen freiwillig von den Gläubigen dargebracht worden war. Ferner setzten sie fest, dass sie am zweiten Wochentag sowie an den beiden anderen Tagen fasten und sich am zweiten Wochentag sowie am Sabbat keine Milchspeisen verschaffen sollten; vielmehr hatten sie sich dieser zu enthalten, sofern sie ihnen nicht zufällig von frommen Gläubigen angeboten würden.«[158]

Das muss in den Ohren von Franz als das geklungen haben, was es ist: höherer Nonsens. Was hat das noch mit dem Impuls zu tun, den er den Brüdern immer wieder zu vermitteln suchte: der Nachfolge Jesu, in Liebe, Frieden und freiwilliger Armut?

Aber Bruder Stephan hat noch von weiteren Eigenmächtigkeiten zu berichten. Bruder Philipp habe sich zum Protektor der Klarissen gemacht und Briefe an den Papst geschrieben, in denen er um Vergünstigungen für sie bat – er habe damit gegen das Minderbrüder-Gesetz verstoßen, niemals Privilegien zu fordern. Ebenso habe Bruder Johannes von Capella einen eigenen Leprösen-Orden gründen wollen und dafür die Genehmigung des Papstes erbeten.

Also ein Konglomerat von Problemen und Eigenmächtigkeiten, die sich unweigerlich in einer Gemeinschaft ergeben, die ganz auf die persönliche Autorität des Stifters zugeschnitten ist. Bislang lebte die Gemeinschaft mit derlei Eigenmächtigkeiten, die ja durchaus vom evangelischen Eifer der Brüder kündeten. Nun war Franz längere Zeit abwesend, da offenbaren sich – das sollte niemanden verwundern – Streitigkeiten und Machtkämpfe verschiedener Parteiungen.

Die Kleriker im Orden, zu denen die beiden Vikare gehören, wollen dem mit einer stärkeren Reglementierung begegnen, das ist nicht im Sinne von Franz. Die radikalen Evangelisten dagegen wollen Klara von Assisi und ihren armen Schwestern die gleichen Rechte geben wie den Minderbrüdern, auch das ist nicht im Sinne Franz' von Assisi, der sich angesichts von Klaras Armutseifer auffällig zurückhält – nicht gerade eine überzeugende Position. Und schließlich: Haben die Brüder nicht in den ersten Jahren gerade durch den gemeinsamen Anspruch zusammengefunden, die Aussätzigen mit christlicher Nächstenliebe – und vor allem Pflege – zu bedenken?

Dieser Anfangsimpuls der Liebe zu den Armen und Kranken, die schlichte Solidarität, scheint tatsächlich im vergangenen Jahrzehnt immer mehr in den Hintergrund gerückt, da Franz vor allem mit Missions- und Strukturfragen beschäftigt war, der päpstlichen Kreuzzugsideologie diente und am Versuch, eine Regel der Minderbrüder zu schreiben, die der Papst endlich mit einer Bulle bestätigen würde, fast verzweifelte.

Franz, der gewohnt ist, klar und einfach zu denken und ebenso zu handeln, ist von den widerstreitenden Interessen, die sich nun zeigen, von der Komplexität einer Bruderschaft, die inzwischen ungefähr fünftausend Anhänger zählt, offensichtlich verwirrt. Er fühlt sich von den Problemen, die in einer stark wachsenden Gemeinschaft doch keineswegs ungewöhnlich sind, überfordert. Nun, so weiß er, geht es um Institutionalisierung, um Gesetze und ihre Auslegung ebenso wie ihre Durchsetzung, um Sanktionen gegen Gesetzesbrecher. Das ist nicht das, wofür er sein falsches bürgerliches Leben zurückgelassen hat! Aber er weiß, er muss handeln.

Doch wie er handelt, das gleicht einer Kapitulation. Ist es sein eigener Fehler, aus einer plötzlich übermächtigen Unlust resultierend, die Ohnmacht angesichts von Parteistreitigkeiten, mit denen er nie etwas zu tun haben wollte – und die er nun reflexartig von sich stößt? Oder haben ihn seine Begleiter (zu denen seine Nachfolger Petrus Cathani und Bruder Elias, auch Cäsarius von Speyer gehören) in eine Art Panik getrieben?

Jedenfalls ist der Schritt, den er sofort nach seiner Rückkehr nach Italien unternimmt, überaus merkwürdig: ein für ihn ungewöhnlicher Misstrauensbeweis gegenüber den Brüdern in der Portiunkula. Denn nicht zu ihnen führt sein erster Weg. Angemessen wäre es gewesen, sich von ihnen die Lage darstellen zu lassen, Rechenschaft über getroffene Entscheidungen zu verlangen. Das hätte man von Franz erwartet – aber es passiert genau das Gegenteil.

Er reist, begleitet von denen, die ihn nun auch offiziell ablösen werden, durch Italien: »Und nachdem er dort die Ursachen der Verwirrungen besser erkannt hatte, wandte er sich nicht an die Unruhestifter, sondern an den Herrn Papst Honorius.«[159] Von ihm erbittet er einen »Papst« für seinen Orden, also einen, der die Macht hat, die Dinge zu ordnen. Auf die Frage, an wen er dabei gedacht habe, gibt Franz zur Antwort: »Den Herrn von Ostia.«

Also ist Kardinal Hugolin nun auf die ausdrückliche Bitte von Franz zum Herrn der Minderbrüder geworden? So ist es offenkundig. Hugolin geht auch sofort ans Werk: »Nachdem also der selige Franziskus dem Herrn von Ostia, seinem Papst, die Ursachen seiner Unruhe berichtet hatte, widerrief dieser unmittelbar darauf das Schreiben Bruders Philipp und Bruders Johannes wurde mit den seinen von der Kurie in Schande abgewiesen. Und nachdem mit Gottes Hilfe die Unruhestifter so umgehend beruhigt worden waren, reformierte er den Orden gemäß seinen Statuten.«[160]

Bestätigung des Ordens der Dominikaner durch Papst Honorius III., 1216

Kardinal Hugolin also reformiert den Orden der Minderbrüder, der laut Franz gar kein Orden sein soll? Und das wegen einiger Streitereien um Fastenregeln, um Bittbriefe für Klara und den Versuch, eine eigene Organisationsform für Lepröse zu begründen, die im Geist der Minderbrüder leben wollen? Das scheint wenig glaubhaft. Entweder ist Franz in einen Zustand der puren Hysterie geraten, oder aber die Unterstellung der Fraternitas unter einen eigenen »Papst« (Kardinalprotektor) als Statthalter der Kurie war längst beschlossene Sache. Jetzt, wo die Bruderschaft tatsächlich zum Orden der katholischen Kirche wird, bleibt dieses Amt des Kardinalprotektors eine dauerhafte Einrichtung der Kontrolle und Einflussnahme durch die Kurie. Bis zum Jahr 1517, als das Amt abgeschafft wurde, erlebte der Orden zwanzig solcher Kardinalprotektoren, kleine »Päpste« des Ordens. Dass dies eine einflussreiche Position innerhalb der Kurie war, lässt sich schon daraus ersehen, dass vier von ihnen später tatsächlich Päpste wurden.

Und so lesen wir es dann auch am Schluss der von Papst Honorius III. im 8. Jahr seines Pontifikats am 29. November 1223 bullierten Regel ganz ausdrücklich als einen päpstlichen Befehl an die Minderbrüder formuliert: »Außerdem verpflichte ich die Minister im Gehorsam, vom Papst einen aus den Kardinälen der Heiligen Römischen Kirche zu erbitten, der diese Bruderschaft lenke, in Schutz und Zucht nehme, auf dass wir, allzeit den Füßen dieser heiligen Kirche untertan und unterworfen, feststehend im katholischen Glauben, die Armut und Demut und das heilige Evangelium unseres Herrn Jesus Christus beobachten, was wir fest versprochen haben.« Erstaunlich hierbei ist allerdings, dass immer noch von »Bruderschaft« gesprochen wird, wo die Minderbrüder jetzt offiziell als ein Orden der katholischen Kirche gelten.

Sind sie denn von nun an Mönche, die in Klöstern wohnen? Mit diesem Selbstverständnis haben nicht wenige der Brüder, die dem religiösen Freigeist Franz zu folgen versprachen, ihre Probleme. Die Zeit wird zeigen, dass diese Probleme nicht weniger, sondern noch mehr werden. Auch bei den drei Gefährten klingt Ratlosigkeit mit, wenn sie den folgenreichen Schritt des Franz von Assisi nach seiner Rückkehr aus dem Orient erklären sollen. Warum nur geht er nicht zu seinen Brüdern, um die Streitigkeiten zu klären, sondern gleich zum Papst nach Rom? Sie schreiben: »Zuvor hatte der selige Franziskus eine Vision gehabt, die ihn dazu veranlasst haben mag, einen Kardinal zu erbitten und den Orden der Römischen Kirche zu empfehlen. Er hatte nämlich eine kleine schwarze Henne gesehen, deren Beine von oben bis unten mit Federn besetzt waren wie bei einer Haustaube. Die Henne hatte so viele Küken, dass es ihr nicht möglich war, sie unter ihren eigenen Flügeln zu sammeln; sie liefen deshalb um die Henne herum und blieben draußen.«

Dieses »Traumgesicht« habe er nun mit seiner eigenen Situation verglichen – und darin den entscheidenden Fingerzeig Gottes erkannt, etwas grundlegend zu ändern: »Ich bin jene Henne, klein von Gestalt und schwarz; einfältig muss ich sein wie die Taube und durch die Liebe, die Triebfeder der Tugenden, zum Himmel fliegen. Der Herr aber gab mir durch seine Barmherzigkeit viele Söhne und wird sie mir weiter geben, die ich aus eigener Kraft nicht imstande bin zu beschützen. Darum ist es notwendig, dass ich sie der heiligen Kirche empfehle, die sie unter dem Schatten ihrer Flügel schützen und leiten möge.«[161]

Unabhängig davon, ob Franz diesen Traum wirklich geträumt hat oder ob er ihm im Nachhinein als Vision angedichtet wurde, Fakt ist eines: Zu mächtig, zu wichtig für Rom war die Bewegung der Minderbrüder geworden, um sie, in einer Zeit, wo die Kreuzzüge – gegen die Moslems ebenso wie gegen die Katharer – vor der Entscheidung standen, einem selbst erklärten »Narren« wie Franz zu überlassen, der vieles war, aber nicht Organisator, nicht Machtmensch und nicht Diplomat.

Zudem will man in Zeiten der beginnenden Ordensmission in anderen Ländern durch eine straffere Hierarchie die Verwechslung mit Ketzern wie den Katharern oder Waldensern, deren Predigtinhalt dem der Minoriten überaus ähnlich scheint, vermeiden. Predigen darf laut Kardinal Hugolin ab sofort nur noch, wer eine besondere Genehmigung vom Generalminister dazu bekommen hat – und Laien sind von der Predigt ohnehin ausgeschlossen.

Ob Franz aus freien Stücken die Leitung der Fraternitas abgab oder ob er nur gute Miene zum bösen Spiel der kalten Absetzung machte? War er resigniert, oder versuchte er, gegen diese Enteignung Widerstand zu leisten? Es scheint, er wurde von seiner Umgebung bereits jetzt in einer Isolation gehalten, die in den kommenden Jahren fast hermetisch wurde. Denn das, was er mit der Bitte um die Einsetzung seines falschen Freundes Hugolin als Protektor erreichen wollte, die Rücknahme der strengeren – oder doch nur etwas umständlicher formulierten – Fastenregeln, das wird zwar auf Intervention Hugolins auch erreicht, aber es ist wohl allzu teuer erkauft.

Denn 1220, gleich nach der Rückkehr Franz' von Assisi, erlässt Hugolin mehrere folgenschwere Modifikationen der Regel, die sich so auch in der *Regula bullata* von 1223 fixiert finden. Nachdem bereits, wie bei den alten Orden, ein einjähriges Noviziat für alle Bewerber eingeführt worden war, dürfen die Brüder sich auch nicht mehr ohne Erlaubnis ihrer Minister und Guardiane von ihren Niederlassungen entfernen.

Damit ist die Existenz der predigenden Wanderbrüder ohne feste Bleibe beendet. In der Folge der so erzwungenen Sesshaftwerdung stellt sich den Minderbrüdern auch die Frage nach dem Bau von Klöstern wieder neu (Franz lehnt jedes Gebäude aus Stein entschieden ab, nur Holz, Stroh und Lehm sind erlaubt) und auch damit verbundene Eigentumsfragen. Ebendas hatte Franz unbedingt verhindern wollen.

Weil nun Brüder, die den Glauben an ihre Berufung verloren hatten, nicht einfach wieder ihrer Wege gehen konnten, die Häuser, die jetzt entstehen, zwar nicht Klöster genannt werden, aber dennoch aus Stein sind und eine verschließbare Pforte haben, fühlen sich die Brüder de facto eingesperrt.

Auch aus diesem Grund lässt die Moral in den Klöstern durchaus vergleichbaren Häusern, die man nun baute, rapide nach, so dass ein ganzer Katalog von Strafmaßnahmen gegen Vergehen aller möglichen Art entwickelt werden musste – bis hin zu Kerkerhaft. Dieses Mittel wird dann sehr bald gegen die spiritualen Opponenten der Klerikalisierung angewandt.

Von hier aus führt dann ein direkter Weg zur Inquisition, in der sich die Franziskaner neben den Dominikanern besonders hervortaten. Gert Wendelborn beschreibt diesen Prozess der Umwandlung von der Bruderschaft in einen Orden treffend als »Verrechtlichung ihrer charismatischen Strukturen«.[162]

Und noch eine Auswirkung hatte die erzwungene Sesshaftwerdung: Die Arbeit, die die Brüder auf ihren Wanderungen angenommen hatten und die von Franz als Pflicht für alle angesehen wurde, um als Gegenleistung Essen zu erhalten, trat wieder in den Hintergrund, das Betteln um Almosen aber, das eher für den Notfall vorgesehen war, wurde zur Regel – und schlimmer noch: Es wurde zum organisierten Betteln und damit zu jener »Landplage«, von der man im Zusammenhang mit den Bettelorden oft spricht.

Arbeit gab es jetzt nur noch in den Häusern, die man zu Franz' Lebzeiten sich scheute, offen Klöster zu nennen, aber de facto waren sie das, und die Brüder fühlten sich auf einmal wie Mönche in einem jener Orden, in die sie nie freiwillig eingetreten wären. Das waren niedere Arbeiten der Bewirtschaftung, und diese fielen nun den Laien zu, die durch das verstärkte Eintreten von Klerikern und Gelehrten in den Orden wieder zu Brüdern zweiter Klasse wurden, zu dienstbaren Geistern.

Ganz nebenbei hat sich auch eine folgenschwere Änderung der Aufnahmepraxis in den Orden – den man ab jetzt wohl so nennen muss – ergeben. Die Eintretenden müssen ihr Vermögen nicht mehr zwangsläufig den Armen geben (die einzige feststehende Regel der Anfangszeit!), sie können anders darüber verfügen. Damit ist das Armutsgebot in seiner Unbedingtheit ausgehebelt – man spricht über Geld, verhandelt Vermögens- und Versorgungsfragen. Die Ordensleitung wird so immer mehr zu einem profanen Verwaltungsorgan. Die Minderbrüder verlieren rapide etwas, was sie so erfolgreich gemacht hatte: ihre evangelische Glaubwürdigkeit, ihre ekstatische Glaubensunmittelbarkeit ebenso wie ihre moralische Unangreifbarkeit durch vorbildlich bescheidenen Lebenswandel.

Oder haben die Kritiker des absoluten Armutsideals recht: Auf Askese lässt sich kein Staat, nicht einmal ein Orden bauen? Auch keine sich den äußeren Dingen des Lebens gegenüber bescheiden bis ablehnend verhaltende Bruderschaft?

Aber nun gab es keine selbstverständlich zu gehenden Wege mehr nach draußen – die spirituelle Krise der Minoriten wird jetzt offenkundig. Sie verlieren etwas Entscheidendes: Volksfrömmigkeit eine nicht häretische Form zu geben. Wohin waren die Zeiten, da Franz mit seinen Gefährten voll Übermut lachend und singend durch die Lande zog, die Brüder niemandem verpflichtet als ihrem Glauben an die Nachfolge Jesu in Armut und Keuschheit? Die einst bunte Truppe aus Freigeistern – unter braunen Kutten, deren korrektes Tragen nun von Guardianen überwacht wurde, begraben und vergessen?

Sogar bis in die *Sammlung von Perugia* hinein hat sich jenes große Unbehagen verbreitet, das mit dem Rückzug Franz' von Assisi von der Ordensleitung verbunden ist. War es ein freiwilliger Verzicht, war er von seiner Krankheit erzwungen, oder vollzog er sich in Form einer gegen ihn inszenierten Intrige?

Nur in einem einzigen Manuskript hat sich die *Sammlung von Perugia* erhalten: In der Stadtbibliothek von Perugia entdeckte es Ferdinand Delorme und gab es 1926 unter dem Titel *Die alte Legende des heiligen Franziskus* heraus. Das bestärkte Mutmaßungen, wonach Bruder Leo, der enge Vertraute und Beichtvater von Franz, der schon als Mitautor der *Dreigefährtenlegende* vermutet wird, ebenfalls eine Vita des Franz verfasst hat, die er aufgrund der Entwicklung des Ordens unter Elias versteckt halten musste, vor allem wegen der unter Ordensgeneral Bonaventura ergangenen Weisung, alle vor seiner eigenen *Legenda Maior* entstandenen Lebensbeschreibungen von Franz zu vernichten.

Der Kopf der Spiritualen im Orden, Ubertinus de Casale, hat geschrieben, er kenne das Buch Bruder Leos über Franz von Assisi – ein verbotenes Buch natürlich, das sich unverkennbar ablehnend gegenüber den noch zu Lebzeiten von Franz im Orden einsetzenden Entwicklungen verhält (der Institutionalisierung im Stil eines katholischen Ordens).

Ubertinus de Casale notiert nach der Lektüre des ihm noch vorliegenden Buches: »All dies wird klar durch Franziskus' ausdrückliche Worte, die durch seinen Gefährten Bruder Leo, einen heiligen Mann, sowohl im Auftrag des Heiligen Vaters als auch in Verehrung des genannten Bruders feierlich zusammengeschrieben wurden in einem Buch, das sich im Archiv der Brüder zu Assisi befindet, und in den Schriftrollen, die der nämliche Bruder Leo geschrieben hat und die ich bei mir habe.«[163] Ob dieses gut verborgene Buch im Archiv des Franziskanerkonvents überdauert hat oder vernichtet wurde und ob es identisch mit dem in der Stadtbibliothek von Perugia gefundenen Manuskript ist, bleibt unklar. Das sind die Geheimnisse von Archiven und Bibliotheken, die Stoff für eine – im Kern der Auseinandersetzung authentische – Kriminalgeschichte geben, wie sie Umberto Eco in *Der Name der Rose* schrieb. Auf den Armutsstreit im Orden des frühen 14. Jahrhunderts werden wir noch kommen. Die Spiritualen um Ubertinus de Casale stützen sich vornehmlich auf Quellen im Umkreis jener *Sammlung von Perugia*.

Die Franz zitierende Passage in ebendieser lässt in ihrer Drastik aufmerken und soll darum hier im Ganzen wiedergegeben werden: »Als er einmal von einem Bruder gefragt wurde, warum er alle Brüder fremden Händen übergeben und sie so seiner Fürsorge entzogen habe, als ob sie ihn überhaupt nichts angingen, antwortete er: ›Mein Sohn, ich liebe die Brüder so gut ich kann. Doch wenn sie meinen Spuren folgten, würde ich sie gewiss noch mehr lieben und mich ihnen nicht entfremden. Es gibt nämlich einige unter den Vorgesetzten, die sie in andere Bahnen lenken, indem sie ihnen die Beispiele der Alten (gemeint sind die Stifter der alten Orden, der Benediktiner und Augustiner – Anm. G. D.) vor Augen führen und auf meine Ermahnungen zu wenig Wert legen. Doch was sie treiben, wird am Ende offenbar werden.‹ Und bald danach, als er unter einer Krankheit schwer zu leiden hatte, richtete er sich in heftiger Leidenschaft des Geistes auf seinem Lager auf und rief: ›Wer sind die, die mir meinen Orden aus den Händen gerissen haben? Wenn ich zum Generalkapitel komme, will ich ihnen zeigen, was mein Wille ist.‹«[164]

Dazu ist es nicht mehr gekommen. 1220 gibt Franz die Ordensleitung offiziell ab. Als einfacher Bruder unterstellt er sich dem neuen, von ihm selbst ausgewählten Generalvikar (oder auch Generalminister, das ist eine Formulierung, die divergiert) Petrus Cathani, dem er seinen Gehorsam gelobt. Er habe, so wird berichtet, dies mit den Worten getan: »Von nun an bin ich für euch tot. Doch seht, hier ist Bruder Petrus Cathani, dem wir alle, ich und ihr, gehorchen wollen.«[165]

Doch seltsam, Petrus Cathani überlebt dieses Amt nur wenige Monate, woran er stirbt, ist nicht bekannt. Und schon 1221 zum Pfingstkapitel ist jemand Generalvikar, der sich beim Protektor Kardinal Hugolin erfolgreich Rückendeckung verschafft hat: Bruder Elias. Er wird auf Hugolins Betreiben Nachfolger von Petrus Cathani. Eine Wahl, die Franz nicht gefallen kann, aber nun hat er, was administrative Dinge betrifft, den Minderbrüdern nichts mehr zu sagen. Jetzt halten zwei die Macht in Händen, die noch Großes vorhaben: Bruder Elias von Cortona und Kardinal Hugolin.

Bruder Elias, Freund oder Verräter Franz' von Assisi?

Seine Feinde, darunter gab es etliche im Orden, nannten ihn »Bonus-baro«, nach seinem angeblichen Beruf, den er vor dem Eintritt in den Orden ausgeübt habe: Matratzenmacher. So schreibt es

Freund oder Verräter?
Porträt Elias von Cortona, 17. Jahrhundert

der Chronist Salimbene von Parma, der ihn lange kannte.[166] Aber man darf davon ausgehen, dass die mittelalterlichen Skribenten auch in diesem Falle geschickt in ihren Anspielungen waren.

Der Matratzenmacher (eine Art Polsterer) ist im übertragenen Sinne jemand, der sich sein Bett zu machen versteht; einer, der von der Entwicklung profitiert: ein Institutionalisierungsgewinnler. Hat Bruder Elias die franziskanische Bruderschaft an die Kirche verkauft? Gregor IX., der vormalige Protektor der Franziskaner, Kardinal Hugolin von Ostia, weiß in Bruder Elias einen wichtigen Gewährsmann. Seitdem er 1227 zum Papst gewählt wurde, nehmen die Franziskaner in seiner Kirchenpolitik eine Schlüsselrolle ein.

Geschäftstüchtig mit Sinn für die politischen Realitäten ist Elias zweifellos. Man kann in ihm sogar einen Visionär diesseitiger Entwicklungsmöglichkeiten des Franziskanismus erkennen, etwa in der Architektur. Ein machtvoller Vorläufer der Renaissance! Doch was hatte solch ein Charakter ausgerechnet in der Nähe des demütige Schwäche und rigorose Armut zum Lebensprinzip erklärenden Franz von Assisi zu suchen? Da will einer reich und mächtig werden inmitten von Brüdern, die mehrheitlich all ihren Besitz an die Armen fortgegeben hatten – das scheint merkwürdig.

Man könnte fragen, warum Franz von Assisi so jemanden fördert, warum ließ er ihn überhaupt in seine Nähe? Vermutlich weil Bruder Elias ein großes Organisationstalent war. Und einen solchen brauchten die unter dem Übermaß ihres Erfolgs – dem massenhaften Zulauf an neuen Mitbrüdern und der damit verbundenen Überdehnung des Bruderschaftsgedankens – leidenden Franziskaner.

Der Zulauf für die Gemeinschaft hält an, darunter sind auch für das Leben in Armut und Buße offensichtlich nicht geeignete Charaktere – eine Herausforderung an Struktur und Logistik! Und das war etwas, woran Franz und der Kreis seiner ersten Brüder ganz und gar desinteressiert waren, darum brauchten sie einen wie Elias: als geschickten Verwalter, der ihnen diese ungeliebten Tätigkeiten abnahm. Aber so übertrugen sie ihm auch immer mehr Macht.

G.K. Chesterton schreibt in seiner bissig-virtuos mit Paradoxen spielenden Franziskus-Monographie, die Überlieferung habe Elias zu einer Art Judas gemacht, dabei sei er nur so etwas wie ein Beamter am unrichtigen Platz gewesen. Chesterton weiter: »Seine Tragik bestand darin, daß er ein franziskanisches Gewand ohne ein franziskanisches Herz besaß, oder immerhin einen recht unfranziskanischen Kopf.« Und dann folgt eine für Chesterton typische Volte: »Aber wenn er auch einen schlechten Franziskaner abgab, hätte er vielleicht einen anständigen Dominikaner abgegeben.«[167]

Salimbene berichtet, Elias, der unmittelbar vor seinem Eintritt in den Orden 1211 Schreiber in Bologna war, habe auch Kindern anhand des Psalters das Lesen beigebracht: ein Schulmeister des Einmaleins! Das mag nicht stimmen, aber selbst wenn es erfunden ist, scheint es wiederum eine umso präzisere Charakterisierung zu sein: ein ganz und gar unspiritueller Geist, ein simpler Pauker mit Sinn fürs Geschäftliche!

Und die dem ursprünglichen Geist der Anfänge anhängenden Brüder haben ihn so sehr als eine Art Diabolus in Franziskanerkutte gehasst, dass sie auch eine Legende über ihn in die Welt setzten, die von der Prophezeiung eines Pilgers berichtet: In Assisi würden am selben Tage zwei Kinder geboren werden, das eine würde zu den besten, das andere zu den schlechtesten Menschen der Welt gehören. Gemeint sind Franz und Elias.

Thomas von Eccleston, der um 1230 in den Orden eintrat, ist mit seinem für die frühe Missionsgeschichte der Franziskaner so überaus wichtigen *Traktat über die Ankunft der Minderbrüder in England* ein wichtiger Zeuge auch zum Wirken von Elias als Ordensgeneral. Dieser brachte, so heißt es bei ihm unverblümt, »durch seinen fleischlichen Sinn und seine Grausamkeit den ganzen Orden durcheinander«.[168]

Für seinen Machthunger und Ehrgeiz spricht die Tatsache, dass er es schaffte, zweimal Ordensgeneral zu werden. Was er in seinen Amtszeiten erreichte, ist spektakulär in jeder Hinsicht – aber handelte er dabei auch im Sinne Franz' von Assisi? Erstmals Erwähnung findet Elias, als er 1217 auf dem Pfingstkapitel der Brüder nach Syrien geschickt wird, wo er bis 1220 bleibt – und erst zusammen mit Franz von Assisi, Petrus Cathani und Cäsarius von Speyer zurückkehrt. Die Lage im Orden war durch Franz' lange Abwesenheit krisenhaft geworden, so wird zumindest berichtet. Vielleicht aber war es nicht zuletzt der Befund Hugolins, der schon seit Längerem die Nähe zu den Franziskanern gesucht hatte.

Nun aber waren durch den immer stärkeren Zulauf bei anhaltend schwachem Organisationsgrad der Bruderschaft, die immer noch auf jener Ur-Ordensregel von 1209 basierte, zahlreiche Probleme ungelöst. Das ist in keiner Weise verwunderlich, besaßen die Brüder doch ein hohes Maß an Freiheit, selbst zu entscheiden, wie sie die Nachfolge Jesu leben wollten.

Die Disziplin, so wollte es Franz von Anfang an, sollte eine innerliche in jedem einzelnen Bruder sein und keineswegs durch ein strenges äußeres Regelwerk aufrechterhalten werden. Dass es darüber zu Auseinandersetzungen unter den Brüder kommen musste, das gehört zu der Freiheit, die die Gemeinschaft ihnen bot. Falsch ist es jedoch, zu sagen, wie das gelegentlich geschieht, das Prinzip der persönlichen Abhängigkeit der Brüder von Franz von Assisi in den Anfangsjahren (etwa bis 1217) sei von einer Art »Kadavergehorsam« ihm gegenüber bestimmt gewesen. Das widersprach seinem Grundgedanken, dass sich jeder seiner Brüder auf seiner ganz eigenen Pilgerreise zu Gott befand, deren individuelle Form er respektierte. Verwunderlich ist nicht, wie der erfahrene Politiker Kardinal Hugolin nun die Widersprüche und ungelösten Probleme zu einem Gefahr-in-Verzug-Szenario umfunktioniert, sondern eher, wie widerstandslos und übereilt Franz von Assisi in dieser Situation, die er durch seine Abwesenheit naturgemäß nicht überblicken kann, Honorius III. um Hilfe bittet, die darin bestehen soll, so will es Franz, dass Kardinal Hugolin zum Protektor der Franziskaner werden soll: ein Freund und Förderer zum einen, aber auch eine graue Eminenz, die nun anfängt, die Geschicke der Minoriten zu lenken.

Im Jahr 1220 gibt Franz den Weg frei von der Gemeinschaft der Brüder zum Orden der katholischen Kirche – und Kardinal Hugolin ist nun plötzlich der »Papst« dieses Ordens, der sich umgehend daranmacht, institutionelle Pflöcke einzuschlagen, die den Charakter der Franziskanergemeinschaft völlig zu verändern drohen. Sein engster Verbündeter bei dieser Umwandlung ist – zumindest zeitweise – Bruder Elias.

Die verlorene Regel – der gestürzte Franz von Assisi zu Füßen von Bruder Elias. Die Franziskaner-Mission in Deutschland und England

Die ersten Reisen der Brüder – die meisten von ihnen waren Italiener – in andere Länder verlaufen wenig erfolgreich. Die Vorbereitung der Unternehmungen darf man mangelhaft nennen. Im großen Stil beginnen diese Missionsreisen 1219, als Franz von Assisi auf dem Pfingstkapitel die Mission Frankreichs, Deutschlands, Ungarns, Spaniens und bislang noch nicht missionierter Gegenden Italiens fordert.

Die Brüder sind jedoch nicht darauf vorbereitet, in einer Gegend, wo man sie nicht kennt, zu überleben. Die Nachfolge Jesu zu predigen und sich selbst als dessen würdige Nachfolger zu präsentieren bedeutet auch, Niederlassungen zu gründen, mit dem örtlichen Klerus derart Kontakt aufzunehmen, dass sie einen weder für unerwünschte Konkurrenten noch für Ketzer halten.

Man brauchte dazu etwas, das die frühen Minderbrüder zumeist nicht hatten: Weltläufigkeit und ein diplomatisches – auch kaufmännisches – Geschick, denn der Erwerb geeigneter Grundstücke und Gebäude ist auch mit komplizierten Verhandlungen und Geldfragen verbunden. Die Brüder, die sich Franz auf dem Pfingstkapitel in Portiunkula im Frühjahr 1219 für diese Missionen anboten, aber wollten vor allem eins: den Märtyrertod finden.

Die Erfahrungen, die die Missionsreisenden in ihren Ländern machen, sind alle auf ähnliche Weise bitter. Sie finden nicht den Märtyrertod, aber sie werden auf demütigende Weise behandelt. Das liegt zuerst einmal daran, dass sie die Sprache der Länder, in denen sie predigten, nicht verstehen, was zu gefährlichen Verwechslungen führt, wie Jordan von Giano in seiner Chronik berichtet. Es erweist sich auch als großer Nachteil, dass die Minderbrüder immer noch kein mittels päpstlicher Bulle anerkannter Orden sind. Was also wollen die Gestalten in ihren braunen Kutten?

Die Geschichten, die die spätestens im Jahr darauf wieder nach Portiunkula zurückkehrenden Brüder erzählen, klingen alle ähnlich. Von der französischen Mission wird berichtet: »Die Brüder jedoch, die nach Frankreich kamen, wurden gefragt, ob sie Albigenser wären. Sie bejahten dies, ohne zu wissen was Albigenser wären, und in Unkenntnis, dass diese Häretiker seien, so dass sie für Häretiker gehalten wurden.«[169] Zu ihrem Glück werden sie aufgrund dieser selbstmörderischen Auskunft nicht sofort getötet, sondern man fragt vorsichtshalber in Rom bei Honorius III. an, was es mit diesen Braunkutten auf sich hat. Der Papst beschwichtigt: keine Ketzer, allerdings auch kein katholischer Orden, aber wahrhaft christliche Prediger. Natürlich gibt der Papst eine derartige Auskunft an die lokalen Bischöfe nicht ohne drängende Bitte, vor allem an Kardinal Hugolin, die von ihm derart mit seinem Wort garantierte Rechtgläubigkeit der Minderbrüder auch kontrolliert zu wissen.

In Ungarn hetzen die Hirten ihre Hunde auf die merkwürdigen Kuttenträger, mehr noch, sie stoßen sie furchtbar mit der stumpfen Seite ihrer Lanzen. Der den Märtyrertod eher karikierende als tatsächlich erleidende Vorfall wird ebenfalls von Jordan von Giano berichtet: »Und als die Brüder untereinander zu klären suchten, warum sie so drangsaliert würden, sagte einer: ›Vielleicht, weil sie unsere Obergewänder haben wollen.‹ Als sie diese gegeben hatten, ließen sie nicht ab zu schlagen. Und der Bruder ergänzte: ›Vielleicht möchten sie auch unsere Unterkleider.‹ Nachdem sie auch diese gegeben hatten, ließen sie vom Schlagen ab und erlaubten den Brüdern, sich nackt zu entfernen. Und mir hat einer von den Brüdern mitgeteilt, dass er selbst fünfzehn Mal auf diese Weise die Hosen verloren hätte. Und da er, überwältigt von Scheu und Scham, mehr den Verlust der Hosen als der übrigen Bekleidung beklagte, beschmierte er seine Hosen mit Rindermist und anderem Unrat. Und so ließen ihn die Hirten, die hierüber Ekel zeigten, die Hosen behalten.«[170]

Der Bruder, der seine Hose in Ungarn fünfzehn Mal einbüßt (andere Quellen sprechen von sechs Mal), bringt es nach seiner Rückkehr zu einer gewissen Berühmtheit – auch Jordan von Giano konsultiert ihn, als 1221 der zweite Missionsversuch der Brüder in Deutschland erfolgen soll und er sich wegen dem von den heimgekehrten Brüdern Berichteten unsicher ist, ob er sich zu dieser Expedition melden solle.

Denn das scheint gewiss: Deutschland ist noch härter als der Orient – und das nicht nur des berüchtigten kalten Wetters wegen.

Mit dem Ziel Deutschland waren 1219 sechzig Brüder unter Führung von Johannes von Penna über die Alpen gestiegen. Die Brüder können kein Deutsch, die ersten Teutonen, die sie treffen, natürlich kein Italienisch. Latein beherrschen nur die Kleriker unter den Brüdern, aber nicht die Landbevölkerung, auf die sie treffen. Die allererste Erfahrung, die sie mit den Deutschen machen, ist gar nicht einmal schlecht: »Nachdem sie, unkundig der Landessprache, in deutsche Gebiete gelangt waren, fragte man sie, ob sie Unterkunft, Essen und dergleichen wünschten. Hierauf antworteten die Brüder mit ›ja‹, woraufhin sie von einigen Leuten gütig aufgenommen wurden. Und aufgrund der Einsicht, dass sie dank des Wortes ›ja‹ wohlwollend behandelt wurden, beschlossen sie, auf jegliche Frage mit ›ja‹ zu antworten. Daher geschah es, dass sie auf die Frage, ob sie Häretiker wären und gekommen seien, um Deutschland zu vergiften ... mit ›ja‹ antworteten. Darauf wurden einige von ihnen geschlagen, einige eingekerkert sowie nackt zum Markt geführt und für die Leute zum unterhaltsamen Spektakel gemacht. Als die Brüder sahen, dass sie in Deutschland keine Frucht bringen konnten, kehrten sie nach Italien zurück. Aufgrund dieser Geschehnisse wurde Deutschland von den Brüdern für so grausam gehalten, dass sie dorthin nicht zurückzukehren wagten, sofern sie nicht vom Wunsch nach dem Martyrium beseelt waren.«[171]

All das liest sich wie Mark Twains Bericht von den *Arglosen im Ausland* – amüsant, aber ob der Naivität der von ihrem Missionseifer getriebenen Brüder auch irritierend. In dem Moment, da die Minderbrüder beginnen, sich – im Schatten der Kreuzzugsideologie – auf internationalen Bühnen zu zeigen, offenbart sich auch der Januskopf der von Franz vorgelebten heiligen Einfalt.

Was sich in Umbrien nach und nach als Heimspiel erweist, droht jenseits der Grenzen zum Fiasko zu werden. Niemand weiß genau, wofür die Brüder eigentlich stehen, nachlesbar ist es nirgends. Diese von Franz praktizierte Form von Schriftaskese ist im 13. Jahrhundert keine Basis mehr, um zu agieren – so sehen es zumindest die Kleriker im Orden und ebenfalls die Provinzialminister.

Auch Franz hat 1220 sein Missionsreise-Erlebnis hinter sich, mit für ihn dramatischen Folgen, was seine Stellung im Orden betrifft. Die Provinzialminister haben ihn mit Rückendeckung aus Rom kalt abserviert. Was man dort von der Minderbrüderschaft erwartet, ist, dass sie sich als berechenbare Organisation innerhalb der Kirche beweist. Und dabei setzt man eben nicht mehr auf Franz. Aber er ist bereits eine Legende, darum will man zwar einerseits seinen Einfluss begrenzen (oder gar ganz unterbinden), aber ohne seinen Namen dabei in Misskredit zu bringen. Für Ordensprotektor Hugolin ist längst klar, dass er mit Franz von Assisi einen künftigen Heiligen der katholischen Kirche vor sich hat. Dafür wird er sorgen.

Franz von Assisi wird irgendwo in der Wüste vom ihm nachgereisten Bruder Stephan beim gemeinsamen Essen mit Petrus Cathani gestört und über die Entwicklungen im Orden unterrichtet. Er fährt auf direktem Wege zum Papst, um sich Hugolin als Zuchtmeister für die Minderbrüder zu bestellen, daraufhin tritt er zurück – wovon eigentlich? Ein offizielles Amt hat er als Stifter der Minderbrüderschaft nie nötig gehabt. Ab jetzt gilt er offiziell als so krank, dass er nur noch selten öffentlich auftreten kann. Man kennt diese Rücktritte aus Gesundheitsgründen aus der Politik.

Dann kommt das Pfingstkapitel 1221. Der noch von ihm selbst als sein Nachfolger vorgeschlagene Petrus Cathani ist tot, und der neue Generalminister (hier noch Vikar genannt) heißt Bruder Elias. Dieser präsidiert auf der letzten Großveranstaltung des Ordens, an der noch alle Brüder teilnehmen dürfen. Künftig werden sich nur noch die Ordensfunktionäre alle drei Jahre in der Portiunkula zu ihren Zusammenkünften treffen. Da geht es dann nicht mehr um spirituelle Inhalte des Zusammenlebens, sondern um Organisatorisches.

Die Szenerie des letzten großen »Mattenkapitels« von 1221 ist den Dabeigewesenen in wacher Erinnerung geblieben, verschiedene Quellen bezeugen den Ablauf. Die Kurie hatte einen eigenen Mann geschickt, Kardinaldiakon Rainarius, einen Zisterzienser, der den

Ablauf des Kapitels überwacht und nach Rom berichten wird. Jordan von Giano ist ebenfalls anwesend und notiert für die Nachwelt: »Die Brüder aber wohnten, da sie keine Unterkünfte für so viele Brüder hatten, auf einem geräumigen und ringsum geschützten Feld unter Mattendächern, dort aßen sie und schliefen, wobei 23 Tische wohlgeordnet und weiträumig getrennt aufgestellt worden waren.« Die Bevölkerung von Assisi sorgt für die Bewirtung der zu Tausenden angereisten Brüder.

Und Franz? Sitzt – symbolisch gut platziert – zu Füßen des neuen Herrn des Ordens Bruder Elias. Wenn er etwas sagen möchte, zupft er diesen zaghaft an der Kutte, bis dieser geruht, sich zu ihm herunterzubeugen, zu hören, was Franz den anderen Brüdern mitgeteilt wissen will, und es dann laut zu verkünden. Da ist Franz nun wieder angelangt, wo er einst anfing: als Minderster der Minderen. Er hat sich nicht laut darüber beschwert, aber mit Gott über sein Schicksal gehadert hat er dennoch.

Etwa die Tatsache, dass er einen neuen Regelentwurf verfasste und diesen Bruder Elias zum Lesen gab. Leider – so etwas kann passieren – verlegt Elias den Text so gründlich, dass er niemals wieder gefunden wurde. Ob Franz in dieser Situation nicht seine übergroße Geduld und sein Glaube an das Gute im Menschen verließ, er Bruder Elias nicht verflucht hat? Aber er setzt sich hin und diktiert noch einmal das für die neue Regel, was ihm daran am Herzen liegt.

Die nun folgende Szene ist in der *Sammlung von Perugia* festgehalten und zeigt, wie es um die Stellung von Franz in der von Elias geführten Minderbruderschaft steht. Franz hält sich zu dieser Zeit in Fonte Colombo bei Rieti auf, um dort in der Abgeschiedenheit über die Zukunft, seine und die der Minderbrüder, nachzudenken. Elias kann solche Art der Zurückgezogenheit, die sich seiner Kontrolle entzieht, jedoch nicht dulden und reist mit einem Gefolge von Provinzialministern ebenfalls nach Fonte Colombo: »Als der selige Franziskus mit Bruder Leo von Assisi und Bruder Bonitus von Bologna auf einem Berg weilte, um die Regel zu schreiben – denn die erste, die er nach Christi Weisung hatte niederschreiben lassen, war verloren gegangen –, versammelten sich mehrere Minister bei Bruder Elias, welcher Vikar des seligen Franziskus war, und sagten zu ihm: ›Wir haben gehört, dass dieser Bruder Franziskus eine neue Regel schreibt. Wir befürchten, er könne sie so streng machen, dass wir sie nicht einhalten können. Wir wollen, dass du zu ihm gehst und ihm sagst, dass wir nicht auf jene Regel verpflichtet sein wollen. Er mag sie für sich und nicht für uns machen.‹ Bruder Elias antwortete, er wolle nicht gehen, da er den Tadel von Bruder Franziskus fürchtete. Als dann jene darauf bestanden, dass er gehe, sagte er, er wolle nicht ohne sie gehen. Und so gingen sie alle. Und als Bruder Elias mit den besagten Ministern beim Ort war, wo sich der selige Franziskus aufhielt, rief er ihn. Als der selige Franziskus antwortete und die erwähnten Minister sah, sagte er: ›Was wollen diese Brüder da?‹ Und Bruder Elias antwortete: ›Das sind die Minister, die gehört haben, dass du eine neue Regel schreibst, und sie befürchten, dass du sie allzu streng machst. Sie beteuern ausdrücklich, dass sie nicht auf sie verpflichtet sein wollen. Du magst sie für dich und nicht für sie machen.‹«[172]

Das ist der Ton, in dem man mit gestürzten Patriarchen umspringt. Von der Wanderung nach Rom in Begleitung der ersten Brüder im Jahre 1209 bis zu dieser demonstrativen Respektlosigkeit hat es zwölf Jahre gedauert. Zwölf Jahre, in denen eine Utopie schließlich in die Hände von Politikern geriet, die nichts anderes damit anzufangen wussten, als sie schnellstmöglich vergessen zu machen.

Die Verfasser der *Sammlung von Perugia* lassen nun Christus selbst aus den Wolken sprechen, und was er zu sagen hat, das scheint die naheliegende Reaktion auf das eben Gehörte zu sein: »Ich weiß, wie viel menschliche Schwachheit vermag und wie viel ich ihnen helfen will. Diejenigen, welche sie nicht halten wollen, sollen aus dem Orden austreten.«[173] Eine überaus kompromisslose Position – aber ebenso ein höchst unzeitgemäße.

Was für eine Strenge ist denn für die Minister nicht hinnehmbar? Gerade hatte doch Franz die Verschärfung der Fastenregeln rückgängig machen lassen (das Letzte, was ihm mit Hugolins Hilfe durchzusetzen gelungen war), also welche Härten fürchten die Brüder der gehobenen Verwaltungsebene eigentlich? Franz war doch bislang nie mit Forderungen aufgefallen, die die Freiheit der einzelnen Brüder in irgendeiner Weise einschränkten oder gar ihren Tagesablauf reglementierten. Es ist vermutlich gerade diese evangelische Freiheit im Zusammenklang mit seiner einzigen, bitterernsten Forderung: die nach der strikten Einhaltung des Geld- und Eigentumsverbots, der völligen Armut der Minderbrüder.

Das ist es, was den Ministern, die Elias hier vorschiebt, »zu streng« erscheint und was sie unter keinen Umständen als oberstes Gesetz in der neuen Regel finden wollen – als unverbindliche Empfehlung, als Markenzeichen der Minderbrüder gewiss, aber nicht als etwas, was ihren gerade erst gewonnenen ökonomischen Handlungsspielraum wieder einschränkt. Sie wissen nur zu gut, dass Franz für derartige Planspiele niemals zu gewinnen ist, darum wollen sie nur eins: ihn aus dem Spiel um Macht und Einfluss endgültig heraushalten.

Auf dem Pfingstkapitel 1221 also sitzt Franz als ein gebrochener Mensch zu Füßen des lautstark Regie führenden Elias. Eigentlich ist alles gesagt, was an folgenreichen Änderungen sich nun bald in der Minderbrüderschaft abspielen wird, dann gibt Elias etwas weiter, was er soeben von dem zu seinen Füßen sitzenden Franz gehört haben will: Es soll ein neuer Missionsversuch in Deutschland gemacht werden – und nur Freiwillige, die gewillt sind, notfalls den Martertod in diesem schrecklichen Land zu finden, sollen sich dazu melden. Etwa neunzig der Anwesenden springen – ungeachtet der kursierenden Berichte über Teutonia – begeistert auf.

Jordan von Giano zögert, aber wird von Umstehenden bedrängt, sich ebenfalls freiwillig zu melden. Er will nicht den Heldentod in diesem kalten und nassen Land sterben, zum Märtyrer fühlt er sich nicht berufen. Darum zögert er, will sich erst einmal mit anderen beraten. Wer wäre da auskunftsfähiger als jener Bruder, der in Ungarn fünfzehn Mal – oder wenigstens sechs Mal – seine Hose verloren hat? Dieser rät ihm: »Gehe zu Bruder Elias und sage: Bruder, weder gehen noch bleiben will ich, sondern das werde ich tun, was du mir befiehlst. Und so wirst du dich von dieser Verwirrung befreien.«[174] Woran man sieht, dass jemand zwar wiederholt seiner Hosen, aber nicht seines Verstandes beraubt werden kann.

Elias, dem es an vielem, aber nicht an Entschlusskraft mangelt, kennt natürlich nur eine Antwort: Vorwärts nach Teutonia!

Man muss es Bruder Elias lassen: Seine Entscheidungen sind vernünftig, wie alles, was er unternimmt, von scharfem Verstand und Tatkraft zeugt. An die Spitze der Expedition stellt er Cäsarius von Speyer, das ist jener Bruder, den Elias, als er Provinzialminister in Syrien war, selbst in die Bruderschaft aufgenommen hatte – und mit dem es nach Franz' Tod offensichtlich zu einem heftigen Richtungsstreit im Orden kam, in dessen Folge Cäsarius von Speyer 1239 ermordet wurde (der Ordensexperte Dieter Berg beharrt allerdings darauf, dass der von Angelus Clarenus behauptete Mordauftrag durch Elias nicht bewiesen sei).

Cäsarius von Speyer besitzt einen entscheidenden Vorzug: Er ist von Geburt Deutscher, kennt das Land, die Leute und vor allem die Sprache. Unter seiner Führung wird die Mission zum Erfolg. Die weiteren Stationen vermerkt der dabei gewesene Bruder Jordan: »Im Jahr 1221 um das Fest des heiligen Gallus rief Bruder Cäsar, der erste Minister der Teutonia, seine Brüder – 31 an der Zahl – in Augsburg zusammen und feierte ein erstes Kapitel nach dem Betreten Deutschlands; von dort sandte er seine Brüder in die verschiedenen Provinzen Deutschlands. Bruder Johannes de Plano Carpini und Bruder Barnabas schickte er jedoch als Prediger voraus nach Würzburg. Von dort gingen sie nach Mainz und Worms und Speyer und Straßburg und Köln, zeigten sich den Menschen und predigten das Wort der Buße und bereiteten den nachfolgenden Brüdern Unterkunft vor.«[175]

Ein Jahr später hat sich die Zahl der Brüder vervielfacht, so dass bereits ein erstes Provinzkapitel in Worms stattfindet. Der Chronist Jordan von Giano wird dann 1223 von Cäsarius von Speyer zum Priester geweiht.

Aber irgendein Instinkt zieht Cäsarius von Speyer im gleichen Jahr, da die Ordensregel vom Papst bestätigt wird, nach Assisi in die Nähe von Franz zurück: »Im selben Jahr wurde Bruder Cäsar – ein völlig kontemplativer Mann und ein sehr großer Eiferer für das Evangelium und die Armut – so sehr von den Brüder geliebt, dass sie ihn nach dem seligen Franziskus gleichsam als heiligsten Mann verehrten. Dieser Bruder Cäsar war schließlich im Amt ermüdet und verspürte den Wunsch, den seligen Franziskus und die Brüder des Spoleto-Tales wiederzusehen.«[176]

Der Sonnengesang

Kein Text des Franz ist in seiner Urheberschaft so unbestritten wie der *Sonnengesang.* Vielleicht weil es hier nicht um Macht, sondern um Poesie geht. Als Troubadour und Ritter beginnend, findet er zu einem brüderlichen Ansprechen aller Dinge im Gedicht. Es ist ein Lied über die Schöpfungsgeschichte auf intimstem Raum: Ich und Du.

Er klingt geradezu nach einem Zauberspruch, dieser wohl innigste Text des Franz, der sein Wesen offenbart. Ein Sonnengesang in Form eines Gebets! Dieser Gesang schließt alles ein, was unter der Sonne existiert. Ist darum die Sonne der wahre Gott? Aber Franz ist kein Azteke oder Ägypter, er nimmt das Gebot der Liebe beim Wort, wie es von Jesus kommt. Es ist das Gegenteil des ketzermachenden Geistes, wie er im Prinzip Institutionalisierung wohnt.

Franz zeigt sich hier als ein Mystiker, der die Befreundung aller Dinge miteinander feiert. Es ist ein brüderliches Verhältnis zur Welt, verstanden als ansprechbares Gegenüber: Bruder Sonne, Schwester Mond, Bruder Wind, Bruder Wasser, Bruder Feuer, Schwester – und Mutter! – Erde und schließlich Schwester – oder doch Bruder – Tod. Das Brüderliche und das Schwesterliche vermischen sich hier zur großen *unio mystica,* der liebenden Vereinigung aller mit allem: Mensch und Gott, Glaube und Wissen, Ich und Welt. Doch besitzt diese große Weltumarmung durchaus einen Sinn für den Gegensatz, aus dem sich das Leben erhält – wie Sonne und Mond, Wasser und Feuer und schließlich den Tod.

Die unbeschwert wirkende Heiterkeit des *Sonnengesangs* zeugt von dieser Haltung, der Liebe zum Widerspruch, der Skepsis in aller Hingabe ebenso wie der grenzüberwindenden Hingabe in aller Skepsis – denn dieser Gesang ist der Kälte, der Verlassenheit, dem Zweifel, der Bitternis und der Krankheit abgerungen.

Und so klingt dieses Loblied auf die Grundelemente des Lebens: »Gelobt seist du, mein Herr, / mit allen deinen Geschöpfen,/ zumal dem Herrn Bruder Sonne,/ welcher der Tag ist und durch den du uns leuchtest./ Und schön ist er und strahlend mit großem Glanz:/ Von dir, Höchster, ein Sinnbild./ Gelobt seist du, mein Herr,/ durch Schwester Mond und die Sterne; am Himmel hast du sie gebildet,/ klar und kostbar und schön.«

Hier kommt etwas Neues in diese Lobpreisung Gottes als Schöpfer der großen wie der kleinen Dinge: die Schönheit, die sinnliche Freude an der Schöpfung, die in ihrer Verwandlungskraft selbst eine Lobpreisung ihres Schöpfers ist. Wie Gott hier seine Geschöpfe lobt, so loben diese ihn, mehr noch: Sie loben sich selbst voller Freude in ihrer Gelungenheit.

Dass Franz von Assisi den *Sonnengesang* selber in seiner letzten Lebensphase, die eine Zeit von Krankheit und Leiden war, gedichtet hat, ist in verschiedenen Quellen verbürgt. Es ist das, was man mit Nietzsche das *amor fati* nennen wird, das große Ja zum Schicksal im Ganzen.

Der *Sonnengesang* ist in mittelitalienischer Volkssprache verfasst. Er wird zum Spiegel jener Poesie, wie sie aus der umbrischen Landschaft und dem Geist entspringt, der Franz beseelt. Die Übersetzer und Interpreten streiten bis heute darüber, ob es nun »Frau Schwester Sonne« oder »Herr Bruder Sonne heißt«, oder auch »Bruder Mond« oder »Frau Mond« – und verkennen dabei, dass es Franz dabei um die Überwindung der trennenden Geschlechtergrenzen ging. Das Keuschheitsgelübde der Franziskaner trägt bereits die Urzelle jener in der Mystik verbreiteten Vorstellung vom »androgynen Adam« in sich – der sowohl weibliche als auch männliche Züge in sich trägt, sowohl Bruder als auch Schwester, Mutter wie Vater sein kann. Chesterton bemerkt im *Sonnengesang* einen feinen Sinn für Differenzierung, wenn er anmerkt: »Man beachte beispielsweise den feinen Sinn für Geschlechterunterschiede bei leblosen Dingen, der weit über den willkürlichen Genera der Grammatik hinausgeht.«[177] Franz von Assisi lege gerade in dieser Dichtung »eine Art inspirierte Kindlichkeit« an den Tag, die ihn zu einem »Begründer einer neuen Volksdichtung« mache, die über die bloßen Worte hinausgehend »rituelle Gebärden« vollführe.

Dieses »Bruder-Sonne-Lied«, wie es auch genannt wird, ist eine große Lobpreisung der Natur, wie es sie bisher nicht gab. Erstmals erscheint uns auch die ganz profane Natur als vom göttlichen Geist beseelt. Das ist im ursprünglichen Sinne ein Pantheismus, eine Art Allgöttlichkeit. Erstmals kommt die Natur und damit auch der Körper des Menschen ins gotische Bild: Er wird mit ästhetischen Maßstäben gemessen und für schön befunden – jeder auf seine Weise.

So entsteht ein individuelles Bild von jedem einzelnen Ding – ob lebendig oder tot – unter der Sonne bei Tag und unter dem Mond bei Nacht. Das Licht wärmt und illuminiert alles – lässt es gottgleich wachsen und wieder zum Dünger neuen Wachstums werden. Dieses große Ja zum Schöpfer ist zugleich ein Ja des Geschöpfes zu sich selbst. Indem es aktiv wird, wird es individuell und damit selbst zum Schöpfer im Kleinen.

Dieses Gefühl vermittelt der folgende Bericht über den bereits todkranken – und in der letzten Lebensphase blinden – Franz, dessen Ja zum Leben aus einem großen Dennoch, der Kraft zur Selbstüberwindung kam: »Deshalb sagte er: ›Früh morgens, wenn die Sonne aufgeht, sollte jeder Mensch Gott loben, der sie geschaffen hat, weil durch sie unsere Augen am Tage erleuchtet werden, am Abend, wenn es Nacht wird, sollte jeder Mensch Gott loben wegen des anderen Geschöpfes, des Bruder Feuers, weil durch ihn unsere

Augen bei Nacht erleuchtet werden.‹ Und er sagte: ›Wir sind alle gewissermaßen blind und der Herr erleuchtet durch diese beiden Kreaturen unsere Augen. Deshalb müssen wir für diese und alle seine anderen Geschöpfe, die wir Tag für Tag benutzen, unserem herrlichen Schöpfer jederzeit ganz besonders danken.‹«[178]

Helmut Feld hat auf die weitreichenden Folgen für Franz' Bild verwiesen, das bereits aus der Übersetzung des kleinen Wörtchens »per« resultiert, und gefragt: »Wird Gott für, wegen Mond, Wind, Wasser, Feuer usw. gelobt oder durch die betreffenden Naturerscheinungen?«[179] Ein dialektisches Sowohl-als-auch kommt hier der Intention des großen Lobes auf die Schöpfung, das die tagtägliche Schöpfung in der Schöpfung, die Metamorphosen der Natur also, mit einschließt, wohl am nächsten.

Der *Sonnengesang* will jedoch nicht die Feier einer immer scheinenden Sonne sein – im Gegenteil, er ist ein Herbeirufen gerade ihres Lichtes und ihrer Wärme dann, wenn sie am meisten fehlt, wenn man friert und sich im Dunkeln fürchtet. Liest man den *Sonnengesang* aufmerksam, dann findet man es ausgesprochen: »Gepriesen seist du, Herr, durch den Bruder, den Wind,/ auch durch die Luft und Wolken, durch heitere und jede Witterung,/ durch welche du Erhaltung schenkest deinen Kreaturen.« Nein, die Franziskaner wollen kein Schönwetterorden sein, sie preisen »jede Witterung«, wohl wissend, dass es die Gegensätze in allen Dingen sind, die sie auch erhalten.

Und am Ende ist auch der Tod ein Teil dieser gottgewollten natürlichen Ordnung, auf den die Lobpreisung des *Sonnengesangs* hinausläuft: »Gelobt seist du, mein Herr, / durch unsere Schwester, den leiblichen Tod;/ ihm kann kein Mensch lebend entrinnen./ Wehe jenen, die in tödlicher Sünde sterben./ Selig jene, die er findet in deinem heiligsten Willen,/ denn der zweite Tod wird ihnen kein Leid antun.« Der erste Tod, der des Leibes, so ist hier gemeint, scheint unvermeidlich, weil er Teil der natürlichen Ordnung ist. Der zweite Tod aber, der der Seele, bleibt widernatürlich, weil Folge eines sündhaften Lebens.

So stellen sich im *Sonnengesang* die Weichen nicht nur zu einem neuen Gottesbild, sondern auch zu einem neuen Bild der Natur und des Menschen, der sich seine »zweite Natur«, die Kultur, schafft.

Raoul Manselli hat den *Sonnengesang* kulturgeschichtlich so verortet: »Ohne jemals ausdrücklich polemisch zu werden, ist es zweifellos auch eine Antwort auf das Katharertum ... Die Schlussfolgerung aus dem *Sonnengesang* des Franziskus ist also: Das Universum kann nicht böse sein. Es ist nicht die Hölle, in der die Engel eingekerkert sind. Vielmehr wurde es bewirkt und hervorgebracht von einer unermeßlichen, allmächtigen Güte, die sich in der Erschaffung des Universums auch als Schönheit erweist.«[180] Das klingt als sehr grundsätzliche Position gewiss überzeugend. Doch steht Franz den Katharern, deren gnostisch-dualistisches Weltbild ihm als theologischem Laien im Detail gar nicht bekannt ist, tatsächlich so fern, wie hier postuliert wird? Auch bei Franz findet sich immer wieder der Verweis auf den sündhaften Leib inmitten einer verderbten Welt, deren Maßstäbe nicht die Gottes seien. Das wahre Reich Gottes ist geistiger Natur. Auch für Franz liegt es nicht in der Freude der Sinne!

Im praktischen Weltbezug rücken hier Franz und Katharer näher zusammen, als man nach Mansellis so rigoroser Absage vermutet. Bruder Sonne und Schwester Mond, hätten die Katharer das nicht auch sagen können? Vielleicht nicht in dieser besonderen – und darin einmaligen! – Form eines poetischen Bekenntnisses, wie es Franz hier unternimmt, aber völlig fern hätte ihnen dieses Bild denn doch nicht gestanden.

Denn hier schimmert eine – lichtmetaphysisch intendierte – neuplatonische Stilisierung des Eros auf: die Verwandlung des Naturhaft-Triebhaften, das für Franz wie für die Katharer gleichermaßen das Böse ist, ins Symbolhafte! Von hier aus gelangt man auch zu einer »begierdelosen Liebe«, von der dann noch der Pietistensohn Hermann Hesse spricht. Als »interesseloses Wohlgefallen« hatte es Immanuel Kant bezeichnet.

So wird die Natur in ein ästhetisches Bild transformiert und als solches – im geistigen Sinne – wieder bejaht. Es wäre demnach eine verkehrte Fortschreibung katholischer Abwehrideologien, wenn man die Katharer bloß als Negativfolie für die »Lebensbejahung« (die das nur in einer bestimmten Hinsicht ist) bei Franz nehmen würde.

Denn das Erstaunliche bei den Katharern (und das machte sie im Volk auch so beliebt) ist ja gerade eine von ihnen praktizierte solidarische Lebensform. So auch ihre ungewöhnliche Hochschätzung der Frau als Schwester (nach dem Entsagen des Sexuellen). Die Blüte der Troubadour-Bewegung in Südfrankreich fällt – das mag erstaunen – zusammen mit der Blüte des Katharertums.

Henry Thode, dem es Ende des 19. Jahrhunderts gelang, zusammen mit Paul Sabatier das katholisch-dogmatische Bild des »Heiligen Franziskus« in den Kontext von Volksfrömmigkeit, Natur- und Kunstgeschichte zu stellen, hat immer noch Gültiges über das Verhältnis zur Natur – auch zur eigenen – Franz' von Assisi geschrieben, worauf wir im Zusammenhang mit Giottos Malerei noch zurückkommen werden. Hier nur so viel: Die Pilgerreise zu Gott ist bei Franz auch eine lange – und sehr widersprüchliche –, aber letztlich doch in ihrer neuen Qualität unübersehbare zum »Bruder Leib«. Das macht auch die kulturgeschichtliche Bedeutung der Franziskanerbewegung im 13. Jahrhundert aus – ihr neues Bild vom Menschen, einerseits aus der Natur herauswachsend und andererseits wieder zurück in die Natur gestellt, schlägt wichtige Brücken zu Gotik und Renaissance.

Etwas Neues liegt in der Zeit und drängt auf einen Ausdruck hin. Den findet sie dann eben doch nicht bei den Waldensern oder Katharern, sondern in der zugleich so unscheinbaren wie charismatischen Person des Franz. Es ist jener Zug, der in der Volksfrömmigkeit liegt und von Kirche und weltlicher Macht gleichermaßen missachtet wird: der unmittelbare Bezug eines jeden Menschen zu Gott, unabhängig von seinem Stand.

Der Stadtmensch ist in seinen Lebensmöglichkeiten komplexer geworden. Er will selbst denken, handeln und auch fühlen. Und dieses Gefühl, das die Ängste der Zeit vor Armut, Krankheit oder kriegerischer Gewalt aufnimmt, aber auch privates Glück und Erfüllung verheißt, spricht Franz aus.

Er redet in der Sprache des Volkes und nicht in einer theologisch verklausulierten, nicht auf Latein, das die Laien nicht verstehen. Er will ganz bewusst ihr Leben teilen, zu den Quellen des Christentums zurückgehen. In dieser Hinsicht, aber nur in dieser, ist er, der Prophet des Schwachen und Kleinen, bereits ein Renaissancemensch, aber doch ganz anders als es etwa Elias sein wird, der gezielt auf Leistung, Macht und Erfolg setzt. Bruder Elias wird sich als Bauherr großen Stils profilieren, erst dem Papst und dann dem Kaiser dienen, mit dem Ziel, selbst Weltpolitik zu machen.

Bei Franz jedoch ist die Quelle, aus der er schöpft, noch unverdorben, gerade wegen seiner von ihm konsequent verteidigten erfahrungsklugen Einfalt. Henry Thode trifft, trotz heute vielleicht ein wenig zu pathetisch klingendem Tonfall, genau den Punkt bei Franz, der ihn zum Propheten eines neuen Menschenbildes macht: »Franziskus war durchaus Gemütsmensch. All seine Gefühle konnten so ursprünglich, so stark und einheitlich sich nur geltend machen, weil sie durch keine Zweifel anregende Verstandeskritik schon im Entstehen gehindert wurden. Seine Religion war Gefühl, die Predigt, in der er sie verkündete, wirkte durch das Gefühl, sein Verhältnis zu den Menschen und der Natur war durch das Gefühl bedingt. Sein Leben ist ein großer Dithyrambus auf das Gefühl. Darin allein liegt die Erklärung für seinen gewaltigen Einfluss. Mitten hinein in den Kampf dogmatisch idealer und egoistisch realer Interessen erscholl der Friedensruf reiner Menschlichkeit, und Unzählige hielten verwundert ob dieser Kunde inne, ließen die Waffen fallen und beugten die Knie vor dem kühn auf dem Schlachtfelde selbst errichteten Altar der neuen Göttin.«[181]

Der *Sonnengesang* gehört – wie auch das *Testament* – zu Franz' Vermächtnistexten, die er in seiner letzten Lebensphase schrieb, bereits dem Tode nahe. Das ist wichtig zu wissen: Dieses Bekenntnis zum Leben, das Lob der Schöpfung, Zeugnis der Freude an der Harmonie der Dinge, der kleinen ebenso wie der großen innerhalb der

Weltordnung, ist einer tiefen inneren Not abgerungen. In der *Sammlung von Perugia* wird die Entstehung des »Gesangs von Bruder Sonne« geschildert. Zwei Monate habe Franz bereits in San Damiano gelegen und unter starken Augenschmerzen gelitten, immer auf der Flucht vor dem Licht, denn er »ertrug es nicht, tagsüber das Tageslicht und in der Nacht das Licht des Feuers zu sehen«. Er wusste, das ist ungerecht der Sonne und dem Feuer gegenüber, die ihm so viel Gutes getan hatten. Aber seine entzündeten Augen, die bereits fast blind waren und aus denen unaufhörlich der Eiter floss, erlaubten ihm nicht, sich dem Licht zuzuwenden. War er nun ein Gefangener des Dunkels?

Das will er nicht zulassen, dagegen wehrt sich der ihm innewohnende Optimismus. Er muss, das weiß er, seine Einstellung zur Krankheit ändern, er will auch in dieser letzten Phase den Brüdern ein Vorbild sein. Darum spricht er zu ihnen: »Also muss ich mich von nun an über meine Krankheiten und Plagen sehr freuen und im Herrn Mut schöpfen.« Er beschließt, ein Danklied für das durch Gottes Gnade glückliche Leben, das er bisher führen durfte, zu schreiben. Und er diktierte den *Sonnengesang* als großen Lobgesang auf die Schöpfung.

Als er damit fertig war, beauftragte er die ihm nahestehenden Brüder, dieses Lied als »Spielleute des Herrn« bei ihren Predigen zu singen: »Er wollte, dass der Prediger nach Beendigung des Loblieds zum Volk sagte: ›Wir sind die Spielleute des Herrn und wir wollen dafür von Euch damit belohnt werden, dass ihr in wahrer Buße verharrt.‹«[182] Auch er selbst, der dieses Lied dem Schmerz abtrotzte, sang es immer wieder: als Zeichen der Hoffnung gegen die Krankheit.

Wie groß die friedensstiftende Kraft des *Sonnengesangs* war, zeigt sich an einem ganz und gar lokalen Ereignis, von dem Franz in San Damiano erfährt. Der Bürgermeister und der Bischof von Assisi hatten sich so heftig zerstritten, dass der Bischof den Bürgermeister kurzerhand exkommunizierte, wohl auch um damit den Aufruf des Bürgermeisters zu kontern, niemand solle dem Bischof mehr etwas verkaufen oder irgendwelche Verträge mit ihm schließen. Woher dieser Hass kam, war den Bürgern der Stadt, und vielleicht selbst den beiden Kontrahenten, ganz und gar unerklärlich.

Der Hass aber, so weiß Franz von Assisi im dunklen Tal seiner Krankheit, führt nur wieder zu Hass und Streit, zuletzt zum Krieg. Darum diktiert er noch eine weitere Strophe seines *Sonnengesangs*, die endet: »Selig jene, die solches ertragen in Frieden,/ denn von dir, Höchster, werden sie gekrönt werden.« Dann rief er zwei Brüder zu sich und trug ihnen auf, in seinem Namen den Bürgermeister und die führenden Persönlichkeiten der Stadt in den Bischofssitz zu rufen. Wenn sie dort versammelt seien, dann sollen sie ihnen den *Sonnengesang* mit der Friedensstrophe vorsingen.

Das geschieht, und die Wirkung ist – jedenfalls nach der *Sammlung von Perugia* – jene, die Franz vorhergesehen hat. Die Anwesenden sind gerührt, mehr noch, der Bürgermeister wirft sich dem Bischof zu Füßen und ruft: »›Seht, ich bin bereit, Euch für alles Genugtuung zu leisten, so wie es Euch gefällt, um der Liebe unseres Jesus Christus und seines Dieners, des seligen Franziskus, willen.‹ Der Bischof fasste ihn bei den Händen, richtete ihn auf und sagte zu ihm: ›Von meinem Amt her stünde es mir zu, demütig zu sein, aber da ich von Natur zum Jähzorn neige, musst du mir vergeben.‹ Und so umarmten und küssten sie einander mit viel Wohlwollen und Zuneigung.«[183] Ein Schluss wie im Märchen, allzu schön, um wahr zu sein? Oder doch eher jenes in kriegerischen Zeiten so dringend erwartete Hoffnungszeichen, dass die Versöhnung verfeindeter Parteien gelingen kann, dass Frieden möglich ist? So jedenfalls haben es diejenigen verstanden, die ihm folgten.

Bologna als Ärgernis

Die Ära der Universitäten beginnt in Bologna. Ein Kosmos aus Bildung und Humanität jenseits der Kirche etabliert sich mit den Universitäten im Schutze der Städte und ihres Bürgertums – Paris, Oxford und Cambridge werden zu Leuchten der Wissenschaft.

Franz von Assisi kann diese Entwicklung nicht gefallen. Sein Affekt gegen das Geld, das für ihn – so wird es wörtlich überliefert – »Kot« ist, korrespondiert mit einem Affekt gegen die Gelehrsamkeit, die für ihn ebenso bloßer Besitz ist. Sie widerspricht der geforderten Armut und Demut in der Nachfolge Jesu. Bereits Thomas von Celano schreibt in seiner ersten Lebensbeschreibung: »Er sah, wie viele sich nach Lehrstühlen und Leitungsämtern drängten. Er verabscheute die Verwegenheit dieser Leute und suchte sie durch sein Beispiel von solch krankhafter Sucht abzubringen.«[184] Mitunter sind die Mittel, zu denen er greift, um die heilige Einfalt als Ausdruck des Armutsgebotes zu verteidigen, überaus rabiater Natur.

In Celanos zweiter Lebensbeschreibung findet sich eine bezeichnende Episode. Ausgerechnet nach Bologna, in diese modernste Stadt Italiens, deren ausgestellter Wissensdrang Franz abstößt, zieht es einige der Minderbrüder. Sie gründen dort ein »Haus der Brüder«. Diese Bezeichnung ist ein Ausdruck der Verlegenheit, da man nicht weiß, wie man eine Niederlassung der Minderbrüder sonst nennen sollte. Kloster schon mal nicht, also ein Haus. Aber in den Ohren von Franz klingt Haus fast so verwerflich wie Kloster oder eben Bibliothek – und um eine solche geht es in Bologna, jener gelehrten Universitätsstadt, die für Dominikaner dasselbe bedeutet wie Assisi für die Franziskaner. Für Franz ist es Skandal genug (wie auch für die ihm nachfolgenden Spiritualen im Orden), dass hier ein massives Haus aus Stein gebaut wird! »Schließlich gebot er den Brüdern, das Haus schleunigst zu verlassen. Daraufhin wurde geräumt. Selbst die Kranken durften nicht bleiben, sondern wurden mit den anderen herausgeschafft.«[185]

Bis in die *Fioretti* gelangte die Episode von den zwei Studenten aus Bologna, die, nach einer Predigt von Franz, das Studium (eine Sünde, so wie der Besitz von Geld!) hinter sich ließen und fortan als einfache Minderbrüder lebten. Ein fatales Beispiel? Nun ist es jedoch der Protektor Kardinal Hugolin, der eingreift und das Haus, in dem die Minderbrüder wohnten, zum Eigentum der Kirche erklärt – die Brüder dürfen auf seine Anweisung dorthin zurückkehren.

Die radikale Bildungsverweigerung Franz' von Assisi ist unzeitgemäß in der Gesellschaft des 13. Jahrhunderts, in der die Bürger ein neues Selbstbewusstsein entwickeln, in der auch Wissenschaft und Technik einen viel höheren Stellenwert erlangen. Aber ist Franz darum nur ein blindwütiger Bilderstürmer, ist er borniert und stumpf? Das wohl gerade nicht. In ihm wohnt – darin Rousseau ein halbes Jahrtausend voraus – ein Gefühl der Gefahr, das in der Perfektionierung der äußeren Mittel liegt, mit denen es der Mensch unternimmt, sich die Erde untertan zu machen. Und wenn ihr eine Welt gewinnt und dabei doch die Seele verliert, so ist alles verloren! In gewisser Weise nimmt er hier Erich Fromms Diagnose vorweg, die dieser dem 20. Jahrhundert mit *Haben oder Sein* stellte: Das bloße Besitzen, gleich ob materieller oder immaterieller Güter, führt in die Entfremdung. Es geht vielmehr um die organische Erweiterung eines Weltwissens, in dem Verstand und Gefühl zur Harmonie gelangen. Das ist auch der entscheidende Impuls bei Franz von Assisi: Abwehr einer Scholastik, die das Gefühl von und den Instinkt für etwas in Spitzfindigkeiten und ausgeklügelten Dogmen unterdrückt.

Hier zeigt sich mehreres: Die Position, die Franz in Sachen Bildung einnimmt, ist ein Stein des Anstoßes, ein bewusster Anachronismus. Hier teilen sich die Wege: Bonaventura und Duns Scotus werden die franziskanischen Grundsätze mit allerlei theologischen Kunstgriffen zum scholastischen Lehrfach erheben – die durchaus einfallsreichen Versuche, Glauben und Wissen sowie Gott und Welt miteinander in Einklang zu bringen, führen jedoch zu begrifflichen Ungetümen, die uns heute fast völlig unverständlich geworden sind.

Franz von Assisi hat es geahnt und immer wieder ausgesprochen: Wissen und Glauben sind nicht vereinbare Gegensätze! Liebe ist nicht mit Theorie zu beweisen! Das ist, auch wenn sein drastischer Auftritt reichlich geistfeindlich wirkt, letztlich die modernere Position, die in ihrer Konsequenz auch zu einer Trennung von Staat und Kirche führte.

Hier wird dann der Weg frei zu Neuem, wie es sich in der empirischen Wissenschaft bei Roger Bacon oder dem Nominalismus Wilhelms von Occam zeigt, auf den wir noch kommen werden. Dessen logische Untersuchungen lassen Gott aus dem Spiel, Gott ist überhaupt nicht zu beweisen, man kann nur an ihn glauben. Die Sprachlogik Wilhelm von Occams, des modernsten Denkers des Mittelalters (ein verketzerter englischer Franziskaner, der schließlich nach Bayern fliehen musste), löst die im ersten Moment befremdlich wirkende Bildungsverweigerungshaltung bei Franz von Assisi auf eine verblüffende Weise auf.

Wenn die Scholastik nur ein mit der Zeit immer vergeblicherer Versuch war, etwas zusammenbringen, was nicht, jedenfalls nicht in Form eines Systems, zusammenzubringen ist – Gott und Welt, Wissen und Glauben –, dann gelingt mit dem Mut zum Unterschied bei den Franziskanern Roger Bacon und Wilhelm von Occam der Sprung in ein neues Zeitalter.

Wurde Franz von jungen wissbegierigen Brüdern nach etwas gefragt, was mit Auslegung oder Interpretation zu tun hatte, antwortete er immer dasselbe: »So viel versteht der Mensch von Wissenschaft, wie er in die Tat umsetzt; und in solchem Maße ist der Ordensmann ein guter Redner, wie er selber handelt.«

Brüder im Geiste? Dominikus und Franz von Assisi

Wenn Bologna für Franz von Assisi ein Ärgernis war, für Dominikus wird es zur Stadt, in der er seine Vision einer wiedererstarkten Kirche bestätigt findet. Ist dieser Gegensatz, der die beiden Ordensgründer in sehr unterschiedliches Licht setzt, eine Marginalie? Nein, er ist symptomatisch für ein sehr verschiedenes Selbstverständnis. Während die Franziskaner für eine Reform der Kirche von unten stehen, so die Dominikaner für eine von oben.

Immer wieder werden Franz und Dominikus als Erneuerer des Glaubens im 13. Jahrhundert in einem Atemzug genannt. Auch Benedikt XVI. schrieb ein Buch mit dem Titel *Lehrer des Glaubens.*

Franziskaner und Dominikaner. Hier allerdings ist von Erneuerung nicht so sehr die Rede, stattdessen heißt es: »Dominikus und Franziskus schöpften gerade aus der innigen Gemeinschaft mit der Kirche und dem Papsttum die Kraft der Zeugnisse.« Und weil Wiederholung bekanntlich die Mutter jeder festen Überzeugung ist, wiederholt er diese Einschätzung gleich noch einmal: »Dieser persönliche und gemeinschaftliche Stil der Bettelorden, verbunden mit der völligen Übereinstimmung mit der Lehre der Kirche und ihrer Autorität, fand bei den Päpsten jener Zeit, wie Innozenz III. und Honorius III., große Wertschätzung.«[186]

Dass die Sache bei Franz von Assisi sehr viel komplizierter liegt, will dieses Buch zeigen. Franz agiert zwar nicht gegen die Kirche, aber eben auch nicht – wie hier suggeriert wird – durch die Kirche, sondern nur insofern innerhalb der Kirche, wie die Kirche (und der Papst an ihrer Spitze) selbst sich der Idee der evangelischen Armut öffnet. Den brüderlichen Geist, mit dem Franz von Assisi auch den kleinsten Dingen dieser Welt begegnet, gilt es als Franz' Geschenk an eine Kirche in der Krise zu begreifen!

Dominikus treibt etwas anderes an als Franz von Assisi. Geboren 1170 in Caleruega in Altkastilien als Sohn eines Kaufmanns, kam er bereits mit fünf Jahren zu einem Onkel, der Erzpriester war und den Jungen unterrichtete. Sein weiteres Leben scheint nun darin zu bestehen, diesem Onkel nachzueifern und ihn sogar noch zu übertreffen. Hier also ist eine starke Kontinuität in der Biographie, keine Krise, aus der Umkehr und Hinwendung zu einem neuen Leben resultiert. Dominikus ist tatsächlich immer ein Mann der Kirche gewesen, ein zur Stärkung ihrer Macht entschlossener Theologe, der die zu den Ketzern übergelaufenen Laien mittels Predigt zur sogenannten Rechtgläubigkeit zu bekehren versucht. Dabei will er auch die Würdenträger der Kirche aus ihrer bequemen und selbstzufriedenen Haltung aufstören, darin ist er ein scharfer Agitator vor dem Herrn, der in Glaubensfragen nicht zu Kompromissen neigt.

In Dominikus also steckt, anders als in Franz von Assisi, nicht nur ein Prediger, sondern auch bereits ein Inquisitor, nicht zuletzt deshalb nannte man die Dominikaner auch »Hunde Gottes«. Die Skulptur so eines »Domini-Canes« steht auch in Marburg – er sieht gefährlich aus, ein echter Kampfhund des Herrn.

Dominikus ist ein Intellektueller, ein Ideologe wohl auch, der den Menschen als strenger Lehrer entgegentritt, ohne den Troubadour-Charme eines Franz von Assisi, ohne die eigene Naivität mit den Menschen zu teilen, auch ohne bemerkbare Demut und ohne Liebe. Kein Minderbruder, eher ein stolzer Herr! Glaubte man Franz von Assisi jederzeit, dass er die Wahrheit suchte, schien Dominikus ein Verkünder jener Wahrheit, die Besitz der Kirche ist, und nur der Kirche.

Seltsamerweise wurden von Dominikus keine Predigt, keine Ordensregel, kein Testament überliefert. Das verwundert bei einem Intellektuellen mit einem derartigen Sendungsbewusstsein. Liegt es daran, dass er nicht mit einem eigenen Werk hervortreten, sondern sich ganz und gar in den Dienst der Kirche stellen wollte? Das Verhältnis zur Armut, zu der sich Dominikus anfangs bekannte, ist darum noch leichter (also pragmatischer) im Dominikanerorden »gelöst« worden als im Franziskanerorden, wo es eine die Brüder auf strenge Armut verpflichtende Regel und das *Testament* Franz' von Assisi gab. Darauf konnten sich die Brüder im Streit um die rechte apostolische Lebensführung immer wieder berufen.

Dominikus hatte es schwerer als Franz, Anhänger zu finden, denn er nahm die Laienbewegung nicht auf, sondern er trat ihr gegenüber. Wenn die Predigt in der Kirche auf den ihr gebührenden Platz gestellt wird, es feurige Verkünder des Wortes Gottes gibt, dann vermag die Kirche verlorene Stärke wiedergewinnen. Das ist der Ansatz bei Dominikus, der nicht will, dass sie sich am evangelischen Gebot läutert, sondern, dass sie, angesichts der Laxheiten in der Kirche, verlorenen Boden mit Strenge wiedergutmacht. Oberstes Gebot für Dominikus ist dabei der Kampf gegen die Ketzer.

Franz von Assisi dagegen ist selbst ein halber Ketzer, den nur sein Unvermögen zum Hass davor bewahrt, als solcher behandelt zu werden. Seine Nachfolger, die Spiritualen, die sich auf sein strenges Armutsgebot berufen werden (mit Joachim von Fiores Apokalypse-Vorstellungen bewehrt), lässt die Inquisition um 1300 bereits als Ketzer verbrennen.

Dominikus hätte allen Grund gehabt, mit der Kirche zu hadern. Denn als er 1215 mit sechs Gleichgesinnten seinen Predigerorden gründen will und zu diesem Zweck Innozenz III. um die Genehmigung bittet, steht der Papst seiner Absicht zwar freundlich gegenüber, aber neue Ordensregeln, so hat das vierte Laterankonzil soeben beschlossen, soll es in der Kirche nicht mehr geben.

Der Papst rät Dominikus, was er sechs Jahre zuvor auch Franz von Assisi riet, sich eine der bereits vorhandenen Ordensregeln zu wählen, die man dann, je nach persönlichen Vorlieben, etwas modifizieren könne. Franz hatte dem Papst ein Papier mitgebracht mit einigen Bibelzitaten über die evangelische Armut, die das Zusammenleben der Brüder regeln sollten. Von Dominikus ist nicht bekannt, dass auch er schon mit dem Entwurf für eine Ordensregel zu Innozenz III. kam. Er soll dann auch nicht lange damit gezögert haben, die Regel der Augustiner anzunehmen.

Eine Massenbewegung wie die franziskanische ist die dominikanische auch in ihren besten Zeiten nie gewesen, sie blieb immer ein elitärer Orden von Scholastikern, die das monastische Prinzip der *vita contemplativa* bewahren wollten, anders als die Franziskaner, die die *vita activa* suchten. Sie brachten eine Vielzahl von Theologen hervor – deren berühmtester Thomas von Aquin war, konzentrierten sich auf die Universitäten in Bologna und Paris, gewannen immer stärkeren Einfluss in der Ketzerbekämpfung, so dass die neu gegründete Inquisition sich bald vor allem in den Händen von Dominikanern befand.

Es scheint angebracht, sich an dieser Stelle einem Dominikaner zuzuwenden, der das europäische Denken – jenseits der akademischen Traditionslinien von Thomismus und Scotismus – neben dem Franziskaner Wilhelm von Occam wohl am stärksten beeinflusst hat: Meister Eckhart. Mit Occam verbindet ihn, dass er zur gleichen Zeit zu Papst Johann XXII. einbestellt wurde, um sich wegen des Verdachts, er verbreite ketzerische Lehren, zu rechtfertigen. Für Meister Eckhart war – das gehört zur Pikanterie des Verhältnisses der Bettelorden zueinander – ein franziskanischer Inquisitor zuständig. Fünfzehn Sätze Meister Eckharts wurden schließlich als häretisch verurteilt, elf weitere als der Häresie verdächtig. Von Repressionen gegenüber dem da schon fast siebzigjährigen Eckhart ist nichts bekannt, er starb 1329, im gleichen Jahr der Verurteilung – die Todesursache ist unbekannt.

Die wichtigste – folgenreichste – Denkfigur Meister Eckharts ist die der Wiedergeburt Gottes auf dem Grunde der Seele. Diese Art Immanenzdenken macht ihn zum Begründer der deutschen Mystik, auf die sich ihm nachfolgende Mystiker wie Johannes Tauler beziehen werden. Interessant ist es, seine überlieferten Predigten in Bezug auf die Armutsfrage zu lesen – denn in diesem Punkt erweist sich der so überaus originelle Kopf sehr deutlich als ein Nachfolger des Dominikus. Nicht nur, dass er beständig die Abgeschiedenheit als Notwendigkeit hervorhebt, um zu wesentlichen Erkenntnissen zu kommen, er teilt auch das Armutsthema auf, in eine soziale (äußere) Frage, die wichtig sei, aber nicht so wichtig wie die geistliche (innerliche) Auffassung von der evangelischen Armut.

Der zentrale Satz hierbei ist die Bibelstelle »Selig sind die Armen im Geiste«. Meister Eckhart kommentiert: »Aber wir sagen noch mehr und nehmen Armut in einem noch höheren Sinn: der ist ein armer Mensch, der nichts will und nichts weiß und nichts hat.«[187] Die Selbstabtötung des äußeren Menschen führt zu einer Neugeburt des inneren Menschen aus dem Geiste Gottes. Entscheidend für diese *unio mystica* wird der Moment der Einswerdung, der »Durchbruch, dass Gott und ich Eins sind«.[188] Dieser Gedanke des göttlichen Geistfunkens, der im Menschen als Seele vorhanden ist, hat gnostische Ursprünge, aber bekommt bei ihm eine ganze neue Bedeutung, die das Menschenbild revolutioniert. Jeder trägt gemäß seiner geistigen Anlage etwas Göttliches in sich!

Aber dann kommt Dominikus ins Spiel, und hier zeigt sich Meister Eckharts Dissens zur Armutsauffassung der Franziskaner: »Wer da die Armut wirklich liebt, dem ist sie so notwendig, dass er es niemandem gönnt, weniger zu besitzen als er selber. Und also hält er es mit allen Dingen, es handle sich um Reinheit, um Gerechtigkeit oder welche Tugend auch immer, in jeder will er immerdar den höchsten Stand erreichen und vermag es nicht zu ertragen, dass ihm darin jemand über ist.«[189] Da zeigt sich sogar in der Selbsterniedrigung etwas Hochfliegendes, geradezu Hochmütiges. Man »gönnt« niemandem, weniger zu besitzen als man selbst? Man vermag es nicht zu ertragen, wenn andere strenger in der Askese sind? Solcherart Armut ist unweigerlich der »höchste Stand« (für Franz von Assisi und seine Minderbrüder dagegen immer der niedrigste). Das scheint dann nichts anderes als Besitzgier unter negativem Vorzeichen zu sein: Etwas Streberisches auf der Grenze zum Fanatischen zeigt sich dabei.

Die Frage, ob sich Franz und Dominikus begegnet seien, gab zu Legenden Anlass. Aber obwohl von Dominikus kein schriftlicher Nachlass existiert, ist sein Leben – sagen Ordensquellen – dennoch bestens dokumentiert, so genau, dass man fast Tag für Tag nachvollziehen kann, wo er war und wen er traf. Da er die Nähe zu den Mächtigen suchte, begegnete er des Öfteren auch dem Bischof von Ostia, Hugolin, der bekanntlich ein besonderes Verhältnis zu Franz von Assisi pflegte und Protektor des Franziskanerordens werden sollte. Bei Hugolin könnten sich beide theoretisch getroffen haben, aber belegt ist dies nicht – und das wäre es gewiss, wenn es diese Begegnung gegeben hätte. Den ersten Hinweis auf eine Begegnung gibt Thomas von Celano – jedoch in Franz' zweiter Lebensbeschreibung, die stark an der Legendenbildung arbeitet. Von hier aus ist diese – völlig hypothetische – Vorstellung eines Zusammentreffens dann auch in die anderen späten Legenden geraten, sogar in der – eher kritischen – *Sammlung von Perugia* findet sie sich fast wörtlich von Celano übernommen wieder. Genannt ist nirgendwo der Zeitpunkt einer solchen Begegnung, sehr allgemein heißt es, beide hät-

Der heilige Dominikus, Sandro Botticelli um 1490

ten sich »beim Herrn von Ostia, der später Papst wurde«, eingefunden.

Trotzdem ist die hier geschilderte Szenerie aufschlussreich für das Selbstverständnis von Dominikus und Franz von Assisi, und wegen dieses grundsätzlichen Charakters wurde sie vermutlich auch in die *Sammlung von Perugia* aufgenommen. Celano lässt Hugolin die beiden – unter seiner Führung – zu Heiligen der katholischen Kirche erhobenen Prediger fragen: »Warum nehmen wir nicht aus euren Brüdern Bischöfe und Prälaten, die durch Lehre und Beispiel den Übrigen voranleuchten?«[190] Bei der Beantwortung der Frage, so heißt es, sei ein »Streit« entstanden, denn jeder wollte demütigerweise dem anderen den Vortritt lassen. Ist es ein Zufall, dass Dominikus dann doch zuerst antwortet? Auch was er sagt, charakterisiert den Unterschied zwischen den stolzen Predigern um Dominikus und den Minderen Brüdern um Franz von Assisi: »Herr, meine Brüder sind, wenn sie es recht erkennen, auf eine hohe Stufe gestellt, und ich werde, soweit es in meinen Kräften steht, nicht erlauben, dass sie eine andere Art der Würde erlangen.« Die Prediger, so Dominikus, sollen durch ihr Wort und ihr Vorbild überzeugen, nicht kraft eines Amtes.

Auch Franz von Assisi lehnt das Ansinnen Hugolins ab, jedoch legt ihm Celano dabei ausführlich jene grundsätzliche Position in den Mund, die Franz auch in seinem *Testament* – das Hugolin als Papst dann faktisch verbieten wird – in beschwörender Eindringlichkeit postulierte. Er antwortet Hugolin (und zugleich Dominikus), der vor ihm sprach: »Herr, Mindere sind meine Brüder deswegen genannt, damit sie sich nicht herausnehmen, Höhere zu werden. Ihre Berufung lehrt sie, den letzten Platz einzunehmen und den Spuren der Demut Christi zu folgen, damit sie einst, wenn den Heiligen vergolten wird, mehr als die anderen erhöht werden. Wenn Ihr wollt, dass sie in der Kirche Gottes Frucht bringen, dann erhaltet und bewahret sie in dem Stande, zu dem sie berufen sind, und führt sie, selbst gegen ihren Willen, auf den letzten Platz zurück. Ich bitte daher, Vater, lasst sie unter keinen Umständen zu kirchlichen Ämtern emporsteigen, damit sie nicht umso stolzer werden, je ärmer sie sind und gegen die Übrigen sich überheblich zeigen.«[191]

Im Anschluss an den Disput habe Dominikus Franz von Assisi gebeten, »er möge ihm gnädig den Strick, mit dem er sich gürtete, überlassen«. Weiß man um das symbolträchtige Mittelalter, dann ahnt man, dass Franz hier ein wesentliches Zeichen der Bruderschaft, die der um die Kutte gebundene (diese zusammenhaltende!) Strick versinnbildlicht, genommen werden soll. Mit Erfolg! Denn Franz in seiner Naivität, der immer nur gibt, auch da, wo es den eigenen Interessen (die er nicht anerkennt) zuwiderläuft, schenkt Dominikus den Strick. Schließlich habe Dominikus zu Franz gesagt: »Ich wollte, Bruder Franziskus, dein und mein Orden würden zu einem einzigen vereint und wir würden in der Kirche nach der gleichen Lebensweise leben.«[192] Ist das eine brüderliche Hoffnung, ausgesprochen im Gefühl, man wolle doch das Gleiche – oder ist es doch eher eine besitzergreifende Geste?

Dominikus starb 1221, fünf Jahre vor Franz. Hugolin sollte als Papst Gregor IX. beide zu Heiligen erklären, Dominikus sechs Jahre nach Franz im Jahre 1234. Im Jahr zuvor hatte man sein Grab geöffnet – und dabei sei ein Wohlgeruch verströmt, der auch prompt zu einem Hauptgrund seiner Heiligsprechung wurde.

Ein Wort zu den Dominikanern heute, so wie sich der Orden selbst und seinen Gründer darstellt. Die Franziskaner vereinen ein breites Spektrum an theologischen Positionen in sich – bis hin zur Befreiungstheologie Leonardo Boffs und dem Kapuziner Anton Rotzetter, der das Institut für Theologische Zoologie in Münster mitgründete. Ein kontroverses Verhältnis zum Armutsgebot zieht sich ohnehin durch die Ordensgeschichte. Ein derartiges sich selbst infrage stellendes Verhältnis zur eigenen Tradition scheint es bei den Dominikanern nicht zu geben.

Zu dieser Vermutung geben zwei neuere Publikationen Anlass. Ganz ohne kritische Selbstreflexion wird hier die Einheit von Wissen und Glauben propagiert, das, was vor Jahrhunderten die Kirche als Ketzerei ansah, scheint es heute immer noch zu sein. Diesen Eindruck jedenfalls erweckt der Dominikaner Paul Dominikus Hellmeier (geboren 1977) in seinem Buch *Dominikus begegnen*. Darin wird die Inquisition als »Fortschritt in der Rechtsprechung«[193] verteidigt, von einem »bis heute verbreiteten Zerrbild der Inquisition«[194] durch die Aufklärung gesprochen, gefragt, ob denn die Katharer überhaupt Christen gewesen seien, wie sie selbst meinten (doch in den Augen der Dominikaner immer Ketzer blieben). Über die Aristoteles-Rezeption durch arabische Kommentatoren, den »lateinischen Averroismus« in der zweiten Hälfte des 13. Jahrhunderts, heißt es gar, damit »drohte in der Philosophie eine zunehmende Ablösung von Kirche und Glauben«.[195]

Die Befreiung der Philosophie von ihrer Rolle als Magd der Theologie derart darzustellen scheint nun wahrlich Scholastik von gestern. Säkularisierung, das haben die meisten Franziskaner begriffen, ist kein Teufelswerk, sondern eine hochproblematische Form der Freisetzung menschlicher Autonomie, deren Freiheitsgewinn man schätzen können sollte. Dass damit religiöse Fragen sich nicht erledigen, scheint auch klar, nur stellen sie sich vor diesem modernen Hintergrund auf neue Weise.

Auch die *Kleine Geschichte des Dominikanerordens*, die William A. Hinnebusch 2004 veröffentlichte, ist in diesem offenkundig vorkritischen Geist verfasst. Sie hebt als Apologie an – und bleibt es auch: »Der heilige Dominikus war ein geisterfüllter Mensch, den Gott dazu berief, der drängenden Not der Kirche mit einer festen Gruppe gut ausgebildeter Prediger entgegenzuwirken.«[196]

Da wird schlagartig klar, was den Dominikanern fehlt: ein Paul Sabatier und ein Henry Thode! Diese hatten Franz von Assisi aus der hagiographischen Kontinuität herausgerissen und ihn einerseits historisch kritisch behandelt, andererseits so auch das Bleibende, das, was ihn zu unserem Zeitgenossen macht, herausgearbeitet. Dem folgte dann eine breite Rezeption aus unterschiedlichster Perspektive, ein moderner Zugang, der schließlich auch auf die Ordenschronisten von Heribert Holzapfel bis zu Kajetan Esser, von Anton Rotzetter bis zu Niklaus Kuster zurückwirkte.

Das nahende Ende. Rückzug, Intrige, Erscheinung des Engels und Tod

Das Jahr 1226. Schwere Prüfungen

Woran leidet Franz? In der *Sammlung von Perugia* ist die Rede von einem »schweren Magen-, Milz- und Leberleiden«, hinzu kommen seine ständig entzündeten Augen, die zu eitern beginnen (vermutlich eine schwere Bindehautentzündung), so dass er nach und nach erblindet. Was irritiert – um es vorsichtig auszudrücken –, ist, wie sich Bruder Elias Franz von Assisi gegenüber als Prophet aufspielte. Davon ist indirekt an einer eher versteckten Stelle der *Sammlung von Perugia* die Rede – sicherlich kein Zufall, im Gegenteil: ein wichtiger Fingerzeig. Kurz vor seinem Tod sagt Franz, das nahe Ende vor Augen, zu Bruder Elias, der nicht von seiner Seite weicht: »Erinnerst du dich, als du bei Foligno eine Vision hattest und zu mir sagtest, jemand habe dir gesagt, dass ich nur noch zwei Jahre zu leben habe?«[197]

Das war 1224 – und jetzt haben wir 1226, das Todesjahr von Franz von Assisi. Dass diese Todesverheißung keine Erfindung der spiritualen Feinde von Bruder Elias ist, wird daraus ersichtlich, dass auch Thomas von Celano bereits 1228 in seiner ersten Franziskus-Vita davon berichtet – natürlich hierin die Erfüllung einer göttlichen Prophezeiung und nicht eines möglichen Komplotts erkennend: »Wie ihm durch den göttlichen Willen kundgegeben worden war, sollte sich sein Leben schon zwanzig Jahre nach seiner Bekehrung vollenden. Als nämlich der selige Vater einmal mit Bruder Elias in Foligno weilte, trat eines Nachts, als sie sich schon zur Ruhe begeben hatten, ein weiß gekleideter Priester, hochbetagt und vorgerückten Alters, von ehrwürdigem Aussehen vor Bruder Elias und sprach: ›Steh auf, Bruder und sage Bruder Franziskus, dass achtzehn Jahre verflossen sind, seit er die Welt verließ und Christus anhing, dass er von heute ab nur noch zwei Jahre auf dieser Welt bleiben wird, dass ihn dann Gott zu sich ruft und er den Weg allen Fleisches gehen wird.‹«[198]

Festzuhalten bleibt: Bruder Elias (gerade er, der nüchterne Pragmatiker!) hat eine Vision, Franz' Todeszeitpunkt betreffend, und diese erfüllt sich exakt.

Im wundergläubigen Mittelalter mag das ein Versuch gewesen sein, die eigene visionäre Kraft unter Beweis zu stellen, aber uns als Angehörige eines skeptischen Zeitalters erscheinen derartige Ankündigungen in einem anderen Licht. Wie kommt Elias dazu, dem Stifter der Minderbrüdergemeinschaft den Tod zu prophezeien, noch dazu dermaßen exakt? Was sind das für Magen-, Milz und Leberleiden, die Franz immer wieder »etwas Schwarzes« erbrechen lassen? Es gibt keine Beweise, aber unter kriminalistischen Gesichtspunkten wäre immer derjenige, der einen Tod derart präzise voraussagt, auch sofort ein Verdächtiger, diesen Tod verursacht zu haben. Zumal wenn er wie Bruder Elias davon profitiert. Ständig muss er diesen ewigen Narren Gottes im Auge behalten, ob er etwas unternimmt, was die eigene Ordenspolitik stört. Ein guter Heiliger ist immer ein toter Heiliger?

Dokumentiert ist die Geschichte der Behandlung seines Augenleidens. Sie klingt wie ein Foltergeschichte, aber das liegt wohl in der Zeit. 1224 hat sich der Zustand der Augen von Franz weiter verschlechtert. Er lässt sich überreden, einen Augenarzt in Fonte Colombo bei Rieti aufzusuchen. Allein die Reise dorthin ist eine Strapaze: Einige Brüder geleiten ihn, der, gegen seine Gewohnheit, auf einem Pferd reitet: »Er trug auf dem Kopf so etwas wie eine große Kapuze, welche die Brüder für ihn angefertigt hatten, und vor den Augen eine Binde aus Wolle und Leinen, die mit der Kapuze zusammengenäht war, denn wegen der großen Schmerzen, die von der Augenkrankheit herrührten, konnte er den Anblick des Tageslichtes nicht ertragen.«[199]

Der Arzt aus Rieti, der Franz untersucht, hat folgenden Behandlungsvorschlag. Er wolle, sagt er, »über der Wange bis zur Braue jenes Auges, das schlechter war als das andere, eine Ätzung vornehmen«. Franz bekommt, was jeder in solcher Situation bekommen würde: Angst. Er kann vor lauter Schmerzen nachts nicht mehr schlafen. Er hat keine Wahl. Der Arzt erscheint mit seinem Eisen, mit dem er die Ätzung vornehmen will: »Er ließ ein Feuer anfachen, um damit das Eisen zu erhitzen, und als das Feuer brannte, legte er das Eisen hinein.«

Jetzt macht Franz das, was er immer macht, wenn es schwierig wird: Er spricht sein Gegenüber ganz unmittelbar an. Und so sagt er dann zum Feuer: »Mein Bruder Feuer, du bist vornehm und nützlich unter den anderen Geschöpfen, die der Höchste geschaffen hat. Sei in dieser Stunde höflich zu mir! Ich habe dich ja von jeher geliebt und werde dich weiterhin lieben um der Liebe jenes Herrn willen, der dich geschaffen hat.«[200]

Nach diesem Gebet ist er bereit, sich mit dem glühenden Eisen das Gesicht verbrennen zu lassen. Der genaue Ablauf dieser Behandlung ist überliefert: »Die Ätzung war nämlich sehr lang, beginnend beim Ohr bis zur Augenbraue wegen des vielen eitrigen Schleims, der Tag und Nacht viele Jahre lang täglich bei den Augen austrat. Daher mussten nach dem Rat jenes Arztes alle Blutgefäße vom Ohr bis zur Augenbraue verätzt werden, obwohl nach dem Rat anderer Ärzte das Ganze für ihn das Gegenteil bewirken würde. Dies hat sich dann auch bewahrheitet, denn es hat ihm nicht geholfen. Ebenso durchstach auch ein anderer Arzt seine beiden Ohrläppchen, und dennoch hat es ihm nicht geholfen.«[201]

Trotzdem hört Franz nicht auf, das Feuer einen Bruder zu nennen, zumal es ihm, wie er versichert, kaum Schmerzen zugefügt habe.

Aber neben den Augen, deren Zustand sich so quälend verschlechtert, dass er im Grunde blind ist, leidet er auch unter anderen Krankheiten. Vermutungen, was es für Krankheiten gewesen seien, gibt es viele. Sie reichen von Malaria und anderen Tropenkrankheiten, die er sich im Orient zugezogen habe, bis zu den gesundheitlichen Folgen einer übertriebenen Askese, die bei ihm nicht nur sehr wenig zu essen, immer auch sehr wenig zu trinken bedeutete.

Es gibt viele Theorien, aber im Grunde bleiben immer nur jene von Zeitgenossen beschriebenen Symptome eines Leidens, das ihn langsam auszehrte. Julian von Speyer vermerkt in *Das Leben des heiligen Franziskus*: »Es wurden also seine Schläfen gebrannt, er wurde zur Ader gelassen, es wurden Salben und Pflaster angewandt, doch überhaupt nichts diente seiner Gesundheit, vielmehr wuchs sein Leiden mit der Vielzahl der Heilmittel.«[202]

Thomas von Celano schreibt in seiner ersten Lebensbeschreibung: »Im sechsten Monat vor seinem Hinscheiden weilte Franziskus in Siena, um sich wegen seines Augenleidens behandeln zu lassen. Da begann er auch am ganzen Körper schwer zu erkranken: Der Magen war infolge der dauerhaften Krankheit und infolge eines Leberleidens sehr geschwächt; er brach viel Blut, so dass er dem Tode nahe zu kommen schien.« Mit der – erfolglosen – Augenbehandlung einher geht also im April oder Mai 1226 ein schwerer Blutsturz, den Franz erleidet. Die ihn begleitenden Brüder wie auch er selbst befürchten, dass jetzt sein Ende gekommen ist.

Bruder Elias wird herbeigerufen, nun geht es nur noch darum, Franz im Hinblick auf seinen zu erwartenden Tod schnell nach Assisi zu bringen. Der Transport ist für den Todkranken eine Tortur, der Leib schwillt an, ebenso Beine und Füße: »Der Magen versagte mehr und mehr seinen Dienst, so dass er kaum mehr etwas Speise aufnehmen konnte … Inzwischen verschlimmerte sich die Krankheit. Alle Kraft seines Körpers schwand dahin und ganz kraftlos geworden, konnte er sich überhaupt nicht mehr bewegen.«[203]

Die Nachricht des in Kürze zu erwartenden Todes von Franz spricht sich schnell herum. Um die Reaktionen darauf zu verstehen, muss man das Weltbild des mittelalterlichen Menschen kennen, dem das irdische Leben ohnehin nur eine Transitstation in den Himmel ist. Aber auch sehr irdische Spekulationen verbinden sich mit Franz' Sterben: Sein Leichnam ist eine wertvolle Trophäe, die es zu erjagen gilt.

Die Reliquiensammler rüsten sich schon zum großen Beutezug, die ganze Stadt fiebert dem Augenblick entgegen, da Assisi zum Ziel von Pilgerströmen werden wird. Celano berichtet: »Es freute sich die Stadt bei der Ankunft des seligen Vaters, und aller Leute Mund pries Gott, alle Leute hofften nämlich, der Heilige Gottes werde bald sterben, und das war der Grund des großen Jubels.«[204]

Aber noch lebt Franz – und der Begehrlichkeiten, in Besitz der bald so lukrativen Leiche zu kommen, sind plötzlich viele. Doch in Assisi rüstet man sich gegen unerwünschte Konkurrenten: Diesen teuren Sohn der Stadt, den Heiligen, mit dem man die kommenden Jahrhunderte noch viel Geld verdienen wird, lässt man sich nicht stehlen! Der Ordenschronist Heribert Holzapfel notiert über dieses uns Heutigen moralisches Unbehagen bereitende Verhalten gegenüber dem Todkranken in bewundernswerter Nüchternheit: »Im Frühjahr 1226 kehrte er deshalb nach Assisi zurück, wo er im bischöflichen Palaste verpflegt und bewacht wurde, weil die Einwohner sich den kostbaren Schatz nicht von den Nachbarstädten rauben lassen wollten.«[205]

Im Juli und August war Franz im alten Römerbad Bagnara gewesen, da freute sich Assisi bereits auf die kostbare Reliquie, die der Stadt in Bälde mit seinem Leichnam zufallen würde. Niemand sollte es wagen, den sterbenden Franz aus Assisi zu entführen und sich dann mit seinem Leichnam zu schmücken (Perugia traute man solche Niedertracht jederzeit zu). Aber wie gesagt, noch lebt Franz, und seine engsten Gefährten beten für sein Leben.

Der todkranke Mann, gerade einmal Mitte vierzig, leidet derweil furchtbare Schmerzen. »Als man ihn daher fragte, ob er lieber das Martyrium durch einen Henker ertrüge, antwortete er, ein dreitägiges Leiden solcher Art, wenn es ihm auch durch Gottes Willen gefällig und annehmbar sei, sei schmerzhafter als jedes Martyrium.«[206]

Walter Nigg hat mit sensiblem Gespür in Franz' Leiden – zuerst nach der kalt-intriganten Entmachtung im Orden, dann im Verlaufe seiner sich immer weiter verschlimmernden Krankheitszustände – das erkannt, worin seine menschliche Größe besteht, oder auch das, was an ihm als heilig verehrt werden sollte: die Kraft zur Bejahung inmitten lauter Verneinung. Die Heiterkeit vor Abgründen, deren tiefster für jeden Menschen sein bevorstehender Tod ist: »Dieser Verzicht auf jede Gegenwehr ist alles andere als Schwäche. Ob man diese Ergebung sinnlos findet oder nicht, entscheidet über das wahre Verständnis der franziskanischen Seele.« Und das betrifft eben auch seine zunehmende Ablehnung der Entwicklungen in der Bruderschaft, die nun ein Orden mit einer vom Papst bestätigten Regel ist. »Denn mit dieser demütigenden Beugung unter die unselige Entwicklung des Ordens enthüllte Franziskus seine größte Heiligkeit.«[207]

Bruder Feuer

Dass Franz das Feuer, mit dem ihm der Augenarzt in Rieti das Gesicht verbrennt, segnet, ist eine tief symbolische Geste, bezeichnend für seine Art des In-der-Welt-Seins. Alle Dinge, auch die, die Schmerz zufügen, sind göttlich, und wir müssen ihnen mit Liebe begegnen. Zumal das Feuer, die Quelle des Lichts, wie es sich in der Sonne zu ganzer lebenserhaltender Stärke bündelt, das wohl am tiefsten prägende Urelement für Franz ist: Quelle der Erleuchtung und Verwandlung gleichermaßen. Das ist auch in einem Satz über ihn gesagt worden, der mehr Weisheit in sich trägt als ganze Abhandlungen: »Bekleidet mit Tugend wurde dieser Mann mehr von innen durch göttliches Feuer erwärmt als von außen durch Bedeckung des Leibes.«[208] Das wahre Feuer, die Flamme, die erleuchtet und wärmt zugleich: Franz trägt sie als seine Mission in sich.

Die Brüder berichten, die Liebe, die Franz dem Feuer entgegenbrachte, sei gegenseitig gewesen. Es habe ihn, wegen der Verehrung, die er ihm entgegenbrachte, nie Schmerz zugefügt. In der

Sammlung von Perugia lesen wir über das, was man wohl seine Vernarrtheit ins Feuer nennen muss: »Als er sich nämlich einmal neben das Feuer setzte, erfasste das Feuer sein leinenes Beinkleid beim Unterschenkel, ohne dass er es merkte. Als er die Hitze des Feuers spürte und sein Gefährte sah, dass das Feuer sein Beinkleid verbrannte, lief er hin und wollte es löschen. Da sagte der selige Franziskus zu ihm: ›Liebster Bruder, tu Bruder Feuer nichts zuleide!‹ Und er erlaubte ihm nicht, es auch nur irgendwie zu löschen. Dieser aber ging sogleich zu jenem Bruder, der Guardian war, und führte diesen zu ihm. Und so begann er, es gegen seinen Willen zu löschen.«[209]

Auch besteht er darauf, man solle »Kerze, Lampe oder Feuer nicht auslöschen, wie man das macht, wenn es nötig ist«, so stark sei sein Mitgefühl für Bruder Feuer gewesen. Es wird sogar davon berichtet, in seiner Zelle auf dem Monte Alverno sei eines Tages ein Feuer ausgebrochen, und wiederum erweist sich Franz als störend beim Versuch, es zu löschen: »Als nun der selige Franziskus zum Essen in die Zelle kam, wo das Feuer brannte, lohte die Flamme bereits bis zum Giebel der Zelle empor und setzte sie in Brand. Sein Gefährte aber begann, so gut er konnte, das Feuer zu löschen, doch allein war er dazu nicht imstande. Der selige Franziskus jedoch wollte ihm nicht helfen, sondern nahm das Fell mit, mit dem er sich in der Nacht zudeckte, und ging in den Wald.«

In seiner Abwesenheit wird das Feuer gelöscht – und dann kehrt auch Franz an den Ort des Geschehens zurück. »Nach dem Essen sagte er zu seinen Gefährten: ›Dies Fell da will ich von nun an nicht mehr als Decke haben, denn wegen meiner Habsucht habe ich nicht gewollt, dass Bruder Feuer es verzehrte.‹«[210]

Worum geht es hier? Um eine verborgene pyromanische Neigung? Kaum. Um Mitleid mit noch den kleinsten Dingen, auch den unbelebten? Auch, aber nicht nur. Die *Sammlung von Perugia* spricht es bereits aus: »Ehrfurcht vor dem, dessen Geschöpf es ist.«[211]

Was für eine Pervertierung von »Bruder Feuer« sind dann die Scheiterhaufen! Nur fünf Jahre nach Franz' Tod beginnt 1231 aufgrund der Urteile der von Gregor IX. geschaffenen Inquisition die massenhafte Verbrennung von Ketzern. Da die Inquisition ausschließlich in den Händen der Dominikaner und Franziskaner liegt, lassen bald auch franziskanische Inquisitoren franziskanische Brüder verbrennen, hartnäckige Spiritualen, die sich auf den ursprünglichen Geist Franz' von Assisi berufen.

Das Testament

Franz diktiert sein *Testament.* Was die Brüder von ihm bekommen haben, sollen sie auch behalten. Aber sie werden es verteidigen müssen, das weiß Franz in diesen seinen letzten Lebenswochen sehr genau. Dieses überlieferte *Testament* ist die ausformulierte Langfassung des stichpunktartigen Vermächtnisses, das er bereits in Siena, ein halbes Jahr zuvor, in akuter Todesnähe diktierte. Es beinhaltet jene drei Punkte, um die das religiöse Selbstverständnis von Franz seit seiner Bekehrung kreiste: »… tue ich kurz in diesen drei Worten meinen Brüdern meinen Willen kund, nämlich, dass sie sich zum Zeichen des Gedenkens an meinen Segen und an mein Vermächtnis immer gegenseitig lieben; dass sie immer unsere heilige Herrin Armut lieben und beobachten sollen; und dass sie immer den Prälaten und allen Klerikern der heiligen Mutter Kirche treu und untergeben sein sollen«.[212]

Das etwa dreiseitige *Testament,* das Franz von Assisi in den letzten Wochen seines Lebens diktiert, geht über diese schlagwortartigen Botschaften hinaus und wird zum Zeugnis dessen, was seine Minderbrüderexistenz im Kern ausmacht. Es ist ein Dokument der Rechtfertigung seiner Glaubensexistenz, die er den Brüdern als Beispiel vorzuleben versuchte.

Es beginnt damit, daran zu erinnern, wie er in Sünden lebte und wie es ihm bitter vorkam, die Aussätzigen zu sehen. Das ist die Urszene von dem, was von nun an folgen sollte. Er überwindet seinen Ekel und erweist diesen Ärmsten der Armen Barmherzigkeit. »Und da ich fortging von ihnen, wurde mir das, was mir bitter vorkam, in Süßigkeit der Seele und des Leibes verwandelt. Und danach hielt ich eine Weile inne und verließ die Welt.«

Dann kamen die ersten Brüder, ihm zu folgen, und niemand zeigte ihm, was er tun solle, »sondern der Höchste selbst hat mir offenbart, dass ich nach der Form des heiligen Evangeliums leben sollte«. Das habe er »mit wenigen Worten und schlicht aufschreiben lassen«, und der Papst bestätigte es ihm.

Und nun beschreibt er das Wesen der Minderbrüderexistenz, klarer, als es die bullierte und die nicht bullierte Regel tun: »Und jene, die kamen, Leben zu empfangen, gaben alles, was sie haben mochten, den Armen. Und sie waren zufrieden mit einer einzigen Kutte, innen und außen geflickt, samt Strick und Hosen. Und mehr wollten wir nicht haben … Und wir waren ungebildet und allen untertan.« Dieses Armutsgebot ist absolut und nicht interpretierbar. Wie Franz auch hier – das scholastische Temperament kennend – jede Form von Hinzusetzen oder Weglassen, erst recht von erklärender Interpretation dieses Armutsgebots, verbietet. Es sei klar und deutlich gesprochen und für jeden verstehbar.

Ein weiterer wichtiger Punkt, der im Orden durch die Klerikalisierung in den Hintergrund zu rücken droht, ist die konstitutive Rolle der Arbeit für die Brüder: »Und ich arbeitete mit den Händen und will arbeiten; und ich will nachdrücklich, dass alle anderen Brüder eine Handarbeit verrichten, die ehrbar ist. Die es nicht können, sollen es lernen, nicht aus dem Verlangen, Lohn für die Arbeit zu erhalten, sondern um ein Beispiel zu geben und den Müßiggang zu vertreiben.« Über das Betteln, das Notsituationen vorbehalten bleiben soll, heißt es: »Und wenn uns einmal der Arbeitslohn nicht gegeben würde, so wollen wir zum Tisch des Herrn Zuflucht nehmen und um Almosen bitten von Tür zu Tür.«

Und immer lautet der Gruß: »Der Herr gebe dir Frieden!« Nichts sollen sie annehmen, was nicht dem Armutsgebot entspricht, das betriff vor allem »Kirchen, ärmliche Wohnungen und alles, was für sie gebaut wird« – ein heftiger Streit wird gerade über diese mit solcher Absolutheit ausgesprochene Forderung Franz' von Assisi unter den Brüdern entbrennen. Aber das Unbehaustsein auf

Erden entspricht seinem Selbstverständnis, das er hier noch einmal deutlich ausspricht. Überall sollen die Brüder leben wie »Pilger und Fremdlinge«.[213]

Dann wiederholt er noch einmal das Gebot des Gehorsams, den jeder Bruder den Ministern und Guardianen schulde, und fordert, dass jeder, der sich nicht daran halte, in Gewahrsam zu nehmen sei, um ihn »wie einen Gefangenen scharf zu bewachen«. Diese Härte, die er an den Gehorsam knüpft, irritiert immer wieder, sie scheint nicht recht zu diesem auf Harmonie und Frieden gerichteten Charakter zu passen. Möglich, dass hier andere, die ein Interesse daran hatten, die Formulierungen derart scharf im Sinne der Hierarchie in den Text einführten. Aber gewiss ist auch: Es verbindet sich ein Strukturproblem mit der Figur des Franz. Wenn er Regeln, Interpretationen, Gesetze usw. ablehnt und alles unmittelbar auf Personen (erst sich selbst, dann auch auf den Generalminister, die Provinzialminister und Guardiane) zuschneidet, dann ist die Macht dieser Personen sehr groß, und sie wird vor allem von niemandem kontrolliert.

Die Personen und nicht schriftlich fixierte Regeln stehen für ihn im Mittelpunkt, sie sollen für Gerechtigkeit und Ordnung in der Gemeinschaft sorgen. Ist das nicht eine zu große Machtfülle? Die Institution Kirche mit ihren vielen Köpfen, Gremien und Kommissionen weiß – mit Recht – in ihrer langen Geschichte um die Gefahren eines solch absoluten Gehorsamsgebotes, das Franz hier postuliert.

Auch das bleibt lange Zeit eine offene Wunde, die Franz mit seinem *Testament* den Brüdern vererbt. Seine Sorge um die Zukunft der Minderbrüdergemeinschaft ist groß, er ahnt Unheil, wie eine Passage der *Sammlung von Perugia* zeigt: »Der heilige Franziskus pflegte zu sagen: ›Es wird eine Zeit kommen, in der dieser von Gott geliebte Orden durch schlechte Beispiele in Verruf gerät, so dass man sich schämen muss, an die Öffentlichkeit zu treten.‹«[214]

Henry Charles Lea hat in seiner Ende des 19. Jahrhunderts entstandenen dreibändigen *Geschichte der Inquisition* im Anspruch, der Franz' Armutsutopie bleiben wird, den Paradigmenwechsel gesehen: weg von der Pose des Siegers der Geschichte hin zu denen, die ihr Scheitern mit Würde tragen, den Besiegten, den Außenseitern, den schließlich Verketzerten. Deren Erbe gilt es unter all dem Schutt, den die wechselnden Sieger der Geschichte hinterlassen, wieder hervorzuholen.

Franz von Assisi war zu Beginn des 13. Jahrhunderts der Erste, der sich sowohl für das Seelenheil der Einzelnen als auch für seine menschenwürdige Existenz – heute würde man von der sozialen Frage sprechen – einsetzte, besonders für die immer mehr vom neuen Reichtum der Städte Ausgeschlossenen. Besonders bedrängend war im 13. Jahrhundert die Existenz von immer mehr Leprösen, den Aussätzigen, die oft sich selbst überlassen wurden, ohne Mitleid von der Gesellschaft ausgestoßen in Wäldern vor sich hin siechten, elend und würdelos starben.

An seinem Lebensende, mit gerade einmal Mitte vierzig, sah sich Franz in dieser Mission einer Fraternität der »Heiligen Armut« offenkundig gescheitert. Das lässt sein Rückzug in die Einsiedelei von Monte Alverno vermuten. Denn die sich gegen seinen Willen vollziehende Umwandlung von der Bruderschaft zum Orden zerstört seinen Traum von der Nachfolge Jesu als einen herrschaftsfreien Raum der Liebe und Mitmenschlichkeit.

Aber misst sich denn die Kraft einer Idee an ihrer gelingenden Umsetzung – oder ist es vielmehr ihre anhaltende Strahlkraft, die immer noch Möglichkeitsräume inmitten einer geistig allzu eng gewordenen Wirklichkeit eröffnet?

Ganz zum Schluss des *Testaments* – auf der Schwelle zum Tode – noch einmal der Diminutiv, aus dem heraus Franz von Assisi lebte: »Und ich, der ganz kleine Bruder Franziskus, euer Knecht, bestätige euch, soviel ich nur kann, innen und außen diesen heiligsten Segen.«[215]

Am 28. September 1230 erklärt sich Gregor IX. in der Bulle *Quo elongati* zum *Testament* Franz' von Assisi. Die Guardiane und Provinziale des Ordens hatten ihn dazu gedrängt, denn den Funktionsträgern missfiel der Rigorismus des *Testaments*. Gregor IX.

also verkündet ein Urteil, wobei er sich auf seine Freundschaft zu Franz beruft, die ihm gestatte, dessen Intentionen besser als andere (auch als dieser selbst?) verstanden zu haben. Das ist, liest man das Folgende, allerdings offener Zynismus der Macht: »In der Tat glauben Wir, dass der Bekenner Christi mit besagter Anordnung fromme Absicht verband, und dass ihr euch seinen gerechten Wünschen und seinem heiligen, eifrigen Verlangen in jeder Hinsicht gleichgestalten sollt. Da Wir Uns aber der Gefahr für die Seelen und der Schwierigkeiten bewusst sind, in die ihr deswegen hingeraten könnt, erklären Wir euch, um eure Herzen vom Zweifel zu befreien, dass ihr an jene Anordnung nicht gebunden seid. Denn ohne Übereinstimmung mit den Brüdern, vor allem mit den Ministern, konnte er (Franziskus) nicht zu etwas, was alle angeht, verpflichten, noch konnte er seinen Nachfolger auf irgendeine Weise verpflichten, da er Gleicher über einen Gleichen keine Vollmacht besitzt.«[216] Da ist in aller Offenheit drastisch formuliert: Franz von Assisi ist niemand, auf den im Orden noch jemand hören muss, der es nicht will! Die Begründung ist auf eine erschütternde Weise kalt und juristisch formuliert.

Diese Bulle kommt de facto einem Verbot für spiritual gesinnte Brüder gleich, sich auf das *Testament* – und darin vor allem auf das strikte Geld- und Eigentumsverbot – zu beziehen. Wenige Jahre später gilt es sogar für ketzerisch, sich auf das *Testament* Franz' von Assisi zu berufen!

Der Streit, um die im *Testament* formulierten Grundsätze von Franz führt dann folgerichtig zum Schisma des Ordens in Konventuale und Spirituale, die sich fortan erbittert bekämpfen werden. Mit dem *Testament* in der Hand streiten die Spiritualen gegen alle sich im Schatten der bullierten Regel vollziehenden Laxheiten im Orden, vor allem die Unterhöhlung des Armutsgelübdes durch juristische Spitzfindigkeiten (Nießbrauch statt Eigentum!).

Doch die Spiritualen werden nun ebenfalls innerhalb des Ordens bekämpft, mit perfidem Sinn fürs grausame Detail, das die künftigen Träger der Inquisition auszeichnet. So zelebriert der

Orden in der Mark Ancona das Verbrennen des *Testaments* von Franz: »In einem Falle wurde es auch tatsächlich auf dem Kopfe eines Mönches, des Nikolaus von Recanati, verbrannt, der sich vermutlich dadurch gefährlich gemacht hatte, dass er auf der Autorität des *Testamentes* bestand.«[217]

Die Neu-Erfindung von Weihnachten. Der heilige Stall von Greccio

In manchem nimmt Franz sich in den letzten Lebensjahren auch jene Freiheit der Narren, die ihn zu einem Sprachrohr der Volksfrömmigkeit macht. Weihnachten ist so eine Gelegenheit für den begnadeten Performer, der immer noch in ihm steckt. Und Kardinal Hugolin und Bruder Elias, seine Aufpasser, lassen ihn in diesem Falle gewähren – zumal sie 1223 gerade eine Ordensregel vom Papst haben bestätigen lassen, die Franz von Assisi nicht gefallen kann. Franz ist – nicht zu Unrecht, wie die spätere Geschichte zeigen wird – in Sorge, was mit den Brüdern geschehen wird, die sich der Klerikalisierung der Fraternitas in einen Orden widersetzen. Der Papst droht jedem, der sich nicht an die von ihm bullierte Regel hält, die Exkommunikation an.

Gleichsam zum Ausgleich dafür, so darf man vermuten, schenkt der Papst dem betrübten Franz von Assisi Weihnachten, das er ganz nach seinen Vorstellungen in Greccio feiern soll. Er wird es tun, sehr zum Erstaunen des Klerus.

Greccio, das ist ein Dorf, das Giovanni Velita gehört, von dem es heißt, er habe weniger Wert auf den Adel des Blutes als auf den der Seele gelegt. Ihm ist Franz zugetan, ihn fragt er zwei Wochen vor Weihnachten, was er davon halte, wenn sie in der Kirche ein ganz besonderes Fest feiern wollen. »Ich möchte nämlich das Gedächtnis an jenes Kind begehen, das in Bethlehem geboren wurde, und ich möchte die bittere Not, die es schon als kleines Kind zu leiden hatte, wie es in die Krippe gelegt, an der Ochs und Esel standen, und wie es auf Heu gebettet wurde, so greifbar als möglich mit leiblichen Augen schauen.«[218]

Also baut er eine Krippe in der Kapelle von Greccio auf, mit Stroh und allem, was sich in einem Stall, wo Christus geboren wird, so befindet. Auch lebende Ochsen und Esel holt er dazu – eine Ungeheuerlichkeit für die Kirche: Tiere am Altar!

In seiner Eigenschaft als Diakon hält er die Predigt – ganz im ursprünglichen Sinne der Minderbrüder. Trotz Sorge und Enttäuschung, Weihnachten gibt ihm für Momente die alte Heiterkeit der Seele zurück. Er ist ganz in seinem Element, spielt die Geburt des Jesuskindes im Stall. Franz von Assisi, ganz in seinem Performance-Element, macht die Geräusche des Babys nach, weint und lallt, oder er übernimmt die Stimmen des Esels, sein Iah!, so findet er, gehört unbedingt zur Kulisse, in der Jesus geboren wurde. Andere Quellen meinen das Blöken eines Schafes von seinen Lippen vernommen zu haben. Celano schreibt: »Mehr noch als vom Worte floss sein Mund über von süßer Liebe. Wenn er das ›Kind von Bethlehem‹ oder ›Jesus‹ nannte, dann leckte er gleichsam mit der Zunge über die Lippen, indem er mit seinem glückseligen Gaumen die Süßigkeit dieses Namens verkostete und schlürfte.«[219]

Diese ungeheure – und für das Mittelalter völlig neue – Natürlichkeit und Heiterkeit, die Franz verkörpert, wird zur geistigen und geistlichen Nahrung, die das Volk der christlichen Laien lange vermisst hat, nach der es so sehr hungert. Es ist eine einzige Demonstration für das, wovon er fürchtet, es könnte im Minderbrüderorden in Vergessenheit geraten: »Zu Ehren kommt da die Einfalt, die Armut wird erhöht, die Demut gepriesen, und aus Greccio wird gleichsam ein neues Bethlehem. Hell wie der Tag wird die Nacht, und Menschen und Tiere wird sie wonnesam. Die Leute eilen herbei und werden bei dem neuen Geheimnis mit neuer Freude erfüllt. Der Wald erschallt von den Stimmen, und die Felsen hallen wider von dem Jubel.«[220]

Innere Harmonie ist Franz von Assisi nicht von Natur aus gegeben, also versuchte er sein, wie es heißt, »schwankendes Gemüt«

(Julien Green) durch solche ekstatisch-spielerische Feier des evangelischen Geistes ebenso wie durch eremitische Rückzugsphasen immer wieder ins Gleichgewicht zu bringen.

Er besitzt kein simpel-naives Gemüt, obgleich er das als absolutes Gottvertrauen durchaus für erstrebenswert hält. Sein Charakter ist kompliziert, gegensätzliche Empfindungen können ihn fast gleichzeitig beherrschen: Schroffheit folgt Herzlichkeit, Trauer folgt Heiterkeit. All diese in ihm widerstrebenden Gefühle in ein äußeres Gleichmaß zu bringen ist für sein überbordendes Temperament niemals leicht.

Monte Alverno als Zauberberg und Ort der Versuchung

Im Spätsommer 1224 zieht sich Franz auf den Monte Alverno zurück. Hat er sich plötzlich daran erinnert, dass auch er ein Grundbesitzer ist, wenn auch nur der eines kleinen Berges, geeignet für Eremiten, wie er nun einer ist? Zehn Jahre zuvor hatte ihm der Graf Orlando diesen Felsen geschenkt, auf dem er sich nun in den kommenden Wochen aufhält, begleitet nur von Bruder Leo und wenigen anderen Getreuen der Anfangsjahre.

Hier oben, dem Himmel nah, gibt es Höhlen, in die er sich weit zurückzieht. Eine kleine Hütte für die Brüder wurde errichtet, das muss genügen. Er, der sich immer gern mit anderen Menschen umgab, will jetzt nur noch eins: allein sein, der Stimme Gottes lauschen, sich auf das nahende Ende vorbereiten.

Neben der Portiunkula-Kapelle ist der Monte Alverno der wohl wichtigste Ort der frühen Franziskanerbewegung. Als Gegenpol zum urbanen Selbstverständnis der Brüder ist hier ein Garten der Lüfte, ein Adlernest angelegt – ein Rückzugsort für den an einer eigenen Mission immer stärker zweifelnden, von den Entwicklungen des Ordens tief enttäuschten Franz, der in herb-felsenzerklüfteter Umgebung meditiert, bereits ahnend, dass seine irdische Pilgerreise zu Ende geht. Hier oben, wo Bruder Falke wohnt, der ihn, wenn die Apathie ihn lähmt, dazu zwingt, seine Gebetsübungen zu verrichten, ist er nicht nur Bruder Sonne und Bruder Wind nahe, hier sieht er Engel und kämpft mit Dämonen, vor allem aber lernt er die Einsamkeit lieben.

Dabei ist es ein purer Zufall, dass er diesen eigenen Berg besitzt, seinen Zauberberg als Mittler zwischen Himmel und Erde. Ja, er besitzt ihn – und er, der sonst so streng ist, was Eigentumsfragen betrifft, gestattet sich diese Schwäche eines eigenen Berges, ohne zu zögern.

Dass Franz von Assisi zum Bergbesitzer wurde, zeigt, dass er kein Fanatiker, kein Dogmatiker, sondern ein Mensch mit Stärken und Schwächen war, mit Sehnsüchten und Ängsten, der nicht aufhörte, einen Ort zu suchen, der seiner spirituellen Unruhe ein ebenso starkes wie verletzliches Gegenüber war. Es war dieser Berg, der ihn, der sich sonst immer erniedrigte, diesmal erhob: näher zu Gott.

In den *Betrachtungen über die Wundmale* (*Considerazioni*) ist Franz' Weg zum eigenen Berg detailliert beschrieben. Auf einer Wanderung mit Bruder Leo durch das Spoleto-Tal kamen sie an der Burg von Montefeltro vorbei. Hier feierte man mit einem Fest, das Züge eines Gelages besessen haben soll, dass einer der Grafen von Montefeltro zum Ritter geschlagen worden war. Franz soll es gewesen sein, der Bruder Leo dazu überredete, dort hinzugehen: »Gehen wir zum Fest hinauf, denn mit Gottes Hilfe können wir manch reiche geistliche Frucht ernten.«[221] Bruder Leo wird über diesen Vorschlag verwundert gewesen sein, denn es ist sonst nicht die Art von Franz, unter Betrunkenen zu missionieren. Aber die Legende will, dass es Vorsehung ist, die sie hierher führt, denn: »Unter den Edelleuten, die zu diesem Festspiel gekommen waren, befand sich auch ein mächtiger und reicher Herr aus der Toskana mit Namen Orlando von Chiusi zu Casentino. Dieser hegte wegen der wunderbaren Dinge, die er von der Heiligkeit und den Wundern des heiligen Franziskus gehört hatte, große Verehrung gegen ihn und hatte den brennenden Wunsch, ihn zu sehen und predigen zu hören.« Also trafen hier zwei aufeinander, deren Begegnung gottgewollt war, so will es jedenfalls die Legende. Aber der Fall ist ja verbürgt, und Franz hatte im Jahr 1224 nicht nur unter den Armen und Bürgern der Städte, sondern auch bei den Adligen viele Anhänger – und viele wollten etwas für ihn tun. Zumeist lehnt er ab oder gibt Geschenke sofort an jene weiter, die ihrer bedürfen, aber diesmal ist er selbst bedürftig.

Nachdem Franz und Bruder Leo die Burg betreten haben, predigt Franz auf Italienisch, wie er das immer tat, über den Vers: »So großes Gut erwarte ich als mein, dass mir ist liebgeworden jede Pein.« Den Vers nimmt er nicht etwa aus der Bibel, sondern aus seinem Minnegesang. Franz spricht über das Leiden der Märtyrer des Glaubens, über Askese und Versuchung. Und da er dem versammelten Volk nicht als jemand entgegentritt, der es missachtet, sondern es in seiner echten Bedrängnis wie in seiner Erlösungshoffnung als ein Bruder von Gleich zu Gleich ernst nimmt, sind die Zuhörer sofort von ihm verzaubert.

Vor allem einer unter ihnen: Der reiche und mächtige Herr Orlando ist vom eben Gehörten tief erschüttert. Nach der Predigt kommt er zu Franz und sagt, er wolle Vorkehrungen treffen bezüglich seines Seelenheils. Den Rat, den Franz immer in solchen Fällen gibt, könnte er sich nach dem Gehörten auch selbst geben. Es ist das einzige Gebot, das Franz mit Strenge bewahrt wissen will. Gib alles an Besitz fort, was du in der Welt hast, verlass deinen Stand und beginne den Dienst am Mitmenschen zum Lobe Gottes im Geist der Liebe.

Aber seltsamerweise ist es diesmal anders. Franz hört, was ihm Herr Orlando zu sagen hat, auf eine neue, ihm selbst nicht erklärbare Weise an: »Ich besitze in der Toskana einen Berg voll heiligster Andacht namens La Verna, der ganz einsam und wild ist und sehr geeignet für jemanden, der an einem von den Menschen abgeschiedenen Ort Buße tun will oder das Einsiedlerleben sucht. Wenn er dir gefiele, würde ich ihn gern um meines Seelenheils willen dir und deinen Gefährten schenken.«[222] Franz lehnt nicht umgehend ab, was Bruder Leo gewiss von ihm erwartet, nein, da kommt ihm etwas entgegen, das er sich immer stärker wünscht: einen Ort ganz für sich und sein Gebet, einen Ort wohl auch, an dem ihn der Ordensgeneral Bruder Elias und der Protektor Kardinal Hugolin nicht so leicht erreichen werden. Eine Zuflucht!

Also antwortet er, als gäbe es das strenge Eigentumsverbot gar nicht: »Mein Herr, wenn Ihr in Euer Haus zurückgekehrt seid, will ich Euch einige meiner Gefährten schicken. Diesen zeigt den Berg. Und wenn er ihnen für Gebet und Buße geeignet erscheint, so nehme ich zur Stunde Euer liebevolles Angebot an.« Ein Tabubruch – und das aus dem Munde von Franz selbst. Man ahnt, wie groß seine Bedrängnis geworden ist. Nach diesem Gespräch wandern Franz und Bruder Leo wieder zur Portiunkula-Kapelle, und Herr Orlando fährt zurück zu seiner Burg Chiusi am Fuße des Monte La Verna.

Das könnte jetzt ein höfliches Gespräch gewesen sein, ohne weitere Folgen. Aber Franz vergisst das Angebot nicht, als er wieder zurück in der Portiunkula-Kapelle ist. Die Worte des Herrn Orlando klingen in seinen Ohren wie eine Verheißung auf Rettung, an die er schon nicht mehr geglaubt hatte. Also schickt er sofort einige Brüder los, den Berg in Augenschein zu nehmen. Herr Orlando, zu dem sie zuerst gehen, gibt ihnen fünfzig bewaffnete Begleiter mit, gegen Unbill aller Art, vor allem gegen die hier wohnenden wilden Tiere, wie er sagt: »Mit dieser Begleitung stiegen die Brüder auf den Berg und suchten ihn sorgfältig ab. Endlich gelangten sie an eine Stelle des Berges, die besonders andachtsvoll war und sich für die Beschauung besonders gut eignete. Dort befand sich ein kleiner ebener Platz, den sie für sich und den heiligen Franziskus als Wohnstätte wählten. Mit Hilfe der bewaffneten Männer, die ihnen Geleit gegeben hatten, errichteten sie einige Zellen aus Baumzweigen.«[223]

Nach diesen Vorbereitungen gehen sie zurück zu Franz nach Assisi und berichten, dass der Berg für eine Eremitenexistenz, wie er sie sich wünscht, geeignet ist und sie auch bereits Vorbereitungen für seinen Aufenthalt dort getroffen haben. Franz, so wird berichtet, freut sich über die Nachricht wie ein Kind und sagt zu seinen Brüdern, die Fastenzeit zu Ehren des Erzengels Michael stehe bevor und er wolle diese bereits auf dem Monte Alverno abhalten.

Die Eile, mit der er aufbricht, ist groß. Etwas vertreibt ihn aus Assisi, treibt ihn hin in die Einsamkeit jenes Zauberbergs, der zum einzigen Besitz dieser Jahre wird, dessen dieser demütige Mensch sich nicht zu schämen gewillt ist. Dies hier ist sein Berg, er ist Teil des Auftrags, den er noch in sich trägt!

Begleitet von drei Brüdern – Massäus, Angelus und Leo – bricht er auf in sein Adlernest knapp unter den Wolken. Für die Reise gibt er dann die Devise aus, man dürfe sich »weder um das Essen noch um das Schlafen im Voraus Sorgen machen, sondern wenn es Zeit zum Herbergen ist, werden wir uns etwas Brot erbetteln, Rast machen und uns zur Ruhe legen, wo immer uns Gott den Platz dafür bereiten wird«. Es ist wieder so wie am Anfang, als er mit seinen ersten Brüdern 1209 nach Rom zu Innozenz III. pilgerte, jedenfalls fast. Inzwischen sind die Franziskaner ein großer Orden geworden, und Franz ist aus der Sicht der Kurie nicht viel mehr als ein Ornament, mit dem Kirchenpolitik gemacht wird.

Aber er lebt, er ist noch da – und er will den Geist der Anfänge, jetzt am Ende seines Lebens, das der Dreiundvierzigjährige näher rücken ahnt, noch einmal fühlen in aller Reinheit.

Der Fußmarsch ist anstrengend und das Wetter schlecht. Während einer Regennacht flüchten die vier Pilger in eine Kirche, um dort zu schlafen. Aber Franz wird von Dämonen geplagt, so heißt es. Er ruft ihnen entgegen: »Im Namen des allmächtigen Gottes sage ich euch, dass ihr meinem Leib nur antun könnt, was euch von Gott erlaubt wird. Deshalb ertrage ich all das gerne, denn ich habe keinen größeren Feind als meinen Leib.« Er schlägt sich die ganze Nacht mit den Traumgestalten herum und ist am Morgen in schlechter Verfassung. So schwach ist er, dass er zu Fuß den Aufstieg auf den Monte Alverno nicht schaffen wird.

Die Brüder suchen und finden einen Ausweg. Von einem Bauern erbitten sie sich für den Aufstieg seinen Esel, damit Franz darauf reiten kann. Weil der Bauer bereits von Franz von Assisi gehört hat, stimmt er zu und führt selbst den Esel, auf dem Franz sitzt, den Berg hinauf. Und als Franz kurz vor dem Gipfel im Schatten einer Eiche etwas ausruht und sich den Platz, den er sich zum Aufenthalt bestimmt hat, von unten ansieht, da, so will es die Legende, wird er von seinen wahren Freunden empfangen: lauter Vögel, die alle »durch Singen und Flügelschlagen große festliche Freude zum Ausdruck brachten«. So ist er ihm sofort ein heimatlicher Ort, dieser Monte Alverno. Aber auch der raue, geradezu bedrohliche Charakter des Berges mit seinen gewaltigen Rissen und Klüften, findet er, passt zu ihm. Herr Orlando übernimmt durch seine Bediensteten die Versorgung der kleinen Eremitenschar oben auf dem Gipfel mit Lebensmitteln.

Der Monte Alverno ist auch als Ort von Franz' Engelserscheinungen und seines Kampfes mit den Dämonen berühmt geworden. Hier soll er schließlich jene Stigmata empfangen haben, von denen Bruder Elias nach dem Tod Franz' von Assisi berichtet. Wichtiger scheint jedoch etwas anderes: die Gewissheit über das, was seine Mission ausmacht. Hier auf dem Monte Alverno schenkt er auch Bruder Leo jenes Schriftstück, das das Tau enthält, den kreuzförmigen Buchstaben des griechischen wie auch hebräischen Alphabets, den Franz ganz unmittelbar in ein kleines Bildchen verwandelt, jenem Tau nicht unähnlich, mit dem Franziskaner ihre Kutten zusammenhalten.

Es ist der Geist des *Testaments*, der in Franz auf dem Monte Alverno zu arbeiten beginnt, jenes: Was bleibt? Davon spricht er auch zu Bruder Leo und den beiden anderen Brüdern: »Blickt nicht zu sehr auf das liebevolle Angebot des Herrn Orlando, damit ihr in keinem Fall unsere Herrin, die Frau Armut, verletzt. Ihr könnt euch sicher sein, je mehr wir die Armut scheuen, desto mehr wird die Welt uns scheuen und wir werden umso größere Not leiden. Wenn wir aber die heilige Armut mit beiden Armen umfangen, dann wird die Welt hinter uns herlaufen und uns reichlich ernähren.« Ein wahrhaft prophetischer Satz, nicht nur die weitere Ordensgeschichte der Franziskaner betreffend.

Es gibt frühe Zeugnisse, die im Widerspruch zu den Engelsstilisierungen stehen, die versuchen, das Übermenschliche an Franz von Assisi auszustellen. Besonders eindrucksvoll ist die Schilderung seines Abschieds vom Monte Alverno, dieser von Franz so geliebten Zuflucht, am 30. September 1224.

Ein zeitgenössisches Dokument macht eine ganz andere Mitteilung als die kirchenkonform verbreitete: die eines versuchten Freitodes Franz von Assisi. Wie tief muss die Verzweiflung dieses in seinem Wesen so weltzugewandt-optimistischen Spielmanns Gottes gewesen sein, dass er so etwas auch nur erwog?

In seinen Abschiedsworten an die Brüder auf dem Monte Alverno bekennt Franz diese Versuchung, sich vom Felsen in die Tiefe zu stürzen: »Ich scheide von euch in meiner Person, aber mein Herz lasse ich bei euch. Ich gehe mit Bruder Lämmlein (Leo) nach Santa Maria degli Angeli und werde nicht mehr wiederkommen. Ich gehe von dannen. Lebt alle wohl! Lebe wohl, Berg La Verna! Lebe wohl, Berg der Engel! Lebe wohl, mein lieber Bruder Falke: Ich danke dir für deine Liebe zu mir. Lebe wohl, du große, vorstehende Felsplatte; ich kann dich nun nicht mehr besuchen. Lebe wohl, du Fels, der mich in seiner Wölbung umschloss und so dem Bösen einen Streich spielte; wir sehen uns nicht wieder.«[224]

Was hier mit der Formulierung »dem Bösen einen Streich spielte« angedeutet ist, die anwesenden Brüder wussten offenbar, worauf er anspielte, wird in den *Betrachtungen über die Wundmale* bestätigt. Hier wird es jedoch als Versuch des Teufels beschrieben, Franz von Assisi zu vernichten, was durch Gottes Hilfe vereitelt wurde. Als Franz an dem, wie es heißt, »schrecklichen, gefährlich überhängenden Felsen« über der Tiefe steht, »naht sich der Teufel mit Unwetter und lautem Getöse in schrecklicher Gestalt und schlägt auf ihn ein, um ihn hinabzustürzen«.

Franz weiß nicht, wohin er fliehen solle, und schmiegt sich eng an den Felsen. Und nun das für die »Betrachtung über die Wundmale« unvermeidliche Wunder: »Aber wie es Gott gefiel, der seine Knechte niemals mehr versucht werden lässt, als sie zu ertragen vermögen, höhlte sich durch sein Wunder der Fels, an den er sich klammerte, nach der Form seines Körpers und nahm ihn in sich auf. Und wie wenn er Hände und Gesicht in weiches Wachs gedrückt hätte, so prägte sich die Form seines Antlitzes und seiner Hände in den Felsen.«[225]

Nachdem die vierzigtätige Fastenzeit zu Ehren des heiligen Erzengels Michael vorbei ist, beschließt Franz, nach Assisi zurückzukehren. Er hat hier eine wesentliche Erfahrung gemacht, die man – unabhängig von der Frage nach der Realität der Engelserscheinung und der Stigmata – als eine zweite spirituelle Geburt bezeichnen kann. Der nach diesen vierzig Tagen den Monte Alverno verlässt, ist ein anderer Mensch als der, der ihn betrat. Franz von Assisi hat seine Art von Erlösung gefunden: Es ist die einer *unio mystica*, einer Verschmelzung mit Gott im Gebet, die ihm nach einem langen heftigen inneren Kampf zu jenem Frieden finden lässt, den er immer suchte. Er sah den Engel, der ihn verletzte, er spürte die Dämonen, die sich auf ihn stürzten, ihn zu vernichten.

Wie schon beim Aufstieg ist er zu schwach, den steilen Weg selbst zu gehen, er muss wiederum auf einem Esel reiten. In der zeitgenössischen *Betrachtung über die Wundmale* heißt es, er habe »wegen der Nägel an den Füßen nicht gut zu Fuß gehen« können.

Natürlich ranken sich nun schnell die Legenden um den Aufenthalt auf dem Monte Alverno, Geschichten, deren Wahrheitsgehalt wohl vor allem in der spirituellen Botschaft liegt, die sie verbreiten – auch in einer poetischen Strahlkraft, die das Wesen von Franz' Frömmigkeit in ein Bild bringt, das sich nicht nur dem mittelalterlichen Menschen sofort erschloss, sondern das – jenseits aller Wundergläubigkeit – fortwirkt.

Es ist das Bild des Dichters des *Sonnengesangs*, den es zum Licht zieht, das für ihn ein Sinnbild Gottes ist: »Als der heilige Franziskus vom Berg herabgestiegen war, hatte sich bereits der Ruf seiner Heiligkeit im ganzen Land verbreitet und von den Hirten war erzählt worden, wie sie den ganzen Berg La Verna in Flammen gesehen hatten und dass ihnen dies als Zeichen irgendeines großen Wunders, das Gott am heiligen Franziskus gewirkt hatte, erschienen war.«[226]

Erscheinung des Engels

Unser kulturgeschichtliches Bildgedächtnis ist von Engeln aller Art bewohnt. Schwebende und gefallene, Seraphim und Cherubim (je nach ihrer »Umlaufbahn« und Nähe zu Gott), auch Walter Benjamins »Engel der Geschichte« und Rilkes »schrecklicher Engel« aus den *Duineser Elegien* steht uns sofort vor Augen, wenn die Rede auf Engel kommt. Wir nehmen sie heute zuerst unter ästhetischem Gesichtspunkt wahr – als Boten, Mittler, Übersetzer zwischen verschiedenen Wirklichkeitsebenen und Ausdrucksformen. Im Mittelalter jedoch traten sie weniger als Bildgestalten hervor denn als übersinnliche Erscheinung. Sie waren gleichsam die Übermittler von Wunderbotschaften.

Dass das Engelsthema im Zusammenhang mit Franz von Assisi so in den Vordergrund getreten ist, obwohl er bekanntermaßen dem Natürlichen näher stand als dem Übernatürlichen, ist das Verdienst Bonaventuras, der von Zeitgenossen auch »doctor seraphicus« genannt wurde und die Scholastik um eine Art Engelskunde in franziskanischer Einfärbung bereicherte, eine spezielle Mystik, deren Wert schon bei seinen Zeitgenossen umstritten war. Bonaventura wird in seiner *Legenda Maior* das Engelsthema im Zusammenhang mit Franz von Assisi hervorheben, was bereits einigen Zeitgenossen unstatthaft erschien und worauf wir noch zurückkommen werden.

Doch auch die frühen Quellen sprechen von der Engelserscheinung auf dem Monte Alverno. Zusammen mit der Stigmatisierung ist sie zur Basis von Franz' Heiligsprechung geworden, die sich ja nicht auf sein vorbildliches Leben in Armut, Buße, Mitleid und tätiger Nächstenliebe gründet, sondern auf nachgewiesene Wunder. Die Engelserscheinung auf dem Monte Alverno ist eines davon.

Das Wunder ist genau datiert: Am 14. September 1224 sei ein Seraph aus dem Himmel gestürzt. Seine Flügel brannten, und er trug das Bildnis des Gekreuzigten. Franz, der sich in Meditation versunken auf dem Berg aufgehalten habe, erhielt von diesem Engel einen Stich mit seiner Lanze in die Seite und zugleich die Wundmale Christi in sein Fleisch gebrannt. Julien Green, der betont, das Mittelalter sei »reich an individuellen und kollektiven Halluzinationen«, schreibt dazu: »Das Problem ist nicht, ob die Wundmale echt waren, sondern was die Zeugen daraus gemacht haben. Sie haben sich darauf gestürzt und eine Fundgrube für wunderbare Bilder daraus gemacht, sie haben das Geschehen ausgeschlachtet, wie seinerzeit die Kreuzfahrer Byzanz geplündert hatten, um Unmengen von Reliquien heimzutragen.«[227]

Und darum geht es wohl: um das, was sich an Phantasien mit diesem niederstürzenden Seraph, der Franz das Zeichen seines Auserwähltseins aufdrückt, verbindet – und welche Ausdrucksformen diese Traumbilder (die Hoffnungen ebenso wie Ängste ausdrücken) finden werden. Bereits in der *Dreigefährtenlegende* bekommt die Schilderung des aus dem Himmel herabstürzenden Engels eine erstaunlich dichterische Intensität, deren Bedeutung über das eigentlich mitzuteilende Ereignis hinausgeht und den Leser in eine Bilderwelt hineinzieht, die eine eigene magische Kraft entfaltet: »Eines Morgens – es war zwei Jahre vor seinem Hinscheiden – betete er um das Fest der Erhöhung des heiligen Kreuzes am Hang des Berges, der La Verna heißt. Während er nun durch die seraphische Glut seiner Sehnsucht zu Gott empor getragen wurde und er ihn durch die Süßigkeit des Mitleidens in jenen umgestaltete, der aus übergroßer Liebe gekreuzigt werden wollte, erschien ihm ein Seraph. Dieser hatte sechs Flügel und zwischen den Flügeln besaß er die Gestalt eines überaus schönen gekreuzigten Mannes. Hände und Füße hielt er ausgespannt nach Art eines Kreuzes und zeigte ganz deutlich die Züge des Herrn Jesus. Mit zwei Flügeln verhüllte er sein Haupt und mit zwei den übrigen Leib bis zu den Füßen, zwei waren zum Flug ausgespannt. Als die Erscheinung verschwand blieb in seiner Seele eine wunderbare Glut der Liebe zurück, aber in seinem Fleisch erschien noch wunderbarer die Einprägung der Wundmale des Herrn Jesus Christus. Der Mann Gottes verbarg sie, so gut er konnte, bis zu seinem Tod, da er das Zeichen des Herrn nicht publik machen wollte.«[228]

In der ersten Lebensbeschreibung gibt es einen interessanten Verzögerungseffekt, von dem berichtet wird. Erst habe Franz die Vision des brennenden Seraphs gehabt, und dann, während »er sich verstandesmäßig über die Vision nicht klar zu werden vermochte«, spürt er jene körperlichen Veränderungen, die er ängstlich vor den Blicken der Mitbrüder verborgen habe – nur vor den wachsamen Augen eines Bruders gelingt das nicht: »Glücklich Elias, der bei Lebzeiten des Heiligen sie so genau wie möglich schauen durfte!«[229]

Der Stellenwert der Stigmata – oft als Beweis seiner Jesus-Ähnlichkeit genommen – für das Verständnis des Franz war bei den Franziskanern immer umstritten. Während der Mystiker Bonaventura und die ihm verpflichteten Brüder aus diesem Bild eine ganze Theologie entwickelten, haftete den postum von Elias bezeugten Stigmata an Franz' Körper für sachliche Gemüter immer etwas Suspektes an, das sie keineswegs ins Zentrum ihrer Verehrung stellen wollten.

Wichtig war für sie Franz' beispielgebendes Leben. So ist man dann auch nicht mehr so sehr erstaunt, im *Handbuch der Geschichte des Franziskanerordens*, das der Münchner Franziskaner Heribert Holzapfel 1909 vorlegte, nur einen Satz zu diesem Ereignis zu finden, und dieser lautet: »Den Höhepunkt dieser Leiden wie seiner Freuden stellt das außerordentliche Ereignis auf dem Berge Alverna dar, wo ihm im September 1224 in einer wunderbaren Vision die Wundmale des Herrn eingeprägt wurden.«[230]

Hier ist ausgesprochen, worum es bei dem ihm Wundmale beibringenden Engel im Grunde geht: um eine »Vision«.

Bruder Tod

Die Todesprophezeiung von Elias hat Franz nicht vergessen. Wie sollte er auch, sie macht ihm Angst, wie er den Brüdern gesteht. Es kostet ihn alle Kraft, auch zu dem Unvermeidbaren Ja zu sagen. Denn er lebt gern, trotz aller Askese, trotz Buße für das gottferne Leben in seiner Jugend und dem starken Glauben an ein jenseitiges. Darin besteht ja die magische Kraft seiner Persönlichkeit: Mitten aus dem Leben heraus spricht er, nicht aus der Weltverneinung, sondern aus der Weltbejahung predigt er die Nachfolge Jesu.

Franz von Assisi hebt damit in seiner Person die Trennung von Diesseits und Jenseits auf, vereint beides in der Feier des Augenblicks. Das ist neu, das strahlt aus bis in unsere Gegenwart.

Er blieb der Regisseur seines Lebens bis zur letzten Szene. Ein Performer von Naturell, der es immer verstand, seinen Handlungen etwas Symbolisches zu geben. Es ist sein Abschiedsgruß an die Welt, sein Eintritt ins Reich der Legenden.

Als er spürt, dass der Tod nahe ist, bittet er darum, aus dem Palast des Bischofs in die Portiunkula-Kapelle gebracht zu werden, dorthin, wo alles mit den Minderbrüdern begann. »Also ruhte er an dem von ihm ersehnten Ort einige Tage lang, bis er wusste, dass seine Todesstunde bevorstand. Er rief zwei Brüder zu sich, wegen des nahen Heimgangs dem Herrn die Lobpreisungen laut zu singen. Er selbst, soweit er konnte, brach in diesen Psalm aus: ›Mit lauter Stimme schreie ich zum Herrn, laut flehe ich zum Herrn.‹«[231]

Willkommen Bruder Tod!, so klingt es inmitten der grausamsten Schmerzen nun in der kleinen Kapelle, in der die engsten Gefährten um ihn versammelt sind. Nackt legen sie ihn zum Sterben auf den Boden jener kleinen Kapelle, die für ihn so wichtig gewesen war, der Portiunkula in der Nähe von Assisi. Genauer: Zwei Tage vor seinem Tod lässt er sich bereits so, wie er zu sterben gedenkt, auf den Boden der Portiunkula-Kapelle legen. Das jedenfalls kann man aus Celanos zweiter Lebensbeschreibung schließen, in der es von Franz' Todestag heißt, er habe zu den Brüdern gesagt: »Wenn ihr seht, dass es mit mir zu Ende geht, so legt mich nackt, wie ihr mich vorgestern gesehen habt, auf den Boden und lasst mich, wenn ich verschieden bin, so lange liegen, wie man braucht, um gemächlich eine Meile weit gehen zu können.«[232]

Es ist genau geplant, so wie die Generalprobe eines Schauspielers vor seinem letzten großen Auftritt. Seine engsten Brüder sind bei ihm, aber auch eine geheimnisvolle Frau, die nach den Ordensregeln gar nicht hätte da sei dürfen, seine adlige Freundin aus Rom, Jacoba von Settesoli. Ihr hatte er wenige Tage zuvor einen Brief diktiert, sie nach Assisi beordert und dabei zur Eile gemahnt, wenn sie ihn noch lebend antreffen wolle. Erstaunlich die detailgenauen Anweisungen, die er ihr gibt für das, was sie ihm aus Rom mitbringen solle. In diesen Anweisungen wird deutlich, dass er die reiche – und, wie er immer wieder betont, überaus fromme – Patrizierwitwe in Rom mehrfach besucht hatte.

Ein merkwürdiger Aufenthaltsort für Franz, die luxuriöse Welt der Reichen, die er sonst doch strikt meidet! Es ist wohl nicht falsch zu sagen, dass Franz in der Frau an sich etwas Sündhaftes sah, das er in möglichst großer Distanz zu sich zu halten versuchte. So wie er es bekanntlich auch mit Klara Offreduci hielt. Aber mit Jacoba von Settesoli scheint ihn etwas zu verbinden, was ihn auf seinem Sterbelager dazu bringt, sie zu sich zu rufen. Etwas Geheimnisvolles, das sich in »begierdeloser Liebe« ebenso selbstgewiss zeigt wie schamhaft verbirgt.

An diese reiche Römerin also lässt er wie folgt schreiben – und es klingt fast so, als sei in dem Asketen der Tuchhändlersohn wiedererwacht, der aus seinen kulinarischen Wünschen keinen Hehl macht: »›Gebt ihr besonders zu verstehen, sie solle euch Tuch für eine Kutte aus Mönchstuch schicken, das der Farbe von Asche gleicht und wie jenes Tuch ist, welches die Zisterziensermönche in den Gegenden jenseits der Alpen herstellen. Auch von jener Speise soll sie schicken, die sie mir mehrmals zubereitete, als ich in Rom war.‹ Diese Speise, welche aus Mandeln und Zucker oder Honig und anderen Zutaten gemacht wird, nennen die Römer ›Mortolarium‹.«[233]

Die Todesvorbereitungen sind bei ihm das eine, der Wille, das Leben bis zum letzten Moment zu feiern, das andere – trotz der Qualen, die ihm jene Krankheit bereitet, die er selbst Wassersucht nennt. Damit Jacoba von Settesoli, die mit ihrem Sohn und Gefolge in Assisi eintrifft, noch bevor sie der Brief überhaupt erreicht hat (vermutlich war sie von Freunden über seinen Zustand informiert worden), überhaupt zu ihm vorgelassen werden kann, setzt Franz so kurz entschlossen wie selbstverständlich die Klausurbestimmungen außer Kraft: »Gepriesen sei Gott, der Frau Jacoba, unseren Bruder, zu uns gelenkt hat! Öffnet die Türen und führt sie herein, weil für Bruder Jacoba die Bestimmung über die Frauen nicht eingehalten werden muss.«[234]

So wichtig war es ihm, diese Frau noch einmal zu sehen. Von dem Gebäck, so berichten die Chronisten, habe er wegen seiner Schwäche kaum etwas zu sich nehmen können. Aber gewiss ist vor allem die symbolische Geste, mit der sich für ihn gute Erinnerungen verbinden, um die es ihm beim »Mortolarium« ging.

Franz von Assisi ist über die Hoffnungslosigkeit seines Zustandes genau im Bilde, seit er einen Arzt aus Arezzo dazu genötigt hatte, offen zu sprechen: »Der Arzt sagte zu ihm: ›Bruder, durch Gottes Gnade wird es dir gut gehen.‹ Er wollte nämlich nicht sagen, dass er in Kürze sterben müsse. Nochmals sagte der selige Franziskus zu ihm: ›Sag mir die Wahrheit: Welchen Eindruck hast du? Fürchte dich nicht, denn durch die Gnade Gottes bin ich nicht kleinmütig, so dass ich den Tod fürchtete. Mit Hilfe des Herrn, durch seine Barmherzigkeit und seine Gnade bin ich nämlich so mit meinem Herrn verbunden und vereint, dass ich gleichermaßen mit dem Tod zufrieden bin wie mit dem Leben und umgekehrt.‹ Da sagte der Arzt offen zu ihm: ›Vater, nach unserer Naturlehre ist deine Krankheit unheilbar, und du wirst entweder Ende September oder am 4. Oktober sterben.‹ Da streckte der selige Franziskus, obwohl er krank im Bett daniederlag mit größer Ergebenheit und Ehrfurcht seine Arme und Hände zum Herren hin und sagte mit großer innerer und äußerer Freude: ›Sei willkommen, meine Schwester Tod.‹«[235]

Die uns hierbei merkwürdig erscheinenden Wechsel im Geschlecht, sowohl vom Tod, der mal als Bruder, mal als Schwester angesprochen wird, oder auch der Sonne, die mal Schwester, mal Bruder ist, beruhen auf der lateinischen und italienischen Wortbildung. Hier ist die Sonne männlich (*le sole*) und der Tod weiblich (*la morte*). Die in den Übersetzungen aufscheinende Unklarheit hat etwas, das gut zu Franz von Assisi passt, weil es alle voreiligen Separierungen und grammatikalischen Verortungen überschreitet. Da wird es im elementaren Sinne universell. Man kann das mystisch nennen und dabei auch an Jakob Böhmes »androgynen Adam« denken, oder sich einfach an der sprachspielerischen Offenheit erfreuen, in der eine tiefe, weil lebenswahre Poesie aufscheint.

In seiner ersten Lebensbeschreibung gibt Celano eine Schilderung des Todes von Franz von Assisi, die allerdings in ihrer Vagheit offenbart, dass er selbst nicht dabei gewesen ist. Als Franz sich also zum Sterben niederlegte, ließ er sich mit Asche bestreuen, »da er ja bald Staub und Asche werden sollte«.

Über den Tod selbst sagt Celano dann nur, »der Leib aber entschlief im Herrn«, die Seele jedoch löste sich vom Leibe »und wurde im grundlosen Meer des Lichts verschlungen«.[236]

Die *Sammlung von Perugia* berichtet davon, dass er in dieser Phase des Sterbens Bruder Leo und Bruder Angelus zu sich gerufen habe, um mit ihnen – unter vielen Tränen – den »Gesang von Bruder Sonne« zu singen, ergänzt um die Strophe von Schwester Tod: »Gelobt seist du, mein Herr/ durch unsere Schwester, den leiblichen Tod;/ ihm kann kein Mensch lebend entrinnen./ Wehe jenen, die in Todsünde sterben./ Selig jene, die sich in deinem heiligsten Willen finden,/ denn der zweite Tod wird ihnen kein Leid antun.«[237]

Der Leichnam bleibt die Nacht über in der Portiunkula-Kapelle, und man darf davon ausgehen, dass es Franz' Wunsch war, hier auch begraben zu werden. Aber nicht mit den Bürgern der Stadt Assisi! Die haben eine bewaffnete Eskorte geschickt, um die kostbare Reliquie vor Raub zu schützen und den toten Franz von

Assisi am Morgen des 4. Oktober in die Kirche San Giorgio nach Assisi zu bringen. Dort findet er für vier Jahre seine letzte Ruhe, dann werden die Gebeine des inzwischen Heiliggesprochenen in die neu erbaute Franziskuskirche überführt, die Bruder Elias in kürzester Zeit hatte errichten lassen. Was bei dieser zweiten Grablegung geschah, ist dann halb Posse, halb Kriminalgeschichte.

Berührend dagegen die Kunde von dem Halt, den der Zug mit dem Leichnam Franz' von Assisi bei San Damiano, bei Klara und ihren Schwestern, einlegte. Klara durfte nicht zu dem Sterbenden kommen, denn die Schwestern leben in strenger Klausur, sind »lebendig Begrabene«, sie verlassen San Damiano niemals mehr.

Darum bringt man den toten Franz an ein Fenster von San Damiano, bei dem man das Gitter abgenommen hat, und hält den Leichnam zu diesem hoch, so dass Klara derart vom Idol ihres Lebens Abschied nehmen kann.

Nun ist die Stunde von Bruder Elias, dem Generalminister, gekommen. Er informiert per Rundschreiben die Provinzialminister vom Ableben des Stifters der Minderbrüdergemeinschaft – und was er dabei noch zu verkünden hat, das ist der Clou, das trifft den Nerv einer wundergläubigen Zeit, die in Franz mit aller hysterischen Macht einen zweiten Jesus sehen will.

Nachdem Elias die Nachricht von Franz' Tod kundgetan hat, hebt er an: »Und nach diesen Worten verkünde ich euch eine große Freude und die Neuheit eines Wunders. Noch nie hat man gehört ein solches Zeichen, außer im Sohne Gottes, welcher ist Christus der Herr. Nicht lange vor seinem Tod erschien uns unser Bruder und Vater gekreuzigt: Die fünf Wunden, die wirklich die Wundmale Christi sind, trug er an seinem Leib. Seine Hände und Füße trugen nämlich die Einstiche der Nägel und waren von beiden Seiten durchbohrt. Sie bewahrten die Narben und zeigten das Schwarze der Nägel. Seine Seite aber erschien mit einer Lanze geöffnet, und er schwitzte oft Blut daraus.«[238]

Natürlich hat niemand außer Elias selbst diese Wundmale je gesehen, wie auch bei Julian von Speyer zu lesen ist, der in seiner

Lebensbeschreibung notiert: »Die Seitenwunde, die der Gottesmann sorgsam verbarg, solange er im Leibe lebte, durfte allein Bruder Elias sehen – wenn auch nur durch Zufall. Bruder Rufinus aber, dem es erlaubt war, ihn einzureiben, berührte und fühlte sie mit der Hand, aber nur zufällig.«[239]

Derartige Wundmale passen ins Heiligsprechungsprogramm, das Bruder Elias und Kardinal Hugolin (der im Jahr darauf, nach dem Tod Honorius' III., selbst Papst wird) sofort in Gang setzen. Wie man dann auch beginnen wird – aber erst als die, die beim Sterben von Franz von Assisi dabei waren, selbst gestorben sind –, die Geschichte zu verbreiten, Franz sei nicht in einem Bürgerhaus in Assisi geboren worden, sondern wie Jesus in einem Stall in Assisi – er habe wie das Christkind in einer Krippe gelegen.

Das ist natürlich Wasser auf die Mühlen aller Religionskritiker im Stil des 19. Jahrhunderts, die hier von Volksverdummung, von Opium, das man dem Volk verabreicht, sprechen werden. Nicht zu Unrecht. Denn die Geschichte mit den Wundmalen wirkt allzu zweckhaft – und es ist auch nicht zu vermuten, dass Franz von Assisi, krank und den Tod vor Augen, sich die Wunden selbst beigebracht hat.

Wer an derartige Wunder glauben will, gerade weil sie jeder Vernunft widersprechen, der mag dies tun. Aber solcherart Geschichten passen zweifellos besser ins 13. Jahrhundert als in unsere Gegenwart. Paul Sabatier wollte das Thema der Stigmatisierung weder innerhalb seiner Biographie behandelt wissen noch sie schweigend übergehen. Darum schrieb der protestantische Pfarrer einen Anhang dazu, als »Kritische Studie« über die Stigmen betitelt.

Darin heißt es überaus deutlich: »Wunder, in dem Sinne von Unterbrechung oder Verkehrung der Naturgesetze oder der Intervention der ersten Ursache in bestimmen Einzelfällen, gebe ich nicht zu.«[240] Dahinter sollte heute die Beschäftigung mit Franz von Assisi nicht zurückgehen – gerade dann, wenn man das Geheimnis seiner über achthundert Jahre unvermindert leuchtenden

Gestalt zu ergründen versucht. Aber dieses Geheimnis hat eben nichts mit billiger Wundertäterei zu tun, sondern mit uralten Menschheitsträumen, die in seiner schmächtigen Gestalt zum Ausdruck kommen. Jedoch sollte man der historischen Gerechtigkeit wegen auch die Überlegung des Mittelalterforschers Aaron J. Gurjewitsch bedenken, der über den mittelalterlichen Glauben an Wunder lapidar notierte: »Doch die Grenze zwischen dem Wahrscheinlichen und dem Unwahrscheinlichen befand sich in jener Zeit nicht dort, wo sie heute verläuft.«[241]

TEIL III
Der utopische Rest

Der Streit ums Erbe. Die drohende Austreibung des Ursprungsgeistes

Heiligsprechung und Kampf um die Deutungshoheit

Am 16. Juli 1228, keine zwei Jahre nach seinem Tod, wird Franz von Assisi von seinem alten kurialen Schutzpatron Hugolin, der im Jahr zuvor Papst geworden ist, heiliggesprochen. Für Gregor IX. ist die Sache drängend, die politische Lage ist unübersichtlich, er sucht nicht nur in der Politik, auch in der Kirche selbst Rückendeckung.

Und so schildert Thomas von Celano in seiner ersten Lebensbeschreibung des Franz von Assisi, die aus demselben Jahr stammt, die feierliche Heiligsprechung – nur fünf Wochen nachdem Gregor IX. den Heiligsprechungsprozess eröffnet hatte! Es lohnt aus diesem Anlass, den Wortlaut der Schilderung des präzisen Chronisten zu zitieren: »Aufrecht steht der Papst, der Bräutigam der Kirche Christi, umgeben von der bunten Pracht solcher Söhne und Töchter. Auf seinem Haupte trägt er die Krone der Herrlichkeit, gezeichnet mit den Zeichen der Heiligkeit. Er steht da, geschmückt mit der Pontifikalmitra, angetan mit den heiligen Gewändern, gefasst in Gold, besetzt mit geschliffenen Edelsteinen. Er steht da, der Gesalbte des Herrn, im Goldglanz majestätischer Pracht, bedeckt mit glitzernden, figurenreichen Edelsteinen, die Blicke aller auf sich ziehend. Ihn umgeben Kardinäle und Bischöfe, geschmückt mit schimmernden Ketten, angetan mit schneeweißen, leuchtenden Gewändern; ein Bild himmlischer Schönheit, spiegeln sie die Freude der Verklärten. Alles Volk erwartet Worte der Freude, Worte des Jubels, noch nie gehörte Worte, Worte voll jeglicher Süßigkeit, Worte des Lobes und Worte ewiger Benedeiung. Zuerst hält Papst Gregor an das ganze Volk eine Predigt und

Papst Gregor IX. bestätigt die Dekretalien,
Fresko, Raffael (o. J.)

verkündet mit inniger Wärme, mit klangvoller Stimme Gottes Lob und Preis …«[242]

Was für eine prunkvolle Inszenierung! Celano vergisst nicht, Gold und Edelsteine zu erwähnen in dieser Aufbietung von allem, was Rang und Macht hat in der katholischen Kirche. Und das für einen, der nichts so sehr hasste wie das Geld und die Macht! Es ist eine üble Inszenierung, von der Gregor IX. wohl weiß, wie sehr Franz von Assisi, der in heiliger Armut, Demut und Buße lebte, sie verachtet hätte. Aber Gregor IX. betreibt hier nichts anderes als das, was er bereits als Kardinal Hugolin tat: Politik!

Die ist allerdings im Moment nicht gerade erfolgreich – und vielleicht soll die Heiligsprechung Franz' von Assisi zu Franziskus mit all ihrem falschen äußeren Glanz auch davon ablenken, dass der Papst aus Rom geflohen ist. Gerade noch ist er seinen Verfolgern entkommen!

Auch davon berichtet Thomas von Celano. Hintergrund der Papstverfolgung in Rom ist der Streit mit seinem großen weltlichen Konkurrenten Friedrich II., den Gregor IX. kurzerhand exkommuniziert hatte. Die Anhänger des Kaisers rufen das Volk von Rom zum Aufstand gegen den Papst auf, und am 27. März 1228, es ist der Ostermontag, stürmt eine zornige Menge den Petersdom, wo der Papst gerade die Messe feiert. Celano: »Die Römer, ein aufrührerisches Volk, wüten nach ihrer Gewohnheit wieder einmal gegen ihre Nachbarn und strecken frevlerisch verwegen ihre Hand nach dem Heiligtum aus.«[243]

Mit knapper Not entkommt Gregor IX. nach Viterbo, aber muss auch von dort fliehen. So führt ihn seine überstürzte »Reise« nach Rieti und Spoleto. Er findet Zuflucht im Kloster der Klarissen, die bekanntlich nicht glücklich sind, nach einer Regel der Benediktiner leben zu müssen. Der Papst gibt sich reuig – das war ihm in den vergangenen Jahren immer wieder von Vorteil, und so gelingt es ihm, sich auf umbrischem Boden wieder etwas zu ordnen. In diesem Zusammenhang beginnt unter seinem Vorsitz Ende Mai der Heiligsprechungsprozess – der eine Farce ist. Gregor IX., der nicht zurück nach Rom kann, bleibt in Umbrien – Kardinäle, die niemals auch nur in der Nähe von Franz waren, bezeugen seine vollbrachten Wunder. Nur die ersten Gefährten tauchen dabei nicht auf, die Gründe liegen nahe. Einer solch schmählichen Inszenierung wollen sie selbst nicht noch mit ihrer Anwesenheit den Anschein des Minderbrudergeistes geben, der hier ganz und gar abwesend ist.

So wird Franz von Assisi, der minderste Bruder der Minderbruderschaft, zu Franziskus, dem offiziellen Heiligen der katholischen Kirche. Aber auch das – und was noch folgen wird – kann die Kraft der Legende, die von ihm ausgeht, nicht zerstören.

Der Stein gewordene Traum. Wo ist der Leichnam von Franz von Assisi geblieben?

Gregor IX. weiß genau, was er will: ein Symbol der Größe und Stärke der katholischen Kirche, das sich mit dem Namen des heiligen Franziskus verbindet. Allerdings, als der Papst erklärt, er werde in Assisi eine prachtvolle Grabeskirche für Franz von Assisi bauen lassen, da ist dieser noch gar kein Heiliger. Am 28. April 1228 ist der Bau beschlossene Sache, der Heiligsprechungsprozess beginnt jedoch erst Ende Mai mit dem fluchtartig aus Rom angereisten Gregor IX. Wichtigstes Indiz für einen Heiligen des Mittelalters ist es, wenn er einen Toten zum Leben wiedererweckt – auch Franz wird eine derartige Wundertat angedichtet, das beschleunigt den Prozess, an dessen Ende der Heilige in den Grenzen der katholischen Kirche vor uns stehen wird.

Doch wer bauen will, der braucht vor allem einen Baumeister. Den hat Gregor IX. bereits: Bruder Elias, den Helmut Feld einen »komplexen Charakter« nennt. Das ist er gewiss, aber seine auffälligste Eigenschaft ist dabei doch immer unstillbarer Ehrgeiz, der Selbstbeweis mittels permanenter Höchstleistung! Elias ist alles, was ein Minderbruder – jedenfalls bis dahin – eigentlich nicht ist: effizient von seiner Intelligenz Gebrauch machend, ein vorausschauend planender Kopf, das, was man eine machtvolle Führungspersönlichkeit nennt. Warum verirrt sich so einer ausgerechnet zu den Minderbrüdern?, so fragt man sich immer wieder. Aber Elias hat begriffen, dass dies die Avantgarde seiner Zeit ist, dass sich hier ein neuer Geist regt – und immerhin auch der Papst sein starkes Interesse an Franz von Assisi, wie auch immer motiviert, nie verloren hat.

Dennoch haben ihn die Brüder im Jahr zuvor, 1227, als Ordensgeneral abgewählt. Darum hat er jetzt Zeit, im Auftrag des Papstes die Franziskuskirche zu planen (nicht ganz klar ist, inwieweit er selbst ihr Architekt war) und den Bau voranzutreiben. Am 17. Juli 1228 legt der Papst persönlich den Grundstein zur Franziskuskirche, der Hügel, auf dem sie gebaut wird, heißt in Assisi »Höllenhügel« – nun jedoch wird er eilig in »Paradieshügel« umgetauft.

Elias also, eine Mischung aus vorweggenommenem Renaissancemenschen und zielsicherem Manager noch späterer Zeiten, gelingt es, den monumentalen Bau in Rekordzeit hochzuziehen – bereits 1230 sind die Arbeiten so weit vorangeschritten, dass die feierliche Umbettung des Leichnams aus der Kirche San Giorgio im Rahmen eines feierlichen Ordenskapitels stattfinden soll. Gregor IX. sagt sich an, diesem feierlichen Akt beizuwohnen.

Aber dann passieren merkwürdige Dinge, gleich zwei Skandale erschüttern Assisi. Die Umbettung der Leiche Franz' von Assisi ist für den 25. Mai angekündigt. Doch als Gregor IX. an diesem Tag in Assisi eintrifft, muss er erfahren, dass Elias dafür gesorgt hat, dass der Leichnam bereits drei Tage zuvor heimlich in den Kellern der Kirche begraben wurde. Und Elias will um keinen Preis der Welt sagen, wo genau. Erst sechshundert Jahre später, am 12. Dezember 1818, bei Umbauarbeiten in der unteren Kirche, wird man zufällig auf Franz' verstecktes Grab stoßen, das aufwendig mit Steinplatten und Eisenstangen gesichert gewesen war.

Der Papst ist außer sich, Elias hat ihn auf unvorstellbare Weise brüskiert. Zur feierlichen Umbettung, zu der er, sein alter falscher Freund, extra anreiste, fehlt die Leiche! Der Papst droht der ganzen Stadt mit Exkommunikation (denn Elias muss in der Stadtverwaltung Verbündete gehabt haben), vergeblich.

Und noch einen Skandal gibt es um des Papstes besten Baumeister. Zum Pfingstkapitel 1230 plant dieser den Putsch gegen Ordensgeneral Johannes Parens. Mithilfe seiner Anhänger will Elias wieder auf den Stuhl des Ordensgenerals zurückkehren. Dass dieser Putsch von Elias selbst initiiert wurde, ist offensichtlich, denn er war es, der all seine Anhänger im Orden zum Pfingstkapitel nach Assisi beorderte, zu dem doch seit 1223 nur noch die Funktionsträger, die Provinzialminister und Guardiane zugelassen waren.

Thomas von Eccleston hat die Szenerie wie folgt beschrieben: »Auf dem Kapitel nämlich, auf dem die Übertragung des heiligen Franziskus vorgenommen wurde, wollten jene, denen Bruder Elias die Erlaubnis gegeben hatte, zum Kapitel zu kommen – er hatte nämlich allen, die wollten, die Erlaubnis gegeben, dorthin zu kommen –, ihn gegen den Willen der Provinzialminister zum General machen. Daher nahmen sie ihn und trugen ihn auf ihren Händen von seiner Zelle bis zur Tür des Kapitelsaales, brachen die Tür auf und wollten ihn auf den Platz des Generalministers setzen.«[244] Der Ordensgeneral Bruder Johannes, der sich hinter der Tür mit seinen Provinzialministern verbarrikadiert hatte, verhält sich in dieser Situation angesichts der den Saal stürmenden Anhänger des Elias instinktiv, wie es Franz von Assisi mehrmals in seinem Leben tat: Er legt seine Kleidung ab und steht nackt und stumm inmitten des Tumults. Das zeigt Wirkung, denn, so Eccleston, die Aufrührer wurden »verwirrt und gaben nach einem großen Durcheinander auf«.

Der Papst hat also doppelten Grund, mit seinem übereifrigen Baumeister Elias zu hadern. Aber dieser Elias ist ihm in seiner Art, wie ein Politiker zu handeln, auch wieder nah. Er versteht ihn durchaus in seinem Ehrgeiz. Und vor allem hat Gregor IX. ein Problem: Elias ist sein bester Mann in Assisi, er ist es, der den schnellen Fortgang des Baus der Franziskuskirche garantiert. Und natürlich wäre er als geborener Organisator dem Papst an der Spitze des Ordens sehr viel lieber als jener Bruder Johannes, dem wie Franz als Zeichen seiner bedingungslosen Schwachheit nur einfällt, sich nackt auszuziehen!

Aber nach den beiden von Elias zu verantwortenden Vorfällen zum Pfingstkapitel kann Gregor IX. nicht anders, zumal er selbst die heimliche Verbringung der Leiche von Franz vor deren offizieller Überführung ein Sakrileg genannt hatte. »Und so geschah es, dass alle jene Aufrührer in die verschiedenen Provinzen geschickt wurden, um dort Buße zu tun.«

Und Bruder Elias, des Papstes bis eben liebstes Kind im Orden, der sich so unklug verhalten hat, den Papst zu brüskieren? Thomas von Eccleston, kein Freund von Bruder Elias, weiß zu berichten: »Bruder Elias aber zog sich in eine Einsiedelei zurück, ließ sich

Haupthaar und Bart wachsen und wurde durch diese vorgetäuschte Heiligkeit mit dem Orden und den Brüdern versöhnt.«[245]

Doch dieser nicht zu befriedende Charakter, der die *vita activa* wie kein anderer verkörpert, versucht ein zweites Mal an die Spitze des Ordens zu kommen. Er weiß, Gregor IX. braucht ihn.

Bleibt die Frage, warum Elias sich überhaupt dazu entschloss, die Leiche heimlich beiseitezuschaffen? Als Antwort geben die meisten Interpreten an, es wäre Furcht vor Reliquienraub gewesen, der im Mittelalter tatsächlich sehr verbreitet war – und Franz' Leichnam wäre gewiss eine begehrte Trophäe für Grabräuber gewesen. Doch hätten die auch jederzeit vor der Umbettung, als die Leiche noch in San Giorgio lag (seit vier Jahren immerhin), zuschlagen können. Das ist also kein überzeugendes Argument.

Anders verhält es sich mit einer Überlegung, die Helmut Feld anstellt: »Die Massen, aber auch die Brüder, waren vor allem deshalb zusammengeströmt, ›um den heiligen Körper zu sehen‹; das heißt: sie hegten die Erwartung, den Leichnam des Franziskus in einigermaßen intaktem, unverwestem Zustand anzuschauen und sich dabei von dem ›neuen, unerhörten Wunder‹ der Stigmata überzeugen zu können.«[246]

Diese Erwartung – von den Stigmata ohnehin abgesehen – scheint der Leichnam, der bereits jahrelang in einem Sarkophag aus Stein in der Kirche von San Giorgio gelegen hatte, nicht mehr erfüllen zu können. Um einer folgenschweren Enttäuschung vorzubeugen, scheint sich Elias, der Pragmatiker, zu dem Schritt entschlossen zu haben, die sterblichen Überreste ganz verschwinden zu lassen. Vielleicht dachte er auch daran, dass das Grab von Christus sich plötzlich als leer erwiesen hatte – und hoffte auf einen ähnlichen Effekt bei Franz von Assisi?

Ein schöner und unverwester Leichnam von Franz von Assisi war nach den Naturgesetzen auch nicht zu erwarten, aber von einem Wundertäter – und als solchen inszenierte die Kirche den heiligen Franz – erwartete man noch im Tode etwas Besonderes. Vielleicht erinnerte sich Elias bei seinem handstreichartigen Verbringen der

Leiche an einen geheimen Ort an Dominikus, der 1221 in Bologna gestorben war. Bei ihm konnte man bei seiner Heiligsprechung nicht auf Stigmen verweisen. Dafür geschah jedoch, wie seine Ordensbrüder berichteten, ein anderes Wunder: »Als man nämlich sein Grab öffnete, entströmte demselben ein köstlicher, bis dahin unbekannter Duft, der von seiner Heiligkeit ausging. Derselbe war so durchdringend, dass er das ganze Land erfüllte, und so widerstandsfähig, dass die Hände derer, welche die hl. Reliquien berührt hatten, noch Jahre lang den Wohlgeruch behielten.«[247] Bei solchen Legenden erinnert man sich dann wieder daran, dass der mittelalterliche Mensch vom »Traumgesicht« beherrscht wird. Für ihn sind übernatürliche Erscheinungen etwas, an das er mit geradezu hysterischer Bereitschaft zu Ekstase und Verzückung glaubt.

Aber wehe, wenn diese Bereitschaft enttäuscht wird! Dostojewski verlegt den Kasus der Fäulnis am toten Leibe eines Heiligen in das 19. Jahrhundert des orthodoxen Russlands. In den *Brüdern Karamasow* stirbt Starez Sossima und bereitet den Anwesenden ein nicht geringes Gefühl von Enttäuschung, als seine Leiche in der Sommerhitze ganz erbärmlich zu stinken anfängt. Das hätten die versammelten Wundergläubigen nicht von ihrem so verehrten Heiligen erwartet!

Diese Art von Zweifel, so scheint es, wollte auch Elias – der den Bau der Franziskuskirche noch nicht vollendet hatte – gar nicht erst aufkommen lassen. Wen wundert es, dass ein in jeder Hinsicht so tüchtiger Mensch wie Elias gar nicht schnell genug büßen kann, um wieder an die Spitze des Ordens zu gelangen?

Immer neuer Ärger mit Elias. Zweiter Versuch als Ordensgeneral

1232 gelingt Elias das Comeback als Ordensgeneral. Sehr zur Freude seiner Anhänger, sehr zum Ärger seiner Gegner – die nun auch um Leib und Leben zu fürchten haben. Denn Elias ist keineswegs zaghaft im Umgang mit denen, die ihm tatsächlich oder auch nur vermeintlich im Wege stehen. Das Schicksal von Cäsarius von Speyer, einem der engsten Gefährten des Franz, ist bereits mehrfach erwähnt worden – er wird als Oppositioneller in Kerkerhaft genommen und bei einem angeblichen Fluchtversuch von einem Mitbruder getötet. Aber auch Antonius von Padua, der nach Assisi kommt, um Franz von Assisi am Grabe zu huldigen, wird – warum, weiß man nicht – auf Elias' Befehl hin auf schlimmste Weise ausgepeitscht, was er mit dem Ruf beantwortet: »Mag der liebe Gott euch vergeben, Brüder!«[248] Hier zeigen sich bereits die Praktiken der Inquisition, die nicht weniger als ein Machtinstrument ist, mit dem man jeden Anflug von Opposition unterdrückt.

Zwei Quellen geben uns über die folgenden Entwicklungen im Orden, die eng mit dem Namen von Bruder Elias verknüpft sind, Aufschluss: Jordan von Giano in seiner *Chronik* und Thomas von Eccleston in seinem *Traktat über die Ankunft der Minderbrüder in England*. Die englische Provinz spielt ohnehin eine bedeutende Rolle in den kommenden Auseinandersetzungen um den weiteren Weg der Minderbrüder.

Es ist Gregor IX., der nicht auf seinen Kirchenbaumeister und Diplomaten verzichten will und Bruder Elias die Rückkehr auf den Stuhl des Generalministers des Ordens ermöglicht. Immerhin, Elias ist der letzte Laie, der Ordensminister wird! Zwei Jahre sind seit dem Skandal um die verschwundenen Leiche des Franz und dem handstreichartigen Versuch, wieder an die Spitze des Ordens zu kommen, vergangen, nun gelingt es doch noch mit Rückendeckung von Gregor IX. Der bisherige Ordensgeneral Johannes Parens wird abgelöst. Es ist dabei wohl kein Zufall, dass das Pfingstkapitel des Jahres 1232 in Rom und nicht in Assisi stattfindet.

Elias hat als findiger Manager und Machtmensch, der er ist, nicht nur ein Finanzierungsproblem für seine Großbaustelle in Assisi, er hat auch eine naheliegende Lösung parat: »Als aber Bruder Elias Generalminister geworden war, wollte er das Werk von San Francesco, das er in Assisi begonnen hatte, beenden und ließ zur Vollendung des Baus im ganzen Orden Abgaben erheben.«[249]

Das ist für die früheren Gefährten eine unerhörte Provokation. Geld sammeln in Franz' Namen für einen kirchlichen Prunkbau! Aber, so Jordan von Giano, Elias habe »den ganzen Orden in seiner Gewalt gehabt«. Giano listet auf, was seine Gegner gegen ihn aufbringt: »Er hielt nämlich binnen sieben Jahren ein Generalkapitel, wie es die Regel vorschreibt, nicht ab und zerstreute die sich ihm widersetzenden Brüder dahin und dorthin. So berieten die Brüder und beschlossen, gemeinsam für das Wohl des Ordens zu sorgen.«[250] Mit anderen Worten, es regt sich Widerstand, die Opposition gegen die Alleinherrschaft beginnt sich zu formieren – besonders auch in den englischen Provinzen.

Doch immerhin schafft es Elias, sich sieben Jahre lang an der Spitze des Ordens zu halten, bis 1239 sein konspirativ vorbereiteter Sturz gelingt. Bis dahin aber geht vor allem der Bau der Franziskuskirche weiter. Die Brüder Ägidius und Leo sind über die Geldsammelbüchsen für den Kirchenbau so empört, dass sie beschließen, das nicht hinzunehmen. Die Folgen für sie werden furchtbar sein, warnt Bruder Leo Bruder Ägidius. Aber der kann nicht anders: Also stoßen sie das Podest um, auf dem das Sammelgefäß steht, und zerschlagen es.

Elias lässt sie daraufhin festnehmen und von seinen Gefolgsleuten arg verprügeln. Aber das nehmen die beiden auf sich – haben sie doch einer Mission zu folgen und das ist die heilige Armut, wie sie Franz von Assisi vorlebte. Doch beide wissen sie nun auch, dass sie gefährdet sind, dass sie aufpassen müssen, nicht so zu enden wie Cäsarius von Speyer. Sie verstecken sich so gut es geht in Einsiedeleien – doch eine derartige eigenmächtige Absonderung ist nach der *Regula bullata* nicht erlaubt. Sie berufen sich mit nicht wenigen anderen Brüdern auf das *Testament* von Franz von Assisi, aber das hatte Gregor IX. 1230 wohlweislich für nichtig erklärt. Es gilt allein die von ihm bestätigte Regel!

Thomas von Eccleston spricht dann auch schlicht von »Tyrannei«, mittels der Elias im Orden geherrscht und sich bei immer mehr Brüdern verhasst gemacht habe. Eine Schüsselrolle in der Verschwörung gegen Elias spielt der englische Provinzialminister

Haymo von Faversham, der später auch Ordensgeneral werden wird (er stirbt 1244). Er reist schließlich, wie Jordan von Giano berichtet, zusammen mit Richard Rufus als Vertreter der französischen Provinz nach Rom, um die Absetzung von Elias zu betreiben – was ein gefährliches Unternehmen ist, denn Elias hat sich bereits mehrmals als politischer Überlebenskünstler erwiesen.

Der Ärger mit der englischen Mission und Bruder Elias spitzt sich zu, als Elias befiehlt, die Mission aufzuteilen, in eine englische und eine schottische. Eccleston führt ein Beispiel für die sich nun verbreitende Renitenz unter den Brüdern an. Elias gibt aus Assisi die Anweisung, alle Brüder hätten sich ihre Hosen selber zu waschen: »Die Brüder der englischen Administration wuschen also ihre Beinkleider, während die Brüder der schottischen Administration seinen schriftlichen Erlass abwarteten.«[251]

Die Brüder auf England-Mission haben zudem mit besonderen Schwierigkeiten zu kämpfen. Betteln ist dort unüblich, niemand gibt ihnen etwas. Aber sie haben Ausgaben, sie müssen Niederlassungen gründen – also passiert das, was Franz von Assisi nicht hätte gutheißen können, aber die Brüder handeln aus Not: Sie müssen sich Geld leihen, Schulden machen. In England und Schottland ist es kühl, darum lässt Bruder Haymo solide bauen und führt auch das Prinzip Eigenversorgung in Obst- und Gemüsegärten wieder ein, damit die Brüder unabhängiger sind. Auch das ist eine deutliche Modifizierung der Vorgaben der heiligen Armut, wie sie Franz von Assisi den Brüdern hinterließ. Aber was im öfter mal sonnigen Italien gehen mag, das geht im Norden nicht – hier muss man Vorsorge treffen und Vorräte für einen langen Winter anlegen.

Und dabei gibt es immer wieder Verwicklungen, die kurios klingen, aber einen grundsätzlichen Hintergrund haben. So etwa erhitzt die Frage die Gemüter, ob die Niederlassungen eine Mauer haben sollen wie Klöster. Eccleston berichtet, ein Bruder habe beim Generalminister Klage führen wollen, weil die Niederlassung in London nicht ummauert sei. Worauf der angeschuldigte Guardian ihm mit heftiger innerer Bewegung zur Antwort gibt: »Ich werde dem General antworten, dass ich nicht in den Orden eingetreten bin, um Mauern zu bauen!«[252] Was die Brüder in den fernab gelegenen Provinzen besonders erbittert, ist, dass Elias von ihm ausgewählte Visitatoren in die Provinzen schickt, persönlich jedoch nie visitiert. Diese Inspektoren seien »hart, willkürlich und habsüchtig«[253] aufgetreten.

Die bei dem rachsüchtigen Wesen von Elias nicht ungefährliche Absetzung als Ordensgeneral, so wissen die Verschwörer, kann nur gelingen, wenn der Papst nicht auf Elias hört, sondern auf sie. Ein äußerst schwieriges Unterfangen, denn die beiden haben mehr als einmal bewiesen, wie viel sie miteinander verbindet. Also heißt es, vorsichtig zu Werke zu gehen. Bruder Jordan, so wird berichtet, sei, nachdem er offiziell abgewiesen worden war, sogar ins Schlafgemach des Papstes eingedrungen und habe ihn um Hilfe gegen die für alle zur schweren Bedrückung gewordene Alleinherrschaft von Bruder Elias gebeten.

Und Thomas von Eccleston schildert die Szenerie um Elias, die aus einem Kriminalstück stammen könnte und die 1239 mehrfach auf Messers Schneide stand, so: »Als er dann später durch seinen fleischlichen Sinn und seine Grausamkeit den ganzen Orden durcheinander brachte, legte Bruder Haymo in Paris gegen ihn Berufung ein. Viele Ordensminister und sehr bewährte Brüder aus den Gebieten nördlich der Alpen kamen nun gegen seinen Willen zusammen, um ein Generalkapitel zu halten, während Bruder Arnulf, der Pönitentiar des Herrn Papstes Gregor IX., an der Kurie die Sache des Ordens vertrat. Nach langen Verhandlungen wurden dann aus dem gesamten Orden Brüder ausgewählt, die für eine Reform des Ordens sorgen sollten. Als der Reformplan vorbereitet war, wurde er auf dem Generalkapitel, auf dem sieben Kardinäle erschienen waren, in Gegenwart des Papstes verlesen.«

Nachdem der Papst seine Predigt zum Thema »Du, König, fingest zu überlegen an, was geschehen werde« gehalten hatte, beginnt sich Elias sofort zu verteidigen – und er macht dies wiederum in Form einer demütigen Entschuldigung, mit der er hofft, den Papst auf seine Seite zu ziehen: »Er sagte, als die Brüder ihn zum General wählten, hätten sie gesagt, sie wollten, dass er Gold esse und ein Pferd habe, wenn dies seine Schwachheit erforderte; und jetzt beschweren sie sich und nehmen Anstoß an ihm.«[254]

Und nun kommt der spannende Moment: Haymo will Elias antworten. Doch der Papst erlaubt es ihm nicht, er will, so scheint es, tatsächlich die Worte des Generalministers gelten lassen und damit die Angelegenheit beenden. Die Verschwörung droht in diesem Moment zu scheitern. Aber dann spricht Kardinal Robert von Somercote die Worte: »Herr, dies ist ein alter Mann. Es ist gut, ihn zu hören, weil er wenig Worte macht.«

Dem kann sich der Papst nicht widersetzen, und so hat Haymo die Gelegenheit, auf die die Verschwörer gegen Elias so lange gewartet haben: »Bruder Haymo stand also da, fast furchtsam und zitternd; Bruder Elias aber saß, wie es schien, in jeder Hinsicht unerschüttert und unerschrocken da. Bruder Haymo empfahl nun zuerst kurz dessen Worte als die eines verehrungswürdigen Vaters und schloss dann folgerichtig: Wenn auch die Brüder gesagt hätten, sie wollten, dass er Gold esse, so hätten sie damit nicht gesagt, sie wollten, dass er einen Schatz besitze. Weiter, wenn sie gesagt hätten, sie wollten, dass er ein Pferd habe, hätten sie nicht gesagt, sie wollten, dass er ein Reitpferd oder ein Streitross besitze.« Auch einen persönlichen Koch habe Elias besessen – was bei einem Kardinal nicht weiter verwundert hätte, befremdet beim obersten Minoriten doch viele der Brüder.

Ein Glücksfall für die Dramaturgie der geplanten Absetzung ist, dass Elias nun die Beherrschung verliert und schreit, das sei eine Lüge. Ebenso fallen seine Anhänger in diese Rufe ein, so dass der Papst sie nun verärgert zur Ordnung ruft: »Das ist nicht Art von Ordensleuten!«

Daraufhin versinkt er in ein langes Schweigen, was die Anwesenden irritiert. Nun versucht der Protektor des Ordens Rainald von Segni, der später als Alexander IV. Papst werden sollte, Elias von sich aus zum Verzicht auf die Ordensleitung zu bewegen. Der lehnt das jedoch ab. Der Papst also kommt um eine Entscheidung nicht herum, und diese fällt ihm offensichtlich schwer. Schließlich beginnt er zu sprechen: »Darauf empfahl der Papst zuerst die Persönlichkeit des Bruder Elias, erwähnte dann seine vertraute Freundschaft mit dem heiligen Franziskus und schloss, er habe geglaubt, die Brüder seien mit ihm als Minister zufrieden gewesen. Weil man aber nicht zufrieden war, wie sich nun herausstellte, habe er beschlossen, ihn abzusetzen.«[255] Und dann enthebt er ihn seines Amtes als Generalminister.

Eccleston über die mehrheitliche Reaktion der versammelten Brüder: »Da erhob sich ein so gewaltiger und unbeschreiblicher Jubel, wie ihn diejenigen, die dabei sein durften, es nach eigenen Worten noch nie erlebt hatten.«[256] Vorsichtshalber wird der Papst von Brüdern gefragt, ob es möglich sei, dass Elias später noch einmal zum Generalminister des Ordens gewählt werden könne, und dieser antwortet mit einem eindeutigen Nein.

Es passiert, was bei solchen Machtwechseln immer passiert, Elias wird verbannt – aber darf sich den Ort immerhin aussuchen. Er wählt Cortona, wo er dann ebenfalls noch eine große Kirche bauen wird. Er steht nun in den Diensten Friedrichs II., den er politisch berät, zuvor hatte er im Auftrag Gregors IX. bereits Kontakt mit ihm.

Doch im Dienste eines Kaisers stehend, der es immerhin schaffte, drei Mal vom Papst exkommuniziert zu werden (1227, 1228 und 1239), hat er sich schließlich auf die Seite des Papstfeindes gestellt. Die *Fioretti* schildern den sich anbahnenden endgültigen Sturz des Bruders Elias: »Als nämlich Friedrich, der König von Sizilien, gegen die Kirche rebellierte, wurde er vom Papst exkommuniziert, ebenso jeder, der ihm mit Rat und Tat beistand. Besagter Bruder Elias nun, der als einer der weisesten Männer der Welt galt, schloss sich nach dem Aufruf durch König Friedrich diesem an, wurde zum Rebellen und Abtrünnigen des Ordens. Aus diesem Grunde wurde er vom Papst exkommuniziert und des Habitus des heiligen Franziskus beraubt.«[257]

Dieser geschickte Diplomat steht letztlich nur im Dienste einer Partei: seiner eigenen. Und der Seitenwechsel eines der fähigsten Männer seiner Zeit, von der Kirche zur weltlichen Macht, besitzt Signalwirkung. Die Kirche verliert ihr Machtmonopol, das sich auf Himmel und Erde erstreckte. Künftig wird sie sich mit dem Himmel begnügen müssen: Die spätere Trennung von Staat und Kirche ist damit avisiert.

Ob es mehr als eine Legende ist, dass sich Elias 1253 kurz vor seinem Tod mit der Kurie aussöhnte? Als Berater im Dienste Friedrichs II., der einerseits die Ketzer mit der von Gregor IX. geforderten Brutalität behandelte und sich andererseits wenig um seine eigene Exkommunikation scherte, war dies offenkundig kein Thema von erstrangiger Bedeutung mehr.

Doch was tat Elias, als sein politischer Beschützer 1250 (oder 1251) überraschend starb? Wir wissen es nicht, aber für Volten aller Art war dieser ungewöhnliche Mensch immer zu haben. Insofern mag das reumütige Wiederandienen an Kirche und Franziskanerorden durchaus eine Option für ihn gewesen sein.

Was wollte Elias überhaupt an der Seite Friedrichs II., wenn man ihm zubilligen will, dass es ihm gewiss nicht nur darum ging, sich persönlich zu bereichern, ein Argument, das immer schnell bei der Hand ist, wenn es darum geht, jemand Entmachteten zu denunzieren? Hatte auch er eine Utopie? In gewisser Weise kann er bei seiner diplomatischen Umtriebigkeit zwischen Papst und Kaiser als strategischer Vordenker einer Trennung von Kirche und Staat gelten. Dieser ehrgeizige Machtmensch ist zudem der Träger von etwas, das dem Mittelalter bislang fremd war: des Leistungsgedankens! In der Effizienz im Umgang mit Zeit und Geld scheint Elias geradezu eine Wall-Street-Figur.

Dieter Berg hat 1978 in einem Aufsatz über die Gestalt des Elias von Cortona nachgedacht und ist darin zu dem verblüffenden Schluss gekommen: »Weniger wegen seines autokratischen Führungsstils und angeblicher Regelverstöße als infolge des Festhaltens an urfranziskanischen Lebensformen, des Kampfes gegen eine Klerikalisierung der Minoritengemeinschaft und der Weigerung, eine strukturelle Ordensreform im Sinne einer Einschränkung der Vollmachten des Generalministers bei gleichzeitiger Stärkung der Provinzialkräfte vorzunehmen, geriet Elias in Konflikt mit gebildeten Provinzialoberen, die Papst Gregor für ihre Reformziele gewinnen und den Cortesen als Ordensgeneral ablösen konnten.«[258]

Urfranziskanische Lebensform? Darauf muss man im Angesicht der gewaltigen Franziskuskirche und der rigiden Art und Weise der Geldbeschaffung für ihren Bau erst einmal kommen. Jedoch: Elias ist, wie Franz selbst, eine Laie – und das Neue an der Minoritenbewegung sollte ursprünglich ja gerade die gleichberechtigte Aufnahme des Laienelements sein, wie es aus der Volksfrömmigkeit erwächst und bis dahin nur in den Ketzerbewegungen zum Ausdruck kam. Nach Elias wird nie mehr ein Laie Generalminister werden!

Dieser Prozess der Zurückdrängung der Laien im Orden beginnt bereits unter jenem Provinzialoberen aus England, der am Sturz Elias' beteiligt war: Haymo von Faversham. Er folgte auf den Ordensgeneral Albert von Pisa (zum ersten Mal war ein Priester Ordensgeneral), der 1240 starb. Heribert Holzapfel schreibt in seinem *Handbuch der Geschichte des Franziskanerordens*, Haymo habe nach seinem Amtsantritt sofort die Laien ganz von den Ordensämtern ausgeschlossen und die Aufnahme von Laien einzuschränken befohlen.

Also handelt es sich doch vor allem um einen Machtkampf zwischen Laien und Klerikern im Orden? Auch das gewiss. Und stürzte dann mit Elias das Element im Orden, das für die Zukunft – die Laienbewegung – stand? Auch das scheint der Fall. Jedoch ist es nur die eine Seite, die sagt, dass Elias – wie auch Franz, aber viel stärker zur Seite der *vita activa* hin – für das Neue, die bürgerlich-städtische Kultur steht. Die andere Seite ist die, dass Elias zweifellos des Papstes liebster Laie war. Zwischen beiden herrschte lange Zeit Übereinstimmung in ihren Zielen. Nur weil der Druck auf ihn zu groß war, ließ Gregor IX. ihn 1239 widerstrebend fallen – und exkommunizierte ihn dann zwangläufig nach seinem Seitenwechsel zu Friedrich II. Insofern scheint es nicht richtig, zu sagen, Elias sei, schon dadurch, dass er Laie war, ein Opponent der »gebildeten Provinzialoberen« gewesen. Denn anders als Franz von Assisi war Elias bekanntlich weltlichen Dingen gegenüber wie Macht, Ruhm und Geld – aber auch der Bildung – überaus offen. Und für den eher traditionellen Typus Kleriker waren die Minoriten ohnehin niemals ein Ort, den sie sich als Stätte ihres Wirkens suchten.

Die franziskanische Theologie wirkt in ihren philosophischen Facetten durch Duns Scotus, vor allem aber mit Roger Bacon und Wilhelm von Occams nominalistischem (also am Einzelnen orientierten) Paradigmenwechsel bis in die Gegenwart hinein.

Dass Elias ein moderner und überaus fähiger Manager war, steht außer Frage, aber dass er mit seinem Renaissancegebaren nicht nur die Spiritualen im Orden vor den Kopf stieß, scheint ebenfalls klar. Weil er begann, ganz unbefangen und selbstverständlich mit Geld zu hantieren, wurde er einer Mehrheit der Brüder zum Feind. Dieser kühl kalkulierende Pragmatiker konnte mit der Armutsutopie von Franz von Assisi nichts anfangen, darum ließ er sie kurzerhand hinter sich. Dabei gewinnt er einiges an Handlungsspielraum, aber verliert auch viel an utopischer Kraft ebenjenes Ursprungsideals Franz' von Assisi.

Es scheint jedoch, neben seinem rücksichtslosen Führungsstil, vor allem der Konflikt zwischen Zentrum und Provinzen der Grund für den Sturz des Elias gewesen zu sein. Die selbstbewussten Provinzen in England, Frankreich und Deutschland akzeptierten die von vielen Brüder als »Schreckensherrschaft« empfundene Stellung der Visitatoren nicht, die nicht nur Geld eintreiben und unliebsames Personal absetzten, sondern auch nach eigenem Ermessen straften und damit insgesamt das Leben in den Provinzen erheblich störten. Darum kam die Fronde gegen den Generalminister überhaupt erst zustande.

Als Elias gestürzt ist, wird auch sofort die Machtstruktur geändert. Galt bislang die absolute Gehorsamsregel gegenüber dem

Generalminister (eine Forderung noch von Franz von Assisi), stehen jetzt die Beschlüsse des Generalkapitels über dem Willen des Generalministers, der nicht mehr unabhängig agiert. Das scheint ein Stück zurückeroberte – um es auf gegenwärtige Weise zu formulieren – Basisdemokratie im Orden, die jedoch immer wieder neuen autokratischen Bestrebungen der Generalminister ausgesetzt sein wird.

Aber auch Elias bleibt sich treu in seinem Machtstreben. Als seine wichtigsten Opponenten sterben – Gregor IX. bereits 1241 und Ordensgeneral Haymo 1244 –, sieht er für sich eine neue Chance, an die Spitze des Ordens zu gelangen. So taucht er auf dem Ordenskapitel in Genua auf, um sich von seinen Anhängern (den Laien im Orden, deren in Italien viele waren) abermals wählen zu lassen. »Indes die Majorität erklärte sich gegen ihn, worauf er sich wieder entfernte, vom Papste (das ist nun Innozenz IV. – Anm. G.D.) neuerdings exkommuniziert und sogar vom Orden ausgeschlossen wurde.«[259] Dass er bis zu seinem Tod 1253 immer noch Kraft ebenso wie einen starken Gestaltungswillen besitzt, zeigt jene gewaltige Kirche in Cortona, die er bauen lässt, als er sich nach dieser letzten Niederlage mit einigen Getreuen wieder in seine Geburtsstadt zurückzieht.

Die Franziskuskirche

Der Widerspruch der macht- und prachtvoll auftrumpfenden Architektur der Franziskuskirche – zwei übereinandergebaute Kirchen sogar! – zu Franz' Idealen ist unübersehbar. Als man Bruder Ägidius, diesen alten plebejischen Gefährten von Franz (es heißt, er habe dreiundfünfzig Jahre im Orden gelebt), mit Stolz den schnellen Fortgang des Baus präsentiert, knurrt der Alte: »Fehlen nur noch die Weiber!« Erschrocken blicken ihn seine Begleiter an, und Ägidius ergänzt, die Gebote der Armut und Demut habe man hier doch schon offen missachtet, warum dann nicht auch gleich das der Keuschheit?

Franziskus-Porträt von Cimabue, um 1280

Paul Sabatier hat das Paradox bündig formuliert: »Betrachtet sie, diese stolze, reiche, mächtige Kirche, und steiget dann nach der Portiunkula hinab, betretet San Damiano, erklimmt die Carceri, und ihr werdet den Abgrund erkennen, der das Ideal des heiligen Franziskus von dem des Papstes trennte, der ihn heilig gesprochen.«[260]

Aber erschöpft sich damit der Bau selbst? Delegitimiert die Franziskuskirche die nun folgende Geschichte der Franziskaner ohne Franz von Assisi, oder zeigt sie vielmehr jenen Widerspruch, ohne den keine Geschichte ist?

Dass Elias und Gregor IX. die Kräfte waren, die den Bau der riesigen Franziskuskirche vorantrieben, ist unstrittig. Aber inwieweit Elias den Bau selbst plante, bleibt nach wie vor unklar. Sicher ist, dass er unablässig neues Geld für den Weiterbau zu besorgen verstand, vor allem auch aus Deutschland kamen die Mittel. Dass seine Sammel- und Abgabenpraxis für Ärger bei den Spiritualen im Orden sorgte, war ebenfalls folgerichtig.

Gewiss besaß Elias Fähigkeiten und Neigungen als Architekt. Aber für so ein großes und schwieriges Projekt die Anhöhe zu bebauen – hoch über dem Tescio, einem Fluss, der reißend werden konnte – erforderte einen Mann mit Erfahrung. Den fand Elias in Deutschland: Meister Jacobo.

So schufen er und Elias das Projekt eines dreistöckigen Kirchengebäudes: ein Kellergeschoss, auf dem die Unter- und die Oberkirche ruhen. Der Grundriss entspricht dem Buchstaben T – jenes Tau, das für die Franziskaner als Kreuzzeichen ein Symbol Gottes ist und mit dem Franz seine persönlichen Schreiben unterzeichnete.

Henry Thode nennt die Franziskuskirche »eines der merkwürdigsten Monumente der kirchlichen Kunst in Italien«,[261] deren Faszination man sich nicht zu entziehen vermag, steht man erstmals vor ihr. Und tatsächlich, die Art, wie sich der Bau einerseits mit Masse, anderseits mit Eleganz an den Hügel schmiegt, dessen Neigung derart ausgleichend, dass man, von der Seite blickend, eine waagerechte Dachlinie vor sich hat: Die Kirche expandiert, der Neigung des Hügels folgend, gleichsam nach unten.

Diesen Eindruck verstärken die schlanken Bögen an der Fassade, die sich in Richtung Tal verlängern. Das ist originell gedacht: Die Grabeskirche des Franziskus wächst (noch war die Oberkirche ungebaut) – nicht in die Höhe, sie bleibt flach. Dafür schmiegt sie sich organisch der Form des Hügels an, sie bedeckt den Boden wie ein sich flach auf ihn legender Büßer!

Die Kirche, für die Gregor IX. 1228 den Grundstein legte, wurde 1253 von Papst Innozenz IV. geweiht, doch ist sie, an die sich das Kloster anschließt, vermutlich bereits 1239, im Jahr der Absetzung von Elias als Ordensgeneral, in den Grundzügen fertig gewesen, einschließlich des Campanile.

Die Franziskuskirche in Assisi, 1253 von Papst Innozenz IV. geweiht

Dieser Bau wirkt wie eine ehrgeizige Blüte der Gotik auf dem Boden der Romanik. Er beginnt noch in Rundbögen und reckt sich in der Oberkirche immer steiler und ehrgeiziger in die Höhe, mit schlanken zweiteiligen Fensterbögen. Bis 1500, so heißt es, sei an der Ausschmückung gearbeitet worden, Cimabues und Giottos Fresken – feuchte Putz-in-Putz-Malerei – sind mehr als nur Schmuckwerk, sie sind der künstlerisch komprimierte Ausdruck des Geistes Franz' von Assisi.

Die Versöhnung von Religion und Natur bei Giotto

Die Natur ist der Schlüssel zur Utopie des neuen Menschen bei Franz von Assisi. Aber es ist eine Natur nicht im Newton'schen, also verzifferbaren Sinne, messbar und wägbar – nein, diese Natur ist mehr als die Summe von lauter Quantitäten: Sie besitzt eine eigene Qualität. Diese ist es, die dann auch ihre Gestalt bestimmt. Henry Thode hat das bereits 1885 in seinem epochalen Buch über Franz von Assisi formuliert. In dem fast ein Jahrhundert nach Franz von Assisi auftretenden Cimabue-Nachfolger Giotto verbindet sich Franz' Geist mit einer neuen Ästhetik, die schließlich im Spätwerk Giottos in die Renaissancekunst münden wird.

Für uns sind vor allem seine achtundzwanzig Darstellungen der Franziskus-Legende, so wie sie Bonaventura hinterlassen hat, in der Oberkirche interessant. Den Quantensprung im Blick auf Mensch und Gott formuliert Thode so: »Das byzantinische Formenschema war wie eine nur einen einzigen Ausdruck, nämlich den erhabener Feierlichkeit, veranschaulichende Maske; Giottos Sehnen nahm sie von dem Antlitz der Natur hinweg, in deren unendlich wechselndem Ausdruck er die Offenbarung seines eigenen Weges erkannte.«[262]

Jedoch ist das, was als Nachbildung der Natur erscheint, selbst nicht ohne ein bildnerisches Streben nach dem Typischen. Dieses jedoch zeigt den Menschen, auch den religiösen, ohne permanenten Draht zu Gott, er ist in erster Linie ein Mensch – auch der Heilige bleibt Mensch, obschon ein vorbildlicher, und der Heiligenschein ist ästhetisch kein verwendbares Mittel mehr, ebenso wenig wie der byzantinische Goldgrund. Wenn sich solche Bildelemente bei Giotto dennoch finden, dann hat dies verschiedene Gründe, vor allem den: Er ist, wie Franz von Assisi selbst, eine Übergangsfigur, die traditionelle Motive in andere Gesamtzusammenhänge stellt.

Giotto, der den Byzantinismus überwindet, gibt diesem also gelegentlich noch Raum, wenn auch eher im Sinne eines Zitats.

Denn die Fresken sind Auftragswerke des Ordensgenerals, die Ausschmückung der Franziskuskirche ist auch eine Angelegenheit der Repräsentation.

Die katholische Kirche will eine Heiligenlegende. Die muss Giotto liefern, und wenn er – häufig genug – den simplen Zweck der Vorgabe mittels eigener künstlerischer Sendung unterläuft, dann ist es das, was bleibt. Zudem darf man auch nicht außer Acht lassen, dass Giotto für sein Großprojekt eine Reihe von Mitarbeitern beschäftigte, die nicht sein künstlerisches Format haben konnten – fünf der achtundzwanzig Legendendarstellungen sind vermutlich nicht von seiner Hand.

Bei Thode lesen wir über die Naturnachbildung bei Giotto, diese folge dem Ideal »höchsten allgemeinen Menschentums«. Es schöpfe direkt aus dem Gefühl – und das ist neu in der mittelalterlichen Malerei. »Indem die Natur direkt zum Interpreten desselben erhoben wird, vollzieht sich die wunderbare bildnerische Verwandlung des Gefühls in Erscheinung. Was man als Stil bezeichnet: Die Darstellung des Typischen wird bei Giotto nicht mehr, wie es wesentlich der Fall in der byzantinischen Manier war, in dem äußeren Faktor der Symmetrie, sondern in dem inneren Faktor einheitlicher Gemütsstimmung gesucht.«[263]

Diese Fresken sind also Teil des Inwendig-Werdens des Menschen. Dieser trägt hier unübersehbar das Geistige in sich – und wird so autonom. Er erhält damit etwas Besonderes, etwas Geheimnisvolles, das seinen Eros ausmacht. Diese Verinnerlichungsbewegung ist in der Religion das unmittelbare, das mystische Element; hier liegt es in der speziellen Form vor, die Bonaventura der Franziskus-Legende gab.

Giorgio Vasari hebt 1568 in seinen *Lebensbeschreibungen der berühmten Architekten, Bildhauer und Maler*[264] hervor, bei Giotto fänden sich »treffende Beobachtungen und Nachbildungen einzelner Dinge aus der Natur«, sein Werk zeige insgesamt einen Sinn für die »Verschiedenartigkeit« profaner Dinge wie der Gewänder der Zeit.

1301 erhält Giotto vom Ordensgeneral Fra Giovanni di Muro den Auftrag, in der Franziskuskirche jenes Werk fortzusetzen, das sein Lehrer Cimabue begonnen hatte. Der Auftrag war eindeutig: den Wundertäter Franz mit einer Bilderserie zu verherrlichen. Aber ein Wundertäter, also einer, der Kranke heilt, Tote wieder zum Leben erweckt, trägt doch das Übernatürliche in sich und nicht das Natürliche? Das ist der paradoxe Antrieb, aus dem Giotto schöpft. Auch hierin trifft er einen Wesenszug von Franz: den Sinn für das Spiel! Martin Gosebruch schreibt: »Giotto war ein großer ›favellatore‹, ein Mann, der Fabeln zu erfinden verstand, die genossen werden wollten.«[265] In diesem Schauspiel ist Franz von Assisi gewiss der Hauptdarsteller, aber ein dezenter. Er fügt sich in die Gesamtordnung des Bildes ein, er dominiert sie nicht. Was vor allem daran liegt, dass dieser Heilige einen Leib und keinen Scheinleib hat. Er ist nicht ein vom Himmel gesandter Bote Gottes, er gehört zu dieser Welt, sein ebenso freudvoller wie leidensreicher Kampf mit ihren falschen Maßstäben ist dann der eines beispielhaften Menschen.

Das, was wir heute vor Augen haben von jenen Legenden um Franz von Assisi, das sind vor allem die Bilder Giottos: wie Franz den Vögeln predigt, wie er, vor dem Sultan predigend, die – offenkundig frei erfundene – Feuerprobe besteht, wie er die einzustürzen drohende Peterskirche stützt, immer sind es Giottos szenischen Schauspiele, die wir dabei zuerst vor Augen haben.

Aber Giotto war nicht etwa bloß ein Vorläufer des Naturalismus, der äußere Nachahmung zur Perfektion treibt, es ist etwas Ikonographisches in ihm wach geblieben, etwas, das Cimabue bereits bis an jene Grenze getrieben hatte, hinter der die Bewegung, die Dramatik beginnt. Statik und Bewegung sind bei Giotto in einen spannungsreichen Widerspruch getreten. Das Symbolische bleibt inmitten der Natur dennoch spürbar. Diese Bilder transportieren in ihren Geschichten etwas, das zum Göttlichen drängt, ohne dass dies explizit religiöse Motive sein müssen: Es ist das Unbedingte in ihnen, das sie uns Heutigen so modern erscheinen lässt.

Vincent van Gogh schreibt 1890 an seinen Bruder Theo: »Wie gern würde ich, wenn ich reisen könnte, noch Giotto kopieren, der so modern wie Delacroix wäre, wenn er nicht ein Primitiver wäre, und der doch so verschieden von den anderen Primitiven ist.«[266]

Bei Giotto fällt nicht zuerst die Dramatik des gezeigten Bildgeschehens ins Auge, sondern die Bildkomposition selbst nimmt den Betrachter gefangen. Die Malerei hört auf, bloß religiöse Botschaften zu vermitteln, sie selbst wird zur Botschaft!

Thode hat den Zusammenhang zwischen Bürger und Laienreligiosität ins Zentrum seines neuen Bildes von Franz von Assisi gestellt. Das hat in mehrfacher Hinsicht eine befreiende Wirkung, die sich in der Kunst Giottos zeigt. Zum einen, und das bleibt zentral: »Mit Franziskus wurden diese Anschauungen, die bis dahin nur von Häretikern ausgesprochen waren, von der Kirche selbst zugelassen.«[267]

Aber nicht ohne Kämpfe, ohne den zunehmenden Druck der Ketzerbewegungen auf die Kirche, die notgedrungen diese Motive der Volksfrömmigkeit in die Institution Kirche zu integrieren beginnt. Hat sich dadurch die Institution im Ganzen verändert, oder wurden diese neuen Motive nur wieder vom Apparat aufgesogen, bis sie keine Kenntlichkeit mehr mit sich besaßen? Darüber darf man streiten. Unstrittig ist jedoch, dass in der Kunst Giottos die Versöhnung der Religion mit der bislang verachteten Natur im Zentrum steht. »Die Liebe füllte den Abgrund aus, der unübersteigbar zwischen Gott und Welt zu gähnen schien.«[268]

Gregor IX. als Franz' Schutzpatron und Begründer der Inquisition. Der Geist der Spiritualen aber weht überall

Von Gregor IX. gibt es – wie von allen anderen Beteiligten im Machtstreit des 13. Jahrhunderts zwischen Kaiser und Papst – bereits sehr gute Porträts. Es ist eine Zeit, da man sich für die besondere Gestalt des einzelnen Menschen zu interessieren begann. Im Museo di Roma wie auch in der Heiligen Höhle von Subiaco (wo sich auch das wohl expressivste Porträt von Franz befindet) gibt es Bilder von Gregor IX. Dieser trägt in seinem schmalen Gesicht einen Schnurrbart. Helmut Feld vermutet zudem aus Andeutungen Salimbene von Parma zu Gregors IX. besonderer Zuneigung zu dem als schön beschriebenen Kardinaldiakon Octavianus Ubaldini di Mugello (so dass man diesen für den Sohn des Papstes hielt), diese Zuneigung sei homosexueller Natur gewesen.

Wie dem auch sei, sicher scheint, dass Gregor IX. keine grobe Natur, sondern einen Sinn für Poesie und die feineren Schwingungen der Seele besaß – obwohl er zugleich einer der schlimmsten Machtmenschen des Mittelalters war. Hat ihn der Selbstbehauptungskampf mit seinem ihm offenbar ähnlichen Widersacher Friedrich II. erst dazu gemacht? Kein Zufall war es, dass er in diesem Streit um die Vorherrschaft der Kirche Franz von Assisi als Retter ansah, der der Kirche wieder neue Kraftquellen (die Volksfrömmigkeit!) erschloss.

1231 ist ein dramatischer Wendepunkt in der Geschichte der katholischen Kirche. Ein tiefschwarzes Jahr: Gregor IX. schafft die Inquisition – und legt sie den Dominikanern und Franziskanern in die Hände. Warum gerade ihnen? Weil sich hier ein Typus fand, der sich vom Weltklerus, der behäbig war und sich im Lauf der Dinge so komfortabel wie möglich eingerichtet hatte, deutlich unterschied. Während die Ortsbischöfe mit allem, was heilig war, auf laxe Weise Handel trieben, meinten es diese beiden neuen Orden mit der Nachfolge Jesu ernst, bitterernst, zuletzt sogar mörderisch ernst.

Hier zeigt die äußere Anspruchslosigkeit ihre Kehrseite: Die Inquisitoren sind nicht käuflich. Sie haben nur einen einzigen großen Anspruch: die Feinde der Kirche zu ermitteln und zu vernichten. Besonders der Predigerorden der Dominikaner scheint in Sachen Verfolgung Andersdenkender (oder Andersgläubiger) prädestiniert. Sie nennen sich »Soldaten Christi«, und so benehmen sie sich auch. Mitleid – wie wichtig war diese Eigenschaft noch für Franz von Assisi! – kennen sie nicht. Liebe ist bei ihnen nicht Liebe zu den Menschen, sondern eine Liebe zu Gott, die sich im bedingungslosen Gehorsam dem Papst gegenüber äußert.

Aber auch die Franziskaner bringen zahlreiche Inquisitoren hervor, die kein bisschen milder urteilen als die Dominikaner. Das Problem zeigt, dass die Bußpredigt einen gefährlichen Pferdefuß hat. Der Typus Bußprediger ist manchmal ein Fanatiker, aber immer ein Asket, meist auch ein Selbstgeißler, mitunter auch bloß ein zwanghafter Sadist. Die Strenge gegen sich selbst, die nicht selten krankhafte Formen der Selbstquälerei annahm (wogegen sich Franz von Assisi immer wieder wandte, wenn er es bei Brüdern erlebte), wendet sich nun auch, ausgestattet mit dem offiziellen Verfolgungsauftrag gegen Abweichler aller Art, gegen andere Menschen.

Schmerzen bringen uns Gott nahe, so glaubt jeder Asket – die Schreie des gequälten Leibes sind ohnehin vom Teufel (Franz nennt den Leib noch halb liebevoll einen »Bruder Esel«, den man antreiben und zwingen muss) und darum ein Loblied auf Gott. Das ist die Logik von Ideologen, denen der einzelne Mensch nichts gilt und das Prinzip an sich alles ist. Als dann Innozenz IV. die Folter zur Erzwingung von Geständnissen in Inquisitionsprozessen erlaubt, zudem auch Zeugen gefoltert werden dürfen (Jungen ab vierzehn und Mädchen ab zwölf Jahren), wirft der soeben mit den prosperierenden Städten anhebende Fortschritt samt Fernhandel und Geldwirtschaft lange dunkle Schatten. Die Barbarei geht ausgerechnet von jenen aus, die doch als Kräfte des Neuen (der Laienfrömmigkeit) in die Kirche gekommen waren. Wen wundert es, dass sich die Zahl der Verdächtigen, der Ketzer, der Querulanten, der Hexen bei einem derartigen Verfolgungsfuror schlagartig erhöhte?

Die Inquisition als Menschenvernichtungsmaschine brauchte ständig Nachschub, der ihre Existenz rechtfertigte, ein Prinzip, das sich in anderen geschichtlichen Umbruchphasen wiederholt. So gab es in der Französischen Revolution die blutsaufenden Jakobiner oder in der Sowjetunion Ende der 1930er Jahre den blindwütigen Stalin'schen Terror als monströses Erbe des bolschewistischen »Kriegskommunismus«.

Es ist purer Terror, der 1232 mit der Veröffentlichung der Bulle Gregors IX. beginnt, mit der er die Inquisition begründet. Peter de Rosa schreibt über diesen Schritt des Papstes: »Die Bischöfe waren zu lasch, und ohnehin fehlte es ihnen an Zeit und Talent, um gründliche Arbeit zu leisten. Ketzer, d. h. alle, die gegen irgendeine päpstliche Verlautbarung waren, waren den weltlichen Behörden zur Verbrennung zu übergeben. Wenn sie bereuten, sollten sie lebenslang ins Gefängnis kommen.«[269]

Ketzer sind in den Augen der Inquisitoren keine Menschen, sondern vom Antichrist okkupierte Marionetten des Teufels. Wenn das kein »ketzerischer« Dualismus ist, der den Leib zum Scheinleib degradiert! Auch dagegen hatte sich Franz von Assisi vehement gewehrt.

Das ist die Situation nicht lange nach Tod und Franz' Heiligsprechung: Er predigte den Frieden, und es herrscht Krieg, er wollte Mitleid, aber in seinem Namen praktiziert man Mitleidlosigkeit schlimmster Art. Er fordert eine arme Kirche – und die Kirche verlangt nach immer mehr Geld zur Vergrößerung ihrer Macht und zur Finanzierung ihrer Expansionspolitik mittels Kreuzzügen.

Zwischen den beiden Polen Papsttum und »Ewiges Evangelium« des Joachim von Fiore vollzieht sich auch die Verketzerung der Spiritualen. Die Kirchengeschichte des 13. und 14 Jahrhunderts ist hier in Gänze nicht das Thema und soll darum nur anhand einiger Beispielen berührt werden, in denen sich auf exemplarische Weise zeigt, was aus Franz' geistigem Erbe in den Händen unterschiedlicher Glaubensparteiungen wird.

Mit der de facto 1231 begründeten Inquisition ist den Laien das Debattieren theologischer Fragen untersagt, gleich ob öffentlich oder privat. »Dagegen sollten alle Gläubigen unter der Strafe der Exkommunikation verpflichtet sein, im Falle eines Verdachts auf Häresie die Betreffenden zu denunzieren. Der Papst führte auch eine Art Sippenhaft für Kinder und Enkel von Häretikern und deren Verteidiger ein: sie wurden zu kirchlichen Ämtern nicht mehr zugelassen.«[270]

Aber nicht nur gegen Christen auf der Suche nach ihrem persönlichen Gott schickte Gregor IX., den Helmut Feld einen der »größten Schreibtisch-Verbrecher der Kirchengeschichte nennt«,[271] die Inquisitoren, auch gegen die Juden. Warum beharren diese im Unglauben?, so fragte der Papst. Und er kam auf ein Buch, das daran vor allem die Schuld trage: den Talmud und viele gelehrte Werke, die sich mit seiner Auslegung beschäftigten. Wie man es mit den Ketzern tat, so auch mit ungelegen kommenden Büchern: auf den Scheiterhaufen damit! Auf Gregor IX. geht die Pariser Talmudverbrennung von 1239 zurück, bei der insgesamt zweiundzwanzig Wagenladungen mit seltenen jüdischen Büchern vernichtet wurden.

Wie jeder sensible Gewaltmensch mit musischen Neigungen, die er aus politischer Raison oft unterdrücken musste, war Gregor IX. ein labiler Charakter. Von seinen depressiven Neigungen – »einer mit Wolken verhangenen Seele« – berichtet schon Thomas von Celano, die Lebensfreude sei ihm immer mehr abhandengekommen, woran auch die von ihm auf seine Art (1230 mit dem Verbot von Franz' *Testament*) betriebene Erbe-Pflege des zum Heiligen gemachten potentiellen Ketzers nichts ändern konnte.

Papst Cölestin V. als Hoffnungsschimmer für die Spiritualen und Bonifaz VIII. als Ende aller Hoffnung

Im 13. Jahrhundert zeigt sich das Papsttum von seiner machtvollen Seite: Vor allem Innozenz III. und Gregor IX. sehen in der Expansion der Kirche ihre Mission, Kreuzzüge und Inquisition sind dabei ihre bevorzugten Instrumente.

Einer aber gehört ganz gewiss nicht zu diesen Machtmenschen auf dem Stuhl Petri: Cölestin V. Er ist der Vorgänger von Bonifaz VIII., von diesem selbst in intriganter Absicht in das Amt des Papstes gedrängt, nur um ihn ebenso schnell wieder aus diesem zu vertreiben und selbst an seine Stelle treten zu können.

Die Szenerie: Als Papst Nikolaus IV. (das ist jener, der die Anwendung von Folter in Inquisitionsprozessen erlaubte!) 1292 starb, konnten sich die Kardinäle auf dem Konklave in Perugia nicht auf einen Nachfolger einigen. Zwei Jahre lang tagte man, aber die Fronten waren zwischen den einflussreichen und die Päpste mit auffallender Häufigkeit stellenden Familien Colonna und Orsini gespalten. Benedikt Gaetani, der zu keinem der beiden Clans gehört, hofft, als Kompromisskandidat gewählt zu werden, aber auch er findet keine Mehrheit. Das Konklave bekommt Post von einem alten Einsiedler, der als Heiliger in einer Höhle in den Abruzzen lebt und bereits zu Lebzeiten vom Volk verehrt wird. Dieser alte Mann namens Petrus von Morone fordert von den Kardinälen mit Nachdruck, der Kirche endlich wieder einen Papst zu geben. Da haben die von langen Sitzungstagen gequälten Kardinäle eine Eingebung: Machen wir doch einfach diesen von allen Gläubigen so verehrten Einsiedler zum Papst! Ein kühner Gedanke, ein verrückter Gedanke, wie Benedikt Gaetani weiß, der den Vorschlag unterstützt – mit Hintergedanken. Mit diesem weltfremden Mystiker als Papst kann es nicht gut gehen – und dann kommt endlich seine Stunde!

Also verlassen die Mitglieder des Konklaves, die in Perugia durch ihre eigene Sturheit zwei Jahre lang festgehalten wurden, die Stadt und machen sich auf den Weg in jene Einsiedelei, in der sich Petrus von Morone in einer selbst gezimmerten Klause aufhält. Kardinal Petrus von Colonna kniet vor dem alten, schmutzigen und in Lumpen gehüllten Mann, der sich von der Masse der in seine Einsiedelei eindringenden Kardinäle verwirrt zeigt, und fragt ihn, ob er die Wahl zum Papst annehmen will. Leider sagt er in diesem Moment nicht Nein, denn dann hätte er sich das Kommende erspart. Aber es ist auch ein Glücksfall, dass er Ja sagt, denn so hat er die Gelegenheit, ein Beispiel zu geben, wie man das Amt des Papstes auch auffassen kann.

Der alte Eremit nennt sich Cölestin V. und wird von seinen Anhängern der »Engelspapst« genannt. Seine Gegner in der Kurie wissen über ihn wenig mehr zu berichten, als dass er vom Amt des Papstes überfordert gewesen sei. Überfordert? Cölestin V. muss man nicht erst erklären, was die in den Evangelien geforderte Pflicht zur Armut bedeutet. Er beginnt, kaum dass er »in den Schuhen des Fischers« steht, sofort damit, das Eigentum der Kirche an Arme und Kranke zu verschenken. Die Kurie sieht es mit Schrecken: ein Bankrotteur an der Spitze der Kirche!

Die Franziskaner hatten sich 1289 mit Raimund Gaufredi einen neuen Ordensgeneral gewählt. Er geht als Erstes selbst auf Visitationsreise – und veranlasst dabei, dass eingesperrte Spiritualen sofort entlassen werden. Er unternimmt diese Reise vor dem Hintergrund des offensichtlichen Niedergangs des Ordens. Der starke geistige Armutsimpuls der Anfänge ist inzwischen in einer juristischen Konstruktion (Nießbrauch statt Eigentum) aufgehoben, die Brüder arbeiten nicht mehr (oder, wenn doch, dann nur die immer weniger werdenden Laien), sondern betteln auf eine Weise, die von der Bevölkerung zunehmend als Plage angesehen wird.

Die Spiritualen im Orden kämpfen gegen den Pragmatismus der sogenannten konventualen Mehrheit an – und Raimund Gaufredi scheint ernsthaft gewillt, die Fragen von Armut und Disziplin wieder in den Mittelpunkt des minoritischen Lebens zu stellen. Dafür gilt es, die Spiritualen, soweit sie keine Fanatiker sind, wieder in den Orden zu integrieren, ohne dessen Einheit noch stärker zu gefährden, als es ohnehin schon der Fall ist. Doch Gaufredi hat als Schutzpatron der Spiritualen einen schweren Stand: »Die Freilassung der Spiritualen in Ancona rief große Unzufriedenheit hervor; man verspottete Raimund als Schutzpatron phantastischer und abergläubischer Männer, und Verschwörungen entstanden, die unaufhörlich weiter wühlten …«[272] Aber nun gibt es ja einen neuen Papst, wie er evangelischer nicht sein könnte! Cölestin V. meidet Rom als eine kranke Stadt und residiert in Neapel. Wenn er eine Reise unternimmt, dann geht er wie die ersten Brüder um Franz von Assisi zu Fuß, oder aber, da er schon alt ist, reitet auf einem Esel. Luxus hält er für eine Verlockung des Teufels. Ihn bittet Gaufredi um Schutz für die verfolgten Spiritualen, die er selbst nicht schützen kann.

Und Cölestin V. nimmt sich der Verfolgten an und bietet ihnen Zuflucht im Orden der Cölestiner-Benediktiner, was jedoch nicht im Sinne der radikalen Minderbrüder ist. Dennoch folgen sie dem Rat des Papstes und beziehen Einsiedeleien, die ihnen der Abt der Cölestiner anweist. So sind sie erst einmal – unter dem Schutze des Papstes stehend – vor Verfolgung bewahrt.

Aber schnell zeigt sich, dass der in politischen Intrigen unerfahrene Cölestin V. sich selbst nicht zu schützen vermag. Denn die Kardinäle sind sich einig: Dieser Papst handelt nicht in ihrem Interesse! Das ist ein Fall für jenen Benedikt Gaetani, der beim Konklave in Perugia nicht zum Zuge kam. Er weiß um die Rolle von Traumgesichten, von Stimmen und Träumen gerade für diesen Mystiker auf dem Papstthron. Also bohrt er heimlich ein Loch in die Wand der Zelle, in der Cölestin schläft, und flüstert nachts durch ein Sprachrohr: »Cölestin, leg dein Amt nieder!« Nach mehreren Nächten ist der alte Eremit, der das Spiel nicht durchschaut, so weit, dass er zurücktritt. Ein billiger, aber wirkungsvoller Trick wie aus dem Szenario eines Horrorfilms.

Aber für Cölestin sollte der wahre Horror erst noch kommen. Denn nach seinem erfolgreichen Coup ergreift Gaetani die Chance, sich nun selbst zum Papst wählen zu lassen – und nennt sich Bonifaz VIII., was so viel wie »der mit dem guten Gesicht« heißt. Doch schnell ist klar: Dieser Papst hat nicht nur kein gutes Gesicht, er kennt auch keinerlei Skrupel. Als Erstes lässt er seinen Amtsvorgänger, den getäuschten Cölestin, verhaften, man weiß ja nie, wer auf den Gedanken kommt, ihn wieder einzusetzen. In einen feuchten Kerker gesperrt, überlebt der alte Mann nicht lange.

Kein halbes Jahr lang war Cölestin V. Papst gewesen – für seine Gegner um Bonifaz VIII. viel zu lange. So werden dann auch alle Erlasse dieses Papstes aufgehoben, sämtliche Schenkungen an Arme sind nichtig, und auch die Spiritualen, die bei den Cölestinern Zuflucht gefunden hatten, spüren wieder die Gefahr, als Häretiker verfolgt zu werden. Auch Ordensgeneral Gaufredi wird seines Amtes enthoben – die Konventualen feiern das als Sieg.

Aber die Familie der Colonna, die mehrere Kardinäle stellt, ist empört über die Art, wie Gaetani sich den Papstthron erobert – und bekämpft diese Wahl.

Bonifaz schlägt mit grausamer Härte zurück, setzt die Colonna-Kardinäle ab, und mehr noch: Tausende Anhänger der Colonnas werden von päpstlichen Truppen niedergemetzelt, die Stadt Palestrina – bis auf die Kathedrale – dem Erdboden gleichgemacht. Aber die Rache dieser mächtigen Familie folgt wenige Jahre später. In Anagni wird Bonifaz überwältigt, gedemütigt und als Gefangener nach Rom transportiert – wo er in geistiger Verwirrung stirbt.

Damit erfüllt sich eine Prophezeiung seines, wenn auch nicht im Politischen, so doch im Menschlichen kundigen Vorgängers Cölestin V., der in einem Gleichnis über die irdische Macht gesagt hatte: »Du bist auf den Thron gesprungen wie ein Fuchs, du wirst herrschen wie ein Löwe, du wirst sterben wie ein Hund.«[273]

Besonders ein Vertreter der Spiritualen ist uns heute noch gegenwärtig: Jacopone von Todi, der Autor des vielfach vertonten *Stabat mater*. Er schrieb bissige Verse auf Bonifaz VIII. Als Palestrina 1298 in den Herrschaftsbereich des Papstes geriet, wurde Jacopone sofort eingekerkert, man spricht von einem dunklen, modrigen Verlies. Der Papst besuchte umgehend seinen persönlichen Gefangenen, um ihn noch weiter zu demütigen. Aber bei diesem zeigt sich jener starke Widerstandsgeist, der die Spiritualen auszeichnet. Bonifaz fragt den Gefangenen sarkastischen Tons, wann er denn aus dem Kerker herauswolle – und der Gemarterte kontert: »Sobald du hineinkommst!«

Taktisch klug ist dieses Verhalten gewiss nicht, aber Jacopone von Todi hat Glück im Unglück, denn ein anderer Papst, Benedikt XI., wird ihn fünf Jahre später freilassen. Auch eine weitere über Jacopone von Todi berichtete Episode wirft ein helles Licht auf den starken Charakter dieses Spiritualen. Eines Tages habe man Jacopone von Todi in das Konsistorium der Kardinäle gebracht mit der Aufforderung, er solle ihnen eine Predigt halten. Er aber habe nur drei Mal den Satz wiederholt: »Ich wundere mich, dass nicht ob eurer Sünden die Erde sich auftut und euch verschlingt.«[274]

Bonifaz VIII. gehört, wie seine Vorgänger Innozenz III. und Gregor IX., in jene lange Reihe von Päpsten, die Thomas Hobbes die Erben des toten Römischen Reiches genannt hat, auf dessen Grab sie nun gekrönt säßen.

Dante war es dann auch, der Bonifaz in seiner *Göttlichen Komödie* im achten Höllenkreis platziert, kopfüber eingeklemmt in eine Felsspalte.

Der Armutsstreit eskaliert

Ketzer und Spiritualen. Die Apostelbrüder Gerhard Segarelli und Fra Dolcino

1260 sollte das Ende der alten Welt sein – die neue Welt bricht an mit einem großen Gericht, und nur jene, die reinen Glaubens sind, werden das dritte Reich des Heiligen Geistes erleben. So die Prophezeiung des Zisterziensers Joachim von Fiore, der die Spiritualen im Franziskanerorden anhingen – und nicht nur sie. Besonders in Oberitalien steigert sich die Weltendehysterie im Volk zu einer neuen Art von Bußbewegung: den Flagellanten. Sie ziehen sich selbst geißelnd als Wanderprediger durch die Lande und verbreiten eine apokalyptische Atmosphäre, die die Kirche immer mehr beunruhigt, denn die nun entstehende Sekte der Apostelbrüder folgt nicht nur Franz von Assisi in seinem radikalen Armutsgebot, sie bekämpft auch die Institution Kirche als Inbegriff der Verweltlichung der Botschaft Jesu Christi. Einige dieser Büßer gehen sogar so weit, die Papstkirche mit dem Furor der Johannes-Apokalypse als babylonische Hure zu beschimpfen und im Papst den Antichristen auf dem Thron Gottes anzuprangern.

Gerhard Segarelli war ein einfacher Handwerker in Parma, der im Angesicht des näher rückenden Jahres 1260 beschloss, Franziskaner zu werden. Aber der Orden nahm ihn nicht auf – zu radikal erschienen seine Armutsvorstellungen. Also begann er, auf seine Weise Franz von Assisi zu folgen. Er verkaufte seinen Besitz und zog als Bußprediger umher, schnell Anhänger vor allem in den unteren Schichten des Volkes findend.

Segarelli steigerte sich in seine Apostelmission so weit hinein, dass er sich in einen weißen Mantel hüllte, Haare und Bart wachsen ließ und sich als jemand verehren ließ, der zu Franz' Geist unmittelbaren Kontakt habe. Auch er war wie Franz von Assisi ein Performancekünstler. So wird von ihm berichtet, dass er die Krippenszene mit sich selbst als Jesus-Baby nachspielte, sich windeln und säugen ließ.

Bereits 1280 wird Segarelli gefangen genommen, verhört und vorerst wieder freigelassen. Die Apostelbrüder werden nicht sofort verboten, nur weitere Mitglieder dürfen sie nicht aufnehmen. Aber der Zulauf hält an – darunter auch immer mehr Frauen. Schließlich verdammt Honorius IV. die Lehren der Apostelbrüder – und damit ist der Weg frei, diesen unliebsamen Prediger und seine Anhänger der Inquisition zu übergeben. 1294 wird er das erste Mal angeklagt, vier seiner Brüder werden auf dem Scheiterhaufen verbrannt, er selbst zu lebenslanger Kerkerhaft verurteilt. Im Jahr 1300 prozessiert der Inquisitor Manfredo di Parma aufs Neue gegen ihn, nun als rückfälligen Ketzer – und als solcher wird auch er bei lebendigem Leibe auf dem Scheiterhaufen verbrannt. Zahlreiche seiner Anhänger erleiden dasselbe Schicksal.

Nun übernimmt Fra Dolcino die Führung der Apostelbrüder. Nach der Hinrichtung Segarellis hat sich die Sekte weiter radikalisiert. Das abstrakte Ideal der Armut verwandelt sich in der Praxis immer mehr in eine Form von Terror. Aus scharfer Kirchenkritik wird offener Hass, und aus Hass legitimiert sich eine Gewaltbereitschaft, die in späteren Zeiten an die RAF oder die Roten Brigaden erinnert.

Diese Partisanen Gottes sind für die Kirche schwer zu bekämpfen, ziehen sie doch als Wanderprediger umher und halten ihre aufrührerischen Reden. Sie finden bei Sympathisanten Unterschlupf und sind, wenn man sie verhaften will, schon längst wieder fort.

Die Dolcinianer scheinen nicht stellbar: Sie haben vielleicht als erste Gruppierung in der abendländischen Geschichte eine Guerillataktik entwickelt, die sie über Jahre zum Unruheherd machen wird. Schließlich ruft die Kurie einen Kreuzzug aus, die Dolcinianer zu vernichten. Aber er misslingt, weil sich Dolcino mit

Hunderten seiner Anhänger in unzugänglichen Bergregionen verschanzt – und bei geschickten Ausfällen Gefangene macht, die die zur Bande mutierende Sekte dann gegen Lebensmittel eintauscht.

Insgesamt vier Kreuzzüge gegen die Dolcinianer werden ausgerufen, wer daran teilnimmt oder Geld für einen Söldner gibt, erhält einen Ablass auf seine Sünden. Gegen derartigen Handel kämpften die Dolcinianer so erbittert.

Aber auch die Spiritualen im Franziskanerorden kämpften dagegen – jedoch nur mit Worten. Entschieden grenzten sie sich von den Dolcinianern ab, wohl wissend, dass jeder gelingende Versuch der Inquisition, sie mit diesen Untergrundkämpfern für das Urchristentum in Verbindung zu bringen, Ketzerei wäre – und damit ihr Ende.

Der Kampf des von Papst Clemens V. eingesetzten Kreuzzugsheers mit den zu allem entschlossenen Dolcinianern wird immer rücksichtsloser geführt. Um die Sekte auszuhungern, untersagt man den Austausch von Gefangenen gegen Lebensmittel. Daraufhin töten die Dolcinianer jeden Kreuzzügler, der ihnen in die Hände fällt. Sie gehen nun dazu über, Dörfer zu überfallen und sich das zum Überleben Notwendige zu rauben.

Im März 1307 gelingt es dem weit überlegenen Kreuzfahrerheer in einem vierten Anlauf, die sich erbittert verteidigenden Dolcinianer zu besiegen (die besonders in der armen Landbevölkerung Oberitaliens immer noch zahlreiche Anhänger finden). Systematisch werden die Verteidiger niedergemacht – nur Dolcino selbst nimmt man lebend gefangen.

Er weigert sich abzuschwören und wird am 1. Juni 1207 auf besonders brutale Weise hingerichtet. Wie, das zeugt vom perversen Einfallsreichtum der Inquisition: »Man setzte ihn auf einen Karren, auf dem sich einige Kohlenfeuer befanden, um die Marterwerkzeuge glühend zu erhalten. Dann wurde er den ganzen langen Sommertag hindurch langsam durch die Straßen gefahren und allmählich mit rotglühenden Zangen in Stücke gerissen.«[275]

Standhaft soll er die Qualen ertragen haben, nur als man ihm die Nase abgerissen habe, sei ein Zittern durch seine Schultern gegangen, und bei der noch grausameren Marter, die dann folgte, habe er nur einige Male geseufzt. Egal ob das wahr ist oder bloße Legende – jedenfalls zieht sich die Inquisition durch derartige Abscheulichkeiten, die sie erdacht hat, aber zur Ausführung der weltlichen Macht übergibt, damit die eigenen Hände nicht vom Blut der Opfer beschmutzt werden, den Hass der Bevölkerung zu.

Man bewundert die Märtyrer, die für ihren Glauben das Leben lassen, während der Klerus mit Machtpolitik und Geldhandel beschäftigt ist. So ziehen nach Dolcinos Tod immer noch Tausende Apostelbrüder durch Frankreich und Italien: Nachschub für die blutsaufende Inquisitionsmaschine.

Die Inquisition, so wird immer deutlicher, ist das Instrument des Klerus gegen eine erstarkende Laienbewegung, die die Institution Kirche offen infrage stellt. Henry Charles Lea hat beschrieben, zu welchen Verheerungen die Verfolgung der Ketzer gerade in Südfrankreich geführt hat, erst der Albigenser, dann auch der Apostelbrüder: »Im zwölften Jahrhundert war Südfrankreich das civilisierteste Land Europas gewesen. Handel und Gewerbe, Kunst und Wissenschaft waren dort ihrer Zeit weit voraus. Die Städte verwalteten sich tatsächlich selbst, waren stolz auf ihren Reichtum und ihre Kraft, eifersüchtig auf ihre Freiheiten bedacht ... Da kamen die Kreuzfahrer ins Land, und was sie noch unvollendet ließen, das wurde von der Inquisition aufgegriffen und grausam zu Ende geführt. Sie ließ ein zugrunde gerichtetes, verarmtes Land zurück, dessen Industrie vernichtet und dessen Handel zerstört war.«[276]

Bonaventura wird Ordensgeneral und unternimmt die Befriedung eines nicht befriedbaren Gegensatzes. Ein fauler Kompromiss?

Bonaventura stirbt 1274 im gleichen Jahr wie Thomas von Aquin. Doch spricht man von diesem und nicht von Bonaventura als Lehrer der Scholastik in ihrer höchsten Blüte. Vielleicht war die Hypothek – das strikte Armutsgebot, das Franz den Brüdern als Vermächtnis hinterlassen hatte – zu schwer, um daraus theologisch-philosophische Funken zu schlagen? Bonaventura verhält sich zu Franz von Assisi wie der spanische Großinquisitor in Dostojewskis *Die Brüder Karamasow,* als der wieder auf die Erde zurückgekehrte Jesus vor ihm steht.

Nun ist Franz nicht wiedergekehrt, aber in Gestalt der Spiritualen lebt sein ursprüngliches Ideal weiter. Dostojewskis Großinquisitor fühlt sich von Jesus »gestört«, man habe sein Werk in der Zwischenzeit »verbessert«, und er will ihn am nächsten Morgen als Ketzer verbrennen lassen. Auch Bonaventura besteht den Spiritualen gegenüber darauf, dass sich der Franziskanerorden in Analogie zum Urchristentum entwickelt und dabei manches zurückgelassen habe, was sich nicht bewährte, wie das absolute Geldverbot oder die Verachtung jeglicher Bildung. Etienne Gilson nimmt diese dialektische Steilvorlage auf, wenn er in seiner Bonaventura-Biographie bekräftigt: »Es lag dem heiligen Bonaventura fern, in dem ständigen Anwachsen der Zahl der Gelehrten und Gebildeten im Orden eine Abfallerscheinung vom ursprünglichen Ideal zu sehen.« Und weiter in Form einer lupenreinen scholastischen Volte: »Die Tatsache des Ordens selbst bildete also in seinen Augen das untrügliche Merkmal, an dem sich Christi Werke erkennen lassen.«[277]

Bonaventura zielte nicht auf eine Trennung von Kirche und Staat wie Wilhelm von Occam und Roger Bacon. Er wollte jenen Status quo von Theologie und Philosophie wiederherstellen – die Philosophie als Dienstmagd der Theologie und damit der Kirche! –, den Franz selbst aufgekündigt hatte.

Geboren worden war Bonaventura als Johannes Fidenza 1221 in der Toskana, dem Orden der Minoriten gehörte er seit 1238 an. Er hatte in Paris studiert und lehrte dort seit 1257 als Doktor der Theologie. Die im Streit um theologische Positionen befangene Pariser Universität blieb in seinem Leben immer ein wesentlicher Bezugspunkt.

Im selben Jahr, 1257, wird er auf einem Generalkapitel in Rom zum Ordensgeneral gewählt. Er bringt ein ganzes Bündel von scholastischen Fragestellungen mit, was die wenigen noch lebenden Weggefährten Franz' von Assisi mit höchstem Widerwillen beobachten. Bonaventura ist ein Ordnungsdenker strenger Observanz – als ärmlichen Wanderprediger kann man ihn sich kaum vorstellen. Das zeigt sich unmittelbar am Umgang mit seinem Vorgänger als Ordensgeneral, Johannes von Parma, ein den Spiritualen nahestehender Minorit. Wegen seiner asketischen Lebensweise besitzt er im Orden eine unbestrittene Autorität – aber er war in Parteienkämpfe geraten, und die Kurie drängte auf seine Absetzung, die dann auf dem Generalkapitel in Rom erfolgte.

Doch damit nicht genug: Umgehend stellt man ihn vor Gericht und verurteilt ihn – unter maßgeblicher Mithilfe des neuen Ordensgenerals Bonaventura – wegen Häresie. Nun ist es allerdings die Kurie in Gestalt von Kardinal Ottoboni (später Hadrian V.), die eingreift und Johannes von Parma vor dem Scheiterhaufen rettet. Dieser zieht sich in die Einsiedelei des symbolträchtigen Greccio zurück, wo er 1289 stirbt.

Mit Bonaventura kommt erstmals ein Vertreter jener zweiten Generation an die Ordensspitze, die Franz nur noch vom Hörensagen kennt. Bonaventura versteht sich bereits fraglos als Teil der Kirche. Er, dessen Selbstverständnis ein theoretisches ist, versucht, die Synthese von Wissen und Glauben aufrechtzuerhalten. Gegen radikale Aristoteles-Lesarten, die auf eine Begründung des autonomen Wissens zielen, stellt er einen über Plotin gelesenen Platon. Damit kommt jene Lichtmetaphysik ins Spiel, die sich bei Bonaventura als Mystik im christologischen Sinne zeigen wird – mit einer detailliert ausgearbeiteten Engelsordnung, die über die »seraphischen« und »cherubinischen« Sphären Ausführliches zu berichten weiß. Mit Bonaventura kehrt jedoch auch ein Bewusstsein der Apokalypse zurück in die Scholastik. Gegen das Übermaß an Logik, die er kritisiert, stellt er den Willen. Dieser wird ihm zur Form des lebendigen Geistes.

Mit Bonaventura treten die Natur, das Individuum und das Sinnliche in die Scholastik ein – jedoch in Form einer ornamental ausufernden Mystik, über die Kurt Flasch schreibt: »Die Seele ist ein Spiegel der Gottheit; hat sie einmal die Umkehr aus der verkehrten Anhänglichkeit ans Sichtbare vollzogen, findet sie in sich das göttliche Licht, das jeden Menschen erleuchtet (Illuminationstheorie der Erkenntnis). Diese Metaphysik des Lichts wurde ebenso wie die Aufmerksamkeit für die Bedeutung des Willens ein Kennzeichen der Franziskanerschule.«[278]

Die Rolle, die Bonaventura als Ordensgeneral spielte, ist oft und heftig kritisiert worden. Denn: Wenn er auch mit dem Anspruch auftrat, die Einheit des von Parteienkämpfen bedrohten Ordens zu erhalten, so tat er dies jedoch als Machtpolitiker und ganz und gar auf Kosten jener spiritualen Kräfte, die sich auf Franz' ursprünglichen Geist beriefen. Das strenge Armutsgebot, das Verbot, Geld auch nur zu berühren, ist für Bonaventura eine Übertreibung der Eiferer im Orden, die es in Franz' Namen zurückzudrängen gelte.

Darum betreibt er einerseits energisch die Angleichung des Franziskanerordens an die alten Mönchsorden – um andererseits mit einer pastoralen Offensive der Krise des Ordens, die unübersehbar geworden ist, zu begegnen. Die Brüder sollen häufiger – und zu festgelegten Zeiten – beten und beichten. Der Ordenshistoriker Heribert Holzapfel drückt sich diplomatisch aus, wenn er über Bonaventura schreibt, er habe sich »auf den Standpunkt des historisch Gewordenen« gestellt.

Dabei geht es nicht zuletzt um die Annahme von Privilegien für den Orden und auch für einzelne Vertreter desselben, etwas, das die Spiritualen unter Berufung auf Franz von Assisi strikt ablehnen: »Überzeugt von der Unmöglichkeit, den Orden auf den Stand der zwanziger Jahre zurückzuführen, machte er nach dieser Richtung nicht den geringsten Versuch, im Gegenteil verteidigte er die Notwendigkeit des Studiums, der Seelsorge, der großen Häuser zum Zwecke der Erziehung, der Exemption und ähnliches, was dem Orden mehr Festigkeit gab. Aber er wollte, dass innerhalb dieses Rahmens Zucht und Ordnung herrsche, dass die Armut der Brüder gewahrt bleibe und die zügellose Freiheit beschränkt werde, welche die einen zum Laxismus, die anderen zur eigenmächtigen Separation führte.«[279]

Hier wird offensichtlich, dass Bonaventura die Quadratur des Kreises will. Eine Reform, die sich den praktischen Gegebenheiten stellt und gleichzeitig im Sinne von Franz' Nachfolge ist, so lautet der Anspruch. Aber die Spiritualen merken sofort, dass sie mit Bonaventura einen unerbittlichen Gegner haben. Denn als eine seiner ersten Amtshandlungen erlaubt er die Annahme von Legaten. Holzapfel, der redliche franziskanische Chronist, nennt dann das, was nun noch folgt, einen »Krebsschaden«, der unendlich viel Unheil über den Orden gebracht habe: »... nämlich die Gewährung von päpstlichen Gnadenerweisen an einzelne Brüder, Häuser oder Provinzen«.[280] Bonaventura legt zudem definitiv fest, die Farbe der Kutten der Brüder sei grau (bislang schwankt sie zwischen schwarz und weiß).

Um in seinen Anordnungen freie Hand zu haben und möglichen Diskussionen aus dem Weg zu gehen, verfügt er zudem, alle früheren Erlasse von Ordensgeneralen seien aufgeboben. Das darf man bereits diktatorisch nennen.

Die Aufnahme von Novizen wird ab sofort von ihren Kenntnissen in Grammatik und Logik abhängig gemacht – womit klar ist, dass Bonaventura nur noch studierte Theologen in den Orden aufnehmen will (die Annäherung an den Predigerorden der Dominikaner wird hier offensichtlich). Und auch eine weitere Konsequenz, die sich daraus gibt, ist von ihm gewollt: Laien, und sei es auch nur zu niederen praktischen Arbeiten in den Häusern, sollen nur noch mit einer besonderen Genehmigung aufgenommen werden dürfen. Für alle, die dieser offensichtlichen Klerikalisierung des Ordens widersprechen, sollen Gefängnisse gebaut werden – der Organisator Bonaventura denkt an alles.

Er sieht die Krise und handelt entschlossen, denn der Orden droht auseinanderzufallen. Einerseits nimmt der Amtsmissbrauch immer weiter zu, das eben noch so hohe Ansehen der Franziskaner beim Volk ist bereits verspielt. Andererseits gibt es extreme Positionen im Orden, die Nachfolge des Franz zu leben, ein Maß an Askese, das für die Mehrheit der Brüder unannehmbar ist, auch weil es tatsächlich weltfremd ist und von einem fanatischen Selbstverständnis zeugt. Wie also aus Laxheit hier und Rigorismus dort eine neue Einheit schaffen?

Als gewiefter Scholastiker und zudem in Paris durch professorale Fußnotenkämpfe akademisch gestählter Ordnungsdenker schreibt Bonaventura nun selbst eine Biographie von Franz, die *Legenda Maior*. Diese ist nicht mehr als eine sich durch überbordende Ausschmückungen auszeichnende Kompilation der vorangegangenen Lebensbeschreibungen. Ins Zentrum stellt er dabei Franz als Wundertäter, der Kranke heilt (aber nicht durch praktische Hilfe, sondern durch göttlichen Geist) und sogar Tote wieder erweckt. Damit ist Franz als »neuer Christus« etabliert – und wird derart überhöht unters Volk gebracht.

Was ihm nicht wenige Brüder besonders übel nehmen, ist, dass er, um zu verhindern, dass man sich in Auseinandersetzungen mit ihm auf die frühen Lebensbeschreibungen von Thomas von Celano oder der drei Gefährten bezieht, diese für ungültig erklärt, wie er es bereits mit Entscheidungen seiner Ordensgeneralvorgänger getan hatte. Er initiiert sogar die Vernichtung aller Exemplare der bisherigen Biographien! Zum Glück überdauern dennoch einige, die in Ordensbibliotheken versteckt worden waren.

Die offizielle Ordensgeschichtsschreibung besteht jedoch darauf, dass Bonaventura vom Generalkapitel beauftragt wurde, eine neue Vita des Ordensgründers zu schreiben, und dass es nicht Bonaventura selbst, sondern wiederum die höchste Versammlung des

Ordens gewesen sei, die 1266 beschlossen habe, nur noch Bonaventuras *Legenda Maior* als gültig anzuerkennen und alle früheren Lebensbeschreibungen zu vernichten. Wenn man sich allerdings daran erinnert, dass es Bonaventura persönlich war (was von niemandem bestritten wird), der verfügte, alle früheren Entscheidungen von Generalministern seien null und nichtig, niemand könne sich mehr darauf berufen, dann weiß man, auf wen ein solch biographisches Monopol letztendlich zurückgeht.

Mit der *Legenda Maior* soll das katholische Franziskus-Bild kanonisiert werden, was auch bedeutet, es jeder sozialrevolutionären Wirksamkeit zu berauben – insbesondere durch die opportunistische Behandlung der heiklen Punkte Geldverbot und arme Kirche. Dass Bonaventura von oben dekretierend in den Streit der verschiedenen Parteien der Brüder eingreift, ist das eine, dass er damit aber keinen wirklichen Beitrag zur Versöhnung im Orden leistet, wie er von sich behauptet, wird die weitere Entwicklung zeigen. Der Effekt dieser Machtanmaßung Bonaventuras jedoch war, dass im Mittelalter nur die *Legenda Maior* verbreitet wurde (auch Giotto kennt nur diese, als er seinen berühmten Freskenzyklus in der Franziskuskirche schuf).

In späteren Jahrhunderten (zum Teil erst im 20. Jahrhundert) tauchten dann in Klosterbibliotheken und Stadtarchiven wieder Exemplare früherer Biographien auf, das Ausmaß der bis zur Verfälschung getriebenen Ausschmückungspraxis Bonaventuras wurde damit offenkundig. Dass Bonaventura es zumindest geschafft hatte, mittels ordnungspolitischer (polizeilicher!) Maßnahmen den Orden zu festigen und seine Stellung der Kurie gegenüber zu verbessern, führte dazu, dass man in ihm auch verstärkt den Konkurrenten sah, den man jedoch nicht unter Häresieverdacht stellen konnte wie seinen Vorgänger Johannes von Parma. So wurde Bonaventura auf der Karriereleiter nach oben gestoßen, dorthin, wo er de facto weniger Einfluss auf die Ordensgeschichte hatte.

Also macht ihn Gregor X. zum Kardinalbischof von Albano und setzt hinzu, dass er eine Weigerung, den Posten anzutreten, nicht anerkennen werde. Es ist höchst unüblich, jemand von der Ordensspitze weg mit einem Bischofsamt zu beladen. Bonaventura fügt sich, nimmt den Posten an, gibt die Ordensleitung jedoch nicht ab. Der Doppelbelastung jedoch zeigt sich seine Gesundheit nicht gewachsen. Auf dem Generalkapitel 1274 in Lyon, das er leitet, stirbt er überraschend.

Ein kurzer autobiographischer Einschub scheint an diese Stelle vielleicht angebracht. 1990, im Jahr nach der Wende und der kurzen Übergangsphase zwischen dem Ende der alten DDR und dem Beitritt zur Bundesrepublik, beendete ich mein Philosophiestudium an der Berliner Humboldt-Universität. Bereits im Jahr zuvor hatte ich eine Jahresarbeit zu den Franziskanern geschrieben, nun folgte meine Diplomarbeit zum Thema »Die Stellung Bonaventuras im Ordo fratrum minorum«. Als ich sie mir fünfundzwanzig Jahre später erneut vornehme, bin ich verblüfft – über mich selbst erstaunt, geradezu verärgert. Warum malte ich hier ein so positives Bild vom Ausgleich zwischen den Parteiungen im Orden, der Bonaventura angeblich gelang? Warum pries ich den Machtmenschen im spirituellen Gewand und nicht jene geistigen Fortsetzer des Franz, die eine strenge Einhaltung des Armutsgebotes verlangten?

Gewiss, Bonaventura war ein hochgebildeter Mystiker (ein Widerspruch in sich!), gilt zumal als der erste Theologe von Rang unter den Franziskanern. In den Augen nicht weniger Brüder blieb er jedoch ein Verräter des urfranziskanischen Anspruchs. Darum auch bewahrten sie – trotz Verbots – die früheren Legenden von Thomas von Celano, den drei Gefährten, die *Legenda Perusina* und weitere Zeugnisse von Franz' Ursprungsideale auf, schützten sie vor der befohlenen Vernichtung.

Hatte Bonaventura mich als ein vermeintlich politischer Realist, der wusste, wie man Institutionen lenkt, fasziniert, weil ich selbst den emphatisch-dilettantischen Bürgerrechtlern der Wendezeit, jenen Dissidenten, die sämtlich politische Amateure waren, wenig zutraute? Oder schlug das Pendel meiner noch jungen geistigen Biographie in dieser Phase der Realsetzung einer so hoff-

Der heilige Bonaventura,
Gemälde, Carlo Crivelli um 1490

nungsvoll begonnenen Reform des DDR-Sozialismus, die mit dem Staatsuntergang endete, aus anderen Gründen so konservativ aus? Ich weiß es nicht, wundere mich aber über meinen offenkundigen Mangel an Utopie gerade in dieser unmittelbaren Nachwende-Zeit, in der sich doch auf vielfältige Weise Neues zeigte.

Aber vielleicht lebt im Befriedungsversuch Bonaventuras – trotz der gescheiterten Synthese der Extreme, die er anstrebte – etwas von der Geschichtsutopie in Joachim von Fiores Drei-Reiche-Lehre fort, nur eben ihrer gegenwartsverleugnenden Spitze beraubt, bei ihm als Lehre von den sieben Zeitaltern?

Die bisher so nicht möglich gewesene Anerkennung der Geschichte als unabgeschlossener Prozess bei Bonaventura ist durchaus bemerkt worden – ebenso wie seine Nähe in diesem Punkt zu den beiden Wortführern der Spiritualen, Petrus Olivi und Ubertinus de Casale, allerdings ohne die apokalyptische Konsequenz, die beide dann später aus der Drei-Reiche-Lehre Joachim von Fiores ziehen sollten: »Es existieren Einbrüche in dieses statische Denken, es existieren intuitive, gleichsam blitzartige Vorstöße eines Denkens, das in unmittelbarer Kommunikation mit biblischem Geschichtserleben steht und den Menschen im Rahmen echter offener Zukunft sieht.«

Diesem aufbrechenden Element steht jedoch ein affirmatives entgegen: »Obwohl Bonaventura konkret geschichtlich dachte – vor allem wegen seiner Nähe zur Schrift –, ist es ihm nicht gelungen, das mittelalterliche, statische Weltbild reflexiv und systematisch zu durchbrechen. Er bleibt – was seine Wissenschaftstheorie angeht – im Rahmen einer Methode, die auf geschichtslose Erkenntnis von Wesenheiten ausgeht.«[281]

Was Bonaventura kultiviert, das ist eine Zahlenmystik, mit der er Betrachtungen wie diese anstellt: »Wenn aber zwölf Anblicke mit zwölf vervielfacht werden, ergibt sich hundertvierundvierzig, das ist die der Stadt Jerusalem.«[282] Diese Zahlenmystik lässt ihn Franz von Assisi als einen Repräsentanten des siebenten Zeitalters ansehen – der seraphischen Sphäre, der höchsten Engelsordnung, die identisch ist mit der Herrschaft des Heiligen Geistes.

Ordenspraktisch übersetzt heißt das, der Franziskanerorden soll sich als seraphischer Orden verstehen, er repräsentiert das siebente Zeitalter, die göttliche Ordnung, die es jedoch erst noch zu errichten gelte. Bonaventura schreibt im *Hexaemeron*: »Welcher jedoch dieser kommende Orden sei, und ob er überhaupt schon da sei, das ist nicht leicht zu wissen ... Dieser Orden wird keine Blüte tragen, außer Christus erscheine in seinem mystischen Leibe.« Das klingt nach jener mystischen Art, die Geschichte in einer Bewegung (hin zu Gott) zu betrachten, die uns heute nur noch wenig sagt.

Deutlicher wird, was hier gemeint wird, jedoch im Folgenden, denn der Schritt von der sechsten Ordnung (der cherubinischen) hin zur siebenten (der seraphischen) bedeutet auch, dass manchmal »ein Laie vollkommener als ein Ordensmann« ist. Das war zwar für Franz von Assisi von Anfang an eine fraglose Tatsache gewesen (er selbst war schließlich auch ein Laie), jedoch war diese Einsicht im Verlaufe der Institutionalisierung in den Hintergrund gerückt und musste nun als Form der Selbstvergewisserung des Ordens in einer Krisensituation neu entdeckt werden – vom scholastischen Ordensgeneral Bonaventura selbst.

Es beginnt die Zeit der Interpretationen, die das Paradox, das im Minderbrüderorden (bis heute) verborgen liegt, als sein Lebensprinzip zu entdecken versuchen. Beachtlich scheint, dass diese Interpretationen immer das utopische Element in sich wachhalten: »Der künftige seraphische Orden ist kein religiöses Institut, aber eine Anzahl individueller Personen, die dem Beispiel des Franziskus folgend aufsteigen von der Spekulation zur Ekstase … Es gibt keine radikale Trennung der zwei Zeitalter, und damit keine radikale Trennung zwischen Franziskus und seinen beiden ›Orden‹. Der Minderbrüderorden ist institutionell, aber wie könnte je der neue Orden institutionell sein, da die Mystik sich nie institutionalisieren lässt.«[283]

Mit Bonaventuras *Legenda Maior* steht Franz von Assisi als Wundertäter vor uns, nicht seine Natur ist es, die mit neuer Kraft Überkommenes überwindet, sondern seine übernatürlichen Fähigkeiten, durch die er sich als Werkzeug Gottes beweist. Franz von Assisi ist bei Bonaventura bereits als jener zweite Jesus verklärt, den es anzubeten gelte. Eine subversive geschichtsbildende Kraft – die die Spiritualen in ihm wissen – existiert in dieser Lesart der Nachfolge des Franz nicht mehr.

Franz von Assisi vervollkommnet mit seinem Auftreten das Bild der katholischen Kirche – so sieht es Bonaventura, der damit die Franziskaner ganz auf klerikale Linie bringt. Die religiöse Laienbewegung, deren geschichtliche Stunde mit Franz von Assisi ein halbes Jahrhundert zuvor gekommen war und die die Besonderheit der Minderbrüdergemeinschaft ausmachte – sie tritt nicht nur in den Hintergrund, sondern hört fast ganz auf zu existieren. Und damit hört der geschichtliche Impuls der *vita activa*, mit der Franz von Assisi das neue Selbstbewusstsein der Städte aufgenommen hatte, ebenfalls auf. Mit der Klerikalisierung der Minderbrüder ist es wieder die alte *vita contemplativa*, die den Geist des Ordens ausmacht, der so von einer Avantgardebewegung zu einer restaurativen Kraft wird.

Das zeigt sich an der Stellung der Arbeit im Orden. Prägte in den Anfängen der Franziskanerbewegung die Hochschätzung der Arbeit die Minoritenbruderschaft, wenn auch unbezahlter Arbeit, nur um der Lebensmittel wegen, so ist man bei Bonaventura wieder bei der klerikalen Geringschätzung der Arbeit angelangt. Kein Wunder, waren die Wanderprediger der Anfangszeit ein mobiles Element, so hatten sich zu Bonaventuras Zeiten die großen Konvente mit einer starren Hierarchie durchgesetzt. Oben standen die Kleriker, die als Einzige noch eine Predigterlaubnis bekommen konnten, sie lebten wieder das feudale Prinzip: Klostearbeit wurde von Dienstleuten übernommen. Die Utopie ist tot?

Aber es gibt Kräfte im Orden, die diese Verklärungsgeschichte mit aller Schärfe bekämpfen, die Bonaventura und den Klerikern nicht Franz' Erbe überlassen wollen. Er ist für sie kein Heiliger zum Anbeten, sondern ein brüderliches Vorbild, dem es im praktischen Leben nachzufolgen gilt – vor allem in seinem strikten Armutsgebot, das er dem Orden als Testament hinterließ.

Diese so schlichte Hochschätzung der evangelischen Armut, das sei an dieser Stelle bemerkt, wird in der katholischen Kirche bis heute immer noch einer scholastischen Nebelwerferei ausgesetzt, die der simplen Tatsache, dass Franz von Assisi das Geld als Unrat ablehnte, also die Armut auch als eine soziale begriff, einen verunklarenden Wust von Metaphern entgegensetzt. Diese klerikale Position kann man heute etwa bei Joachim Kardinal Meisner finden, der das Erbe Bonaventuras und jener Inquisitoren (auch der franziskanischen) hochhält, die mit selbiger Rhetorik die franziskanischen Spiritualen zu Ketzern erklärten: »Die Ersten, die Jesus in seiner Bergpredigt seligpreist, sind die Armen. ›Selig, die arm sind vor Gott; denn ihnen gehört das Himmelreich‹ (Mt 5,3), so formuliert es die Einheitsübersetzung. Diese Fassung vermeidet das Missverständnis, schon der Mangel an materiellem Reichtum sei ein christliches Kriterium für die Seligkeit.«[284] Meisner möchte Armut gern mit Demut gleichsetzen – seit Jahrhunderten eine sehr kirchenkonforme Haltung, während dagegen Hochschätzung der Armut im Sinne des Wortes, als Abwesenheit von Besitz also, ein revoltierendes – um nicht gleich von einer Revolution zu sprechen – Moment in sich trägt, das alles andere als demütig ist: selbstbewusst die eigene geschichtliche Rolle begreifend, Künder eines neuen, erst noch kommenden Reiches zu sein.

Dieses Unruheelement, das auf soziale Veränderung drängt, muss einem nicht gefallen, nur sollte man sich dann weder auf Jesus noch auf Franz von Assisi berufen. Der Stachel der Utopie einer armen Kirche ist – trotz all der theologisierenden Befriedungsversuche von Bonaventura bis Joachim Kardinal Meisner – in einer Welt, in der die sozialen und damit auch ökologischen, auch kulturellen, auch seelischen Verwerfungen immer mehr zu- anstatt abnehmen, ein drängendes Thema nicht nur für das Selbstverständnis von Christen, sondern eines jedes Menschen.

Auch darum ist die aktuelle Position von Papst Franziskus zur Frage von Reichtum und Armut in dieser Welt, auf die wir im Schlusskapitel im Zusammenhang mit der lateinamerikanischen Befreiungstheologie noch eingehen werden, so bemerkenswert – sie ist überaus klar und unmissverständlich.

Die mörderische Frage, wie eng und wie kurz eine Kutte sein darf. Und vor allem: Wem gehört sie?

Der Streit um den wahren ursprünglichen Geist der Franziskaner wirkt mitunter halsstarrig. Einige Spiritualen versuchen noch franziskanischer in Sachen Armut und Askese zu sein als Franz von Assisi selbst. Offenkundig ist ihre Unfähigkeit zu jeder Art von gesundem Menschenverstand, zu dem auch gehört, dass man zu Pragmatismus fähig ist, weil der Mensch nun mal nicht aus Prinzipien, sondern aus Fleisch und Blut gemacht ist.

Eine solche Übersteigerung spielt sich ausgerechnet in dem Moment ab, da 1316 Michael von Cesena zum Ordensgeneral gewählt wird. Die Spiritualen sehen in ihm einen der Ihren, denn er ist in Fragen nach der Einhaltung der Ordensregel streng. Jedoch ist auch sein Ziel die Bewahrung der Einheit des Ordens, der in verschiedene Parteiungen zu zerfallen droht. Keine drei Monate nach seiner Wahl erlässt er einige Verordnungen, die eher Geringfügigkeiten im Alltag der Brüder zu betreffen scheinen. Es geht darum, die Laxheit in Bezug auf die Ordenskleidung zu beseitigen und zudem die Hauswirtschaft in den Niederlassungen zu regeln. Er erinnert die Brüder an das strikte Verbot, Geld anzunehmen und jedwede Art Handel zu treiben. Die Gebäude, die gebaut werden, dürfen keinen repräsentativen Charakter besitzen, die Nahrung der Brüder soll einfach sein. Aber schnell muss Cesena feststellen, dass dies alles andere als Geringfügigkeiten sind.

Die Spiritualen stören sich vor allem an zwei Dingen: Die Erlaubnis, in den Niederlassungen einen bestimmten Vorrat an Korn, Öl und Wein anzulegen, ist in ihren Augen gegen die Regel. Die Spiritualen hatten zudem an der Ordenskleidung kleine Veränderungen vorgenommen, um sich gegenseitig zu erkennen. Eigentlich ist ihr Ordenskleid das gleiche wie das der anderen Franziskaner, jedoch schneidern sie es bewusst enger und kürzer und immer aus dem billigsten und gröbsten Stoff. Und noch etwas unterscheidet sie von den anderen: Die Kapuze ist etwas schmaler geschnitten. Keine große Sache, aber derartige Extras sollen dennoch künftig unterbleiben, so entscheidet der neue Ordensgeneral und erlässt verbindliche Maße für alle.

Was für ein Aufschrei erfolgt nun! Das Kleid sei nicht bloß ein Kleid, sondern tiefster Ausdruck ihrer Gläubigkeit, geben die abweichlerischen Spiritualen dem Ordensgeneral zur Antwort – und auch, dass sie in diesem Punkt niemals Gehorsam leisten könnten. Der Präzedenzfall ist da. Die Spiritualen sagen, sie werden sich seinen Anordnungen nicht beugen – und nun?

Die Spiritualen merken nicht, dass sie einer Marginalie wegen mit dem Feuer spielen. Sie beschließen, beim neu gewählten Papst Johann XXII. Berufung gegen Cesenas Anordnung einzulegen. Man müsse den Papst nur richtig über die Bedeutung der Besonderheiten ihres Kleides aufklären, dann werde er ihnen gewiss im Streit mit Cesena, der bereits seine Autorität bedroht sieht, beistehen. Also schreiben sie einen Brief an Johann XXII., der von sechzig Spiritualen-Brüdern unterzeichnet wird.

Johann XXII., der diese ungewöhnliche Post erhält – wir sind mitten in Zeiten der Inquisition –, reagiert scharf: Er bestellt die Brüder bei Strafe der sofortigen Exkommunikation innerhalb von zehn Tagen zu sich nach Avignon. Dort erscheinen sie dann, vierundsiebzig an der Zahl, zu Fuß, aber doch pünktlich. Sie wohnen nicht im Franziskanerkloster vor Ort, sondern kampieren im Freien auf einem Platz vor dem Gebäude.

An der Spitze der Spiritualen steht Bernard Délicieux, ein geschickter Rhetor, der sich nicht davor fürchtet, die Kleiderangelegenheit auch vor dem Papst zu vertreten. Als sie dann vorgelassen werden und ihr Fall zur Verhandlung kommt, merken die Ankömmlinge jedoch schnell, dass hier ein Schauprozess stattfindet, in dem sie öffentlich gedemütigt und abgestraft werden sollen. Vorzuwerfen ist ihnen wenig, aber das wenige wiegt schwer: Behinderung der Inquisition! Kaum ist dieser Vorwurf ausgesprochen, wird Délicieux verhaftet.

Mehrere der Brüder treten nun als Verteidiger auf – der Reihe nach werden auch sie verhaftet und in Ketten gelegt, denn hier wird nicht Recht gesprochen, sondern Macht demonstriert! Als Letzter in der Reihe wagt Gottfried von Cornone, als Verteidiger von Bernard Délicieux aufzutreten. Aber der soeben erst in sein Amt gewählte Papst Johann XXII. unterbricht ihn sofort: »›Wir wundern uns sehr, dass ihr die strenge Beobachtung der Regel fordert und doch fünf Gewänder tragt‹, worauf Gottfried erwiderte: ›Heiliger Vater, Ihr seid falsch unterrichtet; denn unbeschadet der Verehrung, die ich Euch schuldig bin, ist es nicht wahr, dass ich fünf Gewänder trage.‹ Erregt antwortete Johann: ›So lügen wir also!‹ und ließ Gottfried festsetzen, bis man ermittelt hätte, wie viel Gewänder er trage. Nun erkannten die erschreckten Brüder, dass ihre Sache schon im Voraus entschieden sei; sie fielen auf die Knie und riefen: ›Heiliger Vater! Gerechtigkeit! Gerechtigkeit!‹ Der Papst ließ sie alle in das Franziskanerkloster führen und dort bewachen, bis er bestimmt habe, was mit ihnen geschehen solle.«[285]

Das Inquisitionsverfahren gegen sie wird sofort eröffnet – ein Franziskaner-Konventuale, Bruder Michael Monachi, ist der Inquisitor. Ein Großteil der Spiritualen unterwirft sich nun und wird mit Strafen belegt. Aber fünfundzwanzig der Brüder verweigern die Unterwerfung. Der Papst erlässt derweil eine Bulle, in der er erklärt, welcher Art Kleidung die Brüder zu tragen hätten, sei allein die Entscheidung des Ordensgenerals, seinem Befehl habe sich jeder der Brüder bedingungslos zu unterwerfen.

Wer sich jetzt noch dagegen sperrt, der wird exkommuniziert, weil er sich der Bulle des Papstes widersetzt. Der Inquisitor befindet auf offenen Ungehorsam! Weitere der Brüder unterwerfen sich, um dem Schlimmsten zu entgehen. Aber vier bleiben standhaft, oder auch stur – das hängt von der Perspektive ab. Henry Charles Lea konstatiert zur Haltung des Papstes: »Noch vor Ablauf des ersten Jahres seines Pontifikates war es also Johann XXII. gelungen, eine neue Ketzerei zu schaffen, die darin bestand, dass man für Franziskaner das Tragen loser Gewänder und den Besitz von Kornspeichern und Weinkellern als unerlaubt erklärte.«[286]

Den vier übrig gebliebenen Beschuldigten droht nun der Tod. Aber die heilige Armut ist ihnen etwas, das nicht verhandelbar ist, und sei es Kleinigkeiten an ihren Kutten betreffend – lieber werden sie zu Märtyrern! Und so verurteilt ein franziskanischer Inquisitor diese vier Franziskaner zum Feuertod! 1318 werden sie der weltlichen Gerichtsbarkeit zur Aburteilung übergeben (die Kirche will sich nicht mit Exekutionen befassen) und auf dem Scheiterhaufen verbrannt. Die Inquisitionsmaschine kommt immer mehr in Fahrt, und immer häufiger greift sie innerhalb der Kirche zu – und verurteilt Kritiker und Abweichler als Ketzer zum Scheiterhaufen. Bruder Feuer, den Franz so liebevoll in seiner Gefährlichkeit respektierte, verwandelt sich in einen Dämon, der Menschen frisst.

Doch ist es nur Franz' Nachfolge, die die Spiritualen so unwillig – oder unfähig – zu jederart von Kompromiss macht? Nein, es steckt eine tiefe apokalyptische Überzeugung dahinter – und diese gründet auf Joachim von Fiores *Ewigem Evangelium,* das den Untergang der alten Welt und den Anbruch des dritten Reichs des Heiligen Geistes erwartet. Ursprünglich für das Jahr 1260 verkündet, wurde sein Anbruch in immer neuen Berechnungen als kurz bevorstehend prophezeit. Die Märtyrer, die sich für ihre unerschütterliche Haltung verbrennen lassen, sehen sich als die Ersten, die in dieses Zeitalter eintreten.

Und Bernard Délicieux? Bei den Verhören durch die Inquisition gilt er bereits als Ketzer. Denn der Papst hatte ihn exkommuniziert, und jeder, der sich länger als ein Jahr in diesem Zustand befindet, gilt automatisch als Ketzer. So auch Délicieux. Er wird mehrfach gefoltert und unter unerträglichen Bedingungen gefangen gehalten. Dann ergibt er sich dem Gericht und bittet um Absolution. Wieder ein Triumph für die Inquisitoren!

In der Folge wird ihm die Priesterweihe aberkannt, er wird lebenslang bei Wasser und Brot im Inquisitionsgefängnis Carcassonne eingekerkert. Natürlich ist unter dieser Bedingungen lebenslänglich dann nicht sehr lange. 1320, nach wenigen Monaten im Kerker, stirbt dieser Spirituale, der furchtlos genug gewesen war, dem Papst und der Inquisition entgegenzutreten.

Der zweite in Avignon residierende Papst:
Johann[es] XXII.

Der Streit um die Armut, der bereits über hundert Jahre im Orden schwelt, beginnt nun zu eskalieren. Johann XXII. hat beschlossen, alle Kompromisse aufzukündigen, die den Spiritualen eine Existenz im Orden möglich machten. Der Papst geht in die Offensive und erklärt die Frage der Armut zum Thema einer Debatte zwischen Orden und Klerus. Er will eine Entscheidung – und eine solche hat weitreichende Folgen für die Spiritualen.

Umberto Eco lässt seinen Roman *Der Name der Rose* mitten in dieser Szenerie des Jahres 1327 spielen. Da treten sie dann auch auf, teilweise sogar unter ihrem echten Namen wie der legendäre Kopf der Spiritualen Ubertinus de Casale oder der Inquisitor Bernard Gui. Die Hauptfigur William von Baskerville scheint das Alter Ego Wilhelm von Occams, über den noch zu reden sein wird. Die Verfolgung der Dolcinianer ist keineswegs vergessen, sie schwebt als

Drohung immer noch über den Franziskanern – zumal im Roman zwei Mönche des Ordens frühere Dolcinianer sind, die sich versteckt halten. Liest man diesen Roman, in dem es um eine fiktive Kriminalgeschichte im mittelalterlichen Klosterkolorit geht, ist man erstaunt, wie präzise Eco viele Seiten lang die Diskussionen um die Armutsfrage so darstellt, wie sie im frühen 14. Jahrhundert tatsächlich geführt wurden.

Vor dem Hintergrund der Radikalisierung der Armutsfrage bei den Dolcinianern geraten auch die Spiritualen im Orden immer mehr in Gefahr, als Häretiker behandelt zu werden. Eco lässt darum auch den Novizen Adson auf die graue Eminenz der Franziskaner-Spiritualen, Ubertinus de Casale, treffen, der im Ruf steht, ein Anhänger nicht nur Franz' von Assisi, sondern auch Joachim von Fiores zu sein. Und doch ist er bislang wegen seiner Gelehrsamkeit und seines diplomatischen Geschicks einer Verurteilung als Häretiker entgangen. Anfangs war sogar der neue Papst Johann XXII., der ihn vorgeladen hatte, mit seinen Ausführungen zur Armutsfrage einverstanden gewesen. Aber der Streit spitzt sich zu, die Drohung der Häresie schwebt nicht nur im Roman über den Köpfen derer, die sich hier in winterlicher Klosterszenerie zum großen Armutsdisput versammeln, sondern auch ganz real in der Geschichte von Ordensgeneral Michael von Cesena und Ubertinus de Casale.

Dem vom Novizen Adson befragten Ubertinus de Casale legt Eco folgende Worte in den Mund, die den Nerv des Unterschieds zwischen den Spiritualen und den Dolcinianern berühren: »Du kannst dich nicht straflos am Eigentum guter Christen vergreifen, die guten Christen werden dich sonst als Räuber bezeichnen.«[287]

Das ist der entscheidende Punkt: Die Spiritualen lehnen das Eigentum für sich ab, sie wollen auch keinerlei Privilegien vom Papst. Die Dolcinianer aber haben sich bereits derart zu einer Bewegung auf der Grenze zwischen radikaler Sekte, krimineller Bande und sozialrevolutionärer Bewegung radikalisiert, dass sie sich als von Gott beauftragt verstehen, den Reichen ihren Besitz wegzunehmen, Kirchen zu verwüsten und kirchliche Würdenträger zu töten. Die Dolcinianer – aufgrund der Verfolgung, der sie über lange Zeit ausgesetzt sind – scheinen am Ende bloß noch vom Hass auf alles Irdische getrieben, ihrem Auserwähltheitsglauben sind Menschenleben völlig egal. Der Entwicklung dieses Gedankens wohnen wir in Form eines aufklärerischen Dialogs bei. Die diesem zugrunde liegende Dialektik von Mittel und Zweck berührt die Geschichte in dem, was sie in ihrem Innersten zusammenhält. Aus dem Munde von Ubertinus de Casale, wie ihn Eco sprechen lässt: »Es ist in der Tat eine überaus schlimme Geschichte, denn sie lehrt … ja, und darum muss man sie wohl erfahren, um eine nützliche Lehre aus ihr zu ziehen … sie lehrt, sagte ich, wie aus der Liebe zur Buße und aus dem Verlangen, die Welt vom Übel zu säubern, Bluttaten und Vernichtung hervorgehen können.«[288]

Wie weit ist es von der legitimen Auslegung des Glaubens für das eigene Leben, samt der Ablehnung, ein Besitzender zu werden, bis zum Angriff auf das Eigentum anderer? Offenbar nicht sehr weit. Es ist nicht weniger als der kleine Unterschied um alles: der von dem gefährlichen Gedanken, der notwendig ist, zur gefährlichen Tat, die nicht nur jeden Gedanken wieder zerstört, sondern auch das Gegenteil des von diesem Intendierten ins Werk setzt. Eco weiß es, und er ist sich sicher, dass auch Ubertinus de Casale es weiß, wenn er ihn sagen lässt: »Man darf die Ordnung der Dinge nicht ändern, auch wenn man glühend auf ihre Veränderung hoffen muss.«[289]

Der Engel des sechsten Siegels. Die Apokalypse im Selbstverständnis der Spiritualen um Petrus Olivi

Die Drei-Reiche-Lehre Joachim von Fiores rumort. Weltende und Weltaufgang sind immer präsent. Wir sind nur Pilger auf dieser dem Untergang geweihten Erde, wir müssen uns reinigen, bereitmachen für den Anbruch des Zeitalters des Heiligen Geistes. Von dieser unruhevollen Endzeitatmosphäre sind die Spiritualen im Franziskanerorden erfasst, ihr ordnen sie alles andere unter.

Bereits Bonaventura hatte sich der Drei-Reiche-Lehre Joachim von Fiores bedient, jedoch auf eine Weise, die es offenkundig vermeidet, mittels einer radikalen geistkirchlichen Position die Kirche selbst als verderbt, als »Hure Babylons« darzustellen, wie es die Spiritualen tun werden. Auch er spricht von den sieben Perioden, die er in Engelsordnungen übersetzt. Auch für ihn ist Franz von Assisi ein Engel, der den Übergang von der sechsten (cherubinischen) zur siebenten (seraphinischen) Engelssphäre repräsentiert. Dennoch ist es das Ziel der Argumentation Bonaventuras, die Stufen der Heiligung Franz' von Assisi darzulegen. Er verfolgt nicht das Ziel der Kritik an einer verderbten Gegenwart aus der Perspektive einer radikalen Geistkirche. Diese Position jedoch nehmen die Spiritualen Petrus Olivi, Ubertinus de Casale und Angelus Clarenus in ihrer Lesart Joachim von Fiores ein. Wer eine unmittelbar mystische Beziehung zum göttlichen Geist pflegt, so die Konsequenz dieser spiritualen Position, der bedarf einer äußeren Vermittlungsinstitution wie der Kirche nicht nur nicht, sondern der sieht in diesem rein weltlichen Prinzip der Machtsicherung den Antichrist am Werk. Das ist dann genau jene Position, die die von der Inquisition verfolgten Ketzer vertraten.

Sind auch die Spiritualen Ketzer? Zumindest leben sie gefährlich. Hatte noch Bonaventura Mitte des 13. Jahrhunderts versucht, mittels seiner Auslegung des Wunders der Stigmatisierung auf dem Monte Alverno Franz von Assisi an die Seite Jesu Christi zu stellen, beider Mission in der Geschichte der Kirche ihre Vollendung finden zu lassen, liest sich die Metapher des göttlichen Siegels bei Petrus Olivi anders: »Gewöhnlich benutzen die Könige oder Herren, wenn sie etwas siegeln, Wachs, ein Siegel oder einen Ring, und Tinte, wenn sie auf Papier schreiben. Hier aber stand an Stelle des Wachses das Fleisch des heiligen Franziskus, an Stelle der Tinte das hervor strömende Blut und an Stelle des Papiers standen die Hände, Füße und die Seite des heiligen Franziskus, auf die Christus seinen Namen schrieb.«[290] Christus also schrieb seinen Namen dem Leib des Franz ein!

Paul Bösch hat in seinem Buch *Franz von Assisi – neuer Christus* über die Verklärungsgeschichte nachgedacht, die sich mit der Legende von der Stigmatisierung Franz' von Assisi verband. Sein Fazit lautet, dass keine zwei Generationen nach Franz' Tod sich in dieser Frage zwei Positionen im Orden gegenüberstehen – und dies folgenreich ist für das Selbstverständnis der Franziskaner.

Ist für Bonaventura die Ausbildung der Wundmale Christi ein Ausweis der Heiligung Franz' von Assisi, so scheinen die Schlussfolgerungen der Spiritualen um Olivi, Casale und Clarenus weitaus gefährlicher. Olivi spricht es aus: »Offenkundig ist er selbst (Franziskus) der Engel der Öffnung des sechsten Siegels mit dem Zeichen des lebendigen Gottes, dem Zeichen nämlich der Wunden des gekreuzigten Christus.«[291] Damit wird, wie Bösch feststellt, Franz von Assisi zum apokalyptischen Engel! »Franziskus ist nun Anführer, nicht mehr bloß Bannerträger.«[292] So kommt eine sozialrevolutionäre Dimension ins Spiel. Der geschichtliche Raum erweist sich als nach vorn hin offen – hier wird um Zukunft gestritten!

Warum ist nun der Streit um die Deutung der Drei-Reiche-Lehre Joachim von Fiores für die Armutsauffassung der Spiritualen so entscheidend? Franz von Assisi ist für die Spiritualen der neue Jesus. Wie dieser wird er auferstehen. Paul Bösch über diese Identifizierung von Jesus mit Franz von Assisi, von Evangelium und Ordensregel: »Die franziskanische Regel, die als Anleitung zur völligen Armut und Besitzlosigkeit verstanden wird, ist für Olivi ›jene eigentlich evangelische, die Christus in seiner eigenen Person gehalten und den Aposteln auferlegt hat und in seinen Evangelien schriftlichen Ausdruck finden ließ.‹«[293] Damit ist der Gegensatz zur Amtskirche ebenso wie zu einem sich institutionalisierenden Orden der Minderbrüder (für die Spiritualen ein Widerspruch in sich) deutlich gemacht. Die ihre Pfründen ebenso wie ihre Dogmen hütende Kirche fühlt sich von den Spiritualen bedrängt, geradezu bedroht. Aber auch die Spiritualen haben Grund zur Sorge, denn die

Kirche greift zu ihrem im Kampf gegen die Ketzer effektivsten Instrument: der Inquisition.

Das bekommen dann die sich ebenfalls auf Joachim von Fiore in der Lesart Petrus Olivis berufenden Apostelbrüder zu spüren, die wie Franz von Assisi ein Wanderpredigerdasein in völliger Armut führen wollen – aber verketzert werden. Der Armutsstreit offenbart eine spirituale Dimension und wird im 13. und 14. Jahrhundert keineswegs bloß theoretisch geführt – er erweist sich als lebensgefährlich.

Das Christentum als Religion vormaliger Sklaven trat an mit einer starken sozialen Botschaft: »Es ist leichter, dass ein Kamel durch ein Nadelöhr gehe, denn dass ein Reicher ins Reich Gottes kommt« (Mt 19,24). Die Sklaven waren in der Antike »sprechende Werkzeuge«, sie erarbeiteten den Reichtum der freien Bürger, die ihre Zeit mit Müßiggang, Krieg, Kunst, Sport oder auch Wissenschaften verbrachten. Körperliche Arbeit war diesen Bürgern jedoch etwas Niedriges, mit dem man sich nicht beschmutzen dürfe. Ein »Fluch« geradezu, etwas, das den Menschen abstumpft und zugrunde richtet – nur jenseits dieser Sphäre liege das Schöne, das den Menschen veredelte und ihn zum genießenden Wesen mache. Aaron J. Gurjewitsch schreibt dazu: »Das Christentum, welches das Prinzip ›wer nicht arbeitet, soll auch nicht essen‹ verkündete, brach radikal mit diesen Einstellungen der klassischen Antike. In einer Gesellschaft der Kleinproduzenten konnte die Arbeit nicht als schmachvolle Beschäftigung gelten. In der Arbeit begann man den Normalzustand des Menschen zu sehen.«[294]

Diese »Umwertung des Begriffs der Arbeit« vom Negativen hin zum Positiven führt – nicht nur als Mittel der Mäßigung jener Laster, die aus ungeregeltem Müßiggang erwachsen – zu einer neuen Qualität, die die Gesellschaft Schritt für Schritt durchdringt. Die Menschen bekommen nach und nach Berufe, die ihnen ihren Platz in der sozialen Hierarchie geben. »Die Würde der Arbeitstätigkeit zu erklären war ein Bestandteil der allgemeinen Tendenz zur Entwicklung des menschlichen standesgebundenen Selbstbewusstseins. Jedoch blieb diese Erhöhung der gesellschaftlichen Bewertung der Arbeit bis zum Ende des Mittelalters nicht mehr als eine Tendenz. Ihre völlige Rehabilitierung konnte die Arbeit unter feudalen Bedingungen nicht erlangen.«[295]

Die Stellung zur Arbeit als Ausdruck der *vita activa* wurde – in Bezug auf die *vita contemplativa* – zum immer stärker ins Auge fallenden Problem, gerade auch für die Franziskaner. Maß und Form von Tätigkeit müssen im Selbstverständnis der Brüder im 13. und 14. Jahrhundert – angesichts der prosperierenden Städte – auf eine Weise neu bestimmt werden, die über das »ora et labora« der Benediktiner hinausgeht, denn die Sphäre der Arbeit ist längst nichts mehr, was sich innerhalb des klösterlich kreisenden Tagesablaufs erklären lässt. Die Zisterzienser waren die Ersten, die im 12. Jahrhundert mittels Arbeit expandierten. Sie gewannen Neuland durch Rodungen, schufen ganze Wirtschaftskomplexe an Orten, wo bis dahin nur Wald war.

Die sozialutopische Kraft des Christentums beruht von Anfang an auf der Hochschätzung sowohl der Armut als auch der Arbeit. Beides hatte das Leben der vormaligen Sklaven, die sich vor allem in den urchristlichen Gemeinden sammelten, bestimmt. Das frühe Mittelalter hindurch schwelte der Konflikt – wessen Geist sollte die Kirche nun nachfolgen, dem der entrechteten, eigentumslosen vormaligen Sklaven oder dem der reichen Bürger und feudalen Herren?

Grund dafür, dass dieser Widerspruch sich lange Zeit nicht zuspitzte, war das geringe Entwicklungstempo der Produktivkräfte: Die landwirtschaftliche Kleinwirtschaft bildete die ökonomische Basis der Feudalgesellschaft, und diese blieb weitgehend statisch, was zu einem kontemplativen Selbstverständnis des Christentums und auch solcher Orden wie der Benediktiner führte. Beten und arbeiten, das könnte zur irrigen Vermutung führen, die Arbeit hätte bei den Benediktinern – neben dem Beten – eine zentrale Rolle gespielt. Aber Arbeit wird hier rein spirituell aufgefasst, als – geradezu therapeutisches – Gegengewicht zum bloßen Müßiggang, der als schädlich für das seelische Gleichgewicht der Mönche erkannt worden war. Die Arbeit also war Teil des kontemplativen monastischen Lebens, nicht der Bruch mit ihm: Hausarbeit, Gartenarbeit und andere für die Selbstversorgung der Klöster notwendigen Tätigkeiten gehörten zum Tagesablauf.

Eine neue Situation entstand erst im 12. Jahrhundert mit dem Erstarken der Städte, ihres Bürgertums und der Ausweitung des Handels (und damit dem Entstehen der Geldwirtschaft). Plötzlich beschleunigte sich die Zeit, die Vorstellung, dass Zeit Geld ist, drang ins Bewusstsein der neuen Produzenten. Man musste schneller und preiswerter als die Konkurrenz produzieren, dieses Selbstverständnis war nun plötzlich eine notwendige Bedingung jeder Geschäftsneugründung geworden.

Auf der Basis der *vita activa* entwickelt sich der Franziskanismus sowohl als Ausdruck als auch als Kritik dieser neuen Geldwirtschaft, die schnell immer mehr Opfer fordert: Verlierer dieser technischen Entwicklung sind Kranke und Bettler, die an den Rand der Gesellschaft gedrängt werden. Mit diesen galt es – im Namen Jesu – solidarisch zu sein. Das war der Ausgangspunkt für Franz von Assisi.

Mit der neuen Arbeitsethik wurde auch der soziale Gegensatz von Arm und Reich auf eine bislang im Mittelalter unbekannte Weise zum Thema – und auch sehr schnell zum spirituellen Kampfplatz. Dmitri Mereschkowski wendet sich in seiner Franz-Biographie auch deshalb den Fragen Arbeit, Eigentum und Armut zu, weil er selbst – als russischer symbolistischer Autor aus dem Umfeld der Slawophilen – unter dem Eindruck der Oktoberrevolution steht. »›Ich will, dass alle Brüder ohne Unterlass arbeiten und den Verdienst der Gemeinschaft (der Kommune) abliefern‹, sagt Franz; dasselbe – anscheinend dasselbe – könnte auch ein ehrlicher Kommunist unserer Tage sagen, er brauchte nur das Wort ›Brüder‹ durch das Wort ›Genossen‹ zu ersetzen; und sogar tun könnte er dasselbe, anscheinend dasselbe, ja es wäre sogar ›antipodisch entgegengesetzt‹ dem, was Franz hiermit meint und tut; jener nimmt es anderen weg und behält es für sich, dieser aber nimmt es sich selbst weg, um es anderen zu geben …«

Mereschkowski hat offenbar den Anarchismus aus Stirners *Der Einzige und sein Eigentum* vor Augen, wenn er Franz von Assisi charakterisiert: »›Ich will nicht stehlen, wenn ich aber das, was ich habe, nicht einem Ärmeren gäbe, wäre ich ein Dieb‹, antwortet Franz einem der Brüder, als dieser ihn beschwört, in der Winterkälte doch nicht sein letztes warmes Kleidungsstück einem halbnackten Bettler zu geben. ›Ich will nicht stehlen‹, das bedeutet nichts anderes als: ›Eigentum ist Diebstahl.‹ Das sagt der der heilige Franziskus.«[296]

Besaß Jesus Eigentum?

Die Argumente dieses Armutsstreits, der die ganze katholische Kirche erfasst, werden in einem Kapitel von *Der Name der Rose* detailliert geschildert. Hier ist nichts erfunden von den Argumenten, die damals aufeinandertrafen – und den tiefen Riss bloßlegten, der durch die Kirche ging. Erstaunlicherweise zeigte sich der Franziskaner-Orden in diesem Moment von einer seltenen Geschlossenheit – was aber den dann folgenden Riss, der sich auch bald äußerlich durch ihn ziehen sollte, noch mehr provozierte.

Henry Charles Lea spricht in seiner über zweitausendseitigen *Geschichte der Inquisition*, die immer wieder auf die Franziskanerspiritualen und die Armutsfrage zurückkommt, von einer bei diesen »allmählich zu einem Fetisch gewordenen Armut«.[297] Fetisch ist wohl das falsche Wort. Ein dauernder Stein des Anstoßes jedoch ist diese Frage gewiss. Jeder der Päpste des 13. und 14. Jahrhunderts muss sich zu dieser Frage erklären – und sie tun das auf sehr verschiedene, mitunter sogar gegensätzliche Art und Weise.

Johann XXII. geht das Thema mit unerbittlicher Logik an – trifft seinen schwachen Punkt, ein bemühtes Konstrukt zu sein, das jedoch bislang garantierte, dass die Verteidiger der radikalen Armut in der Kirche integriert blieben. Jener Modus des Nießbrauchs der Franziskaner an den eigentlich ihnen gehörigen Grundstücken und Gebäuden wird nun für nichtig erklärt. Denn, so Johann XXII., die Trennung zwischen Besitz und Gebrauch sei logisch nicht nachzuvollziehen. Darum ginge es nicht länger an, dass der Orden sich besitzlos nenne (das sei sogar eine Unaufrichtigkeit!), wenn er doch in Wahrheit über zahlreiche Gebäude, Grundstücke, Lebens- sowie Geldmittel verfüge, diese jedoch durch die Kirche verwalten ließe.

Das ist in der Bulle *Ad conditorem canonum* als päpstlicher Wille niedergelegt. Johann XXII. stört offensichtlich der moralische Kredit, den sich die Franziskaner selbst dadurch einräumen, dass sie den Anschein erwecken, sich mit Eigentum aller Art – in Franz' Sinne – nicht zu beschmutzen. Henry Charles Lea kommentiert die Bulle so: »Mit rücksichtsloser Logik wies er in dieser auf den trügerischen Fehler hin, den Innozenz IV. gemacht habe, als er zur Umgehung der Regel dem Hl. Stuhle den Besitz der Ordensgüter, den Mönchen dagegen nur den Gebrauch derselben zuerkannte. Dadurch sei bei diesen der Erwerbseifer nicht vermindert, dagegen ein törichter Stolz auf ihre vorgebliche evangelische Armut geweckt worden. Er zeigte, dass der ihnen zugestandene Gebrauch und Verbrauch gleichbedeutend sei mit dem Eigentum, und dass ein angebliches Eigentumsrecht, welches einem solchen Nießbrauch unterworfen wäre, illusorisch sei.«[298]

Von jetzt an solle dem Orden das gehören, was er auch gebrauche! Hier klingt die Logik Thomas von Aquins mit (ein Dominikaner), der Johann XXII. anhängt. Der Papst macht den Orden reich – und bringt damit das, worauf er seit Franz von Assisi gründete, nämlich das Eigentumsverbot, zu Fall. Was nun?

Der Prokurator des Ordens, Bonagratia, legt gegen die in der Bulle getroffenen Entscheidungen zum Nießbrauchsrecht beim Papst Protest ein – an Mut zur unbequemen Meinungsäußerung hat es Franziskanern nie gefehlt – und wird daraufhin sofort verhaftet und eingekerkert. Gegen eine Bulle legt man nun mal nicht Widerspruch ein! Zumal Bonagratia sich nur auf ein Gewohnheitsrecht berufen und Beispiele anführen kann, wie andere Päpste die Ordensregel der Franziskaner für die Kirchenpraxis interpretierten. Nie war jemand so feindlich und aggressiv den Franziskanern gegenüber wie dieser Papst Johann XXII.!

Also ist es jetzt, knapp hundert Jahre nach dem Tod Franz' von Assisi, doch so weit, dass das evangelische Armutsgebot der Kirche als Ketzerei gilt?

Der Papst ist wütend auf den Franziskanerorden im Ganzen. Dabei kann er als Logiker sogar der streng-asketischen Beweisführung eines Ubertinus de Casale (Schüler von Petrus Olivi) über die Bedeutung des Armutsgebots für die Franziskaner etwas abgewinnen. Theologische Schlussfolgerungen, die mit intellektueller Brillanz vorgetragen werden, stimmen diesen Papst milde.

Darum hatte es auch gar nicht so schlecht begonnen bei der großen, vom Papst einberufenen Konferenz über die Frage, ob Christus seinen Gefolgsleuten privates und kollektives Eigentum untersagt habe oder nicht. Gibt es eine Verpflichtung zur »armen Kirche«, die sich rechtmäßig auf Jesus Christus beruft? Theologen, Ordensleute und Inquisitoren debattieren – es ist genau jene Szenerie, die Umberto Eco in jenes Kloster verlegt, in das es den Novizen Adson in Begleitung von Bruder William von Baskerville verschlägt, einen Ort, an dem sich eine mysteriöse Mordserie ereignet. Gehörte Jesus der Mantel, den er um sich schlug – das ist, auf Franz von Assisi übertragen, die Entscheidungsfrage, die es hier zu klären gilt. Der Papst ist der Organisator, er lässt die verschiedenen Parteiungen debattieren und behält sich seine Stellungnahme vor. Das war, bevor er seine Bulle dem Franziskanerorden als Kampfansage entgegenschleuderte.

Was ist geschehen? Das Generalkapitel der Franziskaner im Mai 1322 in Perugia wagt sich zu weit vor. Die übereifrigen Brüder haben sich – mitten hinein in die vom Papst anberaumte Diskussion der Armutsfrage – zu einer diese bereits mit Entschiedenheit beantwortenden Erklärung hinreißen lassen, die von allen Provinzialoberen und auch den theologischen Autoritäten des Ordens (die gab es inzwischen) unterzeichnet worden war. Die Erklärung war an alle Gläubigen gerichtet und enthielt die Botschaft, dass die absolute Armut Christi eine seit Langem anerkannte und immer wieder päpstlich bestätigte Lehre der Kirche sei.

Man kann durchaus nachvollziehen, dass sich Johann XXII. an dieser Stelle brüskiert, geradezu vorgeführt fühlt. Und er wird sich bitter am Franziskanerorden rächen. Die Bulle *Ad conditorem canonum* schafft die Basis für die Verketzerung aller gelebten Armutsvorstellungen, die sich auf Jesus berufen, innerhalb und außerhalb der Kirche.

Dies ist das demonstrative Ende jener Büßerhaltung, die Franz von Assisi mehr als hundert Jahre zuvor zuallererst von der Kirche gefordert hatte. Nehmt die Nachfolge Jesu endlich wieder ernst, stellt die christliche Botschaft der Mitmenschlichkeit wieder ins Zentrum der Kirche! Innozenz III. hatte sich angesichts der immer stärker werdenden Ketzerbewegungen entschlossen, Franz von Assisi und seine Brüder mit ihrem evangelischen Anspruch in die Kirche einzulassen. Eine Art Frischzellenkur für die Institution, die eine neue Glaubensunbedingtheit, wie sie die Brüder zeigten, gut gebrauchen konnte. Bereits Mitte des 13. Jahrhunderts waren Albigenser und Waldenser besiegt, die den Franziskanern und mehr noch den Dominikanern übergebene Inquisition widmete sich nun verstärkt einer verborgenen Häresie in der Kirche selbst – und stieß dabei sofort auf den wunden Punkt innerhalb des Franziskanerordens: das von den Brüdern selbst heftig umstrittene Armutsgebot. Papst Johann XXII. lässt das von Franz an die Kirche gerichtete Bekehrungsgebot mit aller Wucht auf die Franziskaner zurückfallen. Wer die Kirche bekehren will, der ist selbst ein Ketzer!, so lautet jetzt der von der Kurie praktizierte Grundsatz.

Und immer ist das Verhältnis zum Eigentum dabei der Stein des Anstoßes. Er war es schon gewesen, als Franz in Assisi nackt vor Bischof Guido stand und seine Kleidung dem Vater vor die Füße warf: Geld ist schmutzig wie Kot! Mit dieser Drastik schwört Franz die Brüder auf ein absolutes Geldverbot ein. Ist das für einen sich weltweit ausbreitenden Orden sinnvoll, überhaupt lebbar? Geht es nicht eher um Verteilungsgerechtigkeit, um ein menschliches Maß im Umgang mit Geld, das den Menschen nicht beherrschen soll? All diese Argumente sind richtig, sie entsprechen der

Alltagsvernunft, die man im täglichen Leben nicht suspendieren sollte.

Doch Franz meint etwas anderes: Er verteidigt die Utopie eines unentfremdeten Lebens, eines herrschaftsfreien brüderlichen Miteinanders! Gewollt ist keine sozialpolitische Programmschrift, die sich einfach in der Praxis umsetzen lässt, sondern eine Utopie, ohne deren Korrektiv die humane Substanz der Gesellschaft nicht nur beschädigt, sondern am Ende sogar vernichtet wird. Auf die Spezifik dieses utopischen Charakters des Armutsgebotes werden wir noch zurückkommen.

Die auch in den beiden erhaltenen Ordensregeln formulierte Besitzlosigkeit der Minderbrüder war von Anfang an den Einflüssen der Kurie ausgesetzt, die den Orden doch zur Annahme von Eigentum verführen wollte, am Ende – durch die Bulle von Johann XXII. – sogar dazu zwang. Damit sollte vor allem jene für die Kirche als Institution so gefährliche spirituale Unmittelbarkeit des Franziskanismus aufgehoben werden: Gott wird für uns sorgen, wie er für die Vögel sorgt, die auch keine Vorratshaltung betreiben und keine Grundeigentümer sind!

Nur mit einem hat der Papst nicht gerechnet: dass es inzwischen Intellektuelle im Orden gibt, die sich nicht mehr einschüchtern lassen und die klug abwägend sich Handlungsoptionen offenhalten. Wie also soll man auf die selbstherrliche päpstliche Entscheidung reagieren, Jesus Christus habe sehr wohl Eigentum besessen, und wer das Gegenteil behaupte, mache sich der Ketzerei schuldig?

König Ludwig von Bayern als Schutzpatron der Franziskaner gegen den Papst

So werden die Franziskaner im von Johann XXII. forcierten Armutsstreit zum Spielball der Politik. Und immer noch – und immer schärfer – geht es darum, wer darüber bestimmt, wer eine Königs- oder Kaiserkrone tragen darf. Steht der Papst als oberste geistliche Macht über jeder weltlichen Macht? Diese Auseinandersetzung wird bereits seit dem Investiturstreit (seit Ende des 11. Jahrhunderts also) geführt, doch nun, im 14. Jahrhundert, beginnt sich die weltliche Macht energisch der Kontrolle des Papstes zu entziehen. Denn seit 1314 erheben sowohl Ludwig der Bayer als auch Friedrich von Österreich Anspruch auf den Kaisertitel. In der Schlacht von Mühlhausen besiegt Ludwig seinen Konkurrenten Friedrich und drängt nun den Papst, ihn als unangefochtenen deutschen Herrscher zum Kaiser zu krönen.

Doch Johann XXII. verweigert sich. Er favorisiert für seine italienische Politik den französischen König Karl den Schönen. Ludwig aber unternimmt nun einen geschickten politischen Schachzug: Er lässt seinen Konkurrenten Friedrich frei und schließt im Gegenzug einen Vertrag mit ihm, der ihm in Italien freie Hand lässt. Der Papst in Avignon nimmt die Herausforderung an: Auf keinen Fall will er einen Kaiser in Rom, den er nicht selbst dorthin gebracht hat! Er droht allen, die Ludwig weiterhin unterstützen, die Exkommunikation an. Aber Ludwig lässt sich nicht einschüchtern – und dass er den offenen Machtkampf mit dem Papst überhaupt wagt, hat mit dem Armutsstreit zu tun, den Johann XXII. mit den Franziskanern führt und in dem er offenbar eine Grenzlinie überschritten hat.

Welch ein Tabubruch, den Geist der Armut als Kern der Nachfolge Christi nun umstandslos eine Häresie zu nennen! Ordensgeneral Michael von Cesena, der kein Spirituale ist, aber die *Regula bullata* verteidigt, kann es nicht hinnehmen, wenn die geistliche Grundlage der franziskanischen Bewegung, die Nachfolge des armen Jesus Christus, derart verketzert wird.

König Ludwig von Bayern probt den Aufstand gegen den Papst. Dreist begibt er sich auf dessen Terrain und offenbart sich darin als skrupelloser Taktierer. Denn einige Jahre zuvor hatte er noch selbst die Franziskaner bei Johann XXII. denunziert, sie würden das Beichtgeheimnis systematisch verletzen. Damals hatte der Papst gar nicht auf seine Intervention reagiert.

Nun aber instrumentalisiert Ludwig die Kräfte innerhalb der katholischen Kirche, die dem Papst feindlich gegenüberstehen. Er hat dabei nur ein Ziel: dessen Position zu schwächen und die eigene zu stärken. Neu ist, dass der König nun auch theologisch argumentiert, um dem Papst, der bislang allein mittels Exkommunikation über Rechtgläubigkeit entscheiden konnte, zu schaden.

In der Sachenhäuser Appellation vom 22. Mai 1324 wird Ludwig den Papst wegen seiner Leugnung der Armut Christi nun ganz direkt – sekundiert von seinen franziskanischen Beratern – der Häresie bezichtigen. Die Franziskaner liefern ihm die Argumentation, die in ihren Augen pure Notwehr ist: Papst Johann XXII. ist ein Ketzer! Die Franziskaner im politischen Windschatten Ludwigs behaupten, Johann XXII. widerspreche in der Armutsfrage einer langen Reihe seiner Vorgänger im Amt. Entweder all diese Päpste seien Ketzer, oder aber Johann XXII. selbst.

Der Papst bestellt umgehend Ludwig zu sich ein – aber der ignoriert die Aufforderung. Daraufhin veröffentlicht Johann XXII. die Bulle *Quia quorandam*, in der er sein Recht verteidigt, sich zu Entscheidungen seiner Vorgänger in Widerspruch zu setzen. Gültig sei allein seine Rechtsprechung – und nach der mache sich der Häresie schuldig, wer behaupte, Jesus und die Apostel hätten die Dinge, die sie gebrauchten, nicht auch besessen.

Die Kontroverse verlagert sich nun immer mehr in die Regionen des Rechts, vor allem des Verhältnisses von Staat und Kirche: »Als aber der Streit sich verschärfte und vertiefte, und als die klügeren Köpfe, die den päpstlichen Ansprüchen widerstrebten, sich um Ludwig scharten, ging man dazu über, mit einer bis dahin ungewohnten Freiheit des Gedankens und mit unerhörter Kühnheit der Rede die Lehre von der Staatsgewalt und die Ansprüche des Papsttums zu prüfen.«[299]

Was Marsilius von Padua und Wilhelm von Occam in den folgenden Jahren an Theorien entwickeln, das greift weit aus, in Regionen der Sozialtheorie, der Philosophie und des Staatsrechts, und zeigt, dass diese Franziskaner tatsächlich die intellektuelle

Avantgarde ihrer Zeit sind. So wird Marsilius von Padua in seiner Schrift *Defensor pacis* das Volk zum politischen Souverän erklären. Wilhelm von Occam entwickelt den Gedanken, dass der »freie Wille« jedes Einzelnen, einschließlich des Papstes, niemanden davor bewahre, zu irren. Womit gesagt ist, dass sich der Papst im gleichen ungewissen Verhältnis zur Wahrheit befinde wie jeder andere Mensch auch. Auch stehe über dem Papst das die ganze Kirche repräsentierende Konzil. Wenn der Papst sich dessen überhebe, dann missbrauche er sein Amt und mache sich der Häresie schuldig. So werden althergebrachte Rechte mit der Virtuosität eines Florettkampfes außer Kraft gesetzt. Alles ist verhandelbar, nichts soll der menschlichen Vernunft entzogen sein – nicht einmal der Existenzmodus Gottes.

Johann XXII. reagiert auf diese unerhörte Herausforderung mit aller ihm zur Verfügung stehenden Schärfe. So ordnet er an, Ubertinus de Casale sofort festzunehmen, jenen Casale, den die Spiritualen wegen seiner Nähe zu Joachim von Fiore verehren und dem der Papst es erlaubt hatte, zu den Benediktinern überzutreten. So lebt er nun bereits jahrelang zurückgezogen und unbehelligt.

Doch jetzt soll an ihm ein Exempel statuiert werden, denn der Papst glaubt in der Sachsenhäuser Appellation seinen Geist zu erkennen. Aber die Spiritualen haben viele Anhänger nicht nur unter den Franziskanern, und so wird Ubertin rechtzeitig gewarnt und kann flüchten.

Ordensgeneral Michael von Cesena dagegen laviert noch immer zwischen den Parteien. Er will einerseits die *Regula bullata,* einschließlich der darin geforderten Armut, als Maßstab franziskanischen Lebens bewahrt wissen, doch andererseits die Spaltung des Ordens in Konventualen und Spiritualen verhindern. Ebenso setzt er alles daran, den völligen Bruch mit dem Papst zu verhindern, weil dies unweigerlich zu einer Verketzerung des gesamten Ordens führen würde. Aber ist nicht soeben Franz' Nachfolge von Johann XXII. zur Ketzerei erklärt worden?

Als der Papst Michael von Cesena nach Avignon bestellt, lässt sich dieser erst einmal wegen Krankheit entschuldigen. Aber Zeit zu gewinnen hilft in dieser Frage nichts. Der Streit ist so grundsätzlich, dass der Orden immer mehr in Unruhe gerät. Um dem Papst entgegenzukommen, verbietet Michael von Cesena Schriften, die im Ruf stehen, durch Joachim von Fiore beeinflusst zu sein, und setzt auch einige in der Armutsfrage besonders rigorose Provinzialminister ab. Als er dann ein halbes Jahr später, im Dezember 1327, nach Avignon reist, wird er vom Papst erst einmal freundlich aufgenommen.

Doch dann eskaliert die politische Lage: Ludwig von Bayern zieht 1328 nach Rom und lässt sich von den dortigen Volksvertretern zum Kaiser krönen – ein Affront gegen den Papst, eine Kriegserklärung geradezu! Und er geht – mit Rückendeckung seiner franziskanischen Berater – dazu über, zu verbreiten, diesem Papst müsse wegen seiner Leugnung der Armut Christi der Prozess gemacht werden. So lässt Ludwig am 18. April 1328 in der Peterskirche die Absetzung des Papstes verkünden. Dieser sei der Antichrist, der im Namen Christi dessen Geist aus der Kirche austreibe.

Umgehend wird auf Betreiben Ludwigs in Rom ein neuer Papst gewählt: Peter von Corvaro ist zu allem Unglück ein alter Franziskaner, der in der asketischen Strenge seiner Lebensführung den Spiritualen nahesteht. Er nennt sich Nikolaus V. – um ihn herum entsteht sofort ein neuer vatikanischer Hofstaat, und Ludwig sorgt dafür, dass all jene Bischöfe ihr Amt verlieren, die den Welfen (den Parteigängern des Papstes) nahestehen. Statt ihrer bekommen die Ghibellinen (die Parteigänger des Kaisers) die begehrten Posten. Nun also gibt es einen Gegenpapst in Rom mit Ludwig als kaiserlicher Schutzmacht. Eine äußerst bedrohliche Situation für Johann XXII. – und vor allem für die Franziskaner in seinem Machtbereich, zu denen auch Michael von Cesena gehört. Der Papst unterscheidet nun nicht mehr, wer welcher franziskanischen Strömung angehört: Die Franziskaner stehen für ihn sämtlich aufseiten seines Todfeinds Ludwigs des Bayern!

Am 26. Mai 1328 fliehen Michael von Cesena, der Prokurator des Ordens Bonagratia und Wilhelm von Occam aus Avignon. Sie eilen nach Pisa und stellen sich dort unter den Schutz von Ludwig dem Bayern. Zuvor hatte sich Michael von Cesena, der lange als Zögerer galt, den Brüdern über sein weiteres Handeln schriftlich erklärt. Die Tatsache, dass Johann XXII. ihn als Ordensgeneral in Haft genommen hatte und dann auf sein Ehrenwort hin und drohende Strafe der Exkommunikation auf freien Fuß setzte, zwang ihn dazu.

Cesena hat sich entschieden. In einem im Schutz des Franziskanerklosters von Avignon verfassten Schreiben nennt er den Papst nun offen einen Ketzer für den Fall, dass dieser das Bekenntnis zur Armut Christi als Ketzerei verfolgen lässt. Immer nennt hier einer den anderen einen Ketzer, ein absurdes Spiel. Cesena also protestiert scharf gegen die feindlichen Maßnahmen des Papstes gegen den Orden – und taucht ab.

Als er wieder auftaucht, ist auch er ein Gefolgsmann Ludwigs des Bayern, der den Papst auf eine Weise herausfordert, die neu ist. Der Papst exkommuniziert Cesena, sobald er Nachricht über dessen Aufenthaltsort bekommt. Postwendend wird nun Johann XXII. aus der sicheren Entfernung Münchens von Ludwig dem Bayern als Ketzer bezeichnet, der sich den Papstthron erschlichen habe. Johann XXII. drängt nun darauf, dass sich der Orden nicht nur von dem Handeln seines Generals distanziere, sondern diesen absetze und einen neuen, ihm genehmen wähle.

Natürlich hat er auch schon einen Kandidaten: Geraldus Odonus, der sich von Franz' Armutsgebot bereits zuvor verabschiedet hatte. Doch das Generalkapitel verweigert sich dem Papst – und bestätigt Michael von Cesena in seinem Amt. Der Papst weiß nun, wer seine Feinde sind: jene, denen er die Basis ihrer geistlichen Existenz fortnehmen wollte, die Franziskaner! Diese wiederum wehren sich mit erstaunlichem Mut. Denn es gehört nicht viel Phantasie dazu, sich auszumalen, was der Zorn des Papstes ihnen bringen wird.

Franziskanische Denker als Empiriker: Wilhelm von Occam, Marsilius von Padua, Duns Scotus und Roger Bacon

Mit Marsilius von Padua und Wilhelm von Occam beginnt das, was wir Säkularisierung nennen: die Erklärung dieser Welt aus sich selbst heraus, unabhängig von Gott. Natürlich kann die Kirche – und den Papst – im 14. Jahrhundert nur hinter sich lassen, wer gleichzeitig eine neue Schutzmacht findet. Und für beide Denker ist diese Schutzmacht Ludwig der Bayer in München, der die Chuzpe hatte, sich in Rom zum Kaiser krönen zu lassen. Dort, wo Johann XXII. keine Hausmacht besitzt, wie er in seinem Exil in Avignon konsterniert feststellen muss.

Die beiden Franziskaner sind in der ersten Hälfte des 14. Jahrhunderts europäische Avantgarde. Aber indirekt hat auch Johann XXII. mit seinem – in den Augen vieler Christen – unerhörten Angriff auf die Franziskaner im Ganzen dazu beigetragen: »So wurde die Armut Christi in aller Form zu einer europäischen Frage gemacht.«[300]

Marsilius von Padua und Wilhelm von Occam sind also alles andere als Vasallen, die nur ihren Dienstherrn gewechselt haben. Mit ihnen vollzieht sich ein Paradigmenwechsel im europäischen Denken. Das lässt sich an der Positionierung Wilhelm von Occams im sogenannten Universalienstreit erkennen. Der Streit um die Existenzweise der Universalien, also des Allgemeinen, ist nicht neu. Der Platonismus, der in der mittelalterlichen Theologie dominierte (auch Aristoteles las man platonisch), schien fraglos: Das Allgemeine existiert real. Gott als das oberste Allgemeine ist der Grund von allem, was existiert.

Das scholastische Prinzip sagt: Was denkbar ist, existiert auch. Das war die Basis für den ontologischen Gottesbeweis, der mit der logischen Begründung Gottes auch das Prädikat seiner Existenz mit einschloss. Was denkbar ist, muss auch existieren. Gott ist darum nicht nur der oberste Begriff, er existiert, weil Größeres als er nicht denkbar ist – man kann sich nicht außerhalb seiner Allgemeingültigkeit stellen. Der Begriffsrealismus koppelt das logische mit dem ontologischen Prinzip. Denken gleich Sein, so lautet jener identitätsphilosophische Grundsatz, den noch Hegel – jedoch in prozesshafter Form – seiner Philosophie zugrunde legt.

Der Begriffsrealismus, wie ihn Anselm von Canterbury im Universalienstreit vertrat, blieb lange Zeit unangefochten. Innerhalb des mittelalterlichen Ordo bedeutete dieser: Das Allgemeine ist dem Einzelnen vorgeordnet, dieses setzt jenes aus sich heraus – in Form des Besonderen. Damit steht Gott nicht nur an der Spitze einer irdischen Machtpyramide, er ist immer auch die Pyramide im Ganzen!

Gegen diese Allmachtposition des Allgemeinen gab es während des Universalienstreits bereits Widerspruch, am entschiedensten von Rosselinus, der einen Nominalismus gegen den Begriffsrealismus stellte und das mittelalterliche Prinzip damit umkehrt: Nur das Einzelne ist wirklich, das Allgemeine dagegen Nomen, bloße Bezeichnung, drastisch gesagt »flatus vocis«, ein windgleiches Geräusch von Begriffen, die nur in unserem Kopf existieren, nicht aber in der Realität. Doch Rosselinus war ein Außenseiter, ein Exot, den man überging.

Anders jedoch Wilhelm von Occam, der verketzerte Franziskaner, der den Papst herausfordert. Hier weiß jeder, worum es geht, wenn er bestreitet, dass ein logisch Denkbares allein schon deshalb, weil es denkbar ist, auch existieren soll. Gott ist nicht der oberste Logiker, er ist eine durchaus willkürliche Kraft, über die wir wenig sagen können. Den Menschen bleiben nur die Wissenschaften, die sich auf einen Gegenstand ausrichten sollen, der überprüfbar sein muss – Gott ist das nicht.

Damit bestreitet Occam nicht weniger als die Theologie als Wissenschaft – und beginnt, das Wissen vom Glauben zu trennen. Die Wissenschaften haben es mit irdischen Dingen zu tun, die der Logik gehorchen. Gott aber gehorcht unserer Logik nicht, darum ist er kein Gegenstand unseres wissenschaftlichen Erkennens, sondern des Glaubens.

So wird der mittelalterliche Ordo aufgesprengt, was in der Konsequenz auch die Entthronung des Papstes als obersten Stellvertreter Gottes bedeutet. Die weltliche Macht erobert sich ihren Platz, nicht nur innerhalb des Denkens, auch in der Gesellschaft – und damit entsteht ein ungeheurer Wirkungsraum nicht nur für den höchsten Einzelnen (den Papst), der sich durch den Einschluss seiner Existenz in das höchste Allgemeine zur Alleinherrschaft legitimiert glaubt, sondern für die vielen Einzelnen – die Könige, Fürsten, aber auch die reichen Bürger und zuletzt sogar für das einfache Volk.

Solch weitreichende Folgen hat es, wenn der Nominalist Occam das geistige Ordnungssystem umkehrt und im Universalienstreit die Existenz des Einzelnen als dem Allgemeinen vorgeordnet erklärt: Das Allgemeine ist nun nicht länger die oberste Realität, sondern ein bloßes Zeichen, eine Übereinkunft, die sich jederzeit ändern lässt.

Bei Marsilius von Padua führt dieses neue franziskanische Denken in Sachen Staatsrecht bis zur Idee der Volkssouveränität. Das Volk (und nicht einzelne Repräsentanten des Volkes) soll die entscheidende Autorität im Staate sein. Und der Papst? Ist nicht mehr als ein Priester unter Priestern, der sich irren kann (wie Johann XXII. in der Armutsfrage) und der darum sich einem Konzil unterordnen muss: einer Art Generalversammlung aller Christen.

Das Denken von Marsilius von Padua und Wilhelm von Occam kennt keine Tabus mehr. Denn – das ist konsequent gedacht – auch Konzile können irren, sogar alle Christen zusammen können der Ketzerei verfallen!

Was also hilft gegen das Übel der Ketzerei? Das, was Aufklärung überhaupt ausmacht: ein ständig überprüfendes Denken, das mit dem Irrtum als konstitutiver Größe rechnet. Der Zweifel an allen Setzungen wird zum Motor der Erkenntnis!

Das objektive Zeitalter, so Kurt Flasch, endet um 1300, nun beginnt das subjektive, bei dem der Einzelne eine ganz neue – eine entscheidende – Rolle spielt. Was wahr ist oder falsch, es ist nicht mehr vorgegeben und als solches unhinterfragbar – sondern erweist sich erst im Hier und Jetzt. Diese Subjektivierung des Zeitalters hat Gründe, die Flasch auch benennt: Die Welt sei komplizierter geworden, auch das beweise die Sprache bei Occam, die »technisch zugespitzt« erscheint.

Da zeigt sich, dass das Denken eine Sprache erfordert, die – angesichts auch technischer und wissenschaftlicher Entwicklungen – so klar wie möglich ist und sich gleichsam als Werkzeug eignet. Effektivität und Funktionalität bekommen eine neue Bedeutung, und jenes »Rasiermesser«, für das Occam heute immer noch berühmt ist, passt zu dieser Herausforderung. Denn das »Rasiermesser« besagt nichts anderes als das, was Ernst Mach fast siebenhundert Jahre später als »Denkökonomie« bezeichnen wird: »Alle überflüssigen, alle unnötig komplizierten Erklärungen sind wegzuschneiden.«[301] Nicht die Fülle der Argumente zählt, sondern ihre Stringenz. Hieraus spricht der Sprachanalytiker, der Formallogiker, der Occam auch ist – darin liegt seine Bedeutung bei der Herausbildung des modernen Denkens.

Natürlich geht in dem absolut gesetzten Nominalismus auch etwas verloren. Die Aufkündigung der Verknüpfung des Denkens mit dem Sein blendet auch jene Dimension aus, über die sich zu verständigen für uns sterbliche Wesen eine Frage existentieller Natur ist. Occam stirbt 1349 – das ist jener Zeitpunkt, an dem etwas bislang Ungeahntes mit aller Schicksalsmacht über Europa hereinbricht: die Pest.

Hier liegt die Grenze jenes Nominalismus, der im 20. Jahrhundert im Positivismus etwa bei Karl Popper wiederkehren wird – die Schärfe im Blick aufs Detail kostet die Gesamtperspektive. Geschichte in ihrer tragischen Dimension scheint von diesen Voraussetzungen her nicht mehr denkbar.

Andere große franziskanische Denker, wie Duns Scotus, haben das gesehen: Denken muss sich unverfügbar für Tagesinteressen halten, das Dunkle in sich behüten, weil es das magische Zentrum ist, das Metamorphosen im Leben des Einzelnen erst möglich macht. Zu Beginn des 14. Jahrhunderts fasst sich in Duns Scotus'

Großer franziskanischer Denker:
Duns Scotus (Gemälde o. J.)

Ansatz die Kritik an den Autoritäten zusammen. Denken heißt prüfen, ob Überkommenes immer noch der Rationalität der Urteile standhält.

Duns Scotus ist in der Scholastik als Gegenfigur zum Dominikaner Thomas von Aquin verstanden worden. Uns Heutigen ist seine Art zu schreiben recht unverständlich. Schon zu seinen Lebzeiten (er starb 1309) hatte er den Beinamen »doctor subtilis«. In gewisser Weise kann man Duns Scotus auch als den Heidegger des Mittelalters bezeichnen. Die Unverständlichkeit kommt bei Scotus vor allem aus dem Willen, an der scholastischen Synthese von Wissen und Glauben festzuhalten, aber eben nicht um den Preis des Weglassens von Einwänden gegen diese. Das macht die Sache so kompliziert – und letztlich unfruchtbar, denn im 14. Jahrhundert war die Trennung von Wissen und Glauben überfällig geworden.

Scotus' Anspruch war durchaus, das Einzelne zum Gegenstand metaphysischer Erkenntnis zu machen. Für die folgende Entwicklung der Philosophie blieb dies ein Stachel: Gibt es überhaupt eine Theorie des Einzelnen, ist dieses nicht immer zufällig? Aber genau dieses Vorurteil will er entkräften. Er stellt gegen die Vermittlungstheorie der Scholastiker, die Begriffe immer nur wieder aus Begriffen zeugen, eine Art intellektueller Wesensschau, wie sie die Mystiker kannten – vor allem der Dominikaner Meister Eckhart.

Hier kommt dann auch ein theoretisch schwer beschreibbares Moment der Erkenntnis ins Spiel, das für Duns Scotus die Sinne und den Geist auf unmittelbare Weise verbindet: die Intuition. So positioniert er sich im Streit um die Existenzweise der Universalien dann auch doppelt, als selbst so verstandene Übergangslösung hin zu einem neuen Denken vom Menschen (dem der Nominalisten), das jedoch die Brücken zum traditionellen Denken (dem der Begriffsrealisten) nicht gänzlich abbricht. Er unterscheidet das Menschsein als Allgemeines von den vielen einzelnen Menschen. Von einem vorgeordneten Prinzip will er dabei nicht sprechen. Das Menschsein als allgemeines Prinzip ist die Ursache für den einzelnen Menschen – jedoch gilt für ihn ebenso die Umkehrung, dass der einzelne Mensch die Ursache für das allgemeine Prinzip des Menschseins ist.

Diese Versuche, Einzelnes-Allgemeines-Besonderes in einen dialektischen Zusammenhang zu bringen, werden dann ein wesentlicher Entwicklungsanstoß für ein Denken, das über den traditionellen Begriffsrealismus eines Anselm von Canterbury hinausgeht, der Gott damit bewies, dass alles, was sich denken ließe, auch existiere. Dieser statische mittelalterliche Ordo war mit Duns Scotus, Marsilius von Padua und Wilhelm von Occam heftig in Bewegung geraten.

Die »intellektuelle Anschauung« gegen die Abstraktion gestellt, oder diese auch um ein Wesentliches ergänzt, das ist ein Moment der Erkenntnistheorie bei Duns Scotus, das dann in der Spätphilosophie Schellings im 19. Jahrhundert wieder eine Rolle spielen wird – missverstanden und missachtet von den Hegelianern, die vom Anspruch der Zeit geblendet meinten, das Wahre müsse Wirklichkeit werden: im preußischen Staat.

Was die eben angedeuteten Positionen franziskanischer Philosophie im 14. Jahrhundert miteinander verbindet (wenn auch in unterschiedlicher Intensität), ist ihre Hinwendung zur Erfahrung und zum Lebensalltag. Sie wird praktische Philosophie, jedoch durchaus in Bezug auf philosophische Quellentexte, die sie – darin Vorläufer der Renaissance – neu befragte, vor allem Aristoteles.

Als erster Empirist kann der englische Franziskaner Roger Bacon gelten, der eigentlich ein Vorläufer der oben Genannten ist, denn er starb bereits 1294 im Alter von achtzig Jahren. Er hatte an der Pariser Universität studiert und kannte auch Joachim von Fiores Schriften, deren Apokalyptik ihn zeitweise fasziniert haben soll. Als er in den Franziskanerorden eintritt, hat er das Weltende und den Anbruch des Gottesreiches vor Augen.

Während Bonaventura, der ebenfalls Mitte des 13. Jahrhunderts an der Pariser Universität lehrte und dann Generalminister des Ordens wird, alle Philosophie in den Dienst der Theologie stellt und mittels einer speziellen Art von Mystik einen Kompromiss im franziskanischen Zusammenleben sucht, der vor allem die kontemplative Ruhigstellung des Geistes zum Ziel hat, ist Roger Bacon ein Vertreter der *vita activa*.

Wem nützt es? Diese Frage findet in ihm einen ersten eifrigen Verfechter. Alles, was wir wissen können, soll nur einen Zweck haben: unser Leben zu verbessern. Wie kann man neue Erkenntnismethoden entwickeln, zu Erkenntnissen kommen, die der Wissenschaft und Technik wirklich nützlich sind? Wie ein Aufklärer des 18. Jahrhunderts wird er die Unwissenheit als Plage der Menschheit geißeln. Sie speist sich für ihn aus vier Quellen: einem falschen Begriff von Autorität, der von eigenem Verstandesgebrauch entbindet, der Macht der Gewohnheit, der Meinung der Masse und vor allem:

»Die Tatsache, daß jeder seine Unwissenheit durch Entfaltung eines Scheinwissens zu verschleiern sucht.« Bacon gehört zu denen, die sich der arabischen Aristoteles-Rezeption zuwenden, die – im Unterschied zum bisherigen Aristoteles-Bild der Scholastik – ein Wissen unabhängig vom Glauben verteidigt.

Vor allem Avicenna ist ihm »Fürst und Führer der Philosophie«.[302] Die Wissenschaft fragt nach Gründen, die in den Dingen selbst liegen – und mit Gott nichts zu tun haben. Denn das Grundprinzip des Glaubens ist nicht mit dem der Wissenschaft in Einklang zu bringen: »Credo quia absurda« – das Wesen des Glaubens (wie auch der Liebe) ist gerade seine Widervernünftigkeit. Ernst Bloch hat in *Avicenna und die Aristotelische Linke* über die »reiche spätantike Tradition«, die auf Umwegen im 13. Jahrhundert nach Europa kam, geschrieben.

Besonders in Syrien war sie noch lebendig und kam von dort ins spanische Córdoba. Auch Buchara, in dessen Nähe Avicenna geboren wurde, stand unter dem Einfluss Bagdads. Hier kannte man das spätantike Denken, das man im christlichen Europa vergessen hatte: »Syrische Christen waren schon lange vor der Zeit Mohammeds als Ärzte tätig sowie, in der ersten islamischen Zeit, als Übersetzer griechischer Philosophie ins Arabische. Unübersehbar ist ferner die Berührung des Arabertums mit der iranischen Lichtverehrung, mit der Geistesfreiheit, die das bäuerlich-ritterliche Persien so lange ausgezeichnet hatte … Die hier entstandene freigeistige Gesinnung wurde dann in den fernen Westen der gleichen Kultur, nach Cordoba übertragen. Gar Philosophie, wie bemerkt, ist keineswegs eine exotische Treibhauspflanze auf islamischem Boden, genau dort hat sie ja ihre griechisch-syrische Tradition. Das alles mithin erklärt und umgibt die Eigenschaft der bedeutendsten islamischen Denker: Arzt nicht Mönch, Naturalist, nicht Theologe zu sein. Im mittelalterlichen Europa waren Philosophen mit naturwissenschaftlichen Neigungen so selten wie anormal (Roger Bacon und Albertus Magnus sind fast die einzigen), bei den arabischen Scholastikern steht es umgekehrt.«[303] Diese wesentliche

Naturphilosoph, Theologe und Gelehrter:
Roger Bacon, Kupferstich

arabisch-europäische Koordinate in der geistigen Entwicklung sollte man nicht aus den Augen verlieren.

Aber den Empiristen Roger Bacon, der anfängt, die Natur genau zu beobachten, als modernen Geist im heutigen Verständnis zu feiern wäre nur die halbe Wahrheit. Wer etwas verändern will, das Unvollkommene zu verbessern versucht, der muss die Dinge in ihren Details genau erforschen, gewiss. Er muss messen und wiegen, braucht optische und chronographische Hilfsmittel. Er muss auch experimentieren (Chemie!) und Modelle (Physik!) bauen. Aber da bekommen die Dinge dann auch schon eine andere Qualität. Denn: Die Substanzen verwandeln sich ineinander! Von den

Arabern hat Bacon auch das gelernt: Das Experiment steht der Alchemie nicht fern.

Die Sternbeobachtung etwa forciert die Frage, welchen Einfluss das Gesehene auf den Menschen hat. Da sind wir dann bei der Astrologie – und dieser (scheinbare?) Schritt zurück ins Voraufklärerische hätte dann den Aufklärern des 18. Jahrhunderts gar nicht gefallen.

Ob Bacon, wie gelegentlich behauptet wurde, das Schießpulver erfand, ist überaus zweifelhaft. Doch warum stand der so moderne Naturforscher dennoch im Ruf eines Zauberers? Brunetto Latini, der 1258 Roger Bacon besucht, notiert danach: »Er zeigte mir unter anderem einen Magnet, der die überraschende Eigenschaft besitzt, Eisen anzuziehen. Wenn man eine Nadel an ihm reibt und diese hernach mit einem dünnen Stroh auf dem Wasser schwimmen lässt, so dreht sich die Nadel mit der Spitze gegen den Polarstern. Wiewohl diese Entdeckung für alle Seereisenden von hohem Wert zu sein scheint, so muss sie noch geheim gehalten werden, weil es kein Schiffskapitän wagen dürfte, sie anzuwenden. Er würde sofort in den Verdacht der Zauberei verfallen. Auch würde kein Matrose mit ihm fahren, wenn er ein solches Instrument mitnähme, das offenbar unter Beihilfe höllischer Mächte entstanden sei.«[304]

Vielleicht hätte sich ein anderer Pionier der Menschheitsgeschichte, wenn ihm diese Entdeckung Bacons zuverlässig zur Verfügung gestanden hätte, nicht so gründlich verfahren – nach Indien reisend, kam Kolumbus in Amerika an. Mit einem funktionierenden Kompass wäre das nicht passiert! Aber auch Kolumbus steht in eine Beziehung zu dem »Dritten Orden« der Franziskaner, den Laien. Das und der sich hieraus ergebende Missionseifer erklären, warum es überhaupt zur Entdeckungsreise nach Amerika kam, die ihn ursprünglich nach Indien führen sollte. Denn der Seeweg dorthin sollte ihn zu jenen Schätzen bringen, mit denen er dann einen Kreuzzug gegen die Türken finanzieren wollte. Stattdessen entdeckte er 1492 für Europa mit Amerika eine »Neue Welt«.

Europäische Avantgarde zu Beginn des 14. Jahrhunderts: Wilhelm von Occam

Der auf praktische Wirkung orientierte Erkenntnishunger Bacons stört seinen obersten franziskanischen Mitbruder Bonaventura derart, dass er ihm Schreibverbot erteilt. Man droht ihm mit Kerker. Doch er hat Glück, Papst Clemens IV. interessiert sich für seine Forschungen – und fordert ihn auf, diese zusammenzufassen und dem Papst vorzustellen. Damit ist das Schreibverbot aufgehoben, und Bacon kann in den Jahren 1266 bis 1268 sein *Opus majus* herausbringen. 1268 stirbt Clemens IV., und Bacon verliert damit seinen einzigen Schutz – zwölf weitere Jahre seines Lebens verbringt er im Kerker. Als er 1289 freikommt (ein Wechsel an der Ordensspitze machte es möglich), ist er immer noch geistig bei Kräften, jedoch körperlich schwer krank. Wenige Jahre später stirbt er.

Doch seine Ablehnung der scholastischen Art, wortreiche Scheingefechte zu führen, und sich stattdessen auf die Erforschung der Funktionsweise von Natur und Technik zu konzentrieren, machte Schule. Er versuchte eine groß angelegte Reform aller Gesellschaftsbereiche auf der Basis eines neuen Wissens zu erreichen: praktisch anwendbar und dem Alltagsleben nützlich. Aber im 13. Jahrhundert entspricht dies keineswegs den Interessen der Kirche, nicht einmal denen des Franziskanerordens.

Der lang andauernde Streit zwischen Konventualen und Observanten mündet 1517 in einer Spaltung des Ordens. Wer sind die Kapuziner?

Gibt es eine Entwicklung des ursprünglichen Ideals Franz' von Assisi, oder ist jede Veränderung, die sich an neue Existenzbedingungen anpasst, bereits ein Verrat am Ursprungsideal? Man könnte hierauf im Stil von Brechts Keuner-Geschichten antworten: »›Sie haben sich gar nicht verändert, sagte jemand zum ihm, den er lange Zeit nicht gesehen hatte.‹ – ›So‹, erwiderte Herr K. und erbleichte.«

Doch die Spiritualen erbleichen nicht, sie sind vielmehr von Zorn errötet. Jede Veränderung in der Praxis des Zusammenlebens der Brüder erscheint ihnen wie ein Verrat – nicht am Buchstaben –, aber am ursprünglichen Geist Franz' von Assisi, vor allem an dem strikten Geldverbot. Dass die Brüdergemeinschaft nun ein Mönchsorden wie etwa die Benediktiner sein soll, mit Chorgebet im Zentrum des spirituellen Zusammenlebens, können sie nicht akzeptieren.

Während es also die Mehrheit der Franziskaner im 14. Jahrhundert eher mit Brechts Herrn K. hält und darauf verweist, dass ein Orden mit Zehntausenden Mitgliedern etwas anderes ist als eine Gemeinschaft von einem Dutzend Brüdern, also die Stimme der praktischen Vernunft und der Veränderung aus Einsicht in die historische Erfahrung für sich reklamiert, hat die spirituale Minderheit das *Testament* Franz' von Assisi auf ihrer Seite. Nichts an der Ordensregel der Minderbrüder soll verändert oder auch nur interpretiert werden! Was steht, ist klar und darum wortwörtlich zu befolgen.

Es gibt also weiterhin zwei Parteiungen im Minderbrüderorden, die sich auf Franz von Assisi berufen. Die Konventualen nehmen vom Papst auch Privilegien an, soweit diese der Existenzsicherung des Ordens dienen. Ihr Selbstverständnis gründet nicht auf Askese und Geldverbot. Das franziskanische Ursprungsideal (die strikte Armut etwa!) leben sie im Rahmen der existierenden Möglichkeiten. Armut ist kein Selbstzweck, das ist ihre Haltung, und erlaubt ist den Brüdern, was nicht ausdrücklich verboten wird. Diese Haltung ist den Spiritualen – aus denen dann, etwas vereinfacht gesagt, im 14. und 15. Jahrhundert die Observanten hervorgehen – wegen ihrer Laxheit zuwider. Aber was bedeutet »lax«? In den Augen der Konventualen vor allem eines: nicht fanatisch, sondern pragmatisch. Doch die Tatsache, dass konventuale Franziskaner Inquisitoren sind, die dann auch über Spiritualen und – in späteren Zeiten – über Observanten zu Gericht sitzen, belehrt eines anderen.

Die Konventualen heißen so, weil sie den »Konvent« ins Zentrum ihres Selbstverständnisses stellen. Sie bauen große repräsentative Gebäude, die Raum für sakrale Feiern ermöglichen, legen Wert auf eine gesicherte Versorgung ihrer Häuser, die zumeist in großen Städten stehen, und fördern das theologische Studium. Die Observanten dagegen leben das strenge Armutsgebot, wie sie es als Auftrag von Franz verstanden haben. Sie lehnen nicht nur jede Annahme von Geld, auch jegliche Vorratswirtschaft ab, alle Privilegien sind für sie Verrat am Ursprungsgeist des Gründers. Der Einfluss Joachim von Fiores und seiner apokalyptischen Erwartung des dritten Zeitalters des Heiligen Geistes, in das nur Auserwählte Einlass finden, gibt ihrem Selbstverständnis etwas Kompromissloses, geradezu Fanatisches. Da die verderbte alte Welt untergehen muss, damit die neue aus ihren Trümmern erstehen kann, liegt ein starker Zug von Weltverachtung in ihrer Art, den Franziskanismus zu leben.

Askese und Selbstgeißelung sind für sie Mittel einer geistreinigenden Abtötung alles Irdischen, zu dem auch der sündhafte Körper gehört. Die Observanten folgen ihren spiritualen Gründungsvätern im Franziskanerorden, Ubertinus de Casale und Petrus Olivi. Armut heißt für sie auch Ablehnung jeder Art von Bildung, Verbot von Bibliotheken. Feste Häuser gelten ihnen als Regelverstoß, sie leben oft abseits in Eremitorien. Die Brüder bilden oft auch eine Schweige- und Fastengemeinschaft.

Und dennoch, so unangenehm radikal, bis hin zum Fanatismus, diese asketischen Observanten auch erscheinen mögen, sie sind der Stachel in der Elefantenhaut der Institution Kirche. Fjodor Dostojewski hat zur Frage Ursprungsideal und Wirkungsgeschichte seine Großinquisitorlegende für *Die Brüder Karamasow* geschrieben. Jesus kehrt im Mittelalter auf die Erde zurück. In Spanien steht er plötzlich vor einem uralten Großinquisitor, der das institutionelle Prinzip verkörpert.

Der Großinquisitor erkennt Jesus sofort – weiß, welche die Grundfesten der Kirche erschütternde Wirkung seine Wiederkehr auf die Gläubigen haben würde. Wir sind es, die dich beerbt haben, wir führen seit anderthalb Jahrtausenden hier auf Erden – erfolgreich – die Geschäfte in deinem Namen. Wir haben deine Lehre die ganze Zeit über – so wörtlich bei Dostojewski – »verbessert«. Warum sei er nun gekommen, »uns zu stören«? Und er sagt auch, was er mit dem Störfall Jesus tun wird: Er wird ihn umgehend in einem feierlichen Autodafé als Ketzer verbrennen lassen.

Das ist der kalte Blick institutioneller Macht auf den lebendigen Ursprungsgeist. Das heiße Herz der Liebe trifft auf ordnungspolitische Kälte, so die Konstellation. Aber wie lebbar ist denn der reine Ursprungsgeist? Kann man eine Kirche – oder auch Gesellschaftsordnung – auf ihn gründen, oder ist er immer Utopie, also Nicht-Ort, ein Korrektiv von Wirklichkeit, auf eine verborgene Möglichkeit in dieser verweisend, ein Bild, das man zur eigenen Stärkung mit sich trägt? Lázaro Iriarte verweist darauf, dass nach der offenen Abstrafung der Spiritualen durch Papst Johann XXII. sich das

Thema der evangelischen Armut als Ideal keineswegs erledigt hatte, im Gegenteil: »Der Sauerteig der Bestrebungen der Spiritualen und ihrer Idee von einer ›Reform‹ waren latent immer noch da.«[305]

Nachdem immer wieder Versuche gescheitert waren, Orte zu schaffen, an denen Brüder im Sinne des spiritualen Geistes leben konnten, geschah dies fast ein halbes Jahrhundert nach dem Exempel, das Johann XXII. an den Spiritualen exekutiert hatte. Dem franziskanischen Laienbruder Paul Trinci gelang es erstmals 1368 – gegen den heftigen Widerstand des Generalministers und der Provinzialen, jedoch mit Billigung des Papstes –, in der Einsiedelei von Brugliano den Nachfahren der Spiritualen im Minoritenorden wieder einen Zufluchtsort zu schaffen, wo sie nach ihren strengen asketischen Vorstellungen zusammenleben konnten.

Das umbrische Brugliano, wo man der allgegenwärtigen Vipern wegen Holzpantinen tragen musste (daher auch der Name für die Brüder: »zoccolanti«), wurde zur Urzelle der neuen spiritualen Bewegung der Observanten, jener, die ihr Leben einer strengen Auslegung der Regel (und des *Testaments* Franz von Assisi) geweiht hatten.

Von hier aus breiteten sich die Observanten immer weiter aus. 1423 gab es bereits mehrere Reformklöster, die Observanten unterstanden. In den folgenden Jahren bauten sie ihre Position – auch institutionell – immer weiter aus, so dass man schließlich von zwei Orden in einem sprechen konnte. Schließlich ging man dazu über, alle wichtigen Positionen im Orden doppelt zu besetzen, einmal mit einem Konventualen und einmal mit einem Observanten. Dass dies dem Frieden des Zusammenlebens nicht bekommen konnte, liegt auf der Hand. 1517 schließlich gelang es den Observanten, die Oberhand zu gewinnen, sie vereinigten alle spiritualen Reformgruppen im *ordo fratrum minorum* – und schlossen dann die Konventualen von allen wichtigen Ämtern aus. Papst Leo X. besiegelte diesen Schritt in der Bulle *Ite vos*, auch *Unionsbulle* genannt. Die Zeit der Konventualen schien vorbei. Aber wie würden die siegreichen Observanten ihre neu gewonnene Macht nutzen?

So schlecht und missbräuchlich, wie Macht immer genutzt wird. Vergessen war, wie man selbst jahrzehntelang unterdrückt und schließlich sogar verfolgt wurde. Toleranz für Abweichler, die in Franz' Namen eigene Wege gehen wollten? Diese wurden auch von den neuen observantischen Herren im Orden als Häretiker verfolgt. Die Rollen wechseln, aber das Prinzip bleibt gleich.

Das musste 1525 auch Matthäus von Bascio erfahren, der sich zwei Jahre zuvor bei einem Ausbruch der Pest als selbstloser Helfer hervorgetan hatte, was ihm die Verehrung von Katharina Cibo, der Herzogin von Camerino, einbrachte; eine schicksalhafte Verbindung, denn sie war die Nichte des Papstes Clemens VII. Dieser Matthäus von Bascio tat, was vor ihm schon viele Spiritualen getan hatten – er wollte sich genauso wie Franz von Assisi kleiden: mit einer viel engeren als der inzwischen im Orden üblichen Kutte, zumal aus gröberem Stoff gearbeitet und mit einer spitz zulaufenden länglichen Kapuze. Auch wollte er wieder als Wanderprediger durchs Land ziehen.

Weil er sich bei seinen Ordensoberen – nun sämtlich Observanten – keine Billigung dieses Ansinnens versprach, machte er sich – ohne jemanden um Erlaubnis gefragt zu haben – auf den Weg zu Papst Clemens VII. nach Rom. War dieser nicht auch Oberster Herr der Minderbrüder? Offensichtlich hatte die Erschütterung durch die Reformation den Papst dahin gebracht, alle in Demut vorgebrachten Anliegen zu reformierten Lebensweisen in der Kirche zu genehmigen.

Frischer evangelischer Elan, der jedoch das Papsttum nicht infrage stellte, das war für Clemens VII. etwas, worauf er nicht feindselig reagieren wollte. Also gibt er Matthäus von Bascio mündlich die Erlaubnis, als Wanderprediger durch das Land zu ziehen, auch die selbst geschneiderte Kutte wird ihm genehmigt. Allerdings soll er sich einmal im Jahr, zur Zeit des Kapitels, seinen Provinzoberen vorstellen. Das macht er auch beim nächsten stattfindenden Ordenskapitel in Jesi. Der Provinzobere Johannes von Fano lässt ihn jedoch – da er nichts Schriftliches vom Papst in Händen hält – umgehend als Klosterflüchtling festnehmen.

Nach drei Monaten Klosterhaft in Forano erfährt seine Gönnerin, die Papstnichte Katharina Cibo, davon (auf deren Fürsprache die Papstaudienz wahrscheinlich überhaupt erst zustande gekommen war). Sie ist aufs Heftigste erzürnt und fordert Johannes von Fano auf, den von ihr verehrten Matthäus von Bascio sofort freizulassen. Dieser fügt sich, und so kann der Minorit Matthäus von Bascio in seiner selbst geschneiderten Kutte sein Wanderpredigerleben wieder aufnehmen.

Damit gibt er ein Beispiel für andere, die mit der Entwicklung im – nun rein observantischen – Orden unzufrieden sind. Schon bitten weitere Brüder den Provinzial um Erlaubnis, sich Matthäus von Bascio anschließen zu dürfen. Als Ludwig und Rafael von Fossombrone dies verweigert wird, gehen sie auch ohne Erlaubnis mit den Wanderpredigern – und werden als Klosterflüchtlinge verfolgt. Nun sind es auf einmal die Konventualen, die den beiden geflohenen Observanten im Kloster Cingoli Schutz bieten.

Der Provinzobere Johannes von Fano erkennt die Gefahr eines Dammbruchs, wenn diese beiden Brüder straflos den Orden verlassen können und sich dem – nunmehr offiziell vom Papst beglaubigten – Wanderprediger Matthäus von Bascio anschlössen. Darum erwirkt er eine Verfügung des Papstes, die beiden Flüchtlinge mittels Gewalt wieder in Gewahrsam nehmen zu können. Die Brüder ahnen die nahende Gefahr, können rechtzeitig fliehen, aber werden nun hartnäckig von Bewaffneten im Auftrag des Provinzoberen verfolgt. Inzwischen haben sich den beiden Brüdern noch weitere unzufriedene Observanten angeschlossen, sie tauchen zunächst in einem Kamadulenserkloster unter, werden dort jedoch von Johannes von Fano, der die Suche persönlich leitet, aufgespürt.

In Todesangst bitten sie die Kamadulenser, in deren Orden eintreten zu dürfen, was diese, aus Furcht vor der Reaktion der observantischen Häscher, jedoch ablehnen. Als Kamadulenser verkleidet können die Gesuchten schließlich entkommen.

Nun sucht die kleine Gruppe Matthäus von Bascio auf, um sich unter den Schutz der ihm erteilten Erlaubnis zu stellen. Doch diese gilt nur für ihn persönlich. Also begeben auch sie sich nach Rom, um sich dort ihr Sonderrecht auf Wanderpredigt und enge Kleidung mit spitzer Kapuze bestätigen zu lassen. Sie wollen gemeinsam mit Matthäus von Bascio umherziehen und in kleinen Eremitorien zusammenleben. Sie bekommen diese Erlaubnis, die auf Intervention von Johannes von Fano jedoch sofort widerrufen wird. So bleibt der kleinen Gruppe von Abtrünnigen nichts anderes übrig, als sich unter den Schutz der Papstnichte Katharina Cibo, der Herzogin von Camerino, zu stellen. Unter deren schützender Aufsicht findet sodann eine Aussprache zwischen den Geflohenen und dem Provinzial Johannes von Fano statt. Die kleine Gruppe fordert das, was nicht lange zuvor die Observanten beharrlich gegenüber der Kommunität gefordert hatten: »Freiheit für die Beobachtung der Regel!«

Nun jedoch richtet sich der Appell gegen die Observanten selbst, die kein opponierender Teil im Gesamtorden mehr sind, sondern dort die alleinige Macht besitzen. In dieser Konstellation hätte die aus vier Brüdern bestehende Gruppe wohl keine Chance gehabt, eigene Wege zu gehen – aber da kommt ihnen neuerlich die Pest in Camerino zu Hilfe, die bereits Matthäus von Bascio wegen seinem unerschrockenen Dienst an den Kranken zu Ehren verholfen hatte. Nun also haben die Brüder, die sich wiederum unter den Schutz der Konventualen (!) gestellt haben, aufs Neue die Chance, sich als Helfer in höchster Not auszuzeichnen. Sie tun es auf eine Weise, die die Bürger der Stadt aufs Tiefste beeindruckt – und damit haben sie eine entscheidende Hausmacht auf ihrer Seite.

Katharina Cibo berichtet ihrem Onkel Clemens VII., der sich – wieder einmal aus Rom flüchten müssend – in Viterbo befindet, vom Verhalten der von ihrem Provinzial so unerbittlich verfolgten Gruppe und bittet für diese um Schutz. Der Papst schickt daraufhin den Brüdern Ludwig und Rafael Fossombrone die Bulle *Religionis zelus,* in der er ihnen sowohl ein eremitisches Leben nach der Regel des heiligen Franziskus als auch das Tragen des von ihnen gewählten Habits mit spitzer Kapuze gestattet. Damit dürfen sie einen eigenen Oberen wählen und auch Novizen aufnehmen.

Ein dritter franziskanischer Ordenszweig – neben den observantischen Minoriten, die sich *ordo fratrum minorum* (OFM) nennen, den konventualen Minoriten (OFMkonv) – ist damit entstanden, benannt nach ihrer langen und spitzen Kapuze, die kapuzinischen Minoriten (OFMcap). Schnell wächst die Kapuziner-Gemeinschaft auf über siebenhundert Brüder, die von den Observanten zu den Kapuzinern übertreten.

Ist das nun ein Fortschritt? Eher Ausdruck einer fortschreitenden Marginalisierung der Franziskaner als Träger von Volksfrömmigkeit, die einst einen neuen solidarischen Geist vorlebten. Dieses Ordensmodell ist – in Konkurrenz zum Protestantismus, aber auch zum Humanismus und bald auch zur Frühaufklärung – zu einem Verfallsprodukt der katholischen Separatkirche geworden, die ihre kulturell prägende Kraft eingebüßt hat.

Die Entwicklung beginnt spätestens mit der Reformation an den Franziskanern (an allen drei Ordenszweigen) vorbeizulaufen, ein Niedergang vollzieht sich, der zur Gründerzeit um 1890 die Franziskaner auf ihrem bislang tiefsten Punkt findet. Man baut, man sichert sich gewerkschaftlich gegen die schlimmste Armut ab, steigt auf der sozialen Leiter nach oben – vergessen der Traum vom einfachen Leben, wie ihn Franz von Assisi träumte? Das scheint in prosperierenden Zeiten, wo jeder seinen Aufstiegstraum von Reichtum und Macht träumt, der Fall zu sein.

Kehren wir zurück an die Anfänge der Kapuzinerbewegung. Da verblüfft das Tempo, in dem die Kapuziner als Orden die in sie gesetzten Hoffnungen wieder enttäuschen. Denn schnell vergehen sich auch sie, wie zuvor die Observanten, gegen Franz' Ursprungsgeist. Jener Ludwig Fossombrone, der wegen seines organisatorischen Geschicks zum Kapuziner-Oberen gewählt wurde, verhält sich nun ähnlich selbstherrlich wie dreihundert Jahre zuvor Bruder Elias. Hartnäckig versucht er zudem die Einberufung eines Kapitels zu verhindern. Der Orden ist er?

Der kapuzinische Ordensbiograph Lázaro Iriarte schreibt über Ludwig Fossombrone, dessen organisatorischem Geschick das Entstehen eines Kapuziner-Ordens überhaupt erst zu verdanken war:

»Ein Genie, was Aufstand und Kampf anlangt, fehlte ihm das Zeug für einen Erzieher, wie ihn eine heranwachsende Gemeinschaft gebraucht hätte.«[306]

Die Kapuziner leiden unter Bruder Ludwigs autokratischem Gehabe und kennen bald bloß noch ein Thema: Wie können sie ihn schnell wieder loswerden? Der Sturz – mittels Intrige – gelingt, Ludwig Fossombrone wird aus dem Orden ausgeschlossen, aber der Ruf der Minoriten im Ganzen, der bereits schlecht war, wird auf diese Weise immer noch schlechter. Wer soll sich denn auch von den einfachen, mit Sorgen beladenen Gläubigen für einen Orden interessieren, der sich vor allem mit sich selbst und seinen Machtintrigen beschäftigt?

Johannes Capistranus. Der Inquisitor als Heiliger?

Dieses Buch will keine Ordensgeschichte sein, sondern der Gestalt Franz' von Assisi in ihrer kulturgeschichtlichen Dimension eine Kontur geben. Dazu gehören jedoch auch einige ausgewählte Ausblicke auf die katholische Kirchengeschichte – und damit die extreme Widersprüchlichkeit, ja eine bis zur Feindschaft auf Leben und Tod zugespitzte Gegensätzlichkeit, die sich bei Franziskanern der späteren Ordensgeschichte in der Berufung auf »ihren« Franz zeigt.

So gibt es allein sieben Angehörige des Franziskanerordens, die Päpste[307] wurden (zwei davon sogenannte »Gegenpäpste«) und aus ihrem Selbstverständnis in der Nachfolge Franz' von Assisi sehr verschiedene Akzente setzten – aber das ist nicht das Thema dieses Buches.

Hier soll nur ein extremes Beispiel für einen Franziskaner innerhalb der Kirchenhierarchie gegeben werden. Johannes Capistranus brachte es nicht nur als Inquisitor zu einer furchtbaren Berühmtheit, ist auch ein offizieller Heiliger der katholischen Kirche. Der Franziskaner P. Arnulf Goetz schreibt in seinem Buch *Heilige, Märtyrer und Helden*, Capistranus sei der »größte, heiligste und allseitig verwendete Inquisitor«, den der Franziskanerorden hervorgebracht habe, sein Leben lese sich wie »der spannendste Roman«.[308]

Im Selbstverständnis der Kirche war ein Inquisitor immer auch ein Missionar: Er schützte den rechten Glauben und bot ihn den Ungläubigen, oder jenen, die einem falschen Glauben anhingen, als letzten Fluchtweg vor der ewigen Verdammnis dar. Mit welchen Mitteln, um welchen Tribut an Opfern, all das waren keine Fragen, die man sich ernsthaft stellte. Man wusste sich im Besitz der Wahrheit, und diese galt es – wenn es sein musste, auch mit Gewalt –, zu verbreiten.

Geboren wurde Johannes Capistranus 1386 in Capistrano in der italienischen Provinz L'Aquila. Er kam aus wohlhabenden Verhältnissen, studierte in Perugia Rechtswissenschaften und bereitete sich auf eine bürgerliche Laufbahn vor, wurde 1412 Richter in Perugia. Zwei Jahre später geriet er bei einem der nicht aufhörenden Kleinkriege unter den italienischen Städten in Gefangenschaft. Er versucht aus dem Kerker zu fliehen, ein Seil reißt, er stürzt ab und erleidet einen Schenkelbruch. Goetz berichtet: »Statt ärztlicher Pflege und schonender Behandlung erhielt er eine qualvolle Verschärfung der Gefangenschaft, die sadistisch anmutet. Im untersten, vollständig dunklen Verließ des Turmes mußte er, trotz des gebrochenen Beines an die Mauer geschmiedet, bis zur Mitte der Beine im Wasser stehen. Eine Kette mitten um den Leib verhinderte jede Bewegung und Erleichterung.«[309]

In diese Zeit höchster Bedrängnis fällt seine innere Umkehr – weg von der äußeren Welt mit ihren falschen Maßstäben hin zu jener Glaubenswelt, wie sie für ihn die Franziskaner verkörpern. Ihm erscheint die Gestalt eines Franziskaners, da weiß er, worin er, sollte er diese mörderische Gefangenschaft überleben, seinen Auftrag sehen würde: im Kampf gegen die Ketzer und die Ungläubigen!

Die Grausamkeitskultur des Mittelalters saugt ihn gleichsam auf. Als er dann – im gleichen Jahr 1415 – tatsächlich freikommt, verlässt er seine Frau, gibt das Richteramt auf, lässt überhaupt alles zurück, was ihn an sein bisheriges Leben band. Er wird Novize im Kloster der Franziskanerobservanten in Perugia, wo er sofort durch extreme Askese auffällt. Es treibt ihn der Fanatismus und der übersteigerte Glaubensehrgeiz eines Spätberufenen. So lässt er im Laufe seiner viele Jahre dauernden erfolgreichen Tätigkeit als Inquisitor in Franziskanerkutte – ohne Anflüge von Zweifel, ohne jedes Mitleid – zum Lobe Gottes Hunderte von Menschen foltern und auf Scheiterhaufen verbrennen.

Dass die Observanten vielleicht doch nicht die legitimen Erben der Spiritualen im Orden sind, zeigt sich daran, dass die Ideen Joachim von Fiores im Verborgenen weiterleben. Man nennt diese Spiritualen nun »Fratizellen« – und der Inquisitor Johannes Capistranus gelobt, sie aufzuspüren und auszurotten. So martialisch ist es gedacht – und so wird es auch getan.

Capistranus ist, das darf man wohl in aller Ausgewogenheit des Urteils sagen, ein schlechter, ein falscher Franziskaner. Denn er sucht gezielt die Nähe der Mächtigen, dient sich ihnen als Berater an – und als exekutierendes Instrument ihres Willens (den er ihnen einflüstert) gleich dazu. Eine monströse Gestalt, die 1440 sogar einen Traktat über die »päpstliche Machtvollkommenheit« verfasst.

Unrühmliche Berühmtheit erlangt er bei der Verfolgung sowohl der Juden in Polen wie auch der Hussiten in Böhmen. Das Prinzip Ghettoisierung der Juden findet in ihm einen einflussreichen Propagandisten. Juden, so meint er, haben eine verderbliche Wirkung auf Christen, darum müsse man sie von diesen fernhalten. Als es 1453 in Breslau zu einem Skandal kommt, ist Capistranus sofort zur Stelle. Ein Bauer denunzierte Juden, sie würden Hostien schänden. Darauf ließ Capistranus alle Juden der Umgebung einkerkern, foltern und einundvierzig von ihnen auf Scheiterhaufen verbrennen. Das Vermögen der Juden wurde requiriert.

Aber auch die böhmischen Hussiten traf es. 1433 hatte man auf dem Konzil von Basel einen Kompromiss gefunden, um die schon zwei Jahrzehnte andauernden Hussitenkriege zu beenden. Die radikalen Taboriten waren militärisch besiegt und Jan Hus längst als

Ketzer verbrannt worden – und mit den gemäßigten, den Utraquisten, schloss der Papst einen Kompromissfrieden. Für den Inquisitor Johannes Capistranus völlig unannehmbar: Ketzer bleibt Ketzer!

Sofort beginnt er zu missionieren, will die Hussiten zwingen, sich vollständig der Kirche zu unterwerfen. Sollten sie dies nicht tun, und sei es mit Hinweis auf den ausgehandelten Kompromiss, sei offenkundig, dass auch sie als Ketzer zu behandeln seien. Zu diesem Zweck intrigiert Capistranus beim Papst, er solle den Kompromiss mit den Hussiten aufkündigen – was der Inquisition in seiner Person freie Hand gegeben hätte. Aber Papst Nikolaus V. ist das zu viel an Machtanmaßung seines Inquisitors. Vielleicht beginnt auch er insgeheim diesen verfolgungswütigen Franziskaner zu fürchten, jedenfalls lässt er ihn mit seinem Ansinnen ins Leere laufen.

Capistranus jedoch lässt die Beute nicht aus den Augen. Er schreibt seinen »Hussitentraktat«, der nichts anderes als eine Falle ist, die er dem geistlichen Führer der Hussiten, Johann Rokytzana, stellt. Darin heißt es: »Der Katholik muss festhalten und beobachten, was die heilige römische Kirche glaubt, lehrt und beobachtet. Wer über die Sakramente des Leibes und Blutes des Herrn Jesus Christus, der Taufe, der Sündenvergebung, der Ehe und die übrigen Sakramente anderes lehrt und denkt wie die heilige Kirche, der ist wie jeder Häretiker im Banne.«[310]

Es muss Capistranus, der sich selbst den Auftrag gegeben hatte, die Fratizellen (Spiritualen der x-ten Generation) auszurotten, besonders erbost haben, in Böhmen dem Einfluss der Ideen eines alten Bekannten wieder zu begegnen: Joachim von Fiore. Böhmen ist zum Laboratorium reformatorischer Kräfte geworden, die sich zudem der Volksfrömmigkeit versichern.

Dass Jan Hus 1414 unter falschen Versprechungen (freiem Geleit!) zum Konzil nach Konstanz gelockt worden war, wo man ihn dann als Ketzer verurteilte und verbrannte, hatte das spätere Oberhaupt der Hussiten Johann Rokytzana im Jahr 1451 nicht vergessen, als Capistranus ihn missionieren will.

Capistranus klingt in seinen Briefen an ihn wie ein Wolf, der Kreide gefressen hat: »Mein lieber Johannes, welchen Namen ich selbst trage, möchte ich doch durch dich, einen Johannes, in Verein mit mir, einem Johannes, diesem Streit ein Ende bereiten, ohne Verletzung der katholischen Wahrheit. Wie würde ich mich freuen, dich zu sehen und in der Liebe umarmen zu dürfen!« Und als versierter Redner fährt er fort: »Das Gerede, dass ich die Leute verführe, stört mich nicht ... In deinem Brief hast du mich sogar, ohne mich zu kennen und gesehen zu haben, aufs Geratewohl für einen Melancholiker erklärt, während ich doch von Natur ein Sanguiniker und Choleriker bin. Du nennst mich einen Mönch; aber ich bin kein Mönch, sondern ein Minderbruder vom Orden des heiligen Franziskus, dem die katholische Kirche den Auftrag gegeben hat, zu predigen und auf der ganzen Welt die Irrlehrer zu bekämpfen.«[311]

So sehen die Vertraulichkeiten eines Inquisitors aus, der versucht, einen persönlichen Kontakt zu seinem nächsten Opfer herzustellen. Rokytzana bleibt die Antwort nicht schuldig, und was für eine: Er fordert Capistranus zu einer Disputation heraus! Der Inquisitor reagiert umgehend, jetzt wie ein Hecht, der sich bereits im Karpfenteich wähnt. Er stimmt einer Disputation zu: »Es ist aber nicht deine Sache, sondern meine, Ort und Richter zu bestimmen. Ich bin Apostolischer Kommissar und Generalinquisitor für die ganze Erde, dem du von Rechts wegen zu gehorchen hast wie dem Papst selbst, wenn du noch ein Christ sein willst.«[312]

Das klang kurz zuvor noch eine Nuance freundlicher, aber der Inquisitor sieht sich bereits fast am Ziel. Er muss Rokytzana nur noch an einen Ort locken, wo die weltliche Macht auf seine Befehle hört, dann kann der Schauprozess mit ausgemachtem Ende beginnen.

Doch geht auch dieser Versuch Capistranus' fehl, den Widersacher bei seiner Eitelkeit zu packen, ihn in seinen Machtbereich zu holen: »Schlägst du die Disputation so gering an, dass sie auf einem Bauerndorf gehalten werden soll? Dieser Sache kommt doch eine solche Würde und Bedeutung zu, dass sie nicht bloß vor

Inquisitor und offizieller Heiliger der katholischen Kirche: Johannes Capistranus

Gelehrten, sondern vor den gelehrtesten Männern behandelt werden muss. Willst du jetzt deinen Geist, den du so herausgestrichen hast, vor Ochsentreibern und Schafhirten leuchten lassen? Ich war der festen Meinung, du würdest eine altberühmte Stadt wählen, wie es sich für einen Gelehrten geziemt. Du willst aber nach Krumau, wo außer dem Herrn Heinrich und seiner erlauchten Familie nur ungebildete Leute wohnen.«

Aber Capistranus gelingt es nicht, Rokytzana aus Böhmen herauszubringen. Er umkreist Böhmen immer wieder wie der Wolf die Schafe, aber Rokytzana ist ein geschickter Hüter seiner Herde. Voller Wut schickt ihm nun Capistranus einen Brief, der zeigt, hier ist jemand, der Prinzipien nur hat, um mit ihnen zu töten: »Ich möchte dich nicht verderben, sondern gewinnen. Besser die Wunde von einem Liebenden als heimtückische Küsse eines Hassenden …

Warum willst du mit deinem schmutzigen Mund den Mönchsnamen richten, du Frass der Würmer, du Speise des Feuers, du Haufen der Fäulnis, du Mensch der Sünde, du Sohn des Verderbens, du Sklave der Hölle, wenn du dich nicht bekehrst? Verzeihe mir! Du hast mich zum Zorn gereizt. Versöhne dich mit deiner herrlichen Mutter, der Kirche! Sei nicht wie die Vipernbrut, welche die Eingeweide ihrer eigenen Mutter auffrisst!«[313]

Der derart Angesprochene braucht keine weitere Disputation mehr, um zu wissen, was hier verhandelt wird. Capistranus wird nun aus Eger, von wo aus er seine Aktionen gegen die Hussiten koordinieren will, ausgewiesen, er versucht es in Brüx mit einem Brief, in dem er die böhmischen Barone dazu zu bringen versucht, ihm Rokytzana auszuliefern: »Diese Giftschlange konnte nur Gift ausspeien. Wer, der noch bei Vernunft ist, kann einen solchen Menschen schalten und walten lassen, der sein Vaterland schändet und sein Volk in Verruf bringt, nur um sein zügelloses, schlechtes Leben weiterführen zu können.«[314]

Vergebliche rhetorische Bemühung! In Böhmen braucht nach der Ermordung von Jan Hus kein Inquisitor mehr irgendwelche Drohungen oder Versprechungen von sich zu geben. Und so passiert, was der Inquisitor nicht vermutet hätte: Er kommt nicht an Rokytzana heran, Böhmen bleibt inquisitorfreies Gebiet.

Zum Glück bietet sich im Moment der Niederlage ein anderes Betätigungsfeld für den Inquisitor: Die Türken stehen vor Belgrad. Capistranus weiß, dass er jetzt einen neuen Auftrag hat: das christliche Abendland vor den Türken zu retten! Und diesmal lässt er sich – der Inquisitor als Kriegskommissar – den Siegesruhm nicht nehmen. Capistranus, der sich nun überdeutlich von seiner paranoiden Seite zeigt, lässt sich am 22. Juli 1456 als »Sieger von Belgrad« feiern.

Zeitzeugen berichten, er habe sich bei all dem Herbeibeten des Sieges und den fortwährenden kriegerischen Motivationspredigten für die Soldaten überanstrengt: »Er war ein erbarmungswürdiger Anblick geworden, eine fleisch- und blutlose Hülle, ein paar

Knochen in ein wenig Haut gewickelt.«[315] Zwei Monate nach diesem Sieg stirbt er im Franziskanerkloster Ilok.

1690 wird Capistranus zum Heiligen erklärt, vielleicht weil man in der Zeit der anbrechenden Frühaufklärung einen Fanatiker wie ihn als Beispiel feiern wollte, einen, der zum Lobe Gottes über Leichen geht! Heute lebt das Andenken des folternden und mordenden Franziskaner-Inquisitors noch weiter, denn er gilt als Schutzpatron nicht nur der Feldprediger (heute euphemistisch Militärseelsorger genannt), sondern auch der Rechtsanwälte.

EPILOG

Ein Jesuitenpapst namens Franziskus. Der späte Schulterschluss mit der Befreiungstheologie?

Dieser Papst erkennt in Franz von Assisi den Mystiker, der seine eigene Sprache mit Gottes ganzer Schöpfung spricht. Es ist die Innigkeit dieser Sprache, die sie nicht nur jeden Menschen, auch die Tiere und Pflanzen verstehen lässt.

Die Natur sei Franz von Assisi ein »prächtiges Buch« gewesen, sagt der Papst, der sich selbst »Bischof von Rom« nennt. Wobei ihm dieses Bild vom Buch etwas verrutscht, denn von Büchern hielt Franz von Assisi bekanntlich nicht viel. Auch dass er gefordert habe, »im Konvent immer einen Teil des Gartens unbebaut zu lassen«,[316] ist nur eine halbe Wahrheit und darum schon fast wieder eine fromme Lüge. Denn das Wort Konvent passt nicht zu Franz von Assisi, der jede feste Behausung der Brüder für unstatthaft der Nachfolge Jesu hielt und schon mal selbst Hand anlegte, um solche allzu selbstherrliche Befestigung der Brüder auf Erden wieder abzureißen. Auch ein Nutzgarten entsprach nicht seiner Vorstellung vom Gottvertrauen, von dem sich die Brüder leiten lassen sollten. Aber vielleicht ist dem Papst der Konventpassus auch von der Glaubenskongregation hineingeschrieben worden? Dort hat man die Enzyklika bearbeitet, damit, wie Franziskus ironisch kommentiert, keine theologischen Dummheiten drinstünden.

Klar dagegen ist die Charakterisierung dieses alle kirchlichen Grenzen (jede Separierung) überschreitenden franziskanischen Geistes. Der Mystiker scheint der ideale Vermittler in widersprüchlichen Angelegenheiten. Denn er nimmt nicht Partei für bestimmte Positionen, wie sie Institutionen und Gegeninstitutionen vertreten. Er glaubt daran, dass der Geist der Liebe überall sein kann, in dieser oder jener Partei, welcher, das ist nicht entscheidend, entscheidend ist nur, dass er deren interessenhafte Begrenztheit überschreitet. Mystiker ist, wer ein Transzendieren ohne Transzendenz lebt, also niemals in einem Zustand des Jenseitigen anlangt. Aber er bleibt auf dem Weg dahin, der unweigerlich paradox wird: ein Pilger zu Gott auf dem Grunde seiner Seele, wie es Meister Eckhart formuliert.

Der Geist des Mystikers, den er in sich trägt, erweitert die interessenhafte Engführung unseres Denkens. Der Typus des Mystikers, wie ihn Franz von Assisi verkörpert, steht Papst Franziskus nahe. Dieser will nicht vergessen, dass er Jorge Mario Bergoglio war, bevor er im letzten Abschnitt seines Lebens zum Papst wurde. Wie Franz von Assisi hat er ein Vorleben, an dem er sich mit dem, was er heute sagt und schreibt, abarbeitet – soll man von Läuterung, gar Umkehr und Selbstanklage sprechen? Oder ist hier doch ein starkes kontinuierliches Band vorhanden, das nur lange Zeit – gerade auch unter seinen Jesuiten-Mitbrüdern – verborgen und missverstanden blieb? Wie ähnlich ist er jenem Franz von Assisi, über den er sagt: »Er war ein Mystiker und ein Pilger, der in Einfachheit und in einer wunderbaren Harmonie mit Gott, mit den anderen, mit der Natur, mit sich selbst lebte. An ihm wird man gewahr, bis zu welchem Punkt die Sorge um die Natur, die Gerechtigkeit gegenüber den Armen, das Engagement für die Gesellschaft und der innere Friede untrennbar miteinander verbunden sind.«[317]

Es klingt wie ein Bekenntnis, wenn dieser Papst über Franz von Assisi sagt: »Ich nahm seinen Namen an als eine Art Leitbild und als eine Inspiration im Moment meiner Wahl zum Bischof von Rom. Ich glaube, dass Franziskus das Beispiel schlechthin für die Achtsamkeit gegenüber dem Schwachen und für eine froh und authentisch gelebte ganzheitliche Ökologie ist.« So gibt er der Nachfolge Franz' von Assisi eine überraschend konkrete Kontur: »Er ist der heilige Patron all derer, die im Bereich der Ökologie forschen und arbeiten und wird auch von vielen Nichtchristen geliebt.«[318]

Ausdrücklich will der Papst diese Enzyklika nicht nur an die Angehörigen der katholischen Kirche, sondern an alle Menschen dieser Erde gerichtet wissen. Er will auch nicht etwa verkündigen, sondern »ins Gespräch kommen«. Denn es gehe um »die Sorge für unser gemeinsames Haus«. Das ist zweifellos richtig, wenn auch nicht unbedingt originell formuliert, wie auch das Schlagwort »ganzheitlich« zeigt, das sich zeitgeistförmig in seine Rede einschleicht.

Die etwas Älteren erinnern sich an die achtziger Jahre, wo mit Gorbatschows Perestroika ebenfalls von der Sorge um unserer »gemeinsames Haus« die Rede war. Und so ganz neu – vielleicht nur für die Kurie in Rom – ist das Ökologiethema ja auch nicht mehr. Und wer will schon die folgende Unterstellung auf sich beziehen: »Wir sind in dem Gedanken aufgewachsen, dass wir die Eigentümer und die Herrscher seien, berechtigt, sie (»Schwester Erde« – Anm. G.D.) auszuplündern.«

Seine »Umwelt-Enzyklika« liest sich wie eine populäre Broschüre zum Stand von Naturforschung, Ökologie, Gentechnik und Konsumkritik. Einerseits ist da die für jeden verstehbare Alltagssprache, die auf jeden theologischen Exkurs verzichtet, andererseits vermisst man – auch als Nichttheologe, auch als Nichtchrist – gerade die Behandlung dieser Existenzfragen aus theologischer Sicht. Ist das eine falsche Erwartungshaltung?

In diesem Punkt wird es deutlich: Papst Franziskus will sich nicht auf scholastische Weise in Fragen der Naturerklärung hineindrängen, darin ist er tatsächlich ein Nachfolger von Franz, der mit wenigen – aber dafür sehr persönlichen – spirituellen Gesten die Menschen für sich einzunehmen wusste.

Auch Papst Franziskus hat eine Biographie, die nicht ohne Brüche vor uns steht. Wo war hier Umkehr, wo Schuld und Läuterung? Angesichts der Geschichte sind wir alle Verstrickte. Es sei denn, wir hörten auf zu handeln und uns einzumischen. Manchmal will einer genau das, aufhören, bei etwas mitzutun, was ihm die Stimme seines Gewissens dringlich rät, nicht länger durch eigene Anwesenheit zu legitimieren – aber dann bleibt er doch, entweder weil er durch äußere Umstände dazu gezwungen wird, oder weil er befürchtet, andere an seiner Stelle würden alles noch schlimmer machen. Die ewigen Qualen des Gewissens, wer kennt sie nicht?

Allgemein philosophisch ist das eine durchaus bequeme Haltung. Aber wenn es historisch konkret wird, dann will man doch wissen, wer sagte und tat oder unterließ was, und welche Folgen hatte dieses Tun oder Unterlassen für andere? So beginnt jede polizeiliche Untersuchung – und auch die Geschichtsschreibung? Ja, auch diese. Doch einen wichtigen Unterschied gibt es: Die Arbeit des Historikers ist das Aufzeigen von Verhältnissen, die das Handeln von Menschen in einer Zeit bestimmen, obwohl sie – Tücke der Dialektik – diese Verhältnisse durch eben ihr Handeln immer wieder reproduzieren.

So ist der Mensch vor der Geschichte immer zugleich Opfer und Täter. Aber rechtfertigt eine solche Sicht nicht jedes Verbrechen, verhindert also, dass Verantwortliche namentlich genannt werden? Nein, im Gegenteil, eine solche Sicht vermeidet jene Form von selbstgerechtem Moralismus, der sich zum Richter macht über das Handeln anderer, vor allem in Zwangssituationen.

Papst Franziskus hat, als er noch Jorge Mario Bergoglio hieß und als Angehöriger des Jesuitenordens Bischof in Buenos Aires war, sich für eine »arme Kirche« eingesetzt. Die Jesuitenbrüder betätigten sich auch während der Militärdiktatur als Seelsorger und Sozialarbeiter in den Armenvierteln. Da einige von ihnen hierbei in Verbindung zu militanten Regimegegnern kamen, wurden auch sie eingesperrt und gefoltert. Und Bergoglio trug die Verantwortung für sie. Tat er wirklich alles, sie zu schützen? Darum streitet man nun in Argentinien und im Jesuitenorden. Einige seiner Mitbrüder werfen ihm sogar vor, er habe nicht nur unterlassen, sie zu schützen, sondern sogar zeitweise mit dem Militär paktiert.

Ein Mitschuldiger auch dieser Papst, der in seinem Handeln heute doch so glaubwürdig in seinem Einsatz für eine gerechtere Welt wirkt? Das führt zu der sehr grundsätzlichen Frage: Bis wann ist das eigene schuldverstrickte Vorleben ein Motor für die Katharsis danach – ab wann bleibt man schlicht ein Schuldiger, dem man nichts mehr glaubt?

Bergoglio schreibt in *Über die Selbstanklage. Eine Meditation über das Gewissen*, Selbstanklage allein schütze davor, über dem Splitter im Auge des anderen den Balken im eigenen zu übersehen. Über die notorischen Verfolger, diese im »Mechanismus des Argwohns«

Gefangenen, die von einer »strukturellen Gier« getrieben würden, heißt es: »Diese Selbstversklavung führt auch zu einer Schwächung der Urteilskraft. Das Urteil verliert an Treffsicherheit.«[319]

Die fatale Logik des Freund-Feind-Denkens führt für Bergoglio direkt in die Ideologie, eine Form von pervertierter Wahrheit, die mit Abstrakta handelt, wo es doch um Lebenszusammenhänge geht. Der falsche Weg ist für Bergoglio – und das trifft wohl immer noch auf seine Position als Papst zu – Ausdruck jenes Individualismus, in dem er das Übel der modernen Welt erkennt. Gegen die »Argwöhnischen und Misstrauischen« und ihren Drang zur üblen Nachrede stellt er das Prinzip der Selbstanklage. Denn nur so, in der freiwilligen Erniedrigung und Demut, könne die kranke Seele gesunden. Und doch klingt ein merkwürdiger Ton mit, wenn er darüber schreibt, und man versteht bei solchen Wendungen dann auch, warum er bei einigen seiner jesuitischen Mitbrüder für konservativ, fast schon reaktionär gilt: »Sich zu demütigen bedeutet gewissermaßen, die Aufmerksamkeit des Teufels auf sich zu lenken, zu kämpfen, sich der Versuchung auszusetzen – und letztlich zu triumphieren.«[320]

Da schwingt etwas Dämonisches mit. Klar und schlicht dagegen die direkte Form, mit der er seine ihn kritisierenden Jesuitenmitbrüder anspricht: »Und ich habe vorgeschlagen, dass wir darauf verzichten könnten, schlecht voneinander zu sprechen … Schlecht vom anderen zu reden schadet der ganzen Kirche, weil es nicht beim bloßen Gerede bleibt, sondern sich dieses Gerede (zumindest im Herzen) in Aggression verwandelt. Augustinus nennt die, die schlecht über andere reden, ›hoffnungslose Menschen‹. ›Hoffnungslose Menschen‹ aber sind, je weniger sie auf die eigenen Sünden achten, desto neugieriger auf die der anderen.«[321]

Was genau werfen denn seine Kritiker Papst Franziskus vor? Vor allem sind es einige seiner jesuitischen Mitbrüder aus Argentinien, die sein Verhalten während der Militärdiktatur für ein großes Versagen des Menschen Jorge Mario Bergoglio halten. Was sie zu sagen haben, das wiegt tatsächlich schwer und zeigt, wie gespalten der

Jesuitenorden in Argentinien unter der Militärdiktatur in den siebziger Jahren tatsächlich war.

Paul Vallely hat in seinem Buch *Papst Franziskus*, das den Untertitel *Vom Reaktionär zum Revolutionär* trägt, ein sehr scharf konturiertes Bild des Argentiniers Jorge Mario Bergoglio gezeichnet. Bergoglio trat 1958 (mit einundzwanzig Jahren) in den Jesuitenorden ein und wurde 1969 zum Priester geweiht. In die Zeit seines Theologiestudiums fallen das Zweite Vatikanische Konzil von 1962 bis 1965, die Reform der Kirche und damit die Infragestellung aller bisher verbindlich geltenden Traditionen.

Der junge Bergoglio habe früh im Ruf eines »unerforschlichen Menschen«[322] gestanden, darum bekam er auch den Spitznamen »Mona Lisa«. Später nannten ihn seine Feinde einen Mann, »der niemals lächelt«. Von seinem Selbstverständnis her war er ein Autokrat – und damit prädestiniert zum Papstamt, zum Vater der Kirche?

Geprägt wurde er in seinem priesterlichen Selbstverständnis von der katholischen Soziallehre, die eine Art dritten Weg zwischen Kommunismus und Kapitalismus zu gehen versuchte, eine Ethik der Verantwortung entwickelte. General Perón, der Argentinien von 1946 an als Präsident prägen wird, vertritt auf der Basis der katholischen Soziallehre ein Gesellschaftsmodell, das, wie einige linke Kritiker ihm nachsagen, dem Faschismus nahestünde. Mit Recht? Der Kampf verschiedener Interessen in der Gesellschaft wird relativiert, gar negiert, mit Hinweis auf übergeordnete Gemeinsamkeiten. Das Kapital, die Arbeiter und Bauern, die Regierung, die Gewerkschaften und Parteien seien alle Teil des Volkes, einer Nation, der sie zu dienen hätten.

Das ist die Ideologie des Peronismus, in der der junge Bergoglio vermutlich eine Utopie zu erkennen glaubte, die einen Interessenausgleich jenseits politischer Kämpfe möglich macht. Ähnliche Bestrebungen gab es auch in anderen Ländern. Präsident Roosevelt hatte in den dreißiger Jahren den USA einen »New Deal« verordnet, der ein staatliches System der Kontrolle der Gesellschaft bedeutete, in dem das freie Spiel der Kräfte des Kapitals gezügelt wurde. Auch die – überaus erfolgreiche – bundesdeutsche Form eines Zwitters zwischen Plan und Markt, die »soziale Marktwirtschaft«, lebte noch – bis etwa zur Jahrtausendwende – von diesem Geist der Gesellschaft als Solidargemeinschaft.

Es ist schwer zu begreifen, warum sich Bergoglio, nachdem in Argentinien das Militär putschte und es zur Verfolgung und furchtbaren Verbrechen an Oppositionellen kam, auf die Seite der Generale stellte. Vallely nennt Bergoglio in diesen Jahren einen »geistlichen Berater« der extremen Rechten, die sich in der »Eisernen Garde« versammelten.

Die Gründe für diese Haltung sind sicherlich vielgestaltig. Eine wesentliche Ursache liegt vermutlich in seiner Ablehnung eines Materialismus, für den er den damals konjunkturellen Marxismus verantwortlich machte. Ebenso missfiel ihm die Entwicklung des Jesuitenordens in Argentinien. In der Folge des Zweiten Vatikanischen Konzils und angesichts der Grausamkeiten der Militärdiktatur entwickelten sich dort Basisgemeinden, die politisch den Guerillakampf gegen die Generale unterstützten. Angehörige des Jesuitenordens gingen in Elendsviertel und lebten mit den Ärmsten der Armen zusammen, unterstützten sie in ihrem Widerstand gegen die Diktatur, der auch bewaffnete Formen annahm.

Hier entsteht jene Befreiungstheologie, die sich an das Buch *Zu einer Theologie der Befreiung hin* des brasilianischen Theologen Rubem Alves anschließt. Weltweit bekannt geworden ist die »Befreiungstheologie« allerdings durch den brasilianischen Franziskaner Leonardo Boff. Seit ihrem Auftreten Ende der sechziger Jahre fand sie in Jorge Mario Bergoglio einen entschiedenen Gegner. Er hielt die wichtige Forderung Le Boffs einer »Identifikation« der Priester mit den Armen, die auch eine Beteiligung an politischen Widerstandsaktionen – die Rechtfertigung von revolutionärer Gewalt also – bedeutet, aus pastoraler Sicht für falsch. Auch die Elemente des Marxismus, die in der Befreiungstheologie eine Rolle spielen, lehnt er ab.

Für Bergoglio hatte der Priester wie auch der Ordensmann in der modernen Welt die Aufgabe eines spirituellen Begleiters und Seelsorgers, der sich selbst jedoch nicht mit den Armen auf eine Weise identifiziert, dass er mit ihnen in den Basisgemeinden der Slums lebt und sich auch an ihren politischen Aktionen beteiligt. Das Beharren darauf, dass das Religiöse den Menschen in Not innerlich stärken, aber nicht dazu führen soll, dass er mit ihnen einen politischen Aktionspakt schließt, das unterscheidet seine Position von der Leonardo Boffs. In diesem wichtigen Punkt schien Papst Franziskus immer ein Gegner der Befreiungstheologie, wie sie sich ab Ende der sechziger Jahre weiter radikalisierte, bis hin zu putschistischen und terroristischen Formen.

Doch liest man nun die Enzyklika *Laudato si'*, ist man erstaunt, auf folgende Sätze zu stoßen: »Die Verantwortungsträger haben das Recht und die Pflicht, Maßnahmen zu ergreifen, um die Kleinproduzenten und die Produktionsvielfalt klar und nachdrücklich zu unterstützen. Damit es eine wirtschaftliche Freiheit gibt, von der alle effektiv profitieren, kann es manchmal notwendig sein, denen Grenzen zu setzen, die größere Ressourcen und finanzielle Macht besitzen.«

Das wurde bemerkenswerterweise schon von Benedikt XVI. gefordert. Minikredite für Existenzgründer in Lateinamerika geben Hoffnung auf Selbstbestimmung, sind ein dringend notwendiges Gegengewicht zum global agierenden Finanzkapital. Papst Franziskus kritisiert nun unumwunden den bürgerlichen Freiheitsbegriff, wo er sich sozial entleert: »Eine rein theoretische wirtschaftliche Freiheit, bei der aber die realen Bedingungen verhindern, dass viele sie wirklich erlangen können, und bei der sich der Zugang zur Arbeit verschlechtert, wird für die Politik zu einem widersprüchlichen Thema, das ihr nicht zur Ehre gereicht.«[323]

Hier wird eine Wandlung offenkundig, eine Annährung auch an die immer so scharf bekämpfte Befreiungstheologie, die Freiheit immer vorrangig als soziale Frage begriff. Hat sich also Papst Franziskus am Namensgeber gleichsam geläutert, steht ihm der Franziskaner Leonardo Boff nun näher als früher in Argentinien? Es scheint so, sonst würde der Papst wohl kaum unmittelbar nachdem er in seiner Enzyklika *Laudato si'* den *Sonnengesang* zitiert, mit einem Hinweis auf die brasilianischen Bischöfe anschließen: »Die Bischöfe in Brasilien haben betont, dass die gesamte Natur Gott nicht nur kundtut, sondern auch Ort seiner Gegenwart ist. In jedem Geschöpf wohnt sein lebensspendender Geist, der uns in eine Beziehung zu ihm ruft.«[324] Da zeigt sich dann ein pantheistischer Zug im Denken des Papstes, seine Nähe zu Franz von Assisi als Mystiker.

Ist das Buße, Läuterung dessen, was er vor Jahrzehnten in Argentinien tat? Viele Vorwürfe gegen die Rolle, die Jorge Mario Bergoglio dort spielte, spiegeln vor allem die Tatsache, dass der Jesuitenorden in diesem Land selbst in erbitterte Parteienkämpfe verstrickt war, in denen Bergoglio sich auf Seite der Konservativen stellte. Priester sollen keine Politiker sein, erst recht keine Revolutionäre! Wenn linke Guerilleros gegen rechte Todesschwadronen kämpfen, dann ist der Platz der Priester am Altar, so ließe sich Bergoglios Haltung damals interpretieren. Darin könnte man auch eine Verteidigung des genuin Religiösen, des »Credo quia absurdum« sehen. Die Jesuiten sind in ihrem Selbstverständnis »kontemplative Männer der Tat«, Aufklärer über die Illusionen der Aufklärung von Anfang an. Seit Ignatius von Loyola also behalten sie eine Distanz zur Sphäre des praktischen Handelns, der sie sich zuletzt doch nicht völlig verweigern – aber dabei eben nicht vordergründig als Agitatoren auftreten, sondern vielmehr als Entlarver jener Agitatoren, die nicht Ideen dienen, sondern nur der Ideologie von Parteien. Insofern verteidigt Bergoglio mit seiner Skepsis gegenüber dem Weltveränderungspathos der Revolutionäre (in denen er die Hybris einer entfesselten Selbstvergottung des Menschen erkennt) einen ursprünglichen Reformansatz der Jesuiten.

Die Forderung nach einer neuen Demut des Menschen gegenüber der Schöpfung geht jedoch nicht zuerst auf Ignatius von Loyola zurück, sondern auf Franz von Assisi. In *Laudato si'* zeigt sich, dass es kein Zufall war, dass er sich Franziskus nannte – er holt mit diesem Papstnamen das antipäpstliche Moment, die Kritik der Hierarchie, das Gebot der Armut ebenso wie des Friedens, seine Ablehnung von Machtlogiken überhaupt, in den Papstnamen hinein. Er will eine schwache Kirche, eine Kirche der Minoriten in der Nachfolge Jesu.

Vor diesem Hintergrund ist es nicht unwichtig, sich daran zu erinnern, dass der bislang letzte Vertreter des Franziskanerordens, der zum Papst gewählt wurde (es gab fünf offizielle franziskanische Päpste und zwei »inoffizielle« Gegenpäpste), der als aufgeklärt geltende Clemens XIV., 1773 auf politischen Druck hin den Jesuitenorden, in dem seine Gegner einen politischen Unruhestifter erkannten, aufgelöst hatte. Er fiel ein Jahr später einem Giftanschlag zum Opfer.

Kann man also in Bergoglios Namenswahl auch einen Akt der Versöhnung eines jahrhundertelang schwelenden Misstrauens zwischen beiden Orden erkennen? Welche tief innerliche Verbindung gibt es zwischen den Jesuiten und den Franziskanern? Denn es muss eine geben, sonst hätte sich Bergoglio nicht Franziskus genannt. Und tatsächlich, schaut man sich die Biographie Ignatius von Loyolas, des Ordensgründers der Jesuiten, an, dann findet man die Geschichte seiner Mission untrennbar mit dem Namen Franziskus verknüpft. Der junge Ignatius von Loyola hatte 1521, im Kriegsdienst stehend, bei der Belagerung von Pamplona sein rechtes Bein verloren. Als er derart verwundet dalag, mit der Perspektive, im Falle seines Überlebens ein kriegsuntauglicher, also nutzloser Invalide zu sein, da habe er angefangen, sich mit der Geschichte von Heiligen zu beschäftigen und sei dabei schnell auf sein späteres Idol Franz von Assisi gestoßen. Wie dieser wollte er nun »durch der Erde Elend sich des Himmels Herrlichkeit erwerben«.[325]

Kaum genesen, zog er als Bettler, wie es heißt, unter großen Anstrengungen und Entbehrungen ins Heilige Land und begann, von dort zurückgekehrt, Philosophie und Theologie zu studieren, mit dem Ziel, als »geistlicher Ritter« die katholische Kirche zu verteidigen. Das war allerdings nicht Franz' Haltung, der in der

Institution Kirche etwas Nachrangiges sah. Jedoch eint sie die Rückkehr zur Nachfolge Christi und ein damit verbundener kirchenkritischer Reformansatz.

Bergoglios Haltung, die ihn nun als Papst Franziskus auszeichnet, ist die Haltung des Mystikers, der – ganz im Geiste von Franz – sagt, ein vorbildlicher Christ kann ich überall sein, *sogar* auf dem Thron des Papstes. Die offenkundige Negation der eigenen pathetischen Überhöhung, die bereits in der Namenswahl liegt, ist programmatisch. Hier hat jemand keine Angst vor jenen Widersprüchen, aus denen das Leben jedes Menschen, auch das eines Papstes, gemacht ist!

Auf dem Weg vom konservativen Provinzial in Argentinien, wo er den eigenen Orden in Anhänger und Gegner spaltete, zur Symbolfigur für eine Erneuerung der katholischen Kirche aus Franz' Ursprungsgeist gibt es eine Station, die für die Wandlung des Jorge Mario Bergoglio hin zum Franziskanismus eine nicht unwesentliche Rolle spielte. 1986 schickte ihn die Leitung des Jesuitenordens nach Deutschland – in Argentinien hatte er immer mehr den Ruf eines Ewiggestrigen bekommen, man wollte ihn dort offenbar loswerden. Also kam er als irgendwie Überflüssiger und Übriggebliebener an die Philosophisch-Theologische Hochschule Sankt Georgen nach Frankfurt am Main.

Er solle doch einmal überlegen, ob er nicht promovieren wolle! Das hatte Bergoglio die Ordensleitung der Jesuiten geraten, nachdem dieser aus all seinen Ämtern gefallen war. Einige Monate verbringt er in Frankfurt und kehrt zum Unwillen seines Ordens allzu schnell wieder nach Buenos Aires zurück. Vom neuen Provinzial bekommt er eine Teilzeitstelle als Dozent am Colegio del Salvador zugebilligt, aber wird auch dort bald als lästig empfunden. Man schickt ihn weiter nach Córdoba, wo er sich, wie Paul Vallely schreibt, endgültig »kaltgestellt« fühlt. Oder auch wie in der Wüste ausgesetzt? Eine solche Phase des Aus-der-Welt-Seins ist für jemanden, der allzu selbstverständlich von seiner Unersetzbarkeit überzeugt war, eine wichtige Erfahrung.

Eine Erfahrung, die Demut und Buße zu Worten macht, die tief ins Innere einwandern, wo sie in aller Stille ein Veränderungswerk beginnen, das nicht für die Kulisse bestimmt ist, sondern nur einen selbst etwas angeht. Und dabei hilft die Erinnerung an seinen Deutschlandaufenthalt. Denn dieser hatte ihm die Begegnung mit den Schriften Romano Guardinis ermöglicht.

Guardini, der auch ein wichtiges kleines Buch über Franz von Assisi geschrieben hatte, veränderte sein religiöses Selbstverständnis, stimmte ihn gleichzeitig demütiger als Mensch und kritischer jeder Macht gegenüber. In der Kirche Sankt Peter am Perlach in Augsburg entdeckte Bergoglio ein Bild, das auf besondere Weise zu ihm sprach: Es heißt *Maria Knotenlöserin* und stammt aus dem 18. Jahrhundert. In ihm sah er seine Existenz symbolisiert. Sollte es seine Mission sein, mit Gottes Hilfe Knoten zu lösen, jenen Frieden zwischen Menschen zu stiften, der mehr ist als bloß äußerliche Übereinkunft durch Verträge?

Über die Enzyklika *Laudato si'* schreibt Christiane Florin in einem Kommentar: »Sie lehrt Achtsamkeit, Ganzheitlichkeit und Gerechtigkeit. Ist das noch katholisch oder schon buddhistisch, ist das noch engagiert oder schon aktivistisch? Ist das noch grün oder schon rot?«[326] Doch eben diese paradox wirkenden Grenzüberschreitungen sind Ausdruck eines ursprünglichen franziskanischen Selbstverständnisses. Der religiöse Ansatzpunkt des Ökologie-Themas wird bei Papst Franziskus so formuliert: Ein Verbrechen gegen die Natur zu begehen sei eine Sünde gegen uns selbst und gegen Gott. Dabei zitiert er ebenso zustimmend wie ausführlich den Ökumenischen Patriarchen Bartholomäus. Auch das scheint programmatisch für die neue Offenheit, die dieser Mann an der Spitze der katholischen Kirche verkörpert.

Aber wie steht es nun um die alte Frontstellung zur Befreiungstheologie? Wie sehr unterscheidet sich das, was ihr prominentester Vertreter Leonardo Boff schreibt, überhaupt noch von den Positionen des Papstes? In Boffs *Franz von Assisi und die Liebe Gottes zu den Armen* finden wir nicht das, was wir vermuten, wenn wir über die Politisierung des Glaubens in der Befreiungstheologie sprechen, nämlich eine eher pragmatische Auffassung vom evangelischen Ideal als Protestform. Im Gegenteil, Boff entwickelt eine tief greifende Form der Kulturkritik, die zur kulturellen Neuformierung des menschlichen Zusammenlebens auffordert. Dabei spielt der christliche Glaube natürlich eine wichtige Rolle, aber eben nicht nur dieser allein! Es ist eine radikale Forderung, die unmittelbar an spirituale Vorbilder in der Ordensgeschichte anschließt: »Die Armut besteht in dem Bemühen, Eigentumsposten jeder Art wegzuräumen, damit sich die Menschen begegnen können und für Geschwisterlichkeit Raum geschaffen wird. Radikal arm sein, um voll Bruder sein zu können, das ist das Armutsprojekt des Franziskus. Nur der *vere expropriatus*, nur wer sich wirklich enteignet, kann *frater minor*, kleiner Bruder aller werden.«[327]

Solch freiwilliger Verzicht, so Boffs Logik, hat Würde, ist damit also das Gegenteil von Verwahrlosung und Elend. Die freiwillige Beschränkung derer, die mehr haben könnten, auf das Lebenswichtige, das Sinnvolle, das nicht rein materieller, sondern auch geistiger Natur ist, scheint eine Notwendigkeit für das Überleben der Menschheit im Ganzen zu sein. Strebt bei Boff damit ein strenger asketischer Zug zur Dominanz, oder ist dies klar blickender Realismus?

Derartige Verzichtslogiken, so lehrt die Erfahrung, tendieren leicht ins Fanatische und Ideologische, benötigen also einen rituell mäßigenden Rahmen. Boff weiß, der Weise vermag sich zu beschränken. Aber es ist keineswegs bereits weise, wer sich – und dann sehr schnell auch andere – zur Beschränkung zwingen will.

Doch was wissen jene, die ihm folgen? Interessant wird das Armutsgebot für die katholische Kirche immer dann, wenn es sich ein Papst zu eigen macht, wie in dem Film *In den Schuhen des Fischers* von Michael Anderson mit Anthony Quinn als Papst Kiril, der – in einer explosiven Situation der Weltpolitik, wo die Existenz der Menschheit auf dem Spiel steht – das gesamte Vermögen der Kirche den Armen und Hungernden gibt.

Wahrlich eine drastische Reform von oben! Jedoch eine, die wohl nur der oft kritisierte hierarchische Aufbau der Kirche möglich macht und die der Großgrundbesitzer, der die Kirche auch ist, panisch fürchtet wie das Ausbrechen der Oktoberrevolution auf römischem Boden. In dem Film gibt es den jungen herzkranken Pater Telemond, den Oskar Werner spielt und der Teilhard de Chardin nachempfunden ist. Der Papst ist ihm zugetan, jedoch stehen seine Bücher unter Häresieverdacht, er hat von der Glaubenskongregation Publikationsverbot erhalten. Als dieser Pater Telemond vom über ihn Gericht haltenden Tribunal nach seinem Glaubensbekenntnis befragt wird, antwortet er mit genau den gleichen – also zitierten – Sätzen, mit denen sich der mittlere der Karamasow-Brüder – der skeptische Iwan – bei Dostojewski zur Religion erklärt: »Ich glaube an eine Ordnung, an einen Sinn des Lebens, ich glaube an die ewige Harmonie, in die, wie es heißt, wir alle eingehen werden, ich glaube an das WORT, zu dem das Weltall strebt und das selbst ›bei Gott‹ war und das selbst Gott ist ... Nicht Gott ist es, den ich nicht gelten ließe ... es ist die von ihm geschaffene Welt, die Welt Gottes – sie akzeptiere ich nicht, ich kann mich nicht bereit finden, sie zu akzeptieren.«[328]

Ist das denn eine ketzerische, gar eine nihilistische Position, die zu jenem von Dostojewski selbst in Gestalt der Mörder Raskolnikow und Smerdjakow verurteilten Prinzip »Alles ist erlaubt« führt? Nein, bei Iwan Karamasow, der damit die Brücke zwischen ost- und westeuropäischem Denken schlägt, ist es beides zugleich: ketzerisch und durch den eigenen Erkenntnisschmerz wieder geheiligt.

Es führt direkt zu jenem Gottesbegriff, der die eigene Negation in sich trägt: Gott ist abwesend in dieser Welt. Was sagt das über Gott und was über die Welt? Die Mystiker aller Zeiten haben für ein derartiges Gottsuchertum, das nicht nur scheinbar ist, einen tiefen Sinn besessen. Denn man sucht nur, was man nicht finden kann.

Leonardo Boff gehört durchaus in diese Reihe moderner Gottsucher. Er bindet die radikale, religiös motivierte Armutsforderung wieder kulturell ein, so dass sie keineswegs asketisch wirkt, sondern zur Suche nach einem menschlichen Maß für alle wird. Darin liegt für ihn der Auftrag Jesu an die heutige Zeit ebenso wie das Beispiel Franz' von Assisi. »Die Armut ist für Franziskus nie ein Ziel an sich oder ein bloß asketischer Weg, sondern Vermittlung zu etwas unvergleichlich Großartigem: Gemeinschaft und geschwisterliches Zusammenleben mit den Letzten und mit dem leidenden Gottesknecht Jesus Christus.«[329]

Denn Leonardo Boff trifft den neuralgischen Punkt moderner Existenz auf der Grenze zum Nihilismus, zur totalen Verzweiflung angesichts einer Erkenntnis, die immer nur die wachsende Leere zu erkennen vermag: »Einem leeren, bedrohten, angsterfüllten und aggressiven Menschen erscheint die Natur stumm, gleichgültig und tot. Wo derart die Begeisterung fehlt, werden die Ökosysteme leicht zerstört. Ein Übermaß an Irrationalität breitet sich aus, und es wird deutlich, dass die Grenzen des Systems sozialer Integration erreicht sind. Die alten Mythen liegen im Sterben, und die neuen haben noch nicht genügend Kraft, ein neues Kulturethos entstehen zu lassen.«[330]

Was für Worte! Sie entfalten eine visionäre Kraft, reichen bis ins Zentrum der Sprache, die für Leonardo Boff eben mehr ist als bloß Mittel des Informationsaustauschs: eine eigene poetische Form, ein Gefäß! Doch was füllt die sich leerenden Gefäße unserer nur allzu angebrachten Skepsis wieder mit einem Glauben, der uns nicht um unser Denken betrügt? Boff ist kein Sektenführer, darum gibt er auch keine Antworten, die muss jeder für sich selbst finden. Aber er radikalisiert die Frage nach der Notwendigkeit von Veränderung, einem Neuanfang im Umgang von Menschen und Staaten miteinander.

Wie dieser aussehen könnte, dafür macht er nur Vorschläge – gewiss aber ist für ihn: Veränderung darf keineswegs bloß politischer oder wirtschaftlicher Natur sein, sie muss eine kulturelle Dimension besitzen. Gefordert ist eine »neue Synthese«, die sich des ursprünglichen Ideals erinnert, ohne die geschichtlichen Erfahrungen bei den Versuchen, es zu verwirklichen, dabei zu verdrängen.

Das Ideal, das unvermittelt auf eine praktische Lebenswirklichkeit trifft, wird schnell terroristisch. Dennoch ist es ein notwendiger Stachel gerade in einer herrschenden Konsenskultur, die jeden echten Widerspruch sofort mittels einer Kommunikationsflut zum Verstummen bringt.

Da kommt die Aktualität jener *religio* ins Spiel, die – im Wortsinne – Rückbindung des Gegenwärtigen in einen Ursprung meint, der nicht bloß historisch ist, sondern auch der Augenblick des Entspringens von Neuem. Aber dies nicht unter Zurücknahme der Autonomie des Einzelnen, seiner Pflicht zur Freiheit, sich seines eigenen Verstandes zu bedienen! Immanuel Kant hatte den Mut gefordert, sich aus der selbst verschuldeten Unmündigkeit zu befreien. Mut gehört vor allem dazu, sich zu etwas zu entschließen: Umkehr, das Zurücklassen eines falschen Lebens, eine weltverändernde Tat in all ihrer Gefährlichkeit und Zwiespältigkeit.

Aber mit der weltverändernden Tat muss eben auch die Selbstveränderung einhergehen – und da fragt man sich dann sofort, wes Geistes Kind sie ist, ob sie verantwortlich zu handeln versteht oder aber aus blindem Hass oder purer Eitelkeit resultiert.

Dieses Hinausgehen über eine bloß ratiobegründete Autonomie des Einzelnen hat der protestantische Theologe Paul Tillich »Theonomie« genannt: das Hineinwirken des Einzelnen in einen geschichtlichen Raum, der nur durch das sinnvolle Handeln dieses Einzelnen selbst sinnvoll zu werden vermag. Ebenso gilt die Gegenbewegung: das bewusste Sich-Einlassen des Einzelnen auf den geschichtlichen Raum

Klingt Boff nicht ähnlich wie Papst Franziskus, wenn er schreibt: »Die Vernunft ist in einen wachsenden Antagonismus zu den Dimensionen des Lebens geraten, die weniger produktiv als rezeptiv sind. Der *Logos* hat den *Eros* und das *Pathos* verdrängt, die Werte des direkten Kontaktes, der Intimität und der Zuneigung, der Kreativität und der Fantasie, der Einfachheit und der Spontaneität.«[331] Es klingt einfach, es klingt wie selbstverständlich, was der brasilianische Franziskaner hier sagt, so wie im *Testament*

Franz' von Assisi seinen Nachfolgern aufgegeben. Und dennoch wurde er für seine Befreiungstheologie von der katholischen Kirche verketzert.

Die Nachfolgeinstitution der Inquisition, die Glaubenskongregation, belegte den 1938 im brasilianischen Concórdia geborenen Boff, der seit 1959 dem Franziskanerorden angehört, unter anderem in München Theologie studiert hatte und 1964 zum Priester geweiht wurde, 1985 mit Lehr- und Rede(!)verbot. Als dieses Verbot 1992 erneuert werden sollte, legte er sein Priesteramt nieder und wurde 1993 Professor für Ethik und Religionsphilosophie in Rio de Janeiro. Er erhielt 2001 den alternativen Nobelpreis und lebt heute mit seiner Lebensgefährtin und deren Kindern in einem ökologischen Reservat in Brasilien.

Den in einer neoliberalen Welt der Rücksichtslosigkeiten an den Rand gedrängten solidarischen Werten menschlichen Zusammenlebens ihren Platz zurückzugeben, den »Geist der Geometrie mit dem Geist des Feinsinns« (Boff) zu verbinden, scheint ein sehr gegenwärtiger Ausdruck der franziskanischen Utopie zu sein. Die begann Franz von Assisi angesichts des in sich tief widersprüchlichen Aufbruchs der Städte zu Macht, Reichtum und Freiheit im 13. Jahrhundert zu formulieren: als Kritik und Vision gleichermaßen, als Traum von menschlichem Maß und einer neuen Einfachheit, die nicht simpel ist, sondern den Sinn für das Komplexe moderner Existenz zu bewahren weiß. Oder, wie es Papst Franziskus formuliert: »Die Armut und die Einfachheit des heiligen Franziskus waren keine bloß äußerliche Askese, sondern etwas viel Radikaleres: ein Verzicht darauf, die Wirklichkeit in einen bloßen Gebrauchsgegenstand und ein Objekt der Herrschaft zu verwandeln.«[332]

Diese hoffnungsvolle Perspektive aus dem Munde des Oberhaupts der katholischen Kirche zu vernehmen heißt nicht, die Krise zuzudecken, in der sich die drei franziskanischen Ordenszweige heute befinden. Zum einen scheint es eine Folge der Säkularisierung, dass der Mitgliederstand noch hinter den Gründerzeittiefstand Ende des 19. Jahrhunderts zurückgefallen ist. Warum ist das Ideal eines Lebens in freiwilliger Armut und im Dienst an den Mitmenschen offenbar auch bei katholischen jungen Menschen so wenig attraktiv, dass die Neueintritte in den Orden hierzulande pro Jahr an einer Hand abzuzählen sind? Und das, wo Franz' Popularität weltweit ungebrochen scheint? Um überhaupt noch eine Struktur des Zusammenlebens unter den deutschen Franziskanern aufrechterhalten zu können, wurden in den letzten Jahren mehrere Provinzen zusammengelegt, manche Häuser (vornehmlich Wallfahrtsorte) übergab man polnischen Brüdern.

Und dann kam es 2014 auch noch zu einem Finanzskandal, der drohenden Insolvenz des Gesamtordens. Es ruft das strikte Geldverbot Franz' von Assisi in Erinnerung, wenn am Sitz des Generalministers in der Schweiz die Staatsanwaltschaft ermittelt. Der Orden soll nicht nur in obskure Transaktionen beim Bau eines Luxushotels in Rom verstrickt, sondern auch mit Geldanlagen in Waffen- und Drogengeschäfte verwickelt gewesen sein.[333] Wie wissentlich das geschah, ob es vielleicht nur Anlageexperten waren, die dies zu verantworten haben, die leitenden Brüder aber von nichts wussten, das ist auch ein Gegenstand der Untersuchung. Zumindest strafrechtlich scheint es für den Orden glimpflich auszugehen. Viel schwerer wiegt der moralische Schaden.

Abgesehen von diesem Skandal: Das, was einst die Attraktivität der Franziskaner ausmachte, ist heute wohl eher ein Nachteil für einen Orden, der nie Orden im monastischen Sinne sein wollte, sondern immer auch als Bruderschaft für die *vita activa* eintrat. Doch die selbst gewählte Armut scheint hierzulande keine Attraktivität in der Weise zu besitzen, dass für sie junge Menschen ein bürgerliches Leben aufzugeben bereit sind. Sozialarbeiter kann man schließlich auch werden, wenn man Katholik ist – und nebenbei noch eine Familie haben will.

Welche Glaubensförmigkeit könnte der Franziskanismus heute denn entfalten? Wohl keine allein innerhalb der Grenzen der katholischen Kirche, auch nicht nur in einer überkommenen Ordensstruktur. Obwohl die Vision eines »Klosters für freie Geister«, von dem Nietzsche sprach, gerade auch das franziskanische Ideal meinen könnte. Denn in diesem vereinigt sich Sorge um die Schöpfung und Freude am Geschenk des Lebens mit einer unmittelbaren *unio mystica*, jener Tradition des franziskanischen Geistchristentums, das durchaus eine pantheistische Dimension in sich trägt.

Zwischen der – von den einen forcierten, den anderen befürchteten – Rückkehr der Religion und der fast dreihundertjährigen religionskritischen Aufklärungs- als Vernunftkultur Europas steht das Symbol Franz von Assisi wie eine Brücke. Franz von Assisi vereinigt wie kein Zweiter Glauben und Skepsis. Der Mystiker lebt das Paradox von individueller Entscheidung des Einzelnen und der *unio mystica* – und das auf eine Weise, die Gegensätzliches auf friedliche Weise zu verbinden sucht.

Wenn der Sinn des Lebens in mehr als einem bloßen Überleben in einer von Bürgerkriegen zerrütteten Welt liegen soll, kommt man um den versöhnenden Geist Franz' von Assisi nicht herum. In seiner Gestalt verwandelt sich die religiöse Fragestellung in eine kulturelle. Um nur ein Beispiel dafür zu nennen: Das von Hagen Rainer Hagencord und Anton Rotzetter initiierte Institut für Theologische Zoologie in Münster stellt sich den Fragen einer »biblischen Anthropologie«. Der Brückenschlag vom Kapuzineraffen zum Kapuzinermönch? An Originalität fehlt es diesem Versuch keineswegs, moderne Entwicklungstheorie nicht mit theologischen Argumenten – im Stile des berüchtigten »Affenprozesses« von 1925 in den USA – zu bekämpfen, sondern hier nach einem Geist von Franz zu fragen, der über den Rahmen von Wissenschaft hinausgeht.

Man könnte auch vom *kairos* sprechen, der mit Franz von Assisi in die Welt kommt als jener für den Einzelnen geschichtlich erfüllte Moment. Gewiss, Franz' Naturzuwendung ist noch nicht auf der Höhe von Spinoza oder Goethe. Bei ihm kann man wohl noch nicht vom tätigen Pantheismus sprechen, jener *natura naturans*, die teilhat an der *natura naturata*. Aber die Erkenntnis des schöpferischen Prozesses, der die innere mit der äußeren Natur verbindet, nimmt gewiss seinen Anfang mit Franz' von Assisi *Sonnengesang*.

Die Natur des Menschen ist keine einfache, denn sie ist eine ihm sowohl angeborene wie auch eine von ihm durch Wissen und Erfahrung – Arbeit! – selbst erworbene: Kultur! Thomas Mann charakterisierte diese einmal ganz simpel als »die Vornehmheit des Lebens«, und Albert Schweitzer sprach von »Ehrfurcht vor dem Leben«.

Der franziskanische Brückenschlag, dem man dabei nachdenkt, ist im Markusevangelium formuliert, wo es vom neuen Menschen Jesus, der vierzig Tage in der Wüste lebte, heißt: »Er lebte bei den wilden Tieren und die Engel dienten ihm« (Mk 1,13). »Ganzheitlicher« kann die Perspektive auf den Menschen als träumendes Tier kaum sein.

Anmerkungen

1 Cel. 1, 201.
2 *Dreigefährtenlegende*, 614.
3 Kuster, 13.
4 *Sammlung von Perugia*, 1175.
5 Guardini, 18.
6 Ebd., 15.
7 Wendelborn, 29.
8 Green, 165.
9 Cel. 1, 249.
10 Ebd.
11 Ebd.
12 Lea, *Geschichte der Inquisition*, Bd. 1, 294.
13 Sloterdijk, *Du musst dein Leben ändern*, 330.
14 Le Goff, 110.
15 Cel. 1, 235.
16 Ebd.
17 *Der Spiegel der Vollkommenheit*, 1321.
18 La Fontaine, *Fabeln*, 3.
19 Vgl. Feld, *Franziskus von Assisi und seine Bewegung*, 226.
20 Ebd., 223.
21 Chesterton, *Der heilige Franziskus von Assisi*, 78.
22 Müller, *Anfänge*, 2.
23 Hesse, *Sämtliche Werke*, Bd. 1, 626.
24 Ebd., 622.
25 Schneider, *Tagebuch 1930–1935*, 413.
26 Taine, *Reisen in Italien*, Bd. 2, 6.
27 Guardini, 11.
28 Taine, *Reisen in Italien*, Bd. 2, 24.
29 Le Goff, 39.
30 Sabatier, 30.
31 Cel. 1, 200.
32 Cel. 2, 301.
33 Cel. 1, 201.
34 Ebd.
35 *Dreigefährtenlegende*, 612.
36 Sabatier, 8.
37 *Dreigefährtenlegende*, 616.
38 Green, 69.
39 *Dreigefährtenlegende*, 616.
40 Ebd., 617.
41 Ebd.
42 Ebd., 618.
43 Bonaventura, *Legenda Maior*, 700.
44 Ebd., 701.
45 *Dreigefährtenlegende*, 619.
46 Ebd., 621.
47 Ebd., 622.
48 Cel. 1, 206.
49 *Dreigefährtenlegende*, 623.
50 Ebd., 624.
51 Ebd.
52 Cel. 1, 209.
53 Green, 106.
54 Ebd., 115.
55 *Dreigefährtenlegende*, 630.
56 Ebd., 631.
57 Ebd.
58 Werner/Erbstößer, *Ketzer und Heilige*, 10.
59 Ebd., 82.
60 Le Goff, 20.
61 Vgl. hierzu Löwith, *Weltgeschichte*.
62 Bloch, *Freiheit und Ordnung*, 51.
63 Ebd.
64 Ebd., 53.
65 Winter, *Ketzerschicksale*, 17.
66 Werner/Erbstößer, *Ketzer und Heilige*, 82.
67 Ebd., 83.
68 Läpple, *Ketzer und Mystiker*, 109.

69 Ebd., 106.
70 Nigg, *Das Buch der Ketzer*, 236.
71 Ebd., 13.
72 Ebd., 22.
73 Bloch, *Atheismus*, 23.
74 Beer, *Allgemeine Geschichte des Sozialismus*, 164.
75 Chesterton, *Orthodoxie*, 33.
76 Nigg, *Das Buch der Ketzer*, 451.
77 Ebd., 445.
78 Sabatier, 67.
79 Green, 137.
80 Johannes von Perugia, 592.
81 Cel. 1, 219.
82 Feld, *Franziskus von Assisi und seine Bewegung*, 172.
83 Bonaventura, *Legenda Maior*, 706.
84 Ebd., 707.
85 Ebd.
86 *Dreigefährtenlegende*, 639.
87 Ebd.
88 Ebd., 640.
89 Green, 138.
90 *Dreigefährtenlegende*, 641.
91 Cel. 1, 221.
92 Ebd., 223.
93 Esser, *Anfänge*, 30.
94 *Regula non bullata*, 71.
95 Feld, *Franziskus von Assisi und seine Bewegung*, 176.
96 Nigg, *Denken mit dem Herzen*, 96.
97 *Regula non bullata*, 83.
98 *Regula bullata*, 100.
99 Sabatier, 78.
100 Ebd., 81.
101 Cel. 1, 221.
102 *Sammlung von Perugia*, 1122.
103 Sabatier, 88.
104 *Dreigefährtenlegende*, 642.
105 Ebd.
106 Cel. 1, 224.
107 Ebd., 225.
108 *Sammlung von Perugia*, 1127.
109 *Dreigefährtenlegende*, 643.
110 Ebd., 644.
111 Ebd.
112 Ebd.
113 Ebd.
114 Cel. 1, 231.
115 Feld, *Franziskus von Assisi und seine Bewegung*, 235.
116 *Dreigefährtenlegende*, 645.
117 Ebd.
118 Le Goff, 190.
119 Ebd., 188.
120 Feld, *Franziskus von Assisi und seine Bewegung*, 409.
121 *Lebensform für Klara und ihre Schwestern*, 68.
122 Manselli, *Franziskus*, 167.
123 *Ein Brief an Klara über das Fasten*, 143.
124 Cel. 1, 271.
125 Ebd., 275.
126 Feld, *Franziskus von Assisi und seine Bewegung*, 455.
127 Ebd., 437.
128 Ebd., 439.
129 *Sammlung von Perugia*, 1179.
130 *Stimmen einzelner Brüder* (Ägidius von Assisi), 1519.
131 *Dreigefährtenlegende*, 631.
132 *Sammlung von Perugia*, 1119.
133 *Stimmen einzelner Brüder* (Ägidius von Assisi), 1519.
134 *Sammlung von Perugia*, 1117.
135 Ebd., 1126.
136 Ebd., 1138.
137 Ebd., 1185.
138 Ebd., 1110.
139 Ebd., 1111.
140 Ebd., 1112.
141 *Dreigefährtenlegende*, 643.
142 Cel. 2, 332.
143 Cel. 1, 232.
144 Thode, *Franz von Assisi*, 57.
145 Cel. 1, 233.
146 Schneider, *Tagebücher 1930–1935*, 415.

147 *Chronik von Ernoul*, 1544.
148 Jakob von Vitry, *Brief aus Damiette*, 1536.
149 Green, 237.
150 Ebd., 247.
151 Boncampagno von Signa, 1549.
152 Wendelborn, 251.
153 *Chronik von Ernoul*, 1544.
154 Ebd.
155 Bernhard der Schatzmeister, *Die Eroberung des Hl. Landes*, 1546.
156 Nigg, *Denken mit dem Herzen*, 100.
157 Jordan von Giano, *Chronik*, 977.
158 Ebd., 976.
159 Ebd., 979.
160 Ebd.
161 *Dreigefährtenlegende*, 647.
162 Wendelborn, 271.
163 *Sammlung von Perugia*, 1084.
164 Ebd., 1118.
165 Ebd., 1114.
166 Thomas von Eccleston, *Traktat*, 1057.
167 Chesterton, *Der heilige Franziskus von Assisi*, 132.
168 Thomas von Eccleston, *Traktat*, 1059.
169 Jordan von Giano, *Chronik*, 971.
170 Ebd., 973.
171 Ebd., 972.
172 *Sammlung von Perugia*, 1105.
173 Ebd.
174 Jordan von Giano, *Chronik*, 983.
175 Ebd., 987.
176 Ebd., 991.
177 Chesterton, *Der heilige Franziskus von Assisi*, 82.
178 Feld, *Franziskus von Assisi und seine Bewegung*, 232.
179 Ebd., 231.
180 Manselli, *Franziskus*, 326.
181 Thode, *Franz von Assisi*, 68.
182 *Sammlung von Perugia*, 1160.
183 Ebd., 1162.
184 Cel. 1, 263.
185 Cel. 2, 333.
186 Benedikt XVI., *Lehrer des Glaubens*, 13.
187 Meister Eckhart, *Vom Wunder der Seele*, 36.
188 Ebd., 40.
189 Ebd., 41.
190 Cel. 2, 380.
191 Ebd.
192 Ebd., 382.
193 Hellmeier, *Dominikus begegnen*, 45.
194 Ebd., 123.
195 Ebd., 128.
196 Hinnebusch, *Kleine Geschichte des Dominikanerordens*, 22.
197 *Sammlung von Perugia*, 1177.
198 Cel. 1, 266.
199 *Sammlung von Perugia*, 1163.
200 Ebd., 1164.
201 Ebd., 1165.
202 Julian von Speyer, *Das Leben des hl. Franziskus*, 563.
203 Cel. 1, 264.
204 Ebd.
205 Holzapfel, *Handbuch*, 10.
206 Julian von Speyer, *Das Leben des hl. Franziskus*, 565.
207 Nigg, *Denken mit dem Herzen*, 107.
208 *Sammlung von Perugia*, 1109.
209 Ebd., 1165.
210 Ebd., 1166.
211 Ebd.
212 *Das kleine Testament von Siena*, 58.
213 *Das Testament*, 61.
214 *Sammlung von Perugia*, 1092.
215 *Das Testament*, 62.
216 *Päpstliche Schreiben* (Gregor IX.), 1637.
217 Lea, *Geschichte der Inquisition im Mittelalter*, Bd. 3, 38.
218 Cel. 1, 250.

219 Ebd., 251.
220 Ebd., 250.
221 *Die Betrachtungen über die Wundmale*, 1439.
222 Ebd., 1441.
223 Ebd.
224 *Der Abschied von La Verna*, 1516.
225 *Die Betrachtungen über die Wundmale*, 1451.
226 Ebd., 1460.
227 Green, 298.
228 *Dreigefährtenlegende*, 650.
229 Cel. 1, 257.
230 Holzapfel, *Handbuch*, 10.
231 Julian von Speyer, *Das Leben des hl. Franziskus*, 565.
232 Cel. 2, 417.
233 *Sammlung von Perugia*, 1095.
234 Cel. 3 (*Mirakelbuch*), 38.
235 *Sammlung von Perugia*, 1179.
236 Cel. 1, 267.
237 *Sammlung von Perugia*, 1095.
238 *Rundbrief des Bruders Elias zum Tod des hl. Franziskus*, 185.
239 Julian von Speyer, *Das Leben des hl. Franziskus*, 562.
240 Sabatier, 256.
241 Gurjewitsch, *Weltbild*, 391.
242 Cel. 1, 277.
243 Ebd., 275.
244 Thomas von Eccleston, *Traktat*, 1058.
245 Ebd.
246 Feld, *Franz von Assisi und seine Bewegung*, 368.
247 Lea, *Geschichte der Inquisition*, Bd. 1, 281.
248 Ebd., Bd. 3, 7.
249 Jordan von Giano, *Chronik*, 1005.
250 Ebd.
251 Thomas von Eccleston, *Traktat*, 1046.
252 Ebd., 1048.
253 Holzapfel, *Handbuch*, 27.
254 Thomas von Eccleston, *Traktat*, 1059.
255 Ebd., 1060.
256 Ebd.
257 *Die Blümlein des hl. Franziskus (Fioretti)*, 1410.
258 Berg, »Elias von Cortona«, 125.
259 Holzapfel, *Handbuch*, 28.
260 Sabatier, 255.
261 Thode, *Franz von Assisi*, 193.
262 Ebd., 262.
263 Ebd.
264 Gosebruch, *Giotto*, 165.
265 Ebd., 100.
266 *Vincent von Goghs Briefe* (1890).
267 Thode, *Franz von Assisi*, 78.
268 Ebd., 79.
269 De Rosa, *Gottes erste Diener*, 202.
270 Feld, *Franziskus von Assisi und seine Bewegung*, 326.
271 Ebd.
272 Lea, *Geschichte der Inquisition*, Bd. 3, 38.
273 De Rosa, *Gottes erste Diener*, 94.
274 Lea, *Geschichte der Inquisition*, Bd. 3, 45.
275 Ebd., 134.
276 Ebd., 119.
277 Gilson, *Der heilige Bonaventura*, 71.
278 Flasch, *Das philosophische Denken im Mittelalter*, 347.
279 Holzapfel, *Handbuch*, 34.
280 Ebd., 35.
281 Gerken, »Besaß Bonaventura eine Hermeneutik zur Interpretation der Geschichte?«, 39.
282 Bonaventura, *Collatio XXIII*, 733.
283 Smiths, »Die Utopie des mystischen Zeitalters bei Bonaventura«, 131.
284 Joachim Kardinal Meisner, »Vorwort«, in: Benedikt XVI., *Lehrer des Glaubens*, 8.
285 Lea, *Geschichte der Inquisition*, Bd. 3, 79.

286 Ebd., 83.
287 Eco, *Der Name der Rose*, 286.
288 Ebd., 284.
289 Ebd., 292.
290 Petrus Olivi, in: Bösch, *Franz von Assisi – neuer Christus*, 123.
291 Ebd., 135.
292 Ebd.
293 Ebd., 136.
294 Gurjewitsch, *Weltbild*, 264.
295 Ebd., 323.
296 Mereschkowski, 18.
297 Eco, *Der Name der Rose*, 147.
298 Lea, *Geschichte der Inquisition*, Bd. 3, 149.
299 Ebd., 156.
300 Ebd.
301 Flasch, *Das philosophische Denken im Mittelalter*, 448.
302 Russell, *Philosophie des Abendlandes*, 474.
303 Bloch, *Avicenna und die Aristotelische Linke*, 16.
304 P. A. Goetz, *Heilige, Märtyrer und Helden*, 114.
305 Iriarte, *Der Franziskusorden*, 69.
306 Ebd., 156.
307 Es handelt sich dabei um die Franziskanerpäpste Nikolaus IV. (Hieronymus von Ascoli), der von 1288 bis 1292 Papst war, Nikolaus V., eingesetzt von Ludwig dem Bayern als römischen Gegenpapst gegen Johann XXII. in Avignon, Alexander V. (auch er ein römischer Gegenpapst während des sogenannten abendländischen Schismas), Sixtus IV., seinen Neffen Julius II. (der Michelangelo förderte) und zuletzt Clemens XIV., der 1773 den Jesuitenorden auflöste.
308 P. A. Goetz, *Heilige, Märtyrer und Helden*, 89.
309 Ebd., 90.
310 Ebd., 92.
311 Ebd.
312 Ebd., 93.
313 Ebd., 96.
314 Ebd.
315 Ebd., 100.
316 Papst Franziskus, *Laudato si'*, 29.
317 Ebd., 28.
318 Ebd., 27.
319 Jorge Mario Bergoglio, *Über die Selbstanklage*, 46.
320 Ebd., 50.
321 Ebd., 37.
322 Vallely, *Papst Franziskus*, 52.
323 Papst Franziskus, *Laudato si'*, 116.
324 Ebd., 85.
325 Schuster, *Geheime Gesellschaften*, 473.
326 Papst Franziskus, *Laudato si'* (Einführung von Christiane Florin), 11.
327 Boff, *Franz von Assisi und die Liebe Gottes zu den Armen*, 75.
328 Dostojewski, *Die Brüder Karamasow*, 726.
329 Boff, *Franz von Assisi und die Liebe Gottes zu den Armen*, 75.
330 Ebd., 8.
331 Ebd., 11.
332 Papst Franziskus, *Laudato si'*, 29.
333 Vgl. *Spiegel online* vom 19. Dezember 2014.

Bibliographie

Quellen

Die folgenden Quellen sind, wenn nicht anders angegeben, enthalten in: Dieter Berg/Leonhard Lehmann, *Franziskus-Quellen. Die Schriften des heiligen Franziskus. Lebensbeschreibungen, Chroniken und Zeugnisse über ihn und seinen Orden,* Kevelaer 2009.

Der Abschied von La Verna laut Br. Massäus, S. 1515f.

Ägidius von Assisi [*Stimmen einzelner Brüder*], S. 1517ff.

Bernhard der Schatzmeister, *Die Eroberung des Hl. Landes,* S. 1546f.

Die Betrachtungen über die Wundmale, S. 1439–1477.

Die Blümlein des hl. Franziskus (Fioretti), S. 1346–1438.

Die Blümlein des heiligen Franziskus von Assisi, aus dem Italienischen von Rudolf G. Binding, Frankfurt a. M. 1973.

Bonaventura, *Collatio XXIII,* in: Ders., *Collationes in Hexaemeron (Das Sechstagewerk),* München 1964.

–, *Legenda Maior,* S. 686–778.

Boncampagno von Signa, S. 1549.

Ein Brief an Klara über das Fasten, S. 143.

Thomas von Celano, *Erste Lebensbeschreibung,* S. 195–288 [Cel. 1].

–, *Zweite Lebensbeschreibung,* S. 289–422 [Cel. 2].

–, *Das Mirakelbuch,* S. 423–486 [Cel. 3].

Chronik von Ernoul, S. 1543ff.

Die Dreigefährtenlegende, S. 602–653.

Thomas von Eccleston, *Der Traktat über die Ankunft der Minderbrüder in England,* S. 1012–1082.

Gregor IX. [*Päpstliche Schreiben*], S. 1628–1648.

Jordan von Giano, *Chronik,* S. 955–1011.

Jakob von Vitry, *Brief aus Damiette,* S. 1536f.

Johannes von Perugia [*Legenda Perusina*], S. 571–601.

Julian von Speyer, *Das Leben des hl. Franziskus,* S. 523–570.

Das kleine Testament von Siena, S. 58.

Lebensform für Klara und ihre Schwestern, S. 68.

Petrus Olivi, *Über das göttliche Siegel,* in: Paul Bösch, *Franz von Assisi – neuer Christus,* Düsseldorf 2005.

Regula bullata [Bullierte Regel], S. 94–102.

Regula non bullata [Nicht-bullierte Regel], S. 69–93.

Rundbrief des Bruders Elias zum Tod des hl. Franziskus, S. 180–186.

Sammlung von Perugia, S. 1083–1206.
Der Spiegel der Vollkommenheit, S. 1207–1332.
Das Testament, S. 59–62.

Verwendete Literatur

Jan P. Beckmann, *Wilhelm von Ockham*, München 1995.
Max Beer, *Allgemeine Geschichte des Sozialismus*, Berlin 1924.
Benedikt XVI., *Lehrer des Glaubens. Franziskaner und Dominikaner*, mit einem Vorwort von Joachim Kardinal Meisner, Illertissen 2012.
Dieter Berg, »Elias von Cortona«, *Wissenschaft und Weisheit* 41 (1978), S. 102–126.
Jorge Mario Bergoglio (Papst Franziskus), *Über die Selbstanklage. Eine Meditation über das Gewissen*, Freiburg i. Br. 2013.
Ernst Bloch, *Atheismus im Christentum*, Frankfurt a. M. 1985.
–, *Avicenna und die Aristotelische Linke*, Berlin 1952.
–, *Freiheit und Ordnung. Abriß der Sozialutopien*, Leipzig 1987.
Leonardo Boff, *Franz von Assisi und die Liebe Gottes zu den Armen*, Kevelaer 2010.
Paul Bösch, *Franz von Assisi – neuer Christus*, Düsseldorf 2005.
G. K. Chesterton, *Der heilige Franziskus von Assisi*, Basel/Freiburg/Wien 1959.
–, *Ketzer. Eine Verteidigung der Orthodoxie gegen ihre Verächter*, Frankfurt a. M. 1998.
–, *Orthodoxie. Eine Handreichung für die Ungläubigen*, Frankfurt a. M. 2000.
Gunnar Decker, *Hermann Hesse. Der Wanderer und sein Schatten*, München 2012.
–, *Religionsphilosophische Überlegungen anhand der Mystik Bonaventuras im sich entwickelnden Ordo Fratrum Minorum* (Diplomarbeit am Institut für Philosophie an der Gesellschaftswissenschaftlichen Fakultät der Humboldt Universität Berlin).
Fjodor M. Dostojewski, *Die Brüder Karamasow*, Berlin/Weimar 1981.
Umberto Eco, *Der Name der Rose*, München 1982.
–, *Nachschrift zum ›Namen der Rose‹*, München/Wien 1984.
Martin Erbstößer, *Ketzer im Mittelalter*, Leipzig 1987.
Kajetan Esser, *Anfänge und ursprüngliche Zielsetzungen des Ordens der Minderbrüder*, Leiden 1966.
Helmut Feld, *Franziskaner*, Stuttgart 2008.
–, *Franziskus von Assisi*, München 2001.
–, *Franziskus von Assisi und seine Bewegung*, Darmstadt 1994.
Kurt Flasch, *Das philosophische Denken im Mittelalter*, Stuttgart 1986.
Heinz-Joachim Fischer, *Umbrien*, München 1989.
Karl Suso Frank, *Geschichte des christlichen Mönchtums*, Darmstadt 1993.
Papst Franziskus, *Laudato si'. Über die Sorge für das gemeinsame Haus, Die Umwelt-Enzyklika mit Einführung und Themenschlüssel*, mit einer Einführung von Christiane Florin, Stuttgart 2015.
Horst Fuhrmann, *Die Päpste*, München 2005.
Alexander Gerken, »Besaß Bonaventura eine Hermeneutik zur Interpretation der Geschichte«, *Wissenschaft und Weisheit* 37 (1974), S. 19–39.

Etienne (Stefan) Gilson, *Der heilige Bonaventura*, Hellerau 1929.
Ivan Gobry, *Franz von Assisi*, Hamburg 1958.
P. Arnulf Goetz, *Heilige, Märtyrer und Helden*, Aschaffenburg 1957.
Walter Goetz, *Die Quellen zur Geschichte des hl. Franz von Assisi*, Gotha 1904.
Vincent van Goghs Briefe an seinen Bruder, hg. von Johanna Gesina van Gogh-Bonger, Frankfurt a.M. 1988.
Martin Gosebruch, *Giotto und die Entwicklung des neuzeitlichen Kunstbewusstseins*, Köln 1962.
Martin Grabmann, *Die Geschichte der katholischen Theologie*, Darmstadt 1961.
Julien Green, *Bruder Franz*, Leipzig 1984.
Ferdinand Gregorovius, *Wanderjahre in Italien*, Dresden 1954.
Romano Guardini, *Der heilige Franziskus*, Zürich 1951.
Aaron J. Gurjewitsch, *Das Weltbild des mittelalterlichen Menschen*, Dresden 1978.
Paul Dominikus Hellmeier, *Dominikus begegnen*, Augsburg 2007.
Hermann Hesse, *Franz von Assisi*, in: Ders., *Sämtliche Werke*, Bd. 1, Frankfurt a. M. 2001.
William A. Hinnebusch, *Kleine Geschichte des Dominikanerordens*, Leipzig 2004.
Heribert Holzapfel, *Handbuch der Geschichte des Franziskanerordens*, Freiburg i. Br. 1909.
Ludger Honnefelder, *Duns Scotus*, München 2005.
Lázaro Iriarte, *Der Franziskusorden*, Altötting 1984.
Niklaus Kuster, *Franziskus. Rebell und Heiliger*, Freiburg i. Br. 2014.
Jean de La Fontaine, *Fabeln*, Leipzig 1967.
Alfred Läpple, *Ketzer und Mystiker*, München 1988.
Henry Charles Lea, *Geschichte der Inquisition im Mittelalter*, Bd. 1–3, Bonn 1905.
Jacques Le Goff, *Franz von Assisi*, Stuttgart 2006.
Volker Leppin, *Wilhelm von Ockham*, Darmstadt 2012.
Karl Löwith, *Weltgeschichte und Heilsgeschehen*, Stuttgart 1990.
Raoul Manselli, *Franziskus. Der solidarische Bruder*, Freiburg/Basel/Wien 1989.
Meister Eckhart, *Vom Wunder der Seele*, Stuttgart 1993.
Dmitri Mereschkowski, *Franz von Assisi*, München 1938.
D. Karl Müller, *Die Anfänge des Minoritenordens und der Bussbruderschaften*, Freiburg i. Br. 1885.
Walter Nigg, *Das Buch der Ketzer*, Zürich 1986.
–, *Franz von Assisi. Denken mit dem Herzen*, Zürich 1997.
–, *Große Heilige*, Zürich 1993.
Robert Oertel, *Die Frühzeit der italienischen Malerei*, Stuttgart 1953.
Marco Politi, *Franziskus unter Wölfen. Der Papst und seine Feinde*, Freiburg/Basel/Wien 2015.
Peter de Rosa, *Gottes erste Diener. Die dunkle Seite des Papsttums*, München 1991.
Anton Rotzetter, *Franz von Assisi. Erinnerung und Leidenschaft*, Freiburg/Basel/Wien 1989.
–, *Klara von Assisi*, Freiburg/ Basel/Wien 1993.

P. Gerhard Ruf, *Franziskus und Bonaventura. Die heilsgeschichtliche Deutung der Fresken im Langhaus der Oberkirche*, Assisi 1974.
Bertrand Russell, *Philosophie des Abendlandes*, München/Wien 1999.
Paul Sabatier, *Leben des Heiligen Franz von Assisi*, Berlin 1895.
Reinhold Schneider, *Tagebuch 1930–1935*, Frankfurt a. M. 1983.
Georg Schuster, *Geheime Gesellschaften. Verbindungen und Orden*, Wiesbaden 1995.
Peter Sloterdijk, *Du musst dein Leben ändern*, Frankfurt a. M. 2009.
L. Smiths, »Die Utopie des mystischen Zeitalters bei Bonaventura«, *Franziskanische Studien* 67 (1985).
Hippolyte Taine, *Reisen in Italien*, Bd. 2, Jena 1910.
Henry Thode, *Franz von Assisi und die Anfänge der Kunst der Renaissance in Italien*, Wien 1934.
–, *Giotto*, Bielefeld/Leipzig 1910.
Paul Vallely, *Papst Franziskus. Vom Reaktionär zum Revolutionär*, Darmstadt 2014.
Gert Wendelborn, *Franziskus von Assisi*, Leipzig 1982.
Ernst Werner/Martin Erbstößer, *Ketzer und Heilige*, Berlin 1986.
Eduard Winter, *Ketzerschicksale*, Berlin 1983.
Klaus Zimmermann, *Umbrien*, Ostfildern 2011.

Filme

Roberto Rossellini, *Francesco giullare di Dio* (*Franziskus, der Spielmann Gottes*), 1950.
Pier Paolo Pasolini, *Uccellaci e Uccelini* (*Große Vögel, kleine Vögel*), 1966.
Michael Anderson, *The Shoes of the Fisherman* (*In den Schuhen des Fischers*), 1968.

Zeittafel

Ende 1181 oder Anfang 1182
Geburt Franz' von Assisi als Sohn des Kaufmanns Pietro Bernadone und seiner Frau Pica; ursprünglicher Taufname Giovanni (Johannes), vom Vater kurz nach der Geburt umbenannt in Francesco (Franz)

1199 (oder 1200)
Revolte der Bürger Assisis (der »Minores«) gegen den Adel (die »Majores«); Erstürmung der Rocca, die Adeligen fliehen nach Perugia

1202 Schlacht bei Collestrada, in der Assisi gegen Perugia unterliegt; Franz' einjährige Gefangenschaft in Perugia, schwere Krankheit

1203 Pietro Bernadone kauft seinen Sohn aus der Gefangenschaft frei; Friedensvertrag zwischen Assisi und Perugia

1206 Innere Umkehr (sprechendes Kreuz in San Damiano); praktische Hilfe für Aussätzige; Beginn seiner Suche nach einem anderen, einfachen Leben jenseits der Maßstäbe des Geldes; Bruch mit dem Vater und den Werten seiner Welt

1208 Nachfolge Jesu in Armut, erste Brüder sammeln sich um ihn

1209 Pilgerreise nach Rom zu Innozenz III.; dessen mündliche Billigung der Absicht der Fraternitas, als arme Bußprediger zu leben; erste Bleibe der Gemeinschaft in Rivotorto

1211 Friedrich II. wird Kaiser; Franz macht die Portinkula-Kapelle zum geistlichen Zentrum der Fraternitas

1212 Klara von Offreduccio verlässt ihre Familie, um den Idealen Franz' von Assisi zu folgen; Kinderkreuzzug; Franz' erste gescheiterte Missionsreise in den Orient

1213/14 Nochmaliger Versuch, nach Marokko zu gelangen, wiederum wegen Krankheit abgebrochen

1215 Viertes Lateran-Konzil mit dem Beschluss, keine neuen Ordensregeln zuzulassen (Dominikus fügt sich, Franz nicht)

1217 Erster entscheidender Schritt zur Institutionalisierung der Fraternitas durch Einteilung in sechs Ordensprovinzen; Entstehung einer Funktionärsschicht (Guardiane, Provinziale); starker Einfluss von Kardinal Hugolin, der bald darauf vom Papst eingesetzter »Protektor« des Ordens wird

1219 Franz' Missionsreise nach Ägypten, Aufenthalt beim Kreuzfahrerheer vor Damiette, Begegnung mit Sultan Melek-el-Kamil

1220 Rückkehr aus dem Orient; Hilfeersuchen an Honorius III. wegen angeblicher Missstände im Orden; übergibt Ordensleitung an Petrus Cathani; weitere Maßnahmen zur Institutionalisierung durch Hugolin (u. a. Einführung des Noviziats)

1221 Plötzlicher Tod Petrus Cathanis, Elias wird sein Nachfolger; Abschluss der *Regula non bullata*; zweite Deutschlandmission unter Leitung Cäsar von Speyers (die Ordensprovinz Teutonia entsteht)

1223 Eine weitere Fassung der Ordensregel wird von Honorius III. bestätigt (*Regula bullata*)

1224 Aufenthalt auf dem Monte Alverno (postume Legende von Engelserscheinung und Ausbildung der Wundmale Christi)

1225 Franz dichtet den *Sonnengesang*; dauerhaft schwere Krankheit

1226 Testament; Tod Franz' von Assisi am 3. Oktober 1226

1227 Kardinal Hugolin wird Papst Gregor IX.

1228 Heiligsprechung Franz' von Assisi; erste Lebensbeschreibung durch Thomas von Celano

1230 Die geplante feierliche Überführung von Franz' Leiche in die neuerbaute Franziskuskirche fällt aus, da Elias die Leiche heimlich fortbringen ließ (erst 1818 wird der Sarkophag in den Kellern der Franziskuskirche entdeckt)

1232 Wiederwahl Bruder Elias' zum Generalminister des Ordens (bis 1239)

1263 Bonaventuras *Legenda maior* wird zur offiziellen Biographie von Franz, frühere Lebensbeschreibungen sollen vernichtet werden

1289 Der erste Franziskanerpapst Nikolaus IV. schafft den Dritten Orden als Sammlungsbewegung bußfertiger Laien

1317 Johannes XXII. verfolgt die Spiritualen im Franziskanerorden; Streit um die Armut Christi; im Jahr darauf erste Verbrennung von vier Spiritualen als Ketzer

1323 Die Auffassung, Christus und die Seinen hätten kein Eigentum besessen, wird von Johannes XXII. zur Häresie erklärt; weitere Aufsplitterung des Ordens in verschiedene Parteiungen je nach ihrem Verhältnis zur Armutsfrage (Spirituale und Konventuale); in den folgenden Jahrzehnten Erstarken der Bewegung der Observanten

1528 Entstehung des Kapuzinerordens

Register

Bildnachweis

AKG-Images, Berlin: 31 (Gerhard Ruf), 147 (Nimtallah), 177, 307 (Stefan Diller), 214/15 (Cameraphoto), 369 (N. N.)

Bildarchiv Foto Marburg: 385

BPK, Bildagentur für Kunst, Kultur und Geschichte, Berlin: 43 (Stefan Diller), 129 (N. N.), 251 (Roman Beniaminson), 290, 365 (Scala), 334 (Gemäldegalerie/SMB)

Cortonaweb: 222

Heiligenlexikon.de: 113 (Joachim Schäfer)

Interfoto, München: 343 (imageBROKER/H. O. Falkenstein)

Laif: 56/57

Peter Palm, Berlin: Karte

Picture Alliance, Frankfurt a. M.: 59 (Arco imagesGmbH/H. Straesser), 309 (robertharding/Marcus Lange)

John E. Vigar: 371

N
W
O
S
Sansepolcro
M. Nerone
Arezzo
Città di Castello
M. Catria
Gubbio
Cortona
Umbértide
Niccone
Tévere
Gualdo Tadino
Lago Trasimeno
Perugia
Assisi
Nocera Úmbra
U m b r i e n
Spello
Città d. Pieve
Topino
Foligno
Nestore
Marsciano
Clitunno
Montefalco
Trevi
Ficulle
HZM. SPOLETO
Paglia
Tévere
Todi
Orvieto
Spoleto
Acquasparta
PATRIMONIUM PETRI
Lago di Bolsena
Amélia
Terni
Montefiascone
Narni
0